© 2024 por Zíbia Gasparetto
© iStock.com/Andrey Seyitdinov

Coordenadora editorial: Tânia Lins
Coordenador de comunicação: Marcio Lipan
Capa e projeto gráfico: Equipe Vida & Consciência
Preparação: Janaína Galega
Revisão: Equipe Vida & Consciência

1ª edição — 45 impressões
2ª edição — 1ª impressão
5.000 exemplares — abril 2024
Tiragem total: 4.150.000 exemplares

CIP-BRASIL. CATALOGAÇÃO NA PUBLICAÇÃO
SINDICATO NACIONAL DOS EDITORES DE LIVROS, RJ

tudo valeu a pena

Tudo valeu a pena / Zíbia Gasparetto. – 2. ed. – remp. – São Paulo :
Vida & Consciência, 2024.

ISBN

1. Romance psicofônico. I. Título.

CDD: 808.807
CDU: 82-97(81)-94

Todos os direitos reservados. Nenhuma parte desta edição pode ser utilizada ou reproduzida, por qualquer forma ou meio, seja ele mecânico ou eletrônico, fotocópia, gravação etc., tampouco apropriada ou estocada em sistema de banco de dados, sem a expressa autorização da editora (Lei nº 9.610, de 19/2/1998).

Este livro adota as regras do novo Acordo Ortográfico (2009).

Vida & Consciência Editora e Distribuidora Ltda.
Rua Agostinho Gomes, 2312 – Ipiranga – São Paulo – SP – Brasil

www.vidaeconsciencia.com.br
editorial@vidaeconsciencia.com.br

© 2024 por Zibia Gasparetto
© iStock.com/Andrey Sayfutdinov

Coordenadora editorial: Tânia Lins
Coordenador de comunicação: Marcio Lipari
Capa e projeto gráfico: Equipe Vida & Consciência
Preparação: Janaína Calaça
Revisão: Equipe Vida & Consciência

1ª edição — 45 impressões
2ª edição — 1ª impressão
5.000 exemplares — abril 2024
Tiragem total: 476.000 exemplares

CIP-BRASIL — CATALOGAÇÃO NA PUBLICAÇÃO
(SINDICATO NACIONAL DOS EDITORES DE LIVROS, RJ)

L972t
2. ed.

Lucius (Espírito)
 Tudo valeu a pena / Zibia Gasparetto. - 2. ed., reimpr. - São Paulo: Vida & Consciência, 2024.
 416 p. ; 23 cm.

 ISBN 978-65-88599-10-5

 1. Romance espírita. I. Título.

22-80140 CDD: 808.8037
 CDU: 82-97:133.9

Todos os direitos reservados. Nenhuma parte desta edição pode ser utilizada ou reproduzida, por qualquer forma ou meio, seja ele mecânico ou eletrônico, fotocópia, gravação etc., tampouco apropriada ou estocada em sistema de banco de dados, sem a expressa autorização da editora (Lei nº 5.988, de 14/12/1973).

Este livro adota as regras do novo acordo ortográfico (2009).

Vida & Consciência Editora e Distribuidora Ltda.
Rua das Oiticicas, 75 – Parque Jabaquara – São Paulo – SP – Brasil
CEP 04346-090
editora@vidaeconsciencia.com.br
www.vidaeconsciencia.com.br

ZIBIA GASPARETTO

Romance ditado pelo espírito Lucius

tudo valeu a pena

NOVA EDIÇÃO

A vida é maravilhosa, mas sempre responde ao que você lhe dá.

Prólogo

A tarde ia morrendo lentamente, e os últimos raios solares coloriam o céu, oferecendo seu cotidiano de força e beleza.

Marilda, perdida em seus pensamentos íntimos, levantou os olhos e contemplou o horizonte sem ver o soberbo espetáculo que a natureza lhe oferecia.

Fazia vinte anos que ela regressara da Terra carregando o peso da desilusão e da dor e acreditando que nunca mais poderia encontrar a paz. Entretanto, naquele recanto bonito para onde fora levada por mãos amigas e acolhedoras recuperou aos poucos o equilíbrio.

Agora fora aconselhada a voltar. Essa possibilidade a fizera recordar-se de todo o drama de sua última passagem pela Terra, e ela estremecia de receio e preocupação.

Uma jovem de rara beleza, trazendo na face doce expressão, aproximou-se e colocou delicadamente a mão em seu braço.

Marilda levantou os olhos. Vendo-a, sorriu e perguntou:

— O que foi, Vera?

— Vim lhe dizer que, haja o que houver, eu a estimo muito e sempre ficarei a seu lado.

— Mesmo quando eu partir e me esquecer de tudo?

— Mesmo assim. Saiba que nunca a abandonarei.

Marilda suspirou fundo e assentiu levemente com a cabeça:

— Eu sei.

— Então, não se angustie. Vai dar tudo certo.

Marilda segurou as mãos de Vera, puxando-a para que se sentasse no banco a seu lado. Olhou em volta, aspirando o perfume delicado das flores ao redor, e disse comovida:

— Este jardim é um paraíso. Reparou como é lindo?

— Sim. Nossa cidade é uma bênção. Todos os dias agradeço poder viver aqui.

— Tenho medo de voltar. Aqui encontrei a paz, o esquecimento, a compreensão.

— Estar aqui é apenas uma pausa, um descanso breve. A vida não para, e não há como escapar do progresso.

— Não sei... gostaria de ficar mais um tempo. Não acho que esteja pronta para os desafios do mundo.

— Se você está sendo convocada, é porque tem condições de vencer.

— Eu parecia estar bem, acreditei que havia conseguido vencer meus desafios, mas, quando Mário me chamou e disse que estava na hora de voltar, toda a calma foi por água abaixo. A insegurança, o receio, o nervosismo tomaram conta de mim. Por essa razão, não creio que esteja em condições de reencarnar.

— Mário é um mestre e sabe o que diz.

— Se eu estivesse pronta, não teria me sentido tão temerosa.

— O que está sentindo é natural. Acontece com a maioria das pessoas que precisam voltar. Já sabe os detalhes?

— Amanhã terei uma sessão com Mário para discutirmos. As lembranças do passado aparecem com intensidade, angustiando-me. Muitas coisas não resolvidas ficaram para trás. Meu Deus! Como enfrentarei tudo de novo? Onde encontrarei forças para vencer onde fracassei? As emoções tumultuadas voltaram. E os outros? Como me receberão depois de tudo?

Vera apertou as mãos da amiga, que conservava entre as suas, tentando confortá-la. Sussurrou baixinho:

— Não se deixe envolver pelo medo. Confie em Deus. Ele não a faria voltar para um novo fracasso. Está programando sua vitória.

— Ah! Se eu pudesse acreditar nisso... Mas Mercedes ainda me odeia. Tenho sentido seus pensamentos e pedindo a Deus que ela me esqueça. Ela reencarnou há mais de vinte anos, mas esse tempo não foi suficiente para apagar o passado. Sinto que a vida vai nos colocar novamente frente a frente. Depois, não sei se Ronaldo chegou a saber a verdade.

— Tem tido notícias dele?

— Sim. Ele voltou há mais de cinco anos e não se lembra de nosso drama. Por outro lado, o espírito de Mercedes, quando seu corpo descansa, percorre o astral à minha procura, emanando ondas de rancor.

— Mas ela nunca a encontrou.

— Não pode vir aqui, contudo, sinto seu pensamento atormentado. Quanto a Ronaldo, estou certa de que vamos nos unir novamente. Nosso amor foi muito forte; nossa atração, irresistível. Percebo que a vida nos separou, mas continuamos ligados.

— Acredite em mim: ele sabe a verdade, por esse motivo a perdoou. Depois, vocês sofreram, mudaram, aprenderam. Ele não será mais aquele marido ciumento e agressivo de outros tempos, e você há muito deixou a ambição e a vaidade. Agora, se a vida os reunir, será para restaurar o amor verdadeiro. Você vai ter a chance de refazer sua vida e encontrar a felicidade.

Marilda abanou a cabeça negativamente.

— Não sei. Ele reencarnou em uma família rica, e eu talvez não tenha a mesma sorte. Isso, no entanto, é o de menos; o que mais temo é não conseguir perdoar Mercedes.

— Tenho certeza de que conseguirá. Prometo que estarei sempre a seu lado para ajudá-la.

— Obrigada, querida. Seu apoio me conforta e tranquiliza.

A escuridão desceu de todo, e Vera levantou-se dizendo:

— A noite está bonita. Vamos andar um pouco.

As duas caminharam abraçadas pelo jardim, sentindo o perfume delicioso das flores e olhando o céu estrelado onde a lua brilhava solidária.

Elas não viram que alguém as acompanhava olhando-as com carinho e derramando sobre elas uma chuva de luz. Era um homem de olhos de um azul muito profundo, rosto delicado, cabelos dourados a lhe caírem pelos ombros. Ele caminhava com leveza, enquanto dizia:

— Vá, minha querida. Nós acompanharemos sua trajetória e esperaremos sua volta com o mesmo amor.

Depois, vendo-as entrar no prédio onde residiam, ele abençoou-as e depois se elevou do chão, perdendo-se na escuridão da noite.

Capítulo 1

Marilda estugou o passo, olhando rapidamente para o relógio. Não podia se atrasar. Tinha muito serviço para entregar e não queria chegar tarde em casa naquela noite.

Parou no ponto de ônibus, olhando ansiosa para a curva da rua. Nada de o coletivo aparecer. A condução estava cada dia pior. Se ao menos chegasse logo! A maleta que carregava estava pesada, e ela pousou-a na calçada, encostando-a na perna para segurança.

Cinco minutos depois, o ônibus finalmente parou no ponto, e ela subiu, acomodando-se no banco de trás com a valise no colo. O veículo estava cheio, porém, ela não se importou, pois desceria no ponto final. A loja onde ia entregar a mercadoria era distante e por essa razão acomodou-se o melhor que pôde.

Com o balanço do ônibus, de vez em quando um dos passageiros debruçava-se sobre ela tentando equilibrar-se em pé.

Marilda não se importava. Estava acostumada. Contava dezessete anos e, desde os doze, fazia entrega das mercadorias da mãe nas lojas da periferia. Era graças a isso que elas se sustentavam. Enquanto o pai viveu, elas tiveram uma vida confortável.

Elói era um advogado especializado em Direito de família, muito bem relacionado, que usufruía de sucesso profissional. Quando se casou com Rosana, montou uma bela casa, na qual nada faltava. Marilda nasceu em meio ao conforto e ao amor dos pais. Sua mãe desejava ter outros filhos, mas, devido a um problema após o parto de Marilda, não pôde mais.

A menina foi criada com luxo e frequentou um dos melhores colégios de São Paulo, entretanto, quando ela estava na primeira série do ginásio, Elói foi acometido de um mal súbito e faleceu.

Começou, então, para elas uma vida bem diferente. Apesar de haver ganhado muito dinheiro, Elói não deixara bens para a família. Deixara apenas uma conta bancária com saldo suficiente para Rosana manter durante seis meses o padrão a que estavam habituadas.

Atordoada com a viuvez, ela viu o dinheiro desaparecer da conta. Chegou o dia em que, apavorada, tomou ciência de que o que lhe restava não daria para cobrir as despesas do próximo mês.

A família do marido, apesar de possuir bom patrimônio em imóveis, não tinha renda suficiente para sustentá-las. E, mesmo que tivessem, Rosana não queria viver à custa deles. Estava decidida a trabalhar para manter a filha. Apesar de haver estudado em bons colégios, não tinha profissão nem experiência de trabalho. O que faria, então?

Saiu à procura de emprego, mas logo percebeu que, sem prática, o salário que lhe ofereceriam seria muito baixo, e ela foi forçada a desistir.

As freiras do Colégio São José, onde Rosana estudara, haviam lhe ensinado vários trabalhos manuais, e ela decidiu tentar produzir alguma coisa para vender.

Chamou a filha e colocou-a a par do que estava acontecendo, dizendo que dali em diante teriam de trabalhar e economizar para se manter. Marilda tentou confortar a mãe mostrando-se cooperativa e otimista.

A primeira providência era diminuir as despesas para poder dispor de algum dinheiro com o qual pudessem iniciar. Rosana alugou uma casa pequena em um bairro modesto, procurou um colégio público nas proximidades para Marilda e vendeu grande parte da mobília e dos utensílios domésticos.

A partir daí, a vida das duas modificou-se radicalmente. Rosana confeccionou alguns trabalhos e saiu oferecendo-os às lojas. As primeiras tentativas não deram certo, até que ela teve a ideia de fazer roupas para crianças, com o quê, além de gastar pouco material, permitia que ela usasse seu bom gosto, criando modelos bonitos e práticos. Os pedidos, então, começaram.

Marilda cuidava das tarefas domésticas e ainda encontrava tempo para entregar as encomendas. Havia terminado o colegial, e Rosana desejava que ela entrasse numa universidade, entretanto, Marilda desejava começar a trabalhar em algum escritório. Tinha uma amiga que havia conseguido emprego de escriturária e estava muito contente com o salário.

Apesar de Rosana fazer o que podia para comprar tudo o que Marilda precisava, ela se sentia constrangida por ver a mãe trabalhar tanto. Se arrumasse um emprego, além de ajudar em casa, teria algum dinheiro para as despesas pessoais.

Por esse motivo estava com pressa. Angelina dissera-lhe que no escritório estavam admitindo mais duas moças e ficara de ir à sua casa às sete para ensiná-la a responder o teste e conseguir uma vaga.

Marilda não podia perder a oportunidade. Olhou novamente o relógio: passava das quatro e meia. Teria tempo de chegar em casa no horário?

Finalmente, deixou a mercadoria na loja, recebeu o vale assinado e algum dinheiro da venda anterior. Tomou o ônibus de volta, colocando a valise vazia no colo.

No meio do trajeto, um rapaz sentou-se a seu lado, mas Marilda não prestou atenção. Olhava pela janela pensando em seus projetos, imaginando o que faria com o dinheiro quando pudesse trabalhar.

De repente, uma freada brusca fez a valise cair de seu colo, e ela se assustou. Imediatamente, o rapaz a apanhou e a devolveu a Marilda, que o fixou. Sentiu-se acanhada por haver se assustado tanto.

Ele era claro, magro, tinha cabelos castanhos e olhos cor de mel. Sorriu, e ela o achou bonito, agradável. Sorriu também, tentando justificar-se.

— Obrigada. Eu estava distraída e me assustei.

— É natural. — Ele fez ligeira pausa e continuou: — Você mora por aqui?

— Não. Estou de passagem.

— Então é isso. Eu tomo sempre este ônibus e nunca a encontrei. Meu nome é Ronaldo. Ele estendeu a mão, que ela apertou dizendo:

— Marilda.

Foram conversando sobre assuntos gerais e, quando chegaram ao centro da cidade, ele desceu primeiro e estendeu a mão para ajudá-la.

— A conversa está muito agradável. Aceitaria tomar um sorvete, um refrigerante, comer alguma coisa?

— Obrigada, mas preciso ir para casa. É tarde.

— Algum encontro especial?

Marilda sacudiu a cabeça negativamente, movimentando graciosamente os sedosos cabelos que lhe caíam pelos ombros.

— Uma amiga vai em casa às sete. Estou procurando emprego, e ela está me ajudando.

— Ainda é cedo. Acho que teremos tempo pelo menos de tomar alguma coisa.

— Você é muito gentil, mas preciso ir. Moro longe, tenho de tomar outro ônibus, e a esta hora a fila deve estar longa.

— Nesse caso, eu a acompanho e espero seu ônibus chegar. Posso?

— Bem, se isso não o atrasar.

— Não, ainda é cedo. Estou indo para a faculdade. Faço curso noturno.

Conversando, eles se dirigiram para o ponto do ônibus, e realmente a fila estava grande. Ele comentou:

— Ainda bem que está grande, pois assim vai demorar bastante.

Marilda sorriu:

— Tenho pressa de chegar. Está contra mim?

— Nada disso. Estou a meu favor. Não posso negar que me sinto atraído por você. Gostaria de vê-la novamente.

Apanhou um papel no bolso, anotou o telefone e entregou-o a ela.

— Espero que você me telefone o mais breve possível. Agora quero o seu.

— Não tenho telefone.

Eles continuaram conversando, e, quando o ônibus chegou, em vez de despedir-se, Ronaldo subiu com ela e sentou-se a seu lado.

— Você não vai perder sua aula? Eu moro quase no fim da linha.

— Não importa. Amanhã algum colega me passa as matérias. Não posso perder você.

Ela sorriu, e seus olhos brilharam. Quando se acomodaram, ela perguntou:

— Você costuma acompanhar todas as moças que encontra pelo caminho?

— É a primeira vez.

— Vou fazer de conta que acredito.

— Estou lhe dizendo a verdade. Pode crer. Não costumo perder aula. Estou no último ano.

— Que curso você faz?

— Direito.

— Não sabia que havia curso de Direito à noite.

— Começou há pouco tempo. Quando iniciei o curso, eu estudava durante o dia. — Ele hesitou um pouco e continuou: — Quando decidi trabalhar, pensei em deixar a faculdade, mas abriu um curso noturno e pude continuar.

— Teria sido uma pena desistir.

— É. Mas me fale de você. Se não trabalha, o que fazia naquele ônibus?

— Não tenho emprego, mas trabalho desde que meu pai morreu. Minha mãe tem uma pequena confecção, e eu faço as entregas. E você? Vive com a família?

— Não, moro em uma pensão.

— Não tem família?

— Tenho, mas não vivo com eles.

Marilda mudou de assunto, pois não desejava ser indiscreta. Quando ela desceu, ele a acompanhou até a casa.

— É aqui que moro — disse ela parando em frente à porta. Marilda estendeu a mão e continuou: — Obrigada pela companhia, mas preciso entrar. Minha amiga já deve estar lá dentro. É muito importante para mim conseguir esse emprego. Ela vai me ensinar para eu poder passar no teste.

Ronaldo segurou a mão de Marilda, que conservou entre as suas enquanto dizia:

— Está bem. Vou embora. Faço votos de que consiga o emprego. Telefone-me, por favor. Tem o número da empresa onde trabalho e o de minha casa. Prometa que vai ligar amanhã.

— Está bem. Eu ligo.

Num gesto carinhoso, Ronaldo levou a mão dela aos lábios, beijando-a delicadamente.

— Até amanhã.

Marilda estremeceu e respondeu:

— Até amanhã.

Ele se afastou, e ela entrou em casa eufórica. Angelina já havia chegado e foi logo dizendo:

— Você demorou!

— Você disse sete horas, e são sete e cinco. A fila do ônibus estava grande.

Rosana, que entrou na sala, interveio:

— Já estava preocupada.

— Não parei em nenhum lugar. Foi o trânsito mesmo.

— Vamos fazer um lanche, e depois vocês podem estudar.

Depois de comerem, as duas amigas se sentaram à mesa da sala, e Angelina comentou:

— Aconteceu alguma coisa? Você está diferente. Seus olhos estão brilhantes. O que foi?

— Fale baixo. Não quero que mamãe escute, senão, ela ficará preocupada.

— Bem que eu notei que havia alguma coisa. O que foi?

— Conheci um moço no ônibus, e ele me acompanhou até aqui. Quer que eu lhe telefone amanhã.

— Puxa, que bom! Ele é bonito?

— Bonito? Não sei. É elegante, agradável. Quando ele me olha, não sei o que se passa... parece que já o conheço de algum lugar. Até perguntei, mas ele afirma que nunca nos vimos.

— Hmm... pelo jeito, você gostou dele.

— Ainda é cedo para dizer. Não penso em namorar. Agora o que eu quero é arranjar um emprego. Tenho de subir na vida e ganhar dinheiro para minha mãe não ter de trabalhar tanto. A vista dela não anda boa. Já está até usando óculos.

— Então, vamos começar a estudar. Olhe! O que vai cair no teste é mais ou menos isso.

Ela abriu o caderno e mostrou uma folha de papel. As duas debruçaram-se sobre a mesa e começaram a estudar.

Ronaldo subiu no ônibus de volta pensativo, achando que talvez não tivesse feito bem em acompanhar Marilda. Ele havia decidido dedicar-se aos estudos; não podia perder tempo com namoro. Mas lembrou-se do rosto dela, e a atração que sentira voltou. Havia algo em Marilda que o atraía e o fazia esquecer-se de tudo o mais.

Onde teria visto aqueles olhos? Difícil de dizer, mas fitando-os emocionava-se, talvez porque estivesse sensibilizado devido às drásticas mudanças em sua vida.

Lembrou-se dos pais e sentiu o peito oprimido. Por que tivera de ser assim?

Remexeu-se inquieto no banco.

Filho de pais ricos, Ronaldo desfrutara de vida confortável frequentando lugares de luxo e estudando em colégios requintados, entretanto, não se sentia feliz.

Mercedes, sua mãe, bonita e requestada, dava grande importância à vida social, gastando seu tempo nos lugares da moda e nas festas de pessoas influentes, com as quais se relacionava prazerosamente. Alegava que precisavam preservar os valores tradicionais e cultivava regras que julgava indispensáveis às pessoas pertencentes à classe A. Gostava de aparecer nas revistas importantes e ver seus dois filhos brilharem aonde quer que fossem.

Romualdo, seu pai, herdara o nome tradicional e a fortuna de seu avô. Bacharelara-se, porém, não exercia a profissão. Tinha um procurador que cuidava de seu dinheiro, dos inúmeros imóveis, aplicando os rendimentos que se multiplicavam a contento. Por essa razão, ficava cada vez mais rico.

Seu sonho era ser famoso. Aventurara-se nas letras e publicara dois livros, mas os resultados não haviam sido animadores. Romualdo, porém, não desanimava. Mercedes o incentivava. Ela gostava de dizer que seu marido era escritor. Ele era um idealista, um filósofo sonhando com um mundo melhor, assim, continuava tentando.

Rogério, irmão mais velho de Ronaldo, era o filho predileto do casal. Bonito, alegre, bem-disposto, tirava proveito da situação privilegiada da família, levando vida social intensa. Estava em todos os lugares onde estivesse acontecendo alguma coisa importante. Era fotografado constantemente.

Não gostava de estudar, porém, viajara o mundo inteiro e falava muito bem. Matriculara-se em uma faculdade onde comparecia todos os dias, mas quase nunca assistia às aulas. Achava mais fácil manipular as pessoas passando algumas cédulas aqui e ali para conseguir o que queria. Costumava dizer:

— Para que serve o dinheiro se não puder nos poupar trabalho?

Vivia rodeado de amigos sempre dispostos a fazer o que ele pedia em troca de algum dinheiro.

Mercedes adorava o filho. Seus olhos brilhavam quando ele aparecia com aquele jeito descontraído, sempre muito elegante, contando as novidades. Quando ela queria inovar o visual, sempre lhe pedia opinião. Rogério tinha gosto requintado, e ela confiava nele.

Ronaldo sempre fora o oposto. Discreto, introspectivo, preferia lugares calmos, a companhia de pessoas inteligentes, interessantes, sem se preocupar com as aparências ou com os sobrenomes.

Mercedes tinha horror às amizades do filho. Quando ele levava algum colega para casa, tratava logo de indagar a que família pertencia, onde morava. Quando não se tratava de pessoa de sua roda de relações, ela proibia a amizade.

Depois de passar por alguns vexames diante dos amigos, Ronaldo resolveu distanciar-se, preferindo relacionar-se fora de casa.

Ele não gostava das festas ruidosas, da maledicência, da inveja que notava em algumas pessoas. Não entendia como tanto os pais quanto o irmão podiam viver daquela forma fútil e falsa.

Notando a diferença entre os dois irmãos, Mercedes não se conformava e comentava com o marido:

— Não sei a quem esse menino saiu. Em nossa família não há ninguém como ele. Por que não é como Rogério?

— Ronaldo nunca será alguém na vida — dizia Romualdo. — Vai ver que puxou ao tio Zeca, que preferia a companhia dos negros à da corte. Foi o único de que me lembrei.

— Que horror. Isso foi no século passado. Você bem que podia levar esse menino a um psiquiatra.

— Já levei, não se lembra? Não adiantou nada.

Mercedes não se conformava. Ronaldo crescera ouvindo-a dizer que ele não sabia fazer nada, que nunca seria ninguém, que ele deveria ser como Rogério.

Muitas vezes, ouvindo-a falar assim, Ronaldo pensara em fugir de casa, mas não teve coragem. Gostava de estudar e por esse motivo mergulhava nos livros, tirando sempre boas notas. Para os pais, isso não significava muito, mas era uma forma de reação diante da maneira como era tratado.

Sentindo-se desvalorizado, Ronaldo afastou-se cada vez mais do convívio familiar. Mercedes, percebendo que ele não agia como ela queria, acabou desistindo, porém, continuava ostensiva e publicamente demonstrando sua preferência pelo filho mais velho.

Ronaldo sofria calado, mas não queria abdicar de sua maneira de ser. Esperava apenas a maioridade para sair de casa e poder viver a vida como queria, de preferência depois que se formasse na universidade.

Mas não lhe foi possível esperar. Nos últimos tempos, soubera que Rogério se envolvera em aventuras perigosas. Andava se relacionando com Marina, uma mulher casada, cujo marido, muito ciumento, não era muito escrupuloso, apesar de pertencer a uma família importante. Fora envolvido em escândalos ligados ao tráfico de drogas, mas ninguém conseguira provar nada contra ele. Havia muitos comentários em torno dele, homem sempre cercado por guarda-costas a pretexto de proteção por causa de sua fortuna.

Raul Guilherme Maciel casara-se com Marina havia sete anos. Vinte e cinco anos mais velho que ela, uma jovem bonita, alegre, descontraída, apaixonara-se à primeira vista. Sua primeira mulher, com a qual tivera uma filha, não frequentava a sociedade. Fora uma mulher bonita, mas diziam que era doente e por esse motivo nunca acompanhava o marido. Raul nunca falava a respeito da mulher. Levava intensa vida social. Fazia apenas duas semanas que sua mulher havia falecido, quando ele começou a cortejar Marina.

Ninguém comentou sua recente viuvez. Como Angélica nunca aparecia em público, esqueceram-se dela.

A princípio, Marina resistiu alegando não acreditar no amor dele, mas ele passou a assediá-la de todas as formas, cobrindo-a de presentes caros e colocando sua fortuna a seus pés.

Por fim, ela aceitou, e casaram-se. Raul levou-a para morar em sua belíssima casa, e a cada dia ficava mais apaixonado. Apesar do ciúme que o atormentava, sentia-se realizado quando a via brilhar em sociedade, aparecendo cada vez mais bonita, mais elegante, destacando-se das demais. Desfilava orgulhoso ao seu lado, sentindo-se mais envolvido, mais feliz.

Vendo-a desfilar com classe e finura entre as pessoas da mais alta sociedade paulistana, ninguém suspeitaria de sua origem. Para isso, ela rompera com a família que residia na periferia a pretexto de que eles não concordavam que ela se casasse com um homem mais velho. A verdade, porém, é que Marina sentia vergonha de seus pais e não queria que ninguém os conhecesse.

Ronaldo, ao saber que Rogério estava se envolvendo com ela e que aquilo já estava sendo comentado à boca pequena, conversou com o irmão, tentando alertá-lo para os perigos a que se expunha.

Rogério ouviu-o com um sorriso despreocupado, com pouca atenção, e tentou interrompê-lo.

— O que é isso agora? Vai se intrometer em minha vida? Sei o que estou fazendo.

— Não quero me intrometer, mas esse relacionamento é perigoso. Se o doutor Raul descobrir, você estará perdido.

— Ele é ciumento, mas não tenho medo. Sei como fazer as coisas. Depois, esse fato torna o caso mais atraente. O risco é o mais emocionante.

— Pense um pouco, Rogério. Ele vive rodeado de capangas, tem fama de mafioso. Não é pessoa confiável. Você pode se complicar.

— Pare com isso. Vá cuidar de sua vida! Eu gosto de Marina. Não estou disposto a aturar seu moralismo. Me deixe em paz.

Percebendo que Rogério continuava com ela e notando que parecia cada dia mais apaixonado, Ronaldo procurou o pai e falou de sua preocupação, pedindo-lhe que interferisse.

Romualdo ouviu-o surpreendido e no fim comentou:

— O que é isso? Seu irmão sabe o que está fazendo. Qual jovem de nossa sociedade nunca se relacionou com uma mulher casada? Só você mesmo, com esse seu moralismo.

Ronaldo ainda tentou argumentar:

— Mas, pai, o marido dela é um homem perigoso. Rogério está correndo perigo. Já pensou se o doutor Raul descobre?

— Raul é um homem moderno, de sociedade. Dá liberdade à mulher. Se descobrir, não vai fazer nada. Você está exagerando.

— Falam que ele é mafioso.

— Boatos, meu filho, boatos. Inveja, porque o homem é muito rico e é pessoa de sucesso.

— Quer dizer que não vai falar com Rogério?

Romualdo remexeu-se inquieto na poltrona.

— Claro que não. Sabe o que penso? Que você está com inveja de seu irmão. Coisa feia isso! Por que você não cuida de sua vida e faz como ele?

Ronaldo baixou a cabeça e não respondeu. Era inútil fazê-lo entender. Decidiu desistir. Numa manhã, viu a mãe conversando com Rogério, tendo nas mãos um jornal. Eles riam. Mercedes dizia:

— Puxa, meu filho, que ideia! Só você mesmo para ter essa esperteza! Já pensou se ele percebesse que era você quem estava lá?

— Que nada, mãe. Marina fingiu muito bem. Você precisava ver. Ela teve ataques nervosos. Enquanto ele a socorria, pude escapar tranquilamente pela janela e sair.

Mercedes ficou séria.

— Meu filho, que perigo! Ir à casa dela?! Onde já se viu? Por que não se encontram em outro lugar?

— Ele estava fora e só voltaria em dois dias. Quando chegou, foi surpresa mesmo.

— Prometa que não irá mais à casa dela. É perigoso!

— Foi divino! Raul pensa que é esperto, mas nós somos mais.

— E os guarda-costas? Não viram você?

— Não. Só havia um, e os criados dormiam. Entrei pelos fundos, e ele não me viu. Foi muito excitante. Os outros só chegaram com Raul. Não perceberam nada. Ficaram do lado de fora. Raul entrou e bateu na porta do quarto chamando por ela. Peguei as roupas e saí para a varanda. Marina ganhava tempo dizendo que não podia abrir. Ele quis saber o porquê, então, ele chamou os três guardas para arrombarem a porta. Ela gritava para que não fizessem aquilo, porque estava correndo perigo. Àquela altura, ela me fazia gestos para que eu saísse pelo jardim, pela porta dos fundos, da qual tenho chave. Depois que saí, ela abriu a porta. Saiu abrindo gavetas, escondeu algumas joias e fez a cena. Além disso, fingiu que estava passando mal. Enquanto a socorriam, eu, que havia deixado o carro na rua de trás, estava a caminho de casa.

Ronaldo estava admirado. Como sua mãe podia achar graça em uma situação daquelas? Entrou na sala, apanhou o jornal e leu: "Casa do doutor Raul Guilherme Maciel foi assaltada nessa madrugada. O ladrão conseguiu fugir levando algumas joias."

Ronaldo não se conteve:

— Espero que depois dessa você desista dessa loucura.

— Isso não é de sua conta — respondeu Rogério com raiva.
— Você sempre desmancha prazeres. É incapaz de apreciar uma boa aventura.

Ronaldo olhou para a mãe esperando que ela interferisse e, como continuou calada, ele respondeu:

— Você está desafiando a vida. Isso não vai dar bom resultado. Está na hora de pensar um pouco no que está fazendo.

— Está vendo, mãe? Ele agora quer me dar conselhos! Acha que vou tolerar isso? Quem você pensa que é? Um pobre diabo que não consegue ser nada na vida, apesar de ter nascido em uma família privilegiada. Recolha-se à sua insignificância, se não quiser que eu perca a paciência.

Mercedes interveio:

— É isso mesmo, Ronaldo. Seu irmão tem razão. Em vez de ficar despeitado com o sucesso dele, por que não trata de fazer alguma coisa por si? Até quando vamos ter de empurrá-lo para ver se vai para frente?

Ronaldo empalideceu. Aquela situação era insustentável. Decidiu:

— Não se preocupe comigo, mãe. Daqui para frente, não vou incomodá-los mais. Nós pensamos de forma diferente, e não adianta eu querer que nos entendamos. Vou embora hoje mesmo para cuidar de minha vida.

Mercedes surpreendeu-se e arriscou:

— Vai embora? Como pensa que vai viver? Acha que seu pai vai sustentar sua rebeldia lá fora?

— Não quero nada de vocês. Posso trabalhar.

— O que vai fazer? — ironizou Rogério. — Trabalhar em quê? Você nem está formado ainda.

— Darei um jeito.

Com o coração apertado, Ronaldo foi para o quarto e arrumou suas coisas. No fim da tarde, carregando as malas, deixou a casa dos pais.

Quando Romualdo chegou, Mercedes contou o que tinha acontecido, e ele comentou:

— Ronaldo foi, mas volta. Vai precisar de dinheiro para viver. Enquanto estiver fora, não lhe darei nem um centavo.

Mercedes concordou:

— É bom mesmo. Ele precisa de uma lição. Vai voltar humilde e prestativo.

Mas Ronaldo não voltou. Foi para uma pensão modesta, arrumou um emprego em um escritório e manteve-se afastado da família. No trabalho, procurava fazer o máximo, aprendendo tudo o que podia com os colegas. Desejava progredir e para isso sabia que precisava se preparar muito bem. Simpático, sempre disposto ao trabalho, dotado de boa vontade e capricho, a cada dia se firmava mais na empresa em que trabalhava.

Vez por outra, acompanhava nos jornais as notícias sociais. Seus pais nunca o procuraram naquele ano em que esteve fora, e ele também não os procurou. Haveria de mostrar-lhes que era capaz de cuidar muito bem de sua vida.

Ronaldo desceu do ônibus e dirigiu-se para a faculdade. Apesar da disposição de não se envolver com ninguém, o rosto de Marilda não lhe saía do pensamento. De onde a conhecia?

Ela não era de sua roda de amizades, entretanto, sua figura era-lhe familiar. Pensou em procurá-la no fim de semana. Desde que deixou a casa paterna, passava os fins de semana sozinho. Tinha facilidade para fazer amigos, porém, em vez dos almoços familiares para os quais era convidado, das festinhas de aniversário e dos passatempos nos clubes, preferia ir ao teatro, ao cinema, visitar museus e exposições de arte. Tinha gosto apurado, diferentemente dos companheiros de trabalho.

No início, chegou a aceitar alguns convites, mas descobriu que não se interessava por suas conversas, nem por seus entretenimentos. Conservando um bom relacionamento, mostrou seus verdadeiros interesses, e, como os outros não compartilhavam de seus gostos, a situação acomodou-se com naturalidade.

A semana passou, e Marilda não telefonou. Ronaldo sentiu-se um pouco decepcionado e tentou conformar-se. Talvez fosse melhor assim. Ele não estava preparado para se apaixonar. Não podia desviar-se de seus objetivos. No fim do ano estaria formado, mas ainda teria de fazer carreira, o que não seria fácil.

Mas, à medida que o tempo passava, ele sentia vontade de procurar Marilda. Talvez ela não fosse o que ele imaginara, e a convivência com ela, em vez de estreitar a amizade, pudesse fazê-lo desinteressar-se pela moça. Afinal, haviam conversado apenas meia hora, e as aparências enganam. Precisava encontrá-la de novo para certificar-se.

No sábado foi ao cinema, mas o filme não o agradou. Seu pensamento ia para o rosto jovem e bonito de Marilda. Então, decidiu: no dia seguinte iria até a casa dela.

Passava das quatro da tarde do domingo, quando Ronaldo desceu do ônibus perto da residência de Marilda. Passou em frente à casa e foi até o bar que ficava na esquina. Não teve coragem de tocar a campainha. Não conhecia a família e não desejava ser importuno.

As janelas estavam abertas. Ele pediu um guaraná e, enquanto tomava, não tirava os olhos da casa. Viu quando uma moça passou pelo bar, atravessou a rua e foi tocar a campainha da casa de Marilda.

Marilda saiu ao jardim e abriu o portão. Ele foi para a porta do bar. As duas olharam para Ronaldo, que as cumprimentou. Marilda fez-lhe sinal para que esperasse, e as duas entraram na casa. Depois de alguns minutos, saíram e caminharam até a esquina.

Ronaldo foi ter com elas.

— Pensei que você nunca fosse sair! — disse ele sorrindo.

— Eu não sabia que estava aqui! — respondeu ela. — Foi Angelina quem me avisou. Esta é minha amiga que está me ajudando com o emprego.

— Obrigado, Angelina. Fez-me um grande favor.

— Eu moro logo ali. De minha casa, eu o vi olhando para a casa dela e imaginei que fosse o rapaz que ela conheceu dias atrás. Por essa razão, vim até aqui.

— Podia ter tocado a campainha — esclareceu Marilda.

— Não quis incomodar sua mãe. Depois, você poderia estar ocupada, afinal, vim sem avisar. Você não tem telefone e não me ligou.

— Bem, vocês vão me dar licença — interrompeu Angelina. — Preciso ir. Tenho visitas em casa e minha mãe precisa de mim. Tchau. Prazer em conhecê-lo.

— Tchau. Obrigado pela ajuda.

Depois que ela se foi, Ronaldo convidou:

— Vamos dar uma volta? A tarde está tão bonita!

Marilda concordou, e os dois foram andando. Alguns quarteirões adiante havia uma praça com bancos, e eles se sentaram. Havia crianças brincando, e eles procuraram um canto sossegado.

O imprevisto colocara um rubor no rosto de Marilda, tornando-a mais bonita. Ronaldo não se conteve:

— Todos esses dias, fiquei esperando que me telefonasse.

Ela baixou a cabeça e confessou:

— Senti vontade, mas não tive coragem.

— Por quê? Eu estava esperando ansioso.

— Não sei... Na verdade não tenho o hábito de telefonar para rapazes. Não saberia o que dizer.

— Desejou mesmo falar comigo? Não está querendo ser gentil? Diga a verdade.

Marilda levantou os olhos para ele e disse séria:

— Quer saber mesmo? Tive medo.

— Medo? Por quê? Você não me conhece, mas lhe garanto que sou pessoa de bem.

— Não é isso...

— O que é, então?

— É que sinto uma emoção muito forte quando penso em você e tenho medo disso. Parece que já o conheço de algum lugar. Não sei explicar e temo que não sinta o mesmo. Não quero sofrer nem parecer que estou correndo atrás de você.

Ronaldo segurou a mão dela e apertou-a emocionado. Marilda continuou:

— Nunca senti isso antes. Tenho conhecido rapazes, até saído com alguns, mas nunca senti isso. Por isso não telefonei. Pensei que seria melhor não o encontrar de novo.

Ronaldo levou a mão dela aos lábios, beijando-a com delicadeza. Marilda estremeceu quando ele disse:

— Aconteceu o mesmo comigo. Cheguei a desejar que não me telefonasse, com receio de me envolver, mas não consegui conter o desejo de vê-la. Por isso vim. Tive vontade de saber se o que estava sentindo era real ou fruto de minha imaginação. Mas agora que estamos juntos, sabendo que você sente o mesmo por mim, acho que estamos envolvidos desde nosso primeiro encontro. Não vai dar mais para fugir.

— Não sei o que dizer. É a primeira vez que sinto isso.

— Eu também. Você precisa saber que nunca namorei sério. Aliás, não estava em meus planos, por enquanto, me prender. Tenho me esforçado para me manter e estudar. Pretendo fazer carreira, ser um bom profissional, e isso leva tempo, requer esforço. Depois, o que ganho mal dá para minhas despesas, e isso só vai mudar depois que eu me formar.

— Você não tem família?

— Tenho, mas não desejo ser-lhes um peso. Quero subir na vida com meu esforço. Em resumo, não posso contar com minha família para nada. Por esse motivo, vivo longe deles e procuro abrir meu próprio caminho.

— Você está certo. Eu não gostaria de atrapalhar seus projetos.

— Eu tinha medo de me envolver, mas, já que estou envolvido, se me afastar de você será pior. Ontem, fui ao cinema e não consegui prestar atenção ao filme. Seu rosto não saía de meu pensamento. Em vez de me distrair, fiquei de mau humor. Acho que não há remédio — finalizou ele, sorrindo.

Marilda também sorriu, e seus olhos brilharam de emoção.

— Nesse caso, poderemos nos ver de vez em quando, sempre que não atrapalhar seus estudos.

— O que você gosta de fazer nos fins de semana?

— O que eu gosto, não posso fazer, mas me conformo, porque minha mãe já trabalha muito e não quero que ela se sacrifique mais por mim.

Os dois continuaram conversando animadamente, esquecidos de tudo, olhos nos olhos, descobrindo aos poucos o sentimento que aflorava, dando um colorido novo em suas vidas.

Capítulo 2

Romualdo chegou em casa preocupado. Assim que entrou, indagou à criada:

— Mercedes está em casa?

— Sim, senhor. Está no quarto.

Ele subiu as escadas e encontrou a mulher no sofá, folheando uma revista. Vendo-o, ela levantou os olhos e perguntou, surpresa:

— Já em casa? Aconteceu alguma coisa?

A tarde estava no fim, e, ao escurecer, ele costumava ir ao clube para conversar com os amigos, tomar aperitivos e fazer hora para o jantar.

— Uma notícia surpreendente. Leu os jornais da tarde?

— Não.

— Tentaram matar Raul Guilherme. Está no hospital, parece que em estado grave. Mercedes levantou-se assustada:

— Não diga! A polícia sabe quem foi?

— Não. O quarto estava todo revirado, e ele estava caído desmaiado. Levou dois tiros e perdeu muito sangue.

— E Marina?

— Aconteceu pouco antes do jantar. Marina não estava; havia ido visitar uma amiga doente. A criada ouviu ruídos, subiu, mas ficou do lado de fora com medo de entrar. Ouviu gemidos, então, abriu a porta e o encontrou.

— Deve ter sido um assalto. Marina vive exibindo suas joias.

— O jornal disse que não levaram nada. O delegado acredita que tenha sido alguma vingança.

— Será? Raul é tão amável com todas as pessoas! Um homem gentil, educado, instruído. Não deve ter inimigos. Só pode ser inveja por causa de seu dinheiro.

Romualdo fechou a porta, aproximou-se e sentou-se ao lado dela no sofá, dizendo baixinho:

— Estou preocupado com essa história de Rogério estar de caso com Marina.

Mercedes arqueou as sobrancelhas, em um gesto muito seu quando desejava entender melhor alguma coisa, e indagou:

— Por quê? Ele não tem nada a ver com isso.

— Não sei, não. Já pensou se Raul entrou no quarto e surpreendeu os dois juntos? Pode ter partido para a briga, puxado a arma. Nesse caso, Rogério poderia ter reagido para se defender.

Mercedes abanou a cabeça, dizendo admirada:

— Que fantasia é essa? Você anda lendo muitos romances de folhetim! De onde tirou essa ideia?

— Isso me ocorreu. Ultimamente, tenho observado que ele tem facilitado muito. Fica ao lado dela publicamente, demonstra seu interesse. Todos comentam que ele está apaixonado por Marina, e Raul pode ter desconfiado.

— Você mesmo disse que ela nem estava em casa. Além disso, Rogério nunca teria a péssima ideia de tentar matá-lo.

— Não sei, mas essa história está me angustiando. Mesmo que não tenha sido nada com ele, a polícia vai investigar, levantar os suspeitos e pode descobrir a ligação de Rogério com Marina. Isso pode dar uma confusão dos diabos. Vou falar com ele. Precisa terminar esse caso o mais rápido possível.

— Talvez seja melhor mesmo. Estou cansada de ouvir falar disso.

— Vou conversar com ele hoje mesmo. Sabe se virá para o jantar?

— Não sei. Não avisou nada.

— Seja como for, vou esperá-lo acordado. Alguma coisa me diz que esse assunto pode nos trazer problemas.

Mercedes deu de ombros:

— Não creio. Rogério sempre sabe o que faz.

Passava das duas, quando Rogério finalmente entrou em casa. Havia bebido um pouco além da conta. Romualdo esperava-o na sala lendo e, ao vê-lo passar pelo *hall*, levantou-se e foi ter com ele:

— Finalmente chegou. Precisamos conversar.

— Agora? Estou morto de sono. Tive um dia cheio! Vamos deixar para amanhã. Preciso dormir.

— Não. Tem de ser agora. Fiquei o esperando para isso.

Rogério olhou-o hesitante e depois disse:

— Não estou muito bem para conversas. Exagerei um pouco no uísque e estou um pouco atordoado.

— Você está bêbado, é isso o que quer dizer.

— Não exagere, pai. Estou só um pouco alegre. Estive com alguns amigos. Conversa vai, conversa vem, de repente subiu, sabe como é isso...

— Eu sei. Aliás, ultimamente você tem exagerado um pouco.

— O que é isso, velho? Vai querer me controlar agora? Não sou mais criança; sei o que estou fazendo.

— Não tenho tanta certeza. Já soube o que aconteceu com o doutor Raul Guilherme?

Rogério sobressaltou-se e respondeu:

— Não. O que foi?

— Tentaram matá-lo. Está internado em estado grave no hospital.

— Não diga! Como soube?

— Está no jornal da tarde. Seus amigos não comentaram nada com você?

— Não. Acho que eles não leem jornal. Falamos de outras coisas. Foi para me dizer isso que me esperou até agora?

— Foi. A polícia vai investigar. Já pensou se descobrirem sua ligação com Marina? Você pode ser arrolado como suspeito.

Rogério olhou o pai com preocupação.

— Você acha?

— Acho! Principalmente se não descobrirem quem foi. Esperei para lhe dizer que está na hora de acabar com seu caso com Marina. Perdeu a graça e se tornou perigoso.

29

Rogério fez um gesto evasivo.

— Não se preocupe. Sei como fazer as coisas. Está tudo sob meu controle. Não tenho nada com o ocorrido, e não há o que temer. Agora vou dormir, pois estou pregado. Meus olhos estão fechando sem que eu queira.

Romualdo concordou:

— Vá, filho, durma. Mas amanhã cedo, quando estiver sóbrio, conversaremos melhor.

Depois que Rogério subiu as escadas segurando-se para não cair, Romualdo deixou-se desabar na poltrona. Pela primeira vez, começou a questionar se tudo estava bem como ele imaginava. Um filho fora de casa e o outro que era seu enlevo, sua admiração, enveredando por um caminho perigoso.

Aquilo não podia continuar. Ele precisava reagir, fazer alguma coisa. No dia seguinte, conversaria seriamente com Rogério. Precisava ter certeza de que aquela impressão desagradável que sentira, vendo-o chegar embriagado, fora um momento passageiro e sem importância.

No dia seguinte, Romualdo levantou-se cedo. Apesar de tentar acalmar-se, dizendo que aquele temor era infundado, que estava exagerando e que nada de mau iria acontecer com o filho, não conseguira dormir. Revirara-se no leito, insone, e, quando conseguiu pegar no sono, teve um pesadelo terrível. Sonhou que viu um vulto atacar Rogério com uma faca e que ele tombara em uma poça de sangue. Acordou suando frio e viu Mercedes dormindo tranquila a seu lado.

"Foi um pesadelo!", pensou aliviado.

A partir daquele momento, contudo, não conseguiu mais pegar no sono. Eram sete horas, e ele já estava na copa em busca do café. Depois de tomar uma xícara, foi para seu escritório e afundou-se em uma poltrona.

O que estava acontecendo com ele? Nunca fora dado a tragédias. Por que agora esse medo horrível? Seria um pressentimento?

Não, não podia ser. Não acreditava nessas coisas. Certamente ficara impressionado com o atentado que Raul sofrera. Não podia deixar-se dominar por aqueles pensamentos. Conhecia pessoas que haviam começado assim e se tornaram viciadas em remédios, com medo da própria sombra.

Ele não era um fraco, um ignorante. Era um homem instruído, com uma vida invejável. Tudo dera sempre certo para ele. Não seria agora que as coisas iriam mudar.

Romualdo sacudiu os ombros como se tentasse jogar fora o peso daqueles pensamentos e resolveu que o melhor seria escrever. Fazia uma semana que não se sentava para dar continuidade a seu romance. Os livros de contos que escrevera não haviam tido sucesso. Mercedes garantia que eram muito inteligentes e bem escritos, mas, mesmo assim, sugeriu-lhe um romance.

— As pessoas adoram ler histórias longas. Esses escritores é que fazem sucesso. É isso que você deve fazer.

Mercedes sabia o que estava dizendo. Em sua casa havia muitos romances que ela comprava logo que eram lançados. Ele nunca os lera, mas a esposa se entretinha bastante.

Fazia um mês que Romualdo iniciara o livro, lembrando-se de alguns fatos que seus pais contavam sobre amigos da família. Escolheu um e estava escrevendo o resumo da história para depois romanceá-la.

Mas estava difícil, e nos últimos dias não tivera vontade de escrever. Não sentia inspiração. Havia lido biografias de autores famosos, nas quais eles declaravam que, para escrever, precisavam aguardar o momento sagrado da inspiração. Quando isso acontecia, então era hora de escrever.

O problema é que ele não sabia como se inspirar. Na verdade, preferia uma boa conversa com os amigos e outros entretenimentos, no entanto, não desistia. Não pretendia advogar; gostava de ser escritor.

Depois, quando queria descansar um pouco sem que o incomodassem, fechava-se no escritório e pedia para não ser interrompido. Todos respeitavam.

Romualdo foi até a escrivaninha, apanhou o resumo que estava escrevendo, colocou-o sobre a mesa, sentou-se e começou a ler o que escrevera, esforçando-se para concatenar as ideias.

Tratava-se de um drama, e ele logo imaginou que aquela tragédia em que havia adultério, morte poderia acontecer com Rogério. Largou os papéis novamente angustiado. Por que preferia um drama a uma comédia?

Mercedes dissera-lhe que as pessoas preferem as histórias tristes, cheias de crueldade e sofrimento. Devia ser verdade, porque tanto nos jornais quanto na televisão todos davam prioridade às tragédias.

Levantou-se e dirigiu-se à copa, onde encontrou Mercedes tomando café.

— Você madrugou! Aconteceu alguma coisa?

Romualdo se sentou ao lado da esposa e respondeu:

— Tive uma noite de cão. No pouco que dormi, tive um pesadelo horrível. Estou indisposto, angustiado...

— Ficou impressionado com aquele caso de ontem? É melhor não pensar mais nisso. Está fazendo um cavalo de batalha sem razão.

— Fiquei esperando Rogério e não gostei do que vi.

Ela se sobressaltou:

— O que foi que você viu?

— Ele chegou bêbado. Não gosto de ver meus filhos nesse estado. É humilhante.

— Que exagero! Quem na juventude não tomou um ou outro porre? Você mesmo já teve seus momentos.

— Raros, por sinal. Não precisa me lembrar deles.

— Rogério bebe socialmente. Não é um viciado.

— Ele mal se sustinha sobre as pernas. Com o tempo, pode vir a se viciar.

— Deus nos livre! Vire essa boca para lá! Que ideia faz de nosso filho! Ele é um rapaz de classe, fino, instruído e bem-educado. Ele sabe o que está fazendo.

— Espero que você esteja certa, afinal, não consegui conversar com ele. Pelo jeito, Rogério vai acordar tarde, como tem feito nos últimos tempos.

— Deixe de implicar com o menino. Está falando como Ronaldo, percebeu?

Romualdo mordeu os lábios e calou-se. Mercedes tinha razão. Estava se deixando levar por um excesso de zelo que não se justificava. O melhor era esquecer o assunto e pronto.

— Acho que estou exagerando mesmo. Você tem razão: vamos esquecer esse assunto desagradável.

Apanhou a xícara e serviu-se de café com leite, pão, queijo e manteiga. A vida era maravilhosa, e ele não podia se preocupar à toa.

Passava da uma, quando Rogério se levantou. Barbeou-se, tomou um banho e desceu para o almoço bem-arrumado e perfumado como sempre.

Vendo-o, Romualdo esqueceu a preocupação da véspera. Seu filho continuava bem-posto, e tudo estava muito bem. Por essa razão, não tocou no assunto durante o almoço. Quando foram tomar o café na sala de estar, Rogério tornou:

— O que aconteceu com Raul Guilherme? Tenho uma vaga ideia de que você me falou alguma coisa sobre ele ontem à noite.

— Ele sofreu um atentado e está muito mal no hospital.

Rogério deu de ombros e comentou:

— Isso teria de acontecer um dia. Ele tem muitos inimigos.

Romualdo olhou em volta e, vendo que Mercedes não estava presente, disse baixinho:

— Seria bom que você acabasse seu caso com Marina. Sabe como é... a polícia está investigando e, se descobrirem sua ligação com ela, pode nos trazer problemas.

— Você acha?

— Acho. Além disso, já faz tempo que você está mantendo isso. Não é prudente. Sabe como as mulheres se enrabicham. Pode ser difícil acabar.

Rogério olhou sério o pai e ficou pensativo por alguns instantes. Depois disse:

— Você pode ter razão. Vou pensar seriamente nisso.

Romualdo sorriu satisfeito.

— Isso mesmo, meu filho. Livre-se dela enquanto pode.

A postura do filho tranquilizou Romualdo completamente. Por essa razão, ele resolveu descansar um pouco. Foi para o quarto e deitou-se. Satisfeito, planejou dormir até a hora de ir ao clube encontrar os amigos.

Depois que o pai se retirou, Rogério passou a mão nos cabelos, e sua expressão modificou-se. Ele sentia que precisava acabar seu relacionamento com Marina, porém, se sentia a cada dia mais preso aos encantos dela.

Rogério entrara naquela aventura atraído pela beleza de Marina, pela situação de perigo, como um divertido passatempo, contudo, ela se mostrara imprevisível. Cada dia, inventava uma forma de interessá-lo. Quando pensava que ela estava apaixonada, Marina revelava-se fria, evitava-o, dificultava os encontros, mostrava-se esquiva, e isso acendia ainda mais o interesse dele, habituado a ser paparicado pelas mulheres.

Algumas vezes, ela mostrava-se amorosa, submissa; em outras, exigente, indiferente, altiva, intocável. Depois de três anos de ligação, reconhecia que estava apaixonado. Quando não estavam juntos, pensava nela todo o tempo. Não conseguia interessar-se por outra mulher e custava-lhe conter-se diante das pessoas, principalmente do marido de Marina.

O caso estava sendo muito comentado, e era de se admirar que Raul ainda não o soubesse. A prudência mandava-o recuar, deixar Marina, acabar com aquela dependência, mas, quando ela aparecia, ele esquecia seus propósitos e corria atrás de novos encontros.

Não se sentia preocupado com as investigações da polícia e fazia votos de que Raul não resistisse aos ferimentos e morresse, deixando o caminho livre para ele.

Rogério resolveu ligar para Marina e informar-se do estado de Raul.

— Dona Marina não está.

— Sabe quando estará de volta?

— Não. Foi ao hospital e não disse quando voltaria.

— Gostaria de saber do estado de saúde do doutor Raul Guilherme.

— Continua na mesma, senhor Rogério. — A criada conhecia a voz do rapaz.

Ele respondeu explicando:

— Meus pais estão preocupados com o que aconteceu e me pediram para ligar. Obrigado.

Rogério sentiu vontade de ir ao hospital, mas conteve-se. A polícia estava vigiando, e ele não queria levantar suspeitas. O jeito era ligar mais tarde. Depois do que aconteceu com Raul, Marina afastara-se da vida social, e ele não teria como encontrá-la.

Marina sempre se dizia apaixonada pelo marido e aparecia em toda parte fazendo o papel de mulher dedicada, mas ele sabia que ela não amava Raul. Fingia por conveniência ou até por medo, pois o marido era muito ciumento e tornava-se violento quando se zangava.

Talvez por isso ela mentisse até para Rogério, porque dizia amar o marido e nunca ter a intenção de deixá-lo.

— Você diz isso, mas eu não acredito. Se o amasse, não estaria na cama comigo agora. Ela respondeu:

— Há muitas formas de amor. Eu gosto de todas e sempre tiro de cada uma o que me pode oferecer.

De vez em quando, Rogério pensava que o melhor seria desligar-se de Marina. Ela era volúvel e, quanto mais ele se interessava pela moça, mais Marina se mostrava livre, disposta a viver sua vida como lhe aprouvesse, sem compromissos ou responsabilidades.

Marina nunca lhe escondera esse lado nem lhe pedira nada. Rogério estava sendo atraído exatamente por isso. Nunca se sentira seguro com a moça e tinha a sensação de que ela sempre escorregava por entre seus dedos, sem que ele pudesse segurá-la. Cada encontro poderia ser o último, cada momento poderia ser definitivo, cada conversa poderia ser um adeus.

Ao pensar nisso, Rogério estremeceu, pois não estava preparado para deixá-la. Talvez seu pai estivesse certo: melhor seria acabar com aquela angústia, tentar interessar-se por outras coisas. Reconhecia que, nos últimos tempos, só fazia sentido o que se relacionava a Marina.

Rogério sacudiu a cabeça como para afastar os pensamentos desagradáveis e decidiu sair, encontrar os amigos, procurar distração.

Foi ao clube e reuniu-se com alguns conhecidos. Os comentários eram todos sobre o atentado contra Raul. Olhavam para Rogério com malícia, e até um deles chegou a comentar:

— Quem será que deu esses tiros? Talvez um amante apaixonado pela bela Marina!

Ao que o outro aduziu:

— Por que não? Assim o caminho ficaria livre para ele, inclusive com uma bela fortuna. Dizem que Raul e Marina são casados com comunhão de bens...

Rogério fingiu não entender e comentou:

— Cuidado com o que dizem. O doutor Raul Guilherme é ciumento. Está ferido, mas vivo. Se ele os escutar, pode querer defender a honra da mulher.

— Está com medo?

— Eu?! Por que teria?

— Por nada. É que você sempre tem sido visto ao lado da mulher dele. Dizem até que está apaixonado...

— Melhor não brincar com essas coisas. Marina é minha amiga, mas entre nós não há nada; apenas uma boa amizade.

Eles riram, e Rogério fingiu-se despreocupado, sorriu e cumprimentou algumas moças que estavam do lado. Acabou indo conversar com elas e sentiu que, para acabar com aqueles comentários, precisava mostrar-se interessado por outras mulheres para, assim, desviar a atenção deles. Foi recebido pelas moças com alegria e, satisfeito, achou que seu jogo estava dando certo.

Rogério ficou por lá algumas horas. Conversou com as moças e mostrou-se alegre, divertido, calmo, contudo, assim que saiu do clube, sua fisionomia tornou-se sombria e angustiada.

Apesar do esforço, Marina não lhe saiu do pensamento. O tempo todo desejou sair dali, procurá-la, saber o que estava acontecendo.

Passava da meia-noite, quando ele chegou a casa e foi direto para o quarto. Apanhou o telefone, discou o número de Marina e estremeceu ao ouvir sua vo:

— Alô.

— Marina, sou eu. Não nos falamos depois do que aconteceu com seu marido. Como vão as coisas?

— Mal. Cheguei há pouco do hospital. Estou arrasada.

— Apesar de tudo, precisa manter a calma.

— Se ele morrer, não sei o que farei da vida. Sinto que não posso viver sem ele.

Apesar das circunstâncias, Rogério sentiu que ela estava sendo sincera e não teve coragem de dizer o que sentia.

— Ele é forte e saudável. Vai reagir, melhorar. Você vai ver.

— Os médicos não garantem nada. Dizem que é preciso esperar. Não suporto mais esta agonia. Estou a ponto de estourar.

— Se quiser, irei até aí para confortá-la.

— Estou cansada. Vou tomar um tranquilizante e tentar dormir. Amanhã bem cedo, quero voltar ao hospital.

— Não gosto de vê-la sofrendo assim. Gostaria de ajudá-la de alguma forma. Se houver alguma coisa que eu possa fazer...

— O que desejo você não pode me dar. Vou desligar agora e tentar dormir.

— Está bem. Lembre-se de que estou ao seu lado para o que der e vier. Se precisar, não hesite em me chamar a qualquer hora.

— Boa noite.

Marina desligou, e ele sentou-se na cama pensativo. Ela era desconcertante. Não conseguia entender. Se amava o marido, por que o traía? Rogério sabia que ele não fora o primeiro amante de Marina depois do casamento. Às vezes, desconfiava até de que não era o único.

Se tivesse juízo, esqueceria de vez aquela mulher. No dia seguinte, voltaria a frequentar as rodas sociais em busca de um novo interesse. Nos últimos tempos, mostrara-se muito interessado em Marina, o que não era seu costume. Talvez por esse motivo ela o estivesse tratando com displicência.

Para esquecer uma paixão, nada como procurar outra. Talvez com isso ela até mostrasse mais interesse. Estava habituado a ser valorizado pelas mulheres. Marina teria de reconhecer isso.

Nessa disposição, preparou-se para dormir. Deitou-se, mas, apesar das decisões que tomara, ficou revirando-se na cama e custou a pegar no sono. Adormeceu, mas foi perturbado por um pesadelo no qual Marina aparecia com o rosto modificado, cheio de ódio, dizendo que o desprezava e que ele era culpado pela morte de Raul.

Rogério acordou suando frio, levantou-se, foi à copa e tomou um copo de água, repetindo para si mesmo que aquilo fora apenas um pesadelo. Apesar disso, voltou ao quarto e não conseguiu mais dormir. Cochilava e, em vez de cair no sono, estremecia e acordava assustado, como se alguém o estivesse pressionando. Cansado, finalmente adormeceu quando o dia já estava clareando.

Capítulo 3

Marilda levantou-se cedo e arrumou-se com cuidado. Finalmente conseguira o emprego no escritório da seguradora onde Angelina trabalhava.

Desejava apresentar-se bem-arrumada. Sua mãe confeccionara algumas roupas, e ela olhava-se no espelho satisfeita. Estava elegante, porém discreta, como convinha em um ambiente de trabalho.

Estava terminando de tomar o café, quando Angelina chegou para buscá-la.

— O que acha? Estou bem? — perguntou Marilda dando uma volta para a amiga observar.

— Está ótima! Vamos indo, pois não podemos nos atrasar.

As duas saíram sob o olhar comovido e amoroso de Rosana. A filha era sua fortuna. Lamentava que ela não fosse para a faculdade e reconhecia que, com seus minguados recursos, seria muito difícil mantê-la estudando.

Às vezes, perguntava-se por que seu marido morrera tão cedo, deixando-as desamparadas. Ela não fora preparada para enfrentar a vida. Sua mãe a criara para o casamento, como era o costume. Sabia tocar piano, costurar, e aprendera um pouco de francês e espanhol, mas isso não lhe servira de nada.

Preocupava-se com o futuro da filha. Talvez fosse bom mesmo ela começar a trabalhar naquele escritório. O mundo estava mudando, e Rosana preferia que Marilda tivesse uma profissão que lhe garantisse a sobrevivência.

Seu maior medo era morrer e deixar a filha sem sua proteção. Marilda estava se encontrando com um rapaz, mostrava-se muito entusiasmada, mas Rosana não queria que ela se casasse cedo.

Depois, segundo ela lhe dissera, Ronaldo estudava e trabalhava para pagar os estudos. Certamente era pobre. Não que ela fosse interesseira, porém, preferia que, quando Marilda se casasse, garantisse seu futuro. Temia que lhe acontecesse o mesmo que ocorrera a ela.

Passava das sete, quando Marilda voltou do trabalho. Vendo-a, Rosana, que a esperara com ansiedade, perguntou:

— Então, como foi?

— Bem. Fiquei nervosa, com medo de errar, e estou com um pouco de dor de cabeça.

— Foi seu primeiro dia. É natural. Mas você é inteligente e aprende fácil. Não tenha medo.

— Foi o que Angelina me disse. Gostei de meus colegas. Receberam-me com simpatia. Estou decidida a me esforçar para ficar no emprego. Agora vou tomar um banho. Ronaldo ficou de vir às oito, e não quero me atrasar.

— Ele não tem aula hoje?

— Tem, mas disse que já fechou a matéria e pode faltar.

Rosana dissimulou a contrariedade. Marilda precisava descansar, dormir cedo. Não lhe agradava que o rapaz visitasse a filha em dia de semana, mas, quando Marilda apareceu meia hora depois na sala, com os olhos brilhantes, o rosto corado e o sorriso alegre, não teve coragem de comentar, pois o que mais queria era que a moça se sentisse feliz. Apenas perguntou:

— A dor de cabeça passou?

— Sim, e o banho me tirou todo o cansaço. Estou muito bem. São quase oito horas. Vou ver se Ronaldo já chegou.

— Vá jantar primeiro.

— Estou sem fome. Comerei qualquer coisa na volta.

— Nada disso. Não vai sair sem comer. Se ele chegou, vai ter de esperar.

Marilda foi até a varanda e olhou para o bar onde Ronaldo costumava esperá-la. Ele ainda não estava. Rosana apareceu na porta:

— Se não comer, não vai sair.

— Está bem, mãe. Pode deixar que eu mesma farei o prato.

Rosana olhou-a séria, enquanto ela se servia. Como previra, a moça colocou pouca comida no prato. Vendo o ar de censura da mãe, Marilda justificou-se:

— Eu lhe disse que estava sem fome. Angelina me deu um chocolate. Não se preocupe. Estou alimentada.

Marilda comeu depressa, lavou o prato e os talheres e colocou-os no escorredor. Depois, escovou os dentes e retocou a pintura. Quando ia saindo, Rosana recomendou:

— Não volte tarde. Precisa acordar cedo amanhã.

Marilda concordou com a cabeça e saiu. Ronaldo já estava à porta do bar. Vendo-a no portão, aproximou-se e beijou-a delicadamente na face. Depois dos cumprimentos, foram andando de mãos dadas pela calçada, conversando.

Ronaldo sentia que estava apaixonado. Nunca se interessara tanto por uma mulher. Durante o dia, surpreendia-se pensando nela e desejando que o tempo passasse logo para chegar o momento do reencontro.

O sorriso dela deixava-o de bem com a vida. O brilho de seus olhos tocava-o fundo, fazendo-o pensar no futuro de maneira positiva.

Após abandonar as facilidades das quais sempre desfrutou com a família e resolver se sustentar sozinho, Ronaldo passou por algumas dificuldades financeiras e, por essa razão, avaliava a situação de Marilda, admirando o esforço dela para ajudar a mãe nas despesas da casa.

O rapaz pensava em fazer carreira e melhorar as condições financeiras para poder oferecer a ela uma vida confortável. Teriam de esperar algum tempo, mas ele tinha certeza de que um dia conseguiria subir na vida.

Ronaldo nunca falara a Marilda sobre sua família. Era-lhe penoso conversar a respeito. Apesar de haver cortado relações com os pais, muitas vezes sentia saudade deles. Reconhecia que os laços familiares eram fortes e profundos.

Apesar disso, não pensava em voltar a morar na casa dos pais. Mas, no futuro, quando o tempo passasse e ele conseguisse vencer profissionalmente, gostaria de manter um relacionamento familiar amistoso. Tinha certeza de que, então, seria respeitado e poderia conviver melhor com eles.

Marilda falava animada, contando detalhes de seu primeiro dia de trabalho, e ele ouvia a tudo contente, dando uma opinião aqui ou ali, ao mesmo tempo que apreciava as expressões de seu rosto lindo, a respiração leve que lhe entreabria os lábios bem-feitos e o menear de sua cabeça balançando os sedosos cabelos.

Sentaram-se na praça, e Ronaldo abraçou Marilda, beijando-lhe os lábios várias vezes.

— Eu amo você! Estou apaixonado. Não consigo pensar em outra coisa o dia inteiro.

Ela estremeceu de prazer, dizendo baixinho:

— Eu também o amo. Você está em meus pensamentos em todos os momentos. Às vezes, esse sentimento me assusta. Nós nos conhecemos há pouco tempo! Precisamos ir mais devagar. Não podemos mergulhar tão fundo em nossas emoções.

— Por quê não? Somos livres, e nada nos impede de sonharmos com o futuro.

— Esse é o ponto. Ainda é cedo para falarmos disso. Você está estudando, e eu, começando a trabalhar. Minha mãe vive falando que sou muito nova para um relacionamento sério, e sei que ela está certa.

— Só que nós nos amamos. Aconteceu, e isso não tem hora. Tenho pensado muito em nosso futuro. Desejo me casar com você. Claro que teremos de esperar. No momento, não tenho condições financeiras, mas estou bem empregado e com possibilidade de subir na empresa assim que me formar. Só há um obstáculo...

— Qual?

— Você descobrir que não me ama o suficiente e desistir.

— De minha parte, isso nunca acontecerá.

— Nesse caso, do que tem medo? Se temos certeza de nossos sentimentos, vamos planejar nosso futuro.

— Prefiro não pensar. Sugiro continuarmos namorando e voltarmos ao assunto daqui a algum tempo.

— Não. Noto que sua mãe se preocupa quando você sai comigo. Ela não me conhece e teme por sua segurança. Desejo falar com ela, namorar em casa. Quero que ela sinta quanto eu a amo e a respeito, Marilda. Além disso, gostaria que ela sentisse que não a perderá quando nos casarmos. Noto que ela sente ciúme. É natural, afinal, ela só tem você.

— Sinto que ela realmente tem medo disso.

— Eu e ela precisamos nos conhecer melhor, Marilda. Quero que ela sinta que ganhará um filho.

— Ela lutou muito para me criar e educar. Deu-me muito amor. Quando penso em me casar, sinto que terei muita dificuldade de separar-me dela.

— Não precisa. Ela poderá viver conosco. Por esse motivo, desejo me aproximar mais de vocês: para protegê-las e nos tornarmos amigos de verdade.

— Falarei com ela. Talvez não aprove, mas prometo insistir. Reconheço que está certo. Se ela gostar de você, concordará em morar conosco, e tenho certeza de que seremos uma família feliz. Sinto que você também precisa de carinho. Vive longe dos seus, e, às vezes, percebo um ressentimento em seus olhos quando se refere a seus pais.

— Um dia, nós conversaremos sobre minha família. Se sua mãe me aceitar, ficarei muito feliz.

Eles continuaram conversando e fazendo projetos para o futuro. Estavam esperançosos e felizes. Olhos nos olhos, mãos entrelaçadas, deixavam-se embalar pelo amor que sentiam no coração.

Rogério acordou assustado e levantou-se de um salto. Tivera um pesadelo. Sonhara que Raul entrara em seu quarto, com uma ferida sangrando no peito e uma arma na mão, e lhe dissera com raiva: "Traidor! Você vai pagar por tudo o que me fez!".

Raul apontava a arma para a cabeça de Rogério, que, apavorado, correu e se escondeu na outra sala. Fechou a porta, mas viu que a janela estava aberta e que Raul entrava por ela antes que pudesse fechá-la. Depois, o homem mirou e atirou. Rogério, então, ouviu um estrondo e acordou apavorado.

Apenas um pesadelo! Aliviado, notou que, apesar de haver pegado no sono, não se desligara da preocupação. Aquilo não podia continuar. Precisava fazer alguma coisa.

Sempre que tinha um problema, Rogério procurava enfrentá-lo. Por esse motivo, decidiu ir ao hospital visitar Raul. Sabia que as visitas estavam proibidas, mas, quem sabe indo até lá, pudesse falar com Marina e saber o que estava acontecendo de fato.

Os boatos eram muitos, e isso o irritava. Além disso, a atitude dela, mostrando-se tão dedicada ao marido, quando ele imaginava que ela não o amava, despertou nele uma desagradável sensação de perda. Era como se ela, de repente, preferisse o marido e o estivesse deixando de lado.

Marina sempre dizia que amava o marido, mas ele nunca acreditara nisso. Preferia pensar que era a ele, Rogério, quem ela amava, uma vez que se entregava a ele, traindo o marido. Uma mulher apaixonada jamais faria isso. Estava habituado a lidar com mulheres. Sabia que, quando se apaixonavam, largavam tudo pelo homem amado e eram capazes dos maiores sacrifícios. Acabavam, então, ficando dependentes e passivas.

Marina não agia assim. Era diferente. Ele nunca encontrara ninguém como ela.

Rogério ligou para a casa de Marina, e a criada lhe disse que ela continuava no hospital ao lado do marido.

Na mesa do café, Rogério encontrou o pai, que o olhou admirado.

— Levantou-se cedo! O que aconteceu? Vai a algum lugar?

— Dormi mal essa noite. Tive um pesadelo horroroso, perdi o sono e decidi me levantar.

— Sua mãe também não dormiu direito e acordou com dor de cabeça. Vou passar no clube para receber uma massagem. Quer ir também? É bom para relaxar.

— Não. Vou andar um pouco. Está um lindo dia, bom para caminhar.

Romualdo olhou-o surpreso, afinal, Rogério não era dado a caminhadas pela manhã. No entanto, não disse nada, pois não queria irritá-lo.

Mercedes entrou na copa indagando:

— O que foi, filho? Você também não dormiu bem?

— Foi apenas um pesadelo — explicou ele.

— Pois eu passei uma noite infernal. Tive a impressão de que nossa casa estava sendo assaltada. Queria fechar as portas e as janelas, porém, por mais que eu tentasse, sempre uma ficava aberta.

Sobressaltado, Rogério perguntou:

— Você viu alguém entrar?

— Não vi ninguém. Apenas senti. O tempo todo, eu senti que havia uma pessoa ruim, tentando entrar para nos fazer mal. Foi um horror.

Romualdo interveio:

— Vocês estão dando demasiada importância a um sonho ruim, a um pesadelo. Vamos esquecer isso e falar de outras coisas. Têm tido notícias de Raul Guilherme?

Rogério sentiu um aperto no peito e olhou-os assustado:

— Você acha que esse assunto é mais leve? Ele está em coma no hospital, e não foi um pesadelo.

Romualdo admirou-se:

— Falei por falar. Assim como me lembrei dele, poderia ter falado de qualquer outro. Queria apenas que pensassem em outra coisa.

Mercedes olhou-o com ar de desaprovação.

— Se essa foi sua intenção, deveria ter escolhido algo melhor.

— Desculpe. Vocês estão de mau humor hoje! É melhor eu ir saindo. Não desejo estragar meu dia. Até mais tarde.

Romualdo saiu, e Mercedes serviu-se de café com leite. Tomou um gole e, olhando para Rogério, que comia calado, comentou:

— Seu pai tem cada uma! Às vezes, ele é tão inconveniente...

— Ele não fez por mal, mãe. É que esse atentado contra Raul me deixa nervoso.

— A mim também, filho. Tem visto Marina?

— Não. Ela não arreda o pé do hospital para nada.

— Ouvi dizer que está muito abalada, mas custa-me crer. Deve estar fazendo cena para a plateia. Sempre gostou de estar em evidência, porém, o papel de mulher apaixonada pelo marido não lhe cai bem. Sabendo o que ela faz, quem acreditaria nisso?

— O pior é que ela está realmente abalada.

— Vai ver que é por medo. Já pensou se ele a apanha em uma das suas? — Vendo que Rogério a olhava irritado, continuou: — Desculpe. Não estou aludindo ao seu envolvimento com ela. Seu pai me garantiu que isso já acabou. É verdade?

— Sim. Não tenho mais nada com ela. Já estou em outra.

— Ainda bem. Não esperava outra coisa de você. Sempre foi ajuizado e inteligente. Tinha certeza de que no momento certo saberia pular fora.

Rogério desviou o olhar e não respondeu. Concentrou-se em passar manteiga na torrada que tinha nas mãos e não voltou ao assunto.

Alguns minutos depois, foi ao quarto e ligou para Marina. A criada repetiu a informação de que ela fora ao hospital.

Rogério entrou no carro disposto a ir até o hospital. Não aguentava mais a incerteza. Precisava ver Marina, saber como ela estava. Não podia continuar angustiado. Queria resolver de uma vez aquele relacionamento. Se notasse que a moça não estava fingindo tanta dedicação pelo marido e que amava Raul de verdade, faria tudo para esquecê-la. Nunca sofrera por uma mulher e não estava gostando do que sentia.

Talvez uma viagem para um lugar agradável, onde pudesse conhecer outras mulheres, fosse o remédio. Ele, contudo, recordava-se dos momentos de encanto que haviam desfrutado juntos e sentia que não queria deixá-la.

No saguão do hospital, ele perguntou em que andar ficava a UTI, e uma atendente indicou. Uma vez no andar, tentou encontrar Marina. Uma enfermeira que passava informou-lhe o número do quarto de Raul, mas questionou:

— O senhor é parente dele?
— Um amigo.
— As visitas estão proibidas.
— Ele está melhor?
— Não sei lhe informar. Se deseja saber o estado dele, é melhor perguntar ao médico. Ele lhe dará todas as informações.

— Está bem — concordou ele para despistá-la. Não pretendia fazer nada daquilo. Queria ficar por ali para ver se Marina aparecia. Talvez estivesse no quarto com Raul.

Rogério foi andando pelo corredor, mas, quando passou pela porta do quarto de Raul, viu que um policial tomava conta do lado de fora. Assustado, tratou de sair dali. Não queria despertar suspeitas.

Estava decidido a esperar Marina, por isso resolveu ir à lanchonete. Ficaria por ali e, de vez em quando, circularia pelos corredores até que ela aparecesse.

Passava das duas, quando finalmente Marina entrou na lanchonete. Ele logo notou que estava abatida, sem maquiagem. Suas olheiras mostravam que ela não dormira bem.

Rogério levantou-se e foi ao seu encontro.

— O que está fazendo aqui? — indagou ela séria.
— Estava preocupado com você. Está abatida. Venha, vamos comer alguma coisa.
— Só quero um café.
— Nada disso. Precisa alimentar-se. Você emagreceu.
— Não sinto vontade.
— Precisa reagir. Venha. Sente-se aqui.
— O pior é que ele não melhora. Não sai daquele estado horrível. Parece um morto-vivo. Não aguento vê-lo daquela forma.
— Calma. Você precisa ser forte. Se ficar doente, quem vai tratar dele quando melhorar?

Rogério disse isso mais para convencê-la a comer alguma coisa, contudo, para ele era indiferente Raul viver ou morrer.

— Está sozinha no hospital?
— Não quero ver ninguém. Não tenho vontade de fazer sala nesta hora. Só quero rezar e chorar.

As palavras de Marina feriram-no fundo. Era verdade: ela amava mesmo o marido. Rogério não soube o que dizer. A garçonete apareceu, e Marina não quis nada além do café, mas mesmo assim ele pediu algo para ela se alimentar. Sabia do que a moça gostava.

Estava decepcionado, mas fez o possível para não demonstrar. De que adiantaria? Ela estava arrasada. Não era o momento para tratar dos sentimentos deles. Apesar de irritado, disse com suavidade:

— Vim para lhe dar apoio. Sou seu amigo e farei o que puder para confortá-la. Subi na UTI para ver se a encontrava e vi um policial parado à porta do quarto de seu marido.

— Por essa razão, não tenho sossego. Não consigo dormir. O delegado teme que eles tentem matá-lo novamente.

— Sabem quem são?

— Não. Suspeitam de algumas pessoas, mas não têm provas. Raul tem um temperamento firme e às vezes é teimoso, durão. Arranjou alguns inimigos.

Não era bem isso que Rogério sabia sobre Raul, contudo, não quis tocar no assunto. Comentava-se que a fortuna dele não provinha da empresa que ele possuía, mas sim do tráfico de drogas. Obviamente, tratava-se de um negócio muito perigoso, e era bem provável que voltassem mesmo para acabar de vez com o serviço.

— Quando ele se recuperar, vai precisar tomar cuidado — comentou Rogério. — Eles podem dar um tempo até que todos se esqueçam do que aconteceu e depois, quando menos esperarem, voltem.

— É o que penso. Se ao menos ele me ouvisse! Várias vezes, implorei para que Raul deixasse alguns de seus negócios, mas ele nunca me atendeu.

— Vamos, coma um sanduíche. Precisa ficar bem para cuidar dele quando sair da UTI. Pegou um sanduíche e colocou na mão dela.

— Obrigada. Sempre achei que era um cavalheiro.

— Pode contar comigo para o que der e vier.

Marina comeu vagarosamente o sanduíche, bebeu o copo de leite e depois disse:

— Agora preciso ir. Vou ver se ele melhorou. Depois, tentarei descansar um pouco. Essa noite não dormi nada.

— Nem eu. Seria melhor que você arranjasse um quarto no hospital. Já que quer ficar aqui, pelo menos poderá se deitar, descansar.

— Tentei fazer isso, mas o hospital está lotado. Tenho me recostado no sofá do corredor.

— Fale com o médico. Talvez ele consiga algo. Pelo menos ficará mais bem-acomodada.

— Vou tentar. Obrigada por tudo — disse ela levantando-se.

— À noite, telefonarei para sua casa. Se precisar de alguma coisa, me procure. Sabe onde me encontrar.

Rogério saiu do hospital deprimido. Marina parecia outra mulher. Nada nela lembrava aquela mulher que ele conhecia. Apesar de haver desempenhado o papel de amigo dedicado, por dentro fora difícil controlar a raiva, o ciúme e a decepção.

Bajulado pela família, pelas mulheres, invejado pelos amigos, ele não estava preparado para ser preterido. Era-lhe difícil aceitar que, para Marina, Raul estava em primeiro lugar.

"Tomara que ele morra!", pensou com raiva. Um pouco chocado com o teor dos próprios pensamentos, concluiu:

— Afinal, o mundo não perderia grande coisa. É um homem vaidoso, desonesto, traficante de drogas. A sociedade ficaria livre dele; seria até um bem.

Isso, porém, não aconteceu. Raul resistiu aos ferimentos, saiu do coma e, aos poucos, foi se recuperando. Rogério acompanhou a distância sua convalescença, sem poder ver Marina, que não saía do lado do marido por nada. Rogério nem sequer podia telefonar para ela, pois a casa estava sob guarda policial, e os telefones certamente haviam sido grampeados. Ele não queria despertar suspeitas.

Algumas vezes, pedia para o pai ligar e informar-se sobre a saúde de Raul, alegando que eram amigos e precisavam seguir as regras da boa educação. Romualdo concordava e ligava, deixando votos de pronto restabelecimento.

Rogério pensara em fazer uma viagem, tentar esquecer Marina, mas não se decidia. Diante dos amigos mostrava-se alegre, flertava, saía com belas mulheres, porém, era apenas um papel que representava com dificuldade.

Por dentro, sentia-se rejeitado, triste, abandonado e louco de saudade de Marina. Teve de reconhecer que estava amando aquela mulher e que seria muito difícil viver sem ela.

Apesar de reconhecer seus sentimentos, Rogério estava decidido a dissimular não só para afastar suspeitas sobre o atentado, mas também para não demonstrar que Marina o colocara em segundo plano.

Por tudo isso, continuava circulando pelas rodas sociais, encontrando os amigos, fingindo uma tranquilidade que não sentia, flertando com todas as garotas em evidência, como sempre fizera.

Por toda parte onde andava, ouvia comentários sobre Marina, sua dedicação e sobre o amor ao marido. Ninguém imaginara que ela fosse capaz de tanta dedicação, o que era surpreendente para a maioria, habituada a vê-la como interesseira, fútil e egoísta.

Alguns que, por serem mais próximos do casal, haviam acompanhado mais de perto os acontecimentos, se encarregavam de dizer que Raul, vendo a dedicação dela, havia modificado até sua forma de tratá-la, tornando-se carinhoso e mais atencioso do que sempre fora.

Havia até quem dissesse que o atentado servira para que o amor entre os dois se fortalecesse e que eles estavam vivendo uma segunda lua de mel.

Rogério ouvia tudo, esforçando-se para controlar o nervosismo e não demonstrar o que ia em seu coração. Aquilo não podia continuar. Ele precisava ter um encontro com Marina, abraçá-la, beijá-la, sentir que ela ainda vibrava em seus braços com o mesmo calor de antes. Mas como faria isso, se Raul já estava em casa, e ela não o deixava nem por um momento?

O medo de que o marido morresse a teria feito valorizá-lo e descobrir que o amava de fato? Como seria dali para frente, quando ele retomasse a vida normal? Ela continuaria seu relacionamento com Rogério? Ele não tinha certeza de nada, e essa insegurança o atormentava.

E se ela rompesse definitivamente com ele? O que faria com o sentimento que carregava dentro de si? Como suportaria a rejeição da única mulher que o interessava?

Cada vez mais tenso, Rogério começou a recorrer à bebida para relaxar. À noite, ficava se revirando na cama sem conseguir dormir. Quando isso acontecia, levantava-se e tomava mais algumas doses de gin. Então, atordoado e sem poder raciocinar com clareza, deitava-se e adormecia.

Acordava na manhã seguinte com a cabeça pesada, o corpo dolorido, como se houvesse passado a noite em claro.

Foi Romualdo quem notou primeiro que o filho não estava bem. Uma manhã, na mesa do café, disse-lhe preocupado:

— Você está com olheiras. Não se sente bem?

Rogério tentou dissimular:

— Estou ótimo.

— Não parece. Seu rosto está corado, mas seus olhos estão fundos. Acho melhor consultar o doutor Alberto.

— Não tenho nada, pai. É que essa noite tive um pesadelo e dormi mal. Só isso.

— Por que não viaja um pouco para se distrair, conhecer novos amigos? De vez em quando, é bom reciclar as amizades. Faz tempo que você não sai.

— Tenho pensado nisso. Vamos ver.

— É bom mesmo. Você é jovem e precisa aproveitar a vida.

Mercedes, que ouvira parte da conversa, interveio:

— Não precisa se preocupar, Romualdo. Rogério faz isso muito bem.

— Está certo, mas a rotina e o tédio fazem mal. Tenho notado que Rogério tem exagerado um pouco na bebida. Isso não é bom.

Mercedes irritou-se:

— Deixe o menino em paz. Onde já se viu? Ele tem juízo e sabe o que faz. Não precisa de conselhos.

— Você pode me criticar, mas que ele tem exagerado, tem.

— O que deu em você agora? Deve ser a idade. Nunca o vi fazer isso.

— É que antes ele era mais moderado.

51

Ela ia responder, porém, Rogério considerou:

— Não discutam por minha causa. De fato, papai tem razão. Tenho exagerado um pouco, mas fiquem tranquilos. Isso não vai mais acontecer.

Os dois o olharam admirados. Rogério não costumava ser tão cordato, contudo, não comentaram nada. O rapaz terminou o café e saiu. Precisava ocupar seu tempo para não correr atrás de Marina, que era o que sentia vontade de fazer, mas sabia que não seria possível.

Rogério resolveu ir ao clube, ver se descobria alguma coisa para passar o tempo. Sabia que, independente do que encontrasse lá, as horas iriam demorar muito a passar.

Capítulo 4

Ronaldo ficou olhando o convite de sua formatura na mão e pensou: "Devo mandar um para meus pais?". Depois que saiu de casa, nunca mais voltou, e, apesar de ter deixado seu endereço com a empregada, eles nunca o procuraram. Era por meio do encontro casual com alguns amigos comuns que Ronaldo obtinha notícias da família. Algumas vezes, cruzara com Rogério, mas não pararam para conversar. Para ele estava claro que a família não se preocupava com seu bem-estar e talvez até estivesse vendo com certo alívio seu afastamento.

Ronaldo revirou o convite nas mãos, pensativo. Apesar da falta de entendimento, eles eram seus pais. Haviam-no sustentado e criado. Não seria ingratidão de sua parte deixar de lhes participar uma conquista tão importante em sua vida?

Por fim, decidiu que mandaria o convite. Seria mais delicado entregá-lo pessoalmente, mas não sentia vontade de voltar à casa paterna. Decidiu, por fim, procurar o pai no luxuoso escritório de advocacia que ele montara ao bacharelar-se, em que comparecia algumas tardes por semana. Embora não advogasse, associara-se a outros profissionais de nome dos quais usufruía prazerosamente a fama.

Naquela tarde, Romualdo deveria estar no escritório. Após consultar o relógio, Ronaldo resolveu procurá-lo.

Romualdo estava sentado em sua sala conversando animadamente com um colega, que lhe contava as peripécias de um caso difícil que ganhara naqueles dias.

Quando a secretária ligou para avisar que Ronaldo desejava vê-lo, Romualdo mandou-o esperar alguns minutos. Depois, disse para o amigo com satisfação:

— É o filho pródigo que retorna! Com certeza, veio me pedir ajuda. Eu sabia que um dia isso iria acontecer.

— Pai é para essas coisas — considerou o outro sorrindo. — Vou indo. Só passei para contar nosso sucesso. Tenho um cliente esperando em minha sala.

Depois que ele se foi, Romualdo adotou uma postura séria e pediu que Ronaldo entrasse.

— Como vai, pai?

— Muito bem. E você?

— Também. Mesmo distante, tenho me informado sobre nossa família. Sei que todos estão bem.

— Sente-se. Quer um café? Alguma coisa para beber?

— Não, obrigado.

— Você preferiu me procurar no escritório. Devo deduzir que o assunto é profissional. Do que se trata?

— Estou me bacharelando e trouxe um convite da formatura. Apesar de nossos ocasionais desentendimentos, gostaria muito de contar com a presença de minha família nessa solenidade.

— Terminou o curso? Certamente veio me procurar, porque deseja um lugar aqui em nosso escritório para começar.

— Não, pai. Trabalho em uma empresa onde desejo fazer carreira. Trouxe-lhes o convite porque desejo compartilhar minha conquista com vocês, que me deram a vida e me criaram.

Romualdo emocionou-se, levantou-se e aproximou-se do filho, dizendo comovido:

— Obrigado. Está me dando uma grande alegria. Quando saiu de casa, pensei que não fosse conseguir, mas vejo que me enganei. Você sabia o que queria. Não duvido que consiga vencer na profissão. Se quiser vir trabalhar aqui, ficarei orgulhoso.

— Agradeço-lhe, mas não posso aceitar. Desejo levar alguns projetos adiante.

— Está certo. Sua mãe vai se surpreender quando lhe contar. Ela sempre achou que você não conseguiria se formar. — Romualdo sentou-se novamente e comentou alegre: — Você me deixou interessado. Que projetos são esses que tem em mente?

— Além do trabalho, penso em me casar e ter uma família.

— Está namorando?

— Sim, mas não falemos disso agora. Aqui está o convite. Espero vê-los lá.

— Iremos com certeza.

Ronaldo abraçou o pai e saiu. Romualdo apanhou o envelope, tirou o convite e leu. Aquela era uma surpresa boa, afinal, tinha um filho formado. Rogério também frequentava a universidade, mas não estudava. Quando demonstrava a Mercedes essa preocupação, ela respondia:

— Bobagem. Com o dinheiro que ele vai herdar, não precisa de mais nada. Além disso, quando ele se cansar de ir à faculdade, lhe compramos um diploma e pronto. Tudo ficará resolvido.

Quando Mercedes dizia isso, Romualdo ficava calado. Pela primeira vez, esse pensamento incomodou-o. Rogério era diferente do irmão. Despreocupado, alegre, não gostava de assumir nenhuma responsabilidade.

Era sempre Ronaldo quem tomava conta do irmão, reclamando de sua displicência. Entretanto, apesar de não contar com a mesada da família, ele conseguira manter-se e concluir os estudos. Rogério, sendo mais velho e com todas as facilidades de moço rico, não levava a sério os estudos.

Romualdo remexeu-se na cadeira inquieto. O bom senso lhe dizia que estava na hora de Rogério fazer alguma coisa útil na vida. Esperava que, com o amadurecimento da idade, ele se interessasse de fato por uma carreira, mas não. O filho continuava vivendo como um adolescente, desfrutando da vida social, preocupando-se apenas com a aparência, andando na moda, flertando, procurando ser o centro das atenções nas rodas que frequentava.

Romualdo não o criticava, pois, quando jovem, fizera o mesmo. No entanto, quando conheceu Mercedes, apaixonou-se e assumiu as responsabilidades da família, além de gerir o patrimônio que herdara do pai. Com a idade de Rogério, já tinha os dois filhos.

Ele passou a mão pelos cabelos e levantou-se. Estava fantasiando. Rogério sempre fora mais inteligente e agradável que Ronaldo. Tinha certeza de que, quando chegasse a hora de assumir sua vida, faria isso com facilidade. Não ia se preocupar com uma hipótese que nunca aconteceria.

Romualdo resolveu ir para casa sem passar no clube. Precisava contar a novidade a Mercedes.

Encontrou-a no quarto, revisando o guarda-roupas. Vendo-o, Mercedes disse admirada:

— Já em casa? O que tem? Está doente?

— Não. Tenho uma surpresa para você.

Mercedes voltou-se curiosa, e ele continuou:

— Ronaldo foi me visitar no escritório.

— Foi?

— Sim. Ele está nos convidando para sua formatura.

— Não acredito! Tem certeza de que ele está se formando?

Romualdo exibiu o convite e disse contente:

— Tenho. O nome dele está aqui. Pode ver.

Mercedes apanhou o convite, olhou-o e concluiu:

— É verdade! Por que não veio pessoalmente nos convidar?

— Estava acanhado de aparecer em casa, mas disse que faz questão de nossa presença.

— Talvez ele queira sua ajuda para montar um escritório.

— Foi o que pensei. Cheguei a oferecer-lhe um lugar em nosso escritório, mas ele se recusou. Disse que está bem-empregado e que tem outros planos. Pensa em se casar.

Mercedes sobressaltou-se:

— Casar? Com quem?

— Não disse.

— Humm! Vai ver que não é de nosso meio. Aliás, ele está afastado da vida social. Espero que não pense em dar nosso nome a uma qualquer.

— Ronaldo sempre foi ajuizado.

— O quê? Agora você o defende? Ele sempre foi teimoso e vivia criticando Rogério. Acho que tem inveja do irmão por ser mais inteligente, mais bonito e brilhar mais que ele.

— Não diga isso, Mercedes. Ronaldo sempre foi um bom filho. Pode não ter o brilho de Rogério, mas nunca nos deu nenhum desgosto. Agora, conseguiu bacharelar-se sem contar com nosso dinheiro. Ele tem mérito.

— Percebo a indireta. Está dizendo isso porque Rogério é mais velho e ainda não se formou.

— Ele não estuda e está repetindo o ano pela quarta vez.

— Porque gosta do ambiente da faculdade e não quer sair. Quando ele resolver, passará rapidinho.

— Não precisa se irritar.

— Só porque Ronaldo conseguiu se formar, você agora critica Rogério.

— Eu não disse isso.

— Mas pensou. Acha que não percebi? Chegou a insinuar que ele era melhor que Rogério, quando sabe que isso não é verdade.

— Chega! Não vamos mais discutir. Claro que fiquei sensibilizado, afinal, é o primeiro filho que se forma. E ele espera contar com nossa presença.

— Não sei se irei.

Romualdo olhou-a sério e respondeu:

— Pois eu irei. Estou ansioso para conhecer nossa futura nora. Com certeza, ela estará lá.

— Você acha que ela irá?

— Claro. Se ele pensa em se casar, já está namorando. E, se está namorando, vai convidá-la. Não está curiosa?

— Bem, pensando melhor, acho que irei. Também quero ver quem é a moça.

Romualdo dissimulou a alegria. Tinha tocado de propósito no ponto fraco da esposa.

Decidiu convidar Rogério. Seria muito bom que aquele mal-entendido entre eles acabasse, afinal, eram adultos e civilizados.

— Rogério está em casa?

— Penso que sim.

— Vou falar com ele antes que saia. Gostaria que fosse conosco à formatura.

— Duvido que ele aceite.

— Seria bom acabar com essa animosidade entre os dois. Entre pessoas educadas não pode haver desentendimentos.

— Ronaldo deveria ter vindo pedir desculpas a Rogério e convidá-lo.

— Vou falar com ele.

Romualdo bateu na porta do quarto, e Rogério abriu. Havia tomado banho e estava se vestindo.

— Papai! Aconteceu alguma coisa?

— Sim. Quero conversar com você.

Rogério estremeceu. Alguém teria feito algum comentário a respeito de Marina? Assim que o pai entrou, ele perguntou:

— O que foi? Alguma fofoca?

— Não, meu filho. Ronaldo foi ao escritório nos convidar para sua formatura. Disse que ficará muito feliz se você comparecer.

— Eu? Ele não me tolera.

— Bobagem. Ele espera contar com a família na solenidade.

— Então, ele se formou?! Agora que precisa de ajuda, procurou a família!

— Ele não pediu nada. Tem um bom emprego e está pensando em se casar.

— Casar?! — Ele riu irônico. — É só o que um sujeito quadrado como ele poderia pensar. Eu sabia que ia dar nisso.

— Pois eu acho justo. Agora que se formou, é bom se casar, ter família. Faz parte da vida. Eu também fiz isso.

— Está bem, pai. Você fez em outros tempos. Hoje, poucas pessoas pensam assim.

— Você não deseja se casar, ter filhos, formar um lar?

— Não, pai. Já tenho um lar. Não preciso de mais nada. Quero ser livre. Não desejo ter uma mulher controlando minha vida.

— O amor é uma coisa boa. Ninguém pode ficar a vida inteira mudando de companhia, sem uma relação estável. Veja eu e sua mãe! Nós vivemos muito bem. Nunca nos arrependemos de termos nos casado.

Rogério riu e considerou:

— Você diz isso, pai, mas tenho visto como demora para voltar para casa todas as tardes e como mamãe arranja pretextos para ficar fora de casa. Se sentissem prazer em estar juntos, seria diferente.

— É que, em uma relação estável como a nossa, não temos a necessidade de ficarmos o tempo todo um ao lado do outro. Temos outros momentos nos quais fazemos o que nos dá prazer. Por esse motivo, vivemos bem juntos. Você irá conosco à formatura de seu irmão?

— Não. Essas solenidades são aborrecidas.

— Gostaria muito que nos acompanhasse. É hora de reunir a família, acabar com os mal-entendidos.

Rogério olhou o pai e disse sério:

— É inútil, pai. Nós não nos entendemos. Seria uma atitude falsa. É melhor eu não ir.

— Sua mãe irá para conhecer a namorada de Ronaldo.

— Ele disse quem é?

— Não, por isso ela quer vê-la. Certamente a moça estará lá.

— Não tenho essa curiosidade. Não irei mesmo.

Romualdo deixou o quarto pensativo. O ar irônico e debochado do filho causou-lhe um mal-estar, e ele procurou desviar-se dos pensamentos desagradáveis.

Estava se preocupando à toa. Rogério era um moço de princípios, recebera esmerada educação e gostava de divertir-se. Com o tempo, mudaria a forma de pensar e assumiria uma família. Mercedes dizia sempre que ele estava destinado a brilhar onde quer que fosse.

Romualdo retornou à sala, e Mercedes, vendo-o, comentou:

— Ele recusou-se. Eu sabia que não iria.

— Eu gostaria que ele fosse. Seria bom para evitar comentários.

— Nós iremos. Quero conhecer a namorada de Ronaldo. Há muito ele deixou de frequentar nossa roda. Receio que tenha escolhido mal. Disse que pretendia se casar logo?

— Não. Está só namorando. Mencionou casamento para um futuro distante.

Mercedes suspirou pensativa. Se fosse Rogério quem estivesse se formando e pensando em se casar, ela ficaria feliz.

Ele, sim, escolheria uma moça à altura do nome da família, mas Ronaldo pensava diferente.

— Convide Ronaldo para vir aqui em casa — sugeriu ela. — Podemos oferecer um jantar a nossos amigos e celebrar.

Romualdo olhou-a agradavelmente surpreendido.

— Você faria isso? Essa seria uma forma de colocar tudo nos devidos lugares. Sinto vontade de reunir nossa família.

— Apesar de ter saído de casa, ele não nos esqueceu. Precisamos retribuir. Fale com ele e convide-o para jantar conosco. Programarei tudo.

Romualdo abraçou Mercedes e disse alegre:

— Você sempre foi uma boa mãe.

— Ele pode convidar a namorada e os amigos — respondeu ela, sorrindo.

Em seus olhos havia um brilho malicioso que o marido não notou. Quando Romualdo se afastou, Mercedes sentou-se no sofá pensativa. Um jantar de gala seria mais do que suficiente para ela conhecer melhor a namorada de Ronaldo. Algo lhe dizia que ele não estava se envolvendo com uma pessoa de sua classe.

Rogério passou pela sala, e Mercedes indagou:

— Vai sair?

— Vou ao clube. Combinei com alguns amigos.

— Poderia jantar conosco antes. Faz tempo que não conversamos.

— Outro dia, mamãe. Estou com pressa.

Rogério beijou-lhe levemente a face e saiu. Na verdade, não tinha nenhum encontro marcado, mas não sentia vontade de conversar. Não suportava mais a ausência de Marina, os comentários de como ela amava o marido, de como se dedicara a ele. Tentara várias vezes conseguir contato com ela, mas estava difícil.

Se ao menos Marina lhe telefonasse... Ela ausentara-se das rodas que frequentavam. Nem vê-la ele conseguia. Ver-se preterido era-lhe insuportável.

Precisava fazer alguma coisa, mas o quê? Era desgastante ter de fingir diante das pessoas e mostrar-se alegre, despreocupado como sempre. Se antes dissimulava sua ligação íntima com

Marina por causa do marido, agora, além disso, temia que viessem a descobrir que fora posto de lado. Isso lhe doía muito.

Rogério foi ao clube e procurou os amigos para ver se descobria alguma coisa mais. A conversa fluiu animada, e ele procurou interessar-se pelo assunto. Como sempre, comentavam as novidades.

Um deles chamou sua atenção:

— Olhe lá, Rogério. Está vendo aquelas duas moças sentadas naquele canto?

— Estou. Uma é Sônia; a outra, não conheço.

O rapaz sorriu deliciado por poder dar a notícia de primeira mão:

— Trata-se de Ângela Maciel, filha do primeiro casamento do doutor Raul Guilherme. Rogério interessou-se:

— Não sabia que ele tinha uma filha.

— Quando a mulher ficou doente, o doutor Raul mandou a menina para um colégio na Inglaterra. Era muito pequena, e dizem que se acostumou lá e nunca quis voltar ao Brasil. Veio agora para visitar o pai por causa do atentado — concluiu, satisfeito por contar a novidade.

— Será que ele piorou?

— Que nada! Está se recuperando muito bem. Sabe como é: vaso ruim não quebra. O homem tem uma sorte invejável. Além de ter uma mulher como Marina, apaixonada, cuidando dele, Raul tem sete fôlegos. Muita gente estava até preparando a roupa para o velório, mas teve de guardá-la novamente. Eu soube que ele está melhor.

— Nesse caso, por que será que a filha resolveu aparecer?

— Ainda não sei. Mas vamos descobrir. Sônia continua alimentando a esperança de um compromisso comigo.

— É uma moça muito bonita.

— Sônia?

— Não. Ângela. Gostaria de conhecê-la. Vamos cumprimentá-las.

Os dois se aproximaram, e Sônia sorriu para eles. Estavam em uma mesa do bar tomando refrigerante.

Depois dos cumprimentos e das apresentações, eles foram convidados a se sentar. Ângela era uma mulher muito bonita. Alta, esguia, de olhos verdes, cabelos dourados naturalmente ondulados, boca bem-feita, e demonstrava muita classe. Usava roupas elegantes de cores alegres e delicadas que ressaltavam ainda mais sua pele amorenada e bem-cuidada. Tinha trato e postura. Apesar de haver crescido longe do Brasil, falava português sem nenhum sotaque.

Enquanto conversavam, Rogério pensou que a vinda dela poderia ser providencial. Tornar-se seu amigo poderia abrir-lhe as portas da casa de Marina.

Rogério empenhou-se em mostrar-se encantador, falando sobre assuntos leves e agradáveis. A certa altura, indagou:

— Veio para ficar?

— Ainda não sei. Sinto que foi bom ter voltado. Ficarei enquanto for prazeroso.

Sônia interveio:

— Ângela só faz o que gosta. Eu a admiro, porém, não consigo fazer o mesmo. Não sei deixar de lado as obrigações sociais.

Ângela sorriu e respondeu:

— A vida em sociedade só vale a pena quando pode oferecer momentos agradáveis. Perde o sentido quando se torna obrigação.

— Há deveres que todos precisamos cumprir e que nem sempre são agradáveis — disse Mário.

— Ir a um velório, por exemplo — brincou Rogério.

— Pois eu não vou — disse Ângela.

— Em minha família, eu nunca poderia fazer isso — tornou Sônia. — Meu pai é político e nos obriga a ir a todos os enterros que ele acha que vão melhorar sua imagem pública.

Os olhos de Ângela brilharam de maneira singular quando ela respondeu:

— Pois eu não iria ainda assim. Gosto de ser verdadeira. Não teria como dissimular meu desagrado comparecendo a algum lugar contra minha vontade.

— É penoso, reconheço — concordou Sônia —, mas obedeço porque sei que ele tem razão. Nossa família é muito conhecida, e todos nós precisamos cooperar para conservar uma boa imagem.

— Em Londres ninguém repara nessas coisas. Imaginei que viver aqui fosse como lá. Afinal, os tempos mudaram.

— Aqui temos mais tradição — disse Mário. — Cultivamos o nome da família. Rogério, por exemplo, é filho de uma das melhores famílias da cidade, e isso tem um preço. Deve-se respeitar.

Ângela virou-se para Rogério, olhou-o nos olhos e tornou:

— Esse deve ser um fardo pesado de carregar. Como você lida com isso?

Apanhado de surpresa, ele pensou um pouco antes de responder:

— Como posso. Nem sempre consigo sair ileso. Para ser sincero, há momentos em que a vida me parece muito sem graça.

— Você?! — reclamou Mário. — Tem uma vida maravilhosa: nome, dinheiro... sem falar nas mulheres que vivem suspirando ao seu redor.

— Há momentos em que essas coisas deixam de ser importantes. Sinto-me entediado. Mas a vida é assim mesmo.

— Não é, não — respondeu Ângela. — A vida é maravilhosa, mas sempre responde ao que você lhe dá. Vocês se prendem às conveniências, às regras sociais, prestando-se a fazer coisas de que não gostam para manter as aparências, tentando agradar os outros, e isso acaba com o prazer de viver. Na Bíblia está escrito que não podemos servir a dois senhores: a Deus e a Mamom. Quando vocês servem às conveniências, estão servindo a Mamom. Só estão servindo a Deus quando ouvem sua alma. Ela não foi criada à semelhança de Deus?

— Que horror, Ângela! Nunca pensei que fosse herege. Que ideia! Já pensou se cada um fizesse apenas o que deseja? Já pensou no desastre que seria o mundo?

— Não seria pior do que já é. Ao contrário: não haveria tantas pessoas reprimidas, mentindo, tentando aparentar o que não são.

— Fariam toda sorte de besteiras — disse Mário, abanando a cabeça negativamente.

— Engana-se. Essa forma de pensar é que vem causando tantas confusões entre as pessoas. Todos se ocultam atrás do que lhes convém. Ninguém fala a verdade ou age com sinceridade. É por essa razão que a sociedade está nesse caos, e isso só vai melhorar quando as pessoas, em vez de cuidarem umas das outras, tentando aparentar o que não são, assumirem a responsabilidade pela própria vida, cuidando de viverem melhor e serem mais felizes.

Rogério ouvia a tudo pensativo. Entendia o que Ângela estava tentando dizer. Muitas vezes, desejara ter nascido pobre, ser ignorante e não ter de fingir uma alegria que estava longe de sentir, no entanto, havia outros momentos em que se sentia orgulhoso de sua origem, de seu dinheiro, de seu poder.

Ângela olhou-o e perguntou:

— Você está calado. O que acha?

— Que não é fácil viver. — Vendo que os três o olhavam admirados, sorriu e brincou: — Principalmente quando complicamos as coisas. Nós somos muito complicados. Às vezes, nem eu me entendo.

Todos riram e continuaram conversando, mas Rogério planejara estreitar a amizade com Ângela. Ela era a pessoa certa para ajudá-lo a aproximarse de Marina sem despertar suspeitas.

Quando as moças se levantaram para sair, os rapazes acompanharam-nas. Foram andando Sônia e Mário na frente, Rogério e Ângela mais atrás.

— Esta tarde passou muito depressa — disse Rogério. — Sinto que temos ainda muito que conversar. Quer jantar comigo esta noite?

— Hoje não posso. Tenho um compromisso. Talvez outro dia.

— Amanhã, então?

— Está bem.

— Irei buscá-la às oito.

Os dois se despediram, e Rogério estava radiante. Finalmente, conseguira uma forma de introduzir-se na casa de Marina.

Precisava ser cauteloso. Ângela era inteligente, perspicaz. Se ela desconfiasse que estava sendo usada, ele não teria nenhuma chance.

Precisava mostrar-se muito interessado nela, mesmo porque, se Raul Guilherme percebesse alguma coisa, ele estaria perdido. O pai da moça era um homem muito perigoso.

A partir da noite seguinte, Ângela e Rogério começaram a sair juntos. Ele mostrava-se conversador, inteligente, alegre, e Ângela apreciava sua companhia.

Habituado ao trato social, mesmo se sentindo deprimido e triste, Rogério transformava-se ao lado dela em um homem bem-humorado, atencioso e gentil.

Ângela tinha ideias próprias e apreciava uma boa conversa. Disposto a agradá-la, Rogério demonstrava interesse por tudo o que ela dizia. Reconhecia que Ângela, além de bonita, era diferente de todas as mulheres que conhecia. Muitas vezes, surpreendia-se pensando em suas palavras e admirando-a por sua perspicácia.

Interessado em aproximar-se de Marina, oferecia-se para buscá-la em casa. Ela aceitava, mas nunca o convidava a entrar. Ela esperava-o na janela e, vendo-o chegar, saía imediatamente.

Esse comportamento intrigava-o. Uma noite chuvosa, ele decidiu chegar mais cedo e tocou a campainha. A criada abriu, e ele perguntou por Ângela.

Naquele momento, a moça surgiu atrás da criada.

— Pode deixar. Eu atendo.

Quando a criada se afastou, Ângela cumprimentou Rogério e, depois dos cumprimentos, disse:

— Um momento. Vou apanhar a bolsa e já volto.

— Está chovendo. Não me convida para entrar?

Ela hesitou um pouco, depois respondeu:

— Claro. Entre. — Apontou para um sofá na sala ao lado. — Sente-se. Eu já volto. Só vou apanhar a bolsa.

Enquanto esperava, Rogério continha a curiosidade a custo. De onde estava, ele via duas outras salas luxuosamente mobiliadas e ouvia vozes vindas de lá, mas as pessoas estavam fora do alcance de seus olhos. Deveriam estar jantando.

Ângela voltou logo, e ele considerou:

— Desculpe ter vindo mais cedo, mas estava ansioso para vê-la.

Ângela olhou-o nos olhos e perguntou:

— Por quê?

Rogério sentiu-se um pouco ridículo. Com Ângela, era difícil representar o papel de romântico apaixonado. Ela era natural, franca, e isso o desarmava.

— Ontem, você me disse algumas coisas que me fizeram pensar. Queria continuar o assunto.

— Combinamos de sair com nossos amigos, mas, se preferir conversar, poderíamos ir a outro lugar.

— Está chovendo. Por que não ficamos aqui mesmo?

— Prefiro sair. Hoje fiquei em casa o dia todo. Vamos?

Embora desejasse ficar, Rogério não teve outro jeito senão acompanhá-la. O rapaz, contudo, estava intrigado. Ângela não convidava nenhum amigo para sua casa. Mário já havia lhe contado esse detalhe:

— Vai ver que é verdade o que dizem do doutor Raul Guilherme — dissera ele. — É um homem misterioso. Até agora aquela história do atentado não ficou clara.

— Você acha mesmo que ele lida com drogas?

— Não sei. O povo fala muito, contudo, ele anda sempre com guarda-costas. Tem muito dinheiro, e ninguém sabe bem o que ele faz.

— Ele é muito rico, e você sabe como é: os invejosos não suportam isso. Acho que é mentira o que dizem dele.

Rogério tinha suas desconfianças, mas não gostava que falassem de Raul por causa de Marina e de seu relacionamento com ela.

Uma vez no carro, observando o ar pensativo de Rogério, Ângela indagou:

— Aconteceu alguma coisa? Você está tão calado!

Ele sorriu e respondeu:

— Tive a impressão de que você não gostou de me ver em sua casa.

— Por que diz isso?

— Notei sua contrariedade e a pressa em sairmos.

Ela respirou fundo.

— Lamento que tenha notado. Prefiro estar com os amigos longe de minha casa.

— Sua família é muito exigente com suas amizades?

Ângela colocou a mão no braço de Rogério quando respondeu:

— Não se trata disso. Não é nada pessoal. O problema sou eu. Por razões que prefiro não mencionar, sinto-me melhor não levando meus amigos para dentro de minha casa.

— Desculpe, eu não sabia. Vamos esquecer esse assunto. A noite está apenas começando! Vamos torná-la agradável.

Ela sorriu.

— Obrigada por compreender.

Rogério estava intrigado. Por que tanto mistério envolvendo Raul Guilherme? E Marina? Por que não aparecia em sociedade como antes? Afinal, o marido já estava recuperado, e não havia motivo para que ela continuasse ausente.

A saudade infelicitava-o. Sonhava com Marina e recordava-se de seus encontros sempre ardentes. Apesar de saber como Ângela pensava, Rogério insistia no relacionamento com Marina. Um dia, haveria de conseguir frequentar aquela casa. Para isso, precisava fazer Ângela se apaixonar por ele. A moça mostrava-se interessada, e ele tinha certeza de que conseguiria atraí-la. Era apenas uma questão de tempo.

Capítulo 5

Marilda apressou o passo. Queria estar em casa logo. Ronaldo havia combinado de chegar mais cedo, e ela ainda precisava se arrumar. O trânsito estava ruim, fazendo-a demorar mais que o habitual.

Chegou em casa apenas alguns minutos antes da hora marcada.

— Mãe, estou atrasada. Se Ronaldo chegar, diga a ele que não vou demorar.

Marilda foi logo tomar banho e arrumou-se com capricho. Olhando-se no espelho, seus olhos brilhavam alegres. Estava muito apaixonada. Ronaldo era perfeito. Fazia tudo para agradá-la. Entendiam-se muito bem e faziam planos para o futuro.

A moça ouviu a campainha, desceu correndo e foi abrir a porta. Ronaldo beijou o rosto da namorada com carinho. Depois dos cumprimentos, ele disse:

— Vim mais cedo, porque preciso conversar com você.

— Parece preocupado. Entre.

— Vamos dar uma volta.

Rosana aproximou-se.

— Boa noite, Ronaldo. Está na mesa. Vamos fazer um lanche.

— Não se incomode, dona Rosana. Comi um sanduíche antes de vir para cá.

— Então, faça companhia para Marilda. Ela acabou de chegar e não comeu nada.

— Nesse caso, eu espero.

— Mamãe, estou sem fome. Vamos dar uma volta, e, quando chegarmos, comeremos alguma coisa.

Uma vez na rua, os dois foram caminhando de mãos dadas até a praça onde costumavam sentar-se.

— Você está calado... Aconteceu alguma coisa?

Ronaldo segurou a mão da namorada, levou-a aos lábios e respondeu:

— Não. Você sabe que a amo muito. Meu maior sonho é me casar com você.

— É também o que mais quero.

— Até agora não lhe falei nada sobre minha família. Você, uma filha amorosa, exemplar, deve estranhar minha atitude.

— De fato. Você nunca fala deles, nunca nos apresentou. Às vezes, minha mãe estranha essa atitude.

— Não gosto de tocar nesse assunto, mas sinto que você precisa saber de tudo. Minha formatura será daqui a alguns dias, e espero poder apresentá-la aos meus.

— Terei prazer em conhecê-los. — Saí de casa porque tive um desentendimento com meus pais por causa de meu irmão. — Ronaldo começou a falar dos pais, dos problemas de sua infância e das diferenças que tinha com Rogério. À medida que ele falava, Marilda sentia o peito oprimido, tristeza e inquietação. Remexia-se no banco, e as mãos ficaram geladas.

— Você está nervosa — disse ele abraçando-a. — Perdoe-me. Eu deveria ter lhe contado tudo antes, mas tenho dificuldade de falar sobre isso.

— Não tenho nada a perdoar. É que, ouvindo-o falar, fui me sentindo inquieta, angustiada.

— Por quê?

— Não sei. Sinto medo. Pensei que você fosse um moço pobre como eu, mas sua família é rica, de posição, o que torna as coisas mais difíceis. Eles não aceitarão que você se case com uma moça como eu.

— Marilda, não tema. Eu a amo de verdade. Ninguém impedirá nosso casamento. Além disso, estou fora de casa, vivo à minha custa, sou independente. Eles terão de aceitar.

— Não sei. Apesar de tudo, é sua família. Não quero que um dia lamente por ter me escolhido.

Ele apertou-a nos braços e beijou-lhe os lábios com amor.

— Isso nunca acontecerá.

— Não sei. Quando penso nisso, sinto o peito oprimido.

— Bobagem! Nós nos amamos. Nada poderá nos separar.

— Seria melhor eu não ir à sua formatura. Vamos esperar um pouco mais.

— Isso não pode ser. Por tudo que passei, conquistar esse diploma é muito importante para mim. Quero você ao meu lado neste dia. Do jeito como anda meu relacionamento com minha família, é possível até que eles nem apareçam por lá. Você não pode fazer isso comigo.

— Se é assim, irei.

— Além disso, planejamos nos casar no ano que vem. Você terá de conhecer meus familiares. Não há como fugir.

— Eu sei...

— Vamos, sorria. Afinal, eles são pessoas educadas. Eu é que sou diferente deles, e por esse motivo não nos damos bem. Pode até ser que eu tenha exagerado um pouco.

— Desculpe, eu é que sou muito boba.

— Não concordo. Você é muito especial, e eu a amo muito.

— Ronaldo beijou-a delicadamente nos lábios. Ela sorriu e tentou dissimular o mal-estar.

Mais tarde, quando voltou para casa, Marilda contou tudo à mãe e finalizou:

— Não sei por quê, mãe, mas estou angustiada. Sinto meu peito oprimido. Enquanto ele falava, me deu vontade de sair correndo, terminar nosso namoro.

Rosana procurou tranquilizá-la:

— O que é isso, minha filha? Você diz que Ronaldo é o grande amor de sua vida.

— Ele é. Mas não quero conhecer a família dele.

— Por quê? Eles são ricos, mas você é uma boa moça, bonita, honesta. Tenho certeza de que será uma ótima esposa. O que mais uma mãe pode desejar para um filho?

— Não sei, mas sinto muito medo. Disse que não queria ir à festa de formatura, mas ele faz questão de minha presença.

— Claro. Estaremos lá. Você estará muito elegante e bonita. Tenho certeza de que Ronaldo ficará orgulhoso de nos apresentar.

— Não sei... Sinto tanto medo.

Rosana abraçou-a.

— Que bobagem! Ronaldo é um rapaz rico, deve ter frequentado lugares requintados, mas, dentre todas as moças que conheceu, preferiu você. Isso é revelador, não lhe parece?

Marilda sorriu.

— É. Tem razão. Fiquei nervosa. Vou ter de enfrentar isso.

— Toda moça fica nervosa ao conhecer a família do namorado. É natural.

Marilda sacudiu a cabeça para expulsar os maus pensamentos.

— Não vou mais me preocupar. Vou tratar de ficar bem bonita. Quero que Ronaldo se orgulhe de mim.

Rogério apressou-se. Não podia se atrasar. Deu uma última olhada no espelho, endireitou a gravata e desceu.

Mercedes estava sentada na sala. Vendo-o, levantou-se:

— Meu filho, como você está elegante! Vai a alguma festa?

— Não, apenas a um encontro com uma mulher muito interessante.

— Posso saber quem é?

— Por enquanto, prefiro guardar segredo. Ainda não me declarei.

— Quando pretende fazer isso?

— Talvez esta noite.

— Quanto mistério! Por que não me conta quem é a moça?

— Contarei quando começarmos a namorar.

— Namorar? Você?! Ela não é casada, então?

— Não, ainda. Pode ser que eu me candidate.
— Não me diga! É tão sério assim?
— Por enquanto, é apenas uma ideia. Vamos ver.
— É alguém de nossa roda?
— Claro. Acha que eu me interessaria por alguém que não estivesse à altura de nossa família? Agora preciso ir. Estou atrasado.

Rogério saiu deixando um discreto perfume no ar, e Mercedes foi ao escritório do marido.

— Romualdo, tenho uma coisa importante para lhe contar.

Ele levantou os olhos do livro que estava lendo e esperou. Ela continuou:

— Rogério está namorando e até pensando em se casar!

Romualdo colocou o marcador na página e fechou o livro, olhando-a com interesse:

— Como soube?
— Ele me contou. Saiu todo elegante para encontrar-se com ela.
— Quem é?
— Não disse. Parece que esta noite vai conversar com ela e pedi-la em namoro. Só depois vai nos contar.
— Será alguém de nosso meio?
— Claro. Nem poderia ser diferente.

Rogério chegou à porta da casa de Ângela e tocou a campainha. Como sempre, ela apareceu em seguida, pronta para sair.

— Desculpe o atraso — disse ele. — Gosto de ser pontual.
— Tudo bem. Temos tempo.

Uma vez no carro, ele perguntou:

— Você se importaria se não fôssemos ver essa peça? Prefiro ir a um lugar onde possamos conversar.
— Também prefiro. Estive lendo no jornal que essa peça não é muito boa.

Rogério levou Ângela a um lugar agradável, com música suave, e procurou uma mesa discreta. Pediram uma bebida, e a conversa fluiu amena.

— Eu a trouxe aqui porque precisamos conversar. Há algum tempo estamos saindo juntos. Gosto de sua companhia.

— Eu também. Temos desfrutado de bons momentos.

— Antes, eu costumava sair com vários amigos, mas, desde que a conheci, prefiro sair com você. Quando não estamos juntos, me surpreendo pensando em você.

Ângela olhou-o nos olhos, tentando entender aonde ele queria chegar. Esperou em silêncio, e ele continuou:

— Como aceita meus convites, suponho que também sinta prazer em estar comigo.

Sem desviar os olhos, ela respondeu:

— É verdade. Gosto muito de estar a seu lado.

Rogério segurou a mão dela e continuou:

— Para ser sincero, apesar de flertar, nunca pensei em namorar alguém. Tenho tido algumas aventuras, mas nada importante. É a primeira vez que isso acontece comigo. Quer me namorar?

Ela ficou pensativa por alguns segundos e respondeu:

— Sim. Gosto de você. Quando voltei ao Brasil, não pretendia ficar muito, embora meu pai desejasse isso. Mas, depois que nos conhecemos, mudei de ideia.

Rogério levou a mão de Ângela aos lábios e beijou-a.

— Ainda bem que aceitou. Estou muito feliz. Vamos comemorar.

O rapaz chamou o garçom e pediu champanhe. Seu plano estava dando certo. Logo estaria dentro daquela casa, poderia ver e, quem sabe, desfrutar novamente de seu carinho.

Depois do brinde, Rogério considerou:

— Seu pai sabe que você tem saído comigo?

— Não sei.

— Não costuma dizer a ele aonde vai?

— Ocasionalmente. Estive fora por muitos anos. Ele sabe que sei cuidar de mim muito bem.

— Claro, mas eu gostaria de falar com ele que estamos namorando. Quero casar com você.

— É cedo para pensarmos nisso, Rogério. Precisamos nos conhecer melhor.

— Para mim, está decidido. Eu me casaria com você amanhã mesmo, mas sinto que talvez não goste de mim como gosto de você.

— Não se trata disso. Gosto de você muito mais do que deveria, contudo, nos conhecemos há pouco tempo. Para mim, casamento é para toda a vida.

— Para mim também, mas quero conversar com seu pai, frequentar sua casa, conviver mais de perto com você. Devo a ele uma justificativa.

— Podemos namorar, mas, por enquanto, prefiro que não envolva meu pai em nossa relação.

— Por quê? Acha que ele não me aceitaria?

— Não se trata disso. Você pertence a uma família importante, respeitada. Acho até que ele ficaria muito lisonjeado em saber que deseja se casar comigo. Eu é que não gosto de envolver a família em minhas amizades.

— Não a entendo.

— Depois que minha mãe morreu, estive longe de meu pai e precisei decidir o que fazer da vida. Me habituei a resolver meus assuntos sozinha. Não tinha intenção de voltar a viver no Brasil. Quando aconteceu o acidente com meu pai, resolvi voltar e, como lhe disse, pretendia ir embora assim que ele estivesse bem, mas o conheci e fui ficando.

— Ficou por minha causa?

— Sim.

— E seu pai? Não reclama por você desejar ficar longe dele?

— Ele não precisa de mim. Está muito bem-acompanhado. Posso dispor de minha vida sem remorsos. Desde o acidente, Marina tem sido muito dedicada. Nunca mais teve vida social, assim, estou livre para cuidar de minha vida onde quiser.

— Espero que a meu lado.

Ângela sorriu, e Rogério aproximou-se e beijou-a nos lábios. Precisava conquistá-la definitivamente. Sentia que ela gostava dele, mas ainda não estava apaixonada.

Rogério sentiu despertar a curiosidade: por que ela o impedia de frequentar sua casa? Por que todas as vezes em que ele queria aproximar-se de seu pai, ela arranjava uma desculpa?

Começou a desconfiar que alguma coisa havia acontecido que a fazia temer essa convivência. A vida de Raul Guilherme sempre fora misteriosa. Rogério ouvira vários boatos, mas não tinha certeza de nada. Além disso, por que Marina, que levava uma vida social intensa e parecia pouco interessada no marido, mudara tanto?

Todas essas perguntas, unidas ao desejo de rever Marina, passavam pela cabeça de Rogério enquanto ele beijava Ângela.

Naquele momento, decidiu esforçar-se para fazê-la apaixonar-se a tal ponto que o tornasse seu confidente e não tivesse mais nenhuma reserva quanto à sua presença na casa de Marina.

Ângela afastou-o.

— Pare, Rogério!

— Por quê? Estou apaixonado e a quero.

— Contenha-se. Não gosto de cenas em público.

— Então, vamos para um lugar calmo onde possamos ficar mais à vontade. Sinto desejo de apertá-la em meus braços e beijá-la.

Ela olhou-o nos olhos e disse com voz firme:

— O que pretende? Estamos saindo juntos, gosto de sua companhia, mas nunca disse que estava apaixonada por você.

— Pensei ter visto uma chama de interesse em seus olhos.

— Estou interessada em você, gosto de sua companhia, mas paixão é outra coisa.

— Não entendo. Você disse "sim", mas está me rejeitando.

— Não. Estou dizendo que preciso de mais tempo, Rogério. Você está indo muito depressa, e isso não me agrada.

— É que estou seguro de meus sentimentos. Quero me envolver seriamente com você. Se me amasse, saberia.

Ângela não respondeu logo. Depois de alguns segundos, sem desviar o olhar, disse:

— Vou explicar melhor. Eu tinha oito anos quando meu pai me mandou estudar em um colégio interno na Inglaterra. Cresci obedecendo a uma disciplina rígida. Aprendi a controlar meus impulsos e a avaliar os fatos antes de tomar qualquer decisão.

— Agindo assim, você se reprime.

— Engano seu. Sou muito grata a meus mestres pela educação que me deram. Eles me ensinaram a olhar além das aparências e a não me deixar levar pelo que os outros dizem.

— Você ficou descrente.

— Não. Minha fé nas pessoas não foi abalada. Procuro apenas me proteger, evitando alimentar ilusões desnecessárias.

— A vida sem ilusão é muito triste.

— Não penso assim. A ilusão é a causa de todo o sofrimento humano. A vida trabalha pela verdade e destrói todas as ilusões.

— Não sabia que você era materialista.

— Eu não sou materialista. Ao contrário. Creio que ninguém pode encontrar a felicidade alimentando ilusões que o tempo destruirá.

— E o amor, os sentimentos?

— Só valem quando são verdadeiros. A paixão é uma ilusão, que nos faz sofrer. Já o amor nos traz alegria, força, bem-estar.

— Não concordo. O amor só nos traz sofrimento.

— Por essa razão, lhe disse que precisarei de um tempo para analisar meus sentimentos. Sinto-me atraída por você, gosto que me abrace e quero estar com você, mas... até que ponto o estou amando? Atração nem sempre é sinônimo de amor.

— Como saberá, se não experimentar?

— A experiência facilitará, mas quero ir mais devagar. Não está em meus planos mergulhar numa paixão e depois descobrir que se tratava apenas de uma projeção de minhas carências.

Rogério surpreendeu-se:

— Você acha que paixão é isso?

— Claro. Você se sente atraído porque vê no outro qualidades que você gostaria de expressar, mas que não tem coragem de fazê-lo. É como viver da emoção que o outro sente. Para mim, é uma espécie de vampirização. Não quero isso para mim.

Rogério ficou pensativo. Muitas vezes, percebia que admirava a coragem de Marina, fazendo o que tinha vontade, sem moralismo ou receio.

— Não pensei que você fosse tão calculista. Quando quero alguma coisa, mergulho nela obedecendo aos meus sentimentos. Isso para mim é ser verdadeiro, é viver o momento.

— Que pode vir a lhe causar muito sofrimento. Eu, não. Desde muito cedo, a vida me mostrou que nossa visão é parcial e fragmentada. Confundir emoções com sentimentos é uma constante. Poucos conseguem perceber a diferença entre eles.

Rogério segurou a mão de Ângela. Olhando-a nos olhos, sorriu e disse:

— Estou certo de meus sentimentos, mas o mesmo não acontece com você. Parece que ainda não consegui tocar seu coração.

Ela sorriu e respondeu:

— Se isso fosse verdade, eu não estaria saindo com você.

— O que é, então? Por que não quer oficializar nosso namoro?

— Só desejo esperar um pouco mais. Nós nos conhecemos há pouco tempo, Rogério. Às vezes, noto sua ansiedade. Por que tanta pressa?

Ele tentou contemporizar:

— Estou apaixonado. Desejo estar mais tempo a seu lado. Mas é claro que podemos esperar. Farei tudo como você quiser.

— Assim é melhor. Dizem os casados que o namoro é a melhor fase do relacionamento.

— Pois eu discordo. Quero ter você em meus braços, só para mim.

Ângela sorriu e mudou de assunto.

Depois que Rogério a deixou em casa, Ângela entrou e foi rapidamente para o quarto. A moça preparou-se para dormir e deitou-se pensando na conversa que tivera com Rogério. Ela não desejava que ele frequentasse sua casa.

Havia um mistério que ela queria desvendar antes de pensar em sua vida pessoal. Ainda não havia conseguido descobrir o que queria.

Querendo encontrar uma solução, rememorou os fatos do passado. Quando tinha cinco anos de idade, acordou no meio da noite ouvindo uma discussão entre os pais. Apesar da pouca idade, as palavras do pai ficaram gravadas em sua lembrança:

— Você vai ficar calada, porque estou mandando. Se abrir a boca, vai se arrepender.

— Não posso aceitar uma coisa dessas. Prefiro ser pobre a vida toda.

— Você não passa de uma mulher ignorante! Não nasci para ser capacho de ninguém.

— Se você não largar isso, irei embora, e nunca mais me verá.

— Você não sairá daqui para dar com a língua nos dentes.

— Não pode me prender. Irei à polícia!

— Por essa razão é que tem de ficar aqui!

— Você não pode me prender aqui. Irei embora agora mesmo! E Ângela irá comigo.

— De forma alguma. Nem você nem ela sairão daqui.

Ângela ouviu barulho de luta e os gritos de Angélica. Assustada, foi bater no quarto dos pais.

Raul abriu a porta, e Ângela viu a mãe encolhida em um canto do quarto, rosto vermelho, pelo qual as lágrimas corriam. Ela atirou-se nos braços de Angélica chorando:

— Mãe, mãe, o que está acontecendo?

Angélica tentou acalmar-se e respondeu:

— Não se assuste, minha filha. Já passou.

Raul olhava-as cheio de ódio. Angélica continuou:

— Vamos para seu quarto. Vou dormir com você.

As duas foram para o quarto de Ângela. A mãe tentou acalmá-la.

— O pai bateu em você?

— Não. Ele estava nervoso, mas isso passa.

Raul abriu a porta do quarto, colocou a chave do lado de fora e trancou-a. Angélica foi até a porta e tentou inutilmente abri-la.

— Vamos deitar. Você precisa dormir.

— O pai fechou a porta. Estamos presas.

— Não se preocupe. Ele logo abrirá.

Ângela lembrou-se de que a mãe se deitara ao seu lado na cama e a acariciou até adormecer.

Quando acordou na manhã seguinte, Angélica não estava mais lá. Mais tarde, o pai procurou-a e sentou-se a seu lado para conversar.

— Onde está mamãe?

— Sua mãe está doente. Ontem, ela teve uma crise e assustou você. Por esse motivo, chamei o médico, e ela fará um tratamento no hospital.

— Eu quero minha mãe! — reclamou ela. — Quando ela voltará?

— Ainda não sei. Como sua mãe não está bem, você precisará ir para um colégio interno.

— Não quero ir para o colégio. Quero minha mãe!

— É só por algum tempo. Logo, logo ela ficará boa, virá para casa, e você voltará.

No dia seguinte, Raul internou-a em um colégio de freiras. Quando ele a visitava, Ângela perguntava pela mãe e ouvia a mesma resposta: "Ela ainda está doente".

Durante os três anos em que esteve naquele colégio, Ângela não ia para a casa dos pais nas férias. Raul sempre arranjava uma viagem, alegava que Angélica era doente e não podia cuidar dela e deixava a filha no colégio.

Quando Ângela completou oito anos, o pai procurou-a dizendo que precisava cuidar de sua educação. Ela seria transferida para um colégio na Inglaterra, de onde sairia só quando atingisse a maioridade.

Ângela insistiu em ver a mãe, mas Raul lhe disse que não era possível, porque ela continuava internada. Assim, ele levou-a para o colégio em Londres.

Todos os anos, ele ia visitá-la e ficava lá dois ou três dias. Cinco anos depois de ela estar internada naquele colégio, ele lhe disse que fizera de tudo para curar Angélica, mas fora inútil: ela morrera.

Ângela lembrou-se do quanto chorou diante do pequeno retrato de Angélica que ela colocara na mala ao deixar a casa dos pais. Quando alcançou a maioridade, deixou o colégio, mas não quis voltar ao Brasil. Apesar de o pai nunca haver sido rude com ela e lhe ter proporcionado uma vida confortável, a lembrança daquela noite e o fato de ele a ter afastado da mãe faziam-na sentir certa aversão por ele.

Lembrava-se da mãe sempre alegre, carinhosa, de seu sorriso lindo, constante, e sentia um aperto no peito. Sua doença acontecera a partir daquela noite, o que lhe causava uma impressão desagradável.

Quando o pai sofreu o atentado, os advogados de Raul avisaram-na e pediram-lhe para voltar imediatamente da Inglaterra. Ela relutou, porém, Adalberto telefonou-lhe dizendo que sua presença era indispensável naquele momento.

— Ele está em coma. Os médicos não sabem se ele sobreviverá.

Ela tentou escapar:

— Agora está difícil. Estou muito envolvida com meu trabalho.

— Sou amigo de sua família há muito tempo. Sua mãe confiava em mim. Em nome dela, peço-lhe que venha imediatamente. Seus interesses estão em jogo. Não pode facilitar.

— Por que está dizendo isso? O que está acontecendo?

— Venha o mais rápido que puder. Vou esperá-la no aeroporto, e lá conversaremos melhor.

Ângela concordou, e, durante a viagem de regresso, as palavras de Adalberto não lhe saíam da cabeça.

Conhecia a segunda mulher do pai por fotografia. Levando-se em consideração a diferença de idade, não acreditava que ela o amasse. Raul não mandara buscar a filha para assistir ao casamento.

Depois de deixar o colégio, Ângela começou a sentir saudade do Brasil, mas, quando pensava em voltar, rever o pai, conhecer a madrasta, decidia continuar morando em Londres. Não sentia remorso por essa atitude, pois fora ele quem a afastara de casa.

Adalberto esperava-a no aeroporto e abraçou-a com carinho.

— Como você está bonita! Sua semelhança com Angélica é impressionante. Quando a vi pela última vez, você era pequena, não se parecia tanto. Fez boa viagem?

— Sim, obrigada. Mas suas palavras me intrigaram. O que está acontecendo? Por que minha presença aqui é tão importante?

— Seu pai está muito mal, e pode acontecer o pior.

— Espero que ele fique bem.

— Eu também, contudo, sei de alguns fatos que me fizeram temer por sua segurança. Você corre perigo.

— Eu?! Como assim?

— Vamos embora. Conversaremos em um lugar discreto. As paredes têm ouvidos.
— Não está exagerando?
— Absolutamente. Vamos embora.

Ângela notou que dois homens os acompanhavam discretamente. Depois que ela e Adalberto se acomodaram no carro, os dois entraram em outro veículo e foram atrás deles.

— Por que aqueles dois estão nos seguindo?
— São os seguranças de seu pai. Eles cuidam da proteção da família.

Ângela iria falar, mas Adalberto fez um sinal para que não o fizesse e começou a conversar sobre banalidades. Chegando em casa, foram informados de que Raul melhorara e conseguira permissão para continuar o tratamento em casa.

— Ainda bem — comentou Adalberto. Depois, dirigindo-se a Ângela, disse: — Minha mulher gostaria de oferecer-lhe um chá de boas-vindas. Hoje, você deve estar muito cansada, querer ver seu pai. Aqui tem meu cartão. Avise-me quando puder aceitar nosso convite.

Ângela pensou um pouco e respondeu:

— Não estou nem um pouco cansada. Estou curiosa para ver a cidade. Se não fizer objeção, poderei ir esta tarde mesmo.
— Será um prazer recebê-la.
— Estarei lá para o chá das cinco. — Ela sorriu e continuou: — É um hábito que aprendi com os ingleses do qual não quero me livrar.
— Nós a estaremos esperando.

A criada indicou o quarto a Ângela, que fora embora muito pequena. Lembrava-se vagamente da casa onde nascera, mas com certeza era muito diferente da mansão onde estava agora. Foi conduzida a uma suíte onde suas malas já a aguardavam, e uma criada apareceu perguntando:

— Dona Ângela, posso desfazer suas malas agora?
— Mais tarde. Quero tomar uma ducha e descansar um pouco.
— Vou preparar seu banho.
— Pode deixar. Não é preciso.

Estava abrindo a mala, quando alguém bateu levemente.
— Entre — respondeu.
Marina entrou muito elegante em um vestido azul-claro.
— Desculpe não ter ido recebê-la no aeroporto, mas não tenho saído de casa. Não quero me afastar de seu pai nem por um instante. O estado dele é delicado.
— Compreendo. Não era preciso.
— Desejo dar-lhe as boas-vindas. Lamento que seja em um momento tão difícil, mas tenho certeza de que ele sairá dessa.
Marina falava educadamente, mas Ângela notou que ela dissimulava a curiosidade.
— Desejo que se sinta em casa. Veio para ficar?
— Ainda não sei.
— Seu pai e eu gostaríamos muito que ficasse.
— Por enquanto, vamos pensar na saúde dele.
— Tem razão. Vou voltar para o lado dele. Se desejar alguma coisa, basta tocar a campainha, e a criada virá atendê-la.
— Obrigada.
Ângela recordava-se daquele primeiro encontro com certo mal-estar. Apesar do tom de cordialidade da madrasta, havia alguma coisa nela que a desagradava.
Depois que Marina se foi, Ângela tomou um banho, vestiu-se e foi ver o pai. Raul estava deitado semiconsciente. Ele saíra do coma, porém, ainda não recuperara completamente a lucidez.
Ângela aproximou-se do leito com o coração batendo descompassado. Raul estava magro, pálido, muito abatido. De olhos fechados, parecia dormir. Marina estava sentada em uma poltrona ao lado da cama.
— Como ele está?
— Melhor, mas ainda confuso.
Ângela colocou a mão no braço do pai e chamou-o :
— Pai, sou eu. Vim vê-lo e desejar suas melhoras.
Raul abriu os olhos e, ao fitá-la, seu rosto contraiu-se dolorosamente.
— Angélica?! É você? Veio me atormentar em busca de vingança?

Ângela olhou assustada para Marina, que se levantou, aproximou a boca do ouvido do marido e explicou:
— Quem está aqui é sua filha Ângela.
Raul abriu os olhos novamente, olhou-a e estremeceu:
— Você está mentindo. É Angélica quem voltou. Ela jurou se vingar. Mande-a embora! Chame os seguranças! Ela quer me matar!
Ele segurou as mãos de Marina e pediu-lhe que expulsasse Ângela. Desconcertada, a moça deixou o quarto, enquanto lágrimas desciam por seu rosto.
Uma vez no quarto, sentou-se pensativa na cama. Sua semelhança com a mãe confundira o pai. Mas por que ele dissera que Angélica o estava atormentando e querendo vingar-se? O que ele lhe teria feito para temer sua presença? Do que ele estaria com medo?
A lembrança daquela noite, em que os surpreendera brigando, reapareceu nítida em sua memória. O que teria acontecido de verdade entre os dois? A partir daquele dia, Raul a afastara da mãe a pretexto de que ela adoecera, mas isso seria verdade?
Por que durante tantos anos Ângela nunca mais se encontrou com a mãe? Havia um mistério que a moça gostaria de desvendar. Apanhou o retrato da mãe sobre a mesa de cabeceira e fitou seus olhos na foto como a lhe perguntar o que tinha acontecido.
Adalberto poderia esclarecer suas dúvidas? Como advogado dos pais e amigo de sua mãe, ele talvez pudesse contar-lhe o que ela desejava saber.
Pediu o carro e foi à casa do advogado. Adalberto recebeu Ângela com carinho e levou-a ao escritório. Depois de acomodá-la, começou:
— Você deve achar estranho que eu tenha lhe pedido para vir à minha casa logo no dia de sua chegada. É que aconteceram coisas que me preocuparam, e receio por sua segurança.
— Como assim?
Adalberto remexeu-se na cadeira inquieto e continuou:
— Muitos anos atrás, quando você tinha mais ou menos cinco ou seis anos, seu pai me chamou dizendo que estava desgostoso com problemas familiares, iria vender a empresa e

associar-se com outra pessoa. Pediu-me que cuidasse da parte legal e contou-me que Angélica, depois de uma crise de loucura, fora internada e estava incomunicável. Como ele estava assumindo um novo negócio e precisaria viajar muito, decidiu internar você em um colégio de freiras.

— Loucura? Então, minha mãe perdeu a razão?

— Você não sabia?

— Não. Minha mãe era uma mulher calma, doce e alegre. Não acredito nessa história. O senhor a viu? Sabe em que hospital foi internada?

— Não. Eu nunca mais a vi. Ela desapareceu, e, nesses anos todos, nunca consegui saber onde esteve. Certa vez, perguntei a seu pai, e ele me indicou o túmulo da família, dizendo que Angélica falecera. Fiquei revoltado, pois éramos muito amigos. Aurora era íntima dela. Ele, contudo, alegou que fizera tudo discretamente por vergonha. A loucura a transformara em uma mulher feia, e ele preferiu que os amigos não a vissem.

Ângela não conteve as lágrimas, e Adalberto ofereceu-lhe um lenço.

— Desculpe se o que tenho a lhe dizer a faz sofrer, mas outras coisas aconteceram, e você precisa saber.

— Fale, doutor. Quero saber tudo.

— A empresa com a qual seu pai se associou não é como as outras. Ela serve de cobertura para a verdadeira atividade pouco recomendável deles. Seu pai tornou-se muito rico. Quando terminei o trabalho que me pediu, ele dispensou meus serviços profissionais.

— Ele frequenta a alta sociedade. Minha madrasta é bem-vista.

— Tudo aparência. O dinheiro faz milagres, como você sabe. Ele ostenta, e todos o invejam. Apaixonou-se perdidamente por Marina, uma jovem de origem humilde, que, depois de um bom banho de loja, começou a passar por dama na sociedade. Ela despreza a própria família, porque se envergonha dela. Cortou relações com a mãe e os irmãos, que vivem na mais rude pobreza.

— Isso explica a repulsa que senti hoje quando a conheci.

— Estou lhe contando isso para chegar ao ponto que me preocupa. Marina é ambiciosa e falsa e tenho razões para supor que ela não vê com bons olhos sua presença aqui. Fez tudo para impedir sua chegada. Seu pai não está em condições de discernir. Fui eu, como amigo de sua mãe, que quase a obriguei a pagar suas despesas de viagem. Investiguei e descobri que seu pai fazia tudo o que ela queria e que na verdade era ela quem comandava os negócios das drogas.

— Drogas? Meu pai está metido com drogas?

— Infelizmente, sim. Mas não podemos nos envolver nesse assunto. O que desejo é assegurar para você um futuro financeiro melhor, longe dessas pessoas.

— Mas eu sou a única filha dele, portanto, meu futuro financeiro está garantido.

— Aí que mora o perigo. Tenho quase certeza de que ela vai querer ficar com tudo. Temo por sua segurança, Ângela. Você precisa ficar alerta.

Ângela conversou bastante com Adalberto, contou-lhe o que acontecera naquela noite da briga, e ambos chegaram à conclusão de que precisavam descobrir a verdade sobre Angélica.

Adalberto contratou um detetive de sua confiança para investigar o que queriam saber, e Ângela passou a evitar ver o advogado para não despertar suspeitas. Falavam-se apenas ao telefone e discretamente.

Para despistar, Ângela começou a sair com Rogério. Queria que todos pensassem que ela ficara no Brasil por causa dele, mas, apesar de apreciar sua companhia, ela não estava apaixonada. Só procurava ganhar tempo com o namoro.

Relembrando tudo, Ângela sentiu-se impotente para decifrar o enigma. Precisava de ajuda espiritual. A moça, então, sentou-se na cama, fechou os olhos e rezou pedindo a Deus que lhe mostrasse como agir.

"A vida me trouxe de volta para enfrentar esse desafio. Tenho certeza de que fez isso, porque tenho condições de vencer. Assim, estou disposta a fazer minha parte. Peço inspiração e proteção."

Ângela respirou aliviada, deitou-se e desta vez dormiu tranquilamente.

Capítulo 6

Mercedes olhou-se novamente no espelho e sorriu satisfeita. Estava muito elegante. Afinal, era seu primeiro filho a bacharelar-se, e o baile no Paulistano seria de gala. Toda a mais fina sociedade estaria presente.

Romualdo entrou no quarto e, vendo-a, observou:

— Você está muito elegante, como sempre.

— Rogério resolveu ir ao baile?

— Consegui convencê-lo. O filho do desembargador Sousa Mendes também está se bacharelando, e você sabe que ele é muito amigo de Rogério.

— Você sabe com quem ele irá?

— Ele disse que convidou uma moça lindíssima, mas quer nos fazer surpresa.

— Ele sempre escolhe bem. Já Ronaldo...

— Pois penso que desta vez ele acertou. Marilda é uma jovem muito bonita.

Mercedes deu de ombros:

— Bonita é, mas nota-se que não tem classe. É apagada, sem brilho. E a mãe, então? As duas são muito provincianas.

— Elas são tímidas. Estavam emocionadas na colação de grau. Depois, iriam conhecer os pais do namorado. Isso conta.

— Não gostei delas. Espero que Ronaldo abra os olhos e não consuma esse casamento. Afinal, ele é um Mendes Caldeira.

— Ele me pareceu muito feliz. Acredito que esse casamento pode dar muito certo.
— Vamos embora, estamos atrasados.
— Não é elegante chegar muito cedo.

Naquela noite, Marilda aprontou-se antecipadamente. Ronaldo ficara de buscá-las às nove e meia. O baile começaria às dez, mas ele queria chegar bem cedo; era da comissão organizadora e queria ver se tudo estava em ordem.

Rosana olhou-a embevecida. Marilda estava linda em seu vestido azul-noite de seda pura, bordado de miçangas e vidrilhos em volta do belo decote e das mangas japonesas.

— Você será a moça mais bonita do baile! — comentou Rosana com entusiasmo.

— Eu gostaria muito que isso fosse verdade, mãe, pois assim não me sentiria tão acanhada diante dos pais de Ronaldo. Não me senti à vontade na colação de grau.

— Pudera! A pose da mãe dele é desagradável.

— Ela não gostou de mim.

— Nós também não gostamos dela. Pareceu-me uma mulher pedante, orgulhosa, fria. Dá para compreender por que Ronaldo saiu de casa. Nem ele aguentou.

Marilda suspirou, e em seu rosto havia preocupação ao dizer:

— Quando a vi, senti um aperto no peito... Tive vontade de sair correndo, ir embora e nunca mais voltar a vê-la.

— Talvez seja bom refletir se vale a pena se casar com Ronaldo. Sinto que essa união poderá lhe trazer sofrimentos.

— Eu o amo! Ele é diferente da família. Deseja começar a vida à própria custa. Depois do casamento, vou procurar manter com eles uma relação formal, sem grande intimidade. São pessoas educadas. Penso que poderemos conviver sem atritos.

— Deus queira que você esteja certa. Também gosto muito de Ronaldo. É um homem sensível, educado, amoroso e trabalhador, mas você precisa mudar sua postura. Eles não são mais que nós só porque têm dinheiro. Você é uma moça linda, generosa, e ama seu noivo. Tem direito à felicidade. Apesar de desejar viver em paz com a família dele, não deixe que eles a menosprezem. Seja você mesma. Não se coloque em uma posição subalterna. Você foi bem educada, sabe portar-se em qualquer lugar. Não tem nada a temer.

Rosana segurou a filha pelo braço, colocou-a diante do espelho e continuou:

— Você é uma vencedora! Dentre todas Ronaldo preferiu você! Nesta noite, tenha olhos só para ele e para o amor que sentem um pelo outro. Esta é uma noite mágica, na qual vocês celebrarão a vitória dele, mas também a juventude, os sonhos que ambos têm de viver juntos a vida toda.

Os olhos de Marilda brilharam, e ela sentiu uma onda de alegria invadi-la. Ronaldo chegou em seguida e beijou-a na face, dizendo alegre:

— Você está deslumbrante! Meus colegas vão passar a noite me invejando.

Pouco depois, quando eles entraram no salão do clube, Marilda notou com satisfação os olhares de admiração das pessoas por onde passavam.

Rosana sentia-se feliz com o sucesso da filha. O salão estava lindo, e a orquestra já tocava. Sentaram-se à mesa, e Ronaldo conversou com alguns colegas. Estava feliz.

Ele segurou a mão de Marilda, levou-a aos lábios delicadamente, depois disse olhando em seus olhos:

— Nunca me senti tão feliz. Você é tudo com que sonhei. Esta noite, quero que saiba o quanto a amo e como sonho com o dia em que estaremos juntos para sempre.

Estavam dançando, quando os pais de Ronaldo chegaram. Cumprimentaram Rosana, e logo Ronaldo e Marilda foram ter com eles.

Mercedes lançou um olhar surpreso para Marilda, que não desviou os olhos. Sabia que estava muito elegante e bonita. Foi com um sorriso de felicidade que cumprimentou os dois.

Romualdo não se conteve. Correspondendo ao sorriso de Marilda, tornou:

— Você está divina! Não há neste salão uma moça mais bonita que você!

Mercedes mordeu os lábios contrariada e lançou um olhar reprovador ao marido, que o ignorou. Ronaldo interveio:

— Ela não é a mais bonita apenas do salão, mas do mundo!

Rosana dissimulou a alegria ao notar o despeito de Mercedes, que se remexeu na cadeira e procurou mudar de assunto:

— Rogério também virá.

Ronaldo ficou sério. Depois da briga, eles nunca mais haviam se falado.

— Tem certeza? Ele não gosta muito deste tipo de solenidade.

— É verdade, mas é seu irmão. Apesar dos desentendimentos entre vocês, ele é muito generoso. Garantiu que viria.

Meia hora depois, Ronaldo viu Rogério entrar no salão acompanhado por uma linda jovem que ele não conhecia. Dirigiram-se à mesa, e Rogério apresentou-a:

— Esta é Ângela Maciel.

Depois de Ronaldo apresentar a noiva e a futura sogra, todos se sentaram. Ângela sentou-se ao lado de Marilda, e as duas logo iniciaram uma conversa animada.

Rogério procurou ser amável com todos. Fazia parte de seu plano para conquistar Ângela. Sabia que ela era muito educada e valorizava o respeito.

Cumprimentou o irmão pela formatura, o que surpreendeu Ronaldo agradavelmente. Rogério parecia diferente e muito interessado em Ângela. Teria se separado de Marina? Ao mesmo tempo, o sobrenome da moça o intrigava. Teria ouvido bem? Seria parente de Raul Guilherme? Essas indagações ocorriam a Ronaldo, enquanto os observava.

No decorrer da noite, dançaram bastante, e, conforme o tempo passava, Ângela e Marilda entendiam-se mais. As duas simpatizaram uma com a outra à primeira vista. Depois, não passou despercebida a Ângela a atitude de animosidade, até de superioridade, de Mercedes para com a namorada de Ronaldo e sua mãe.

As duas pareceram-lhe pessoas educadas, finas, e Ângela não gostou daquela postura. Esmerou-se em atenções às duas, enquanto respondia apenas formalmente às perguntas de Mercedes.

— Vocês vão se casar logo? — indagou Ângela a Marilda.

— Ainda não marcamos a data — respondeu ela.

— Por mim, eu me casaria amanhã mesmo — interveio Ronaldo. — É ela quem deseja esperar um pouco mais.

Marilda sorriu e argumentou:

— Há os preparativos. Preciso de tempo para preparar o enxoval.

— Faz bem — comentou Mercedes, que não perdia uma palavra do que eles diziam. — Vocês são muito jovens ainda. Além disso, Ronaldo acaba de formar-se e terá de se dedicar primeiro à carreira.

— Posso cuidar de mim, do meu jeito — respondeu ele com firmeza. — Se Marilda concordar, poderemos nos casar logo. Viver ao lado dela seria uma motivação maior para trabalhar e progredir.

— Se você concordasse em trabalhar comigo, tudo estaria resolvido — tornou Romualdo.

— Obrigado, papai, mas, como lhe disse, prefiro cuidar disso sozinho.

Ângela notou pelo tom da conversa que o relacionamento entre eles não era harmonioso. Mercedes não gostava da noiva do filho e não conseguia esconder isso. Rosana trocou olhares com a filha e com Ângela. Notando o constrangimento de Marilda, Ângela convidou:

— Vou ao toalete. Você me acompanha, Marilda?

Ela concordou, e, quando entraram no toalete, Marilda comentou:

— Obrigada, Ângela. Você deve ter notado que não estou à vontade naquela mesa. Se não fosse por Ronaldo, eu já teria ido embora.

— Não faça isso! Não entre no jogo dela.

— Nós nos conhecemos na colação de grau, e logo notei que ela não me aceita. Eu sabia que isso iria acontecer.

— Não seja tão pessimista! Desculpe a franqueza, mas Mercedes é uma mulher pedante, maldosa e intolerante. Cuidado com ela!

— Não me sinto à vontade ao lado dela. Não sou o tipo de moça que ela deseja para se casar com o filho. Vivo apenas com minha mãe. Não temos sobrenome famoso. Trabalhamos para nos sustentar.

Ângela segurou os braços de Marilda e, Encarando-a, disse com voz firme:

— Você é a moça que ele ama e com quem deseja viver pelo resto da vida. Dá para notar isso nos olhos dele quando olha para você. Se eu encontrasse um amor assim, não deixaria que nada nem ninguém nos atrapalhasse.

— É o que minha mãe diz.

— Ela está certa. Reaja. Não se impressione com as palavras dessa senhora. Deu para notar que Ronaldo sabe com quem está lidando.

— É verdade. Há alguns anos, ele saiu da casa dos pais. Desde então, não se falam. Cortaram o dinheiro e não acreditavam que ele conseguiria graduar-se sozinho, mas Ronaldo sabia o que queria, trabalhou e venceu.

— Ele provou que é um moço de valor.

— Reconheço isso. Eu não sabia que ele pertencia a uma família rica, senão teria desistido logo e não chegaria a me apaixonar.

— Desculpe, Marilda, mas você está errada. Dinheiro e sobrenome impressionam a muitos, mas não bastam para nos dar felicidade. Eu preferia não ter nada, mas estar ao lado de uma mãe como a sua. Essa é a verdadeira riqueza. Ronaldo deve ter notado a diferença entre sua mãe e a dele.

Havia tanta tristeza na voz de Ângela que Marilda não se conteve:

— Você não tem mãe?

— Nós nos separamos quando eu era pequena. Ela era doente, e meu pai me internou em um colégio na Inglaterra, onde vivi até poucos meses. Quando ela morreu, nem pude ir ao enterro.

Marilda abraçou-a com carinho e disse com doçura:

— Sinto muito. Você tem razão. Não posso me queixar de nada. Fui criada no conforto, estudei, mas meu pai adoeceu. Quando ele morreu, havíamos gasto todos os nossos recursos tentando lhe devolver a saúde. Tivemos de vender nossa casa e mudar para um bairro distante, economizando o que podíamos para sobreviver. Mas minha mãe tem sido maravilhosa e trabalhado muito para nos sustentar.

— Penso que você é mais rica do que ele. É jovem, bonita, amada e tem tudo para ser feliz.

— Você também encontrará um moço bom, que a ame e a faça feliz. Talvez seja Rogério, então, acabaremos nos tornando parentes. Eu adoraria!

— Nunca me casarei com ele!

Ela disse isso com tanta firmeza que Marilda se assustou:

— Desculpe. Pensei que fossem namorados. Ele a olha com carinho.

— Estou saindo com ele, mas nos conhecemos há pouco tempo. Ainda não pensamos em algo mais sério. Vamos voltar ao salão.

— Vou aproveitar este momento em que estamos sós para convidá-la a ir à minha casa. Mesmo que nunca nos tornemos parentes, gostaria muito de ter sua amizade.

— Irei com prazer.

Marilda tirou da bolsa um caderninho, escreveu o número do telefone do escritório e pediu:

— Ligue para combinarnos. Esse número é de meu emprego.

As duas voltaram ao salão conversando animadas. Pouco depois, os dois casais foram dançar. Rosana pediu licença e foi ao toalete.

Ao ficar a sós com o marido, Mercedes comentou:

— Essa Ângela é parente de Raul Guilherme?

— É filha do primeiro casamento dele.

— Ah, a que estudou na Inglaterra!

— Essa mesmo. Veio ver o pai. Me disseram que ele ainda não se recuperou totalmente.

— Ela é bonita, tem classe. Rogério parece muito interessado nela.

— Pois eu não gostaria que se casassem. Há Marina. Ele andou enrabichado por ela. Não seria bom que se tornassem parentes.

— Que bobagem! Ela facilitou, e ele aproveitou. Marina mudou muito. Depois do atentado, parece que criou juízo.

Rosana voltou à mesa, e eles se calaram. Ronaldo convidou Marilda para irem ao jardim, e Rogério aproveitou para cumprimentar os amigos e exibir seu relacionamento com Ângela.

Sentado com Marilda em um banco, olhando o céu estrelado, Ronaldo não continha o entusiasmo. Abraçados, os dois trocavam beijos cada vez mais ardentes. A certa altura, Marilda afastou-se um pouco.

— Calma. Temos de nos conter.

— Esta é a noite mais feliz de minha vida! Desejo que nunca se acabe.

— Também sinto isso. Como gostaria de eternizar este momento!

— Vamos nos casar logo. Com o que ganho, dá para sustentar nós dois e dona Rosana.

— Minha mãe quer morar sozinha. Diz que todo casal precisa de privacidade.

— Saberei convencê-la. Você verá.

— Além disso, há o enxoval.

— Posso ajudá-la a fazer isso. Tenho algumas economias.

— Minha mãe diz que essa é a nossa parte.

Ele abraçou-a forte, beijou-a longamente nos lábios e depois disse:

— Não faça isso comigo! Não coloque coisas materiais entre nós! Diga apenas que também me ama, que quer se casar comigo, e deixe o resto por minha conta.

— Você sabe que o amo! Me casar com você é o que mais desejo.

— Então, vamos marcar a data! Dentro de um mês.

Marilda sentiu o coração bater forte. Também não queria esperar, pois ansiava por ficar ao lado dele para sempre.

— Vou pensar — disse.

— Até amanhã. Vou à sua casa conversar com sua mãe para acertarmos tudo.

Quando os dois entraram no salão, estavam corados, com os olhos brilhantes irradiando felicidade. Vendo-os, Ângela, que dançava com Rogério, comentou:

— Veja como eles estão felizes! Garanto que se casarão logo!

Rogério aproveitou:

— Se você me aceitasse, poderíamos ser mais felizes que eles! Se disser sim, pedirei sua mão amanhã mesmo.

Ela sorriu e respondeu delicadamente:

— Não me pressione. Nós ainda não estamos prontos para uma decisão dessas.

Mais tarde, quando Ângela decidiu ir embora, Rogério levantou-se para as despedidas. Romualdo tornou:

— Tive muito prazer em conhecê-la. Recomendações a Raul. Esperamos que se recupere de vez. Estamos com saudades dele.

— Obrigada, doutor. O prazer em conhecê-los foi meu.

— Esperamos vê-la novamente — disse Mercedes com amabilidade. — Gostaríamos muito de recebê-la em nossa casa para um jantar.

— Obrigada pelo convite. É muito amável.

Rosana levantara-se, e Ângela despediu-se dela com um sorriso.

— Fiquei feliz em conhecê-la. Gostaria de tornar a vê-la.

— Eu também. Marilda vai lhe dar nosso endereço. Esperamos que nos dê o prazer de sua visita.

— Já me antecipei, mãe — disse Marilda abraçando Ângela com carinho. — Claro que tornaremos a nos ver. Quando Rogério e Ângela saíram, Mercedes comentou:

— Muito bonita essa moça. Forma um lindo par com Rogério. Se não se importa, Romualdo, eu também gostaria de ir. É tarde. Estou cansada.

Eles se foram, e Rosana comentou:

— Acho que está na hora de irmos também.

— Por favor, não! — pediu Ronaldo. — Falta apenas meia hora para o baile acabar. Eu queria aproveitar até o fim.

— Mamãe deve estar cansada.

— Nada disso — interveio Rosana. — O baile está lindo; a orquestra, maravilhosa. Adoro essas músicas. Não estou nem um pouco cansada. Agora, vão dançar. Aproveitem a felicidade do momento.

Enquanto eles dançavam, Rosana observava-os pensativa. Ronaldo era um bom rapaz, estava muito apaixonado e era correspondido. Entretanto, apesar de gostar do rapaz, apreciar suas qualidades, o casamento a preocupava por causa dos pais dele. Embora Ronaldo houvesse se afastado da família, sempre estaria ligado a ela.

Mercedes demonstrara claramente não aceitar Marilda como nora. Rosana sentia-se incomodada com o brilho que surpreendera nos olhos dela quando observava o casal. Não era um olhar amistoso.

Rosana tentou afastar os pensamentos desagradáveis. O jovem casal estava tão feliz, tão confiante no futuro, que ela não tinha o direito de duvidar de que encontrariam a felicidade.

O baile terminou, e, depois de esperarem um pouco, foram deixando o salão. Abraçado, o casal caminhava alegre. À sua volta, outros formandos com as namoradas e familiares caminhavam conversando, seguindo em alegre cortejo.

Chegando em casa, Rosana convidou:

— Vamos entrar um pouco. Vou lhes preparar um lanche.

— Eis uma boa pedida! — comentou Ronaldo. — A senhora é a mãe que pedi a Deus: adivinha meus pensamentos.

Marilda interveio:

— Já vi que você vai mimar mamãe, e sei por quê.

— Estou rendendo justa homenagem a uma mulher elegante e solidária, que nos deixou ficar no baile até o fim e ainda me oferece um café. Ela sabe que é difícil para mim ir embora. Rosana sorriu bem-humorada, e Marilda tornou:

— Vamos à cozinha. Enquanto ela faz o café, nós arrumamos a mesa.

Ronaldo sentia-se muito feliz ao lado delas. Com prazer, ajudou a dispor as coisas na mesa da copa.

— Fiz um bolo de chocolate para comemorar a ocasião — disse Rosana. — Vocês preferem tomar chocolate ou café?

— Olhem só a cara do bolo! — comentou Ronaldo. — Prefiro chocolate.

— Eu também. Esse bolo deve estar uma delícia!

O dia estava clareando, e os três se sentaram à mesa com apetite. Enquanto comiam, Ronaldo tornou:

— Dona Rosana, gostaria que a senhora soubesse que estou muito grato por tudo que tem feito. Recebeu-me em sua casa com carinho e aceitou que eu namorasse Marilda. Este momento agora, enquanto o dia desponta, a harmonia que há entre nós, a conversa agradável, o prazer da companhia e do aconchego, tudo isso está me fazendo um grande bem. Nunca em minha vida havia tido momentos tão felizes quanto estes.

— De fato, Ronaldo, está muito agradável aqui — comentou Rosana, contente.

— Sempre me senti sozinho, mesmo quando vivia com minha família. Meus pais são muito diferentes de mim, e meu irmão vive mais à vontade com eles do que eu. Não estou me queixando. Cada pessoa é como é, e temos de aceitar isso. Mas aqui me sinto amparado, protegido... não sei explicar.

— Não precisa — atalhou Rosana. — Sei o que quer dizer.

— Marilda e eu conversamos muito esta noite. Estou formado, meu salário é bom. Desde já posso oferecer a vocês uma vida pelo menos confortável. Meus pais têm dinheiro, mas não pretendo viver à custa deles. Ainda assim, tenho certeza de que no futuro, com recursos próprios, poderei lhes oferecer um bom padrão de vida.

— Aonde quer chegar com esse assunto?

— Quero marcar a data do casamento para breve.

— Ele quer se casar daqui a um mês, mãe — interveio Marilda.

— É pouco tempo. Não dá para aprontar tudo.

— Dona Rosana, quero muito estar com vocês para sempre. Um mês é tempo suficiente para eu alugar uma casa, montá-la e cuidar das formalidades legais.

— Há o enxoval, o vestido de noiva. Não daria tempo. Além disso, o que sua família pensaria de um casamento apressado?

— Não me importo com o que eles pensam. Eu disse a meu pai que pretendia me casar o mais rápido possível. Eles sabem. Quanto às compras, já disse a Marilda que tenho algumas economias e acredito que serão mais que suficientes.

Rosana fitou a filha sem saber o que responder e sentiu um aperto no peito. Ficou silenciosa por alguns instantes, depois olhou para Marilda e perguntou:

— Você também quer se casar logo?

Os olhos de Marilda brilharam emocionados, e ela respondeu:

— Quero!

— Pense bem, filha. Entendo que estejam com pressa, mas não temos meios de preparar tudo.

— De quanto tempo vão precisar? — indagou Ronaldo com interesse.

— Um ano seria bom.

— É muito, dona Rosana.

— Também acho, mãe!

— Bem, poderíamos marcar para daqui a seis meses. Menos não será possível.

— Já disse que tenho economias. Não se preocupe com as despesas.

— Não posso aceitar isso. É minha única filha. Quero fazer minha parte.

— Eu lhe peço que pense melhor. Nós nos amamos muito e desejamos nos casar logo.

— Verei o que posso fazer.

— Há outro assunto que precisamos resolver. A senhora vai morar conosco.

— Isso não. Vocês precisam de privacidade.

Ele olhou-a sério e considerou:

— A senhora faz parte de nossa felicidade. Juntos, conseguiremos manter esse ambiente de harmonia e felicidade. Não poderemos ser felizes longe da senhora.

Os olhos de Rosana brilharam comovidos, e ela sentiu que Ronaldo estava sendo sincero. Ele continuou:

— Não me prive de sua companhia. Agora que nos encontramos, sinto que podemos ficar juntos e não quero perder essa oportunidade.

De repente, Rosana sentiu que em algum lugar, em algum momento, havia vivenciado uma situação igual, na qual os três unidos e felizes planejavam viver juntos.

Foi quase sem notar que respondeu:

— Eu também sinto que é hora de ficarmos juntos e que devemos aproveitar. Vamos marcar essa data para daqui a seis meses, e, enquanto me quiserem, vou morar com vocês.

Os três se levantaram e se juntaram em um abraço. O sol que despontava lá fora brilhou mais forte, e um de seus raios atravessou os vidros da janela, envolvendo-os com sua luz.

Capítulo 7

Rogério parou o carro em frente à casa de Ângela, desceu, foi até o outro lado e abriu a porta para que ela descesse.

Uma vez no portão, Ângela apanhou a chave na bolsa e sorriu para ele.

— Obrigada por ter me convidado. Foi uma festa linda. Adorei conhecer Ronaldo, Marilda e as outras pessoas. Seu irmão estava muito feliz e com razão, pois soube escolher.

— Ainda bem que gostou. Ele saiu de casa faz tempo, e eu não conhecia a noiva dele. Fiquei com receio de que você não a apreciasse, afinal, ela não pertence à nossa classe social.

— Não concordo. As duas são muito bem-educadas. Marilda já teve uma situação abastada, estudou em bons colégios, mas perdeu tudo com a doença do pai. Dá para notar que elas têm classe.

Rogério mordeu os lábios e tentou dissimular. Ângela tinha uma forma de pensar muito liberal, com a qual ele não concordava. O rapaz, contudo, não estava nem um pouco interessado na vida amorosa do irmão. Se o casamento dele fosse um fracasso, pouco lhe importava.

— De fato, também achei que elas são muito elegantes.

— Marilda me disse que eles pensam em se casar logo.

— Ronaldo é mais feliz que eu, que estou sozinho.

Rogério segurou a mão de Ângela, levou-a aos lábios e continuou:

— Você bem que podia aceitar meu pedido. Minha vida está muito triste. Ronaldo é mais novo e vai se casar antes de mim. Observando a felicidade deles, me senti ainda mais solitário. Vamos ficar noivos, pelo menos. Nesse período, você poderá me conhecer melhor.

Ângela tirou a mão com delicadeza e respondeu:

— Já falamos sobre isso. Vamos dormir, estou cansada. Amanhã será outro dia.

Ele a beijou delicadamente nas faces, e ela entrou na casa, que estava às escuras. Ângela atravessou o hall e, de repente, viu um vulto na sala de estar. Fez um gesto de susto, mas nesse instante a pessoa virou-se, e ela reconheceu Marina. Ângela aproximou-se preocupada:

— Acordada a esta hora? Aconteceu alguma coisa? Papai está bem?

— Ele continua na mesma. Não aconteceu nada. Eu não conseguia dormir, então, desci para tomar um chá e estava fazendo hora, esperando o sono aparecer. É horrível ficar deitada sem poder dormir.

— É verdade. Por que não toma um comprimido?

— Depois do atentado de seu pai, tomei muitos calmantes. Preciso dar um tempo. Não quero ficar dependente.

— Tem razão.

— Você foi a uma festa?

— Ao baile de formatura do irmão de Rogério. Você o conhece, não? Os pais dele disseram que são amigos de papai.

— São. Eu os conheço muito bem. Então, Ronaldo conseguiu se bacharelar...

— Sim.

— Quem mais estava com vocês?

— Os pais deles, a noiva de Ronaldo e a mãe da moça.

— Ele está noivo? De quem?

— Acho que você não conhece. Ela não frequenta a sociedade.

— Ah! Não é de nosso meio! E Mercedes concordou?

— Deve ter concordado, pois estávamos todos juntos. Desculpe não lhe fazer companhia, mas vou subir. Estou exausta. Fazia tempo que não dançava tanto como nessa noite. Vou tomar um banho e descansar. Você vai subir?

— Vou ficar mais um pouco aqui.

Depois que Ângela subiu, Marina sentou-se novamente no sofá da sala. Estava muito irritada. "Aquela sonsa, além de voltar na hora errada e frustrar meus planos, ainda me roubou o amante."

Estava cansada de representar o papel de mulher apaixonada pelo marido. Se não fosse pelo medo que sentia, há muito teria voltado à circulação e principalmente aos encontros furtivos com Rogério.

Sentia falta de seus beijos ardorosos, de mergulhar em seus braços fortes e sentir prazer. Sua vida havia se transformado em um pesadelo. Os guarda-costas de Raul a haviam prevenido de que não saísse de casa, pois o mesmo grupo que tentara matar seu marido a jurara de morte.

Para protegê-la, vigiavam-na vinte e quatro horas por dia. O chefe do tráfico de drogas, ao qual eles eram ligados, mandara-a recolher-se e só aparecer quando ele autorizasse.

Sufocada por ter de ficar fechada em casa, Marina vivia procurando uma forma de resolver a situação. Várias vezes, Raul dissera-lhe que já estava suficientemente rico para deixar aquele negócio, mas ela não concordava. Queria muito mais. Imaginava que fora por expressar a vontade de largar os negócios que Raul sofrera o atentado. Apesar de o sócio deles afirmar que foram inimigos que tentaram matá-lo, ela suspeitava de que estava mentindo. Por tudo isso, afirmava sempre que nunca iria desistir. Ela não queria ser morta como queima de arquivo.

Além do medo dos rivais, temia os próprios companheiros. Aterrorizá-la era uma forma de vigiá-la e não permitir que desse com a língua nos dentes.

Marina reconhecia que estava em uma situação difícil. Se ao menos Raul voltasse à lucidez, talvez eles pudessem sair do Brasil a pretexto da recuperação de sua saúde.

Ela precisava conseguir aliados. Tinha certeza de que Rogério faria tudo para ajudá-la, mas como falaria com ele sem que ninguém soubesse? Tinha certeza de que os telefones estavam grampeados.

Quando Ângela chegou, Marina logo notou que se tratava de uma moça inteligente e esperta. Não lhe parecia pessoa confiável. Se ela desconfiasse da verdade, talvez os denunciasse à polícia, o que provocaria uma tragédia. Aquilo nunca poderia acontecer. Se ao menos Ângela voltasse para a Inglaterra! Sozinha, Marina teria mais facilidade de representar o papel de esposa infeliz e ludibriar a todos.

Ângela, no entanto, não mostrava interesse em partir. Pelo contrário, a cada dia mais se entrosava com as pessoas, o que representava um incentivo à sua permanência no Brasil.

Marina passou a mão nos cabelos pensativa. Talvez fosse melhor agir de forma diferente: tentar conquistar a simpatia da enteada. O fato de Ângela namorar Rogério poderia ser uma vantagem. Se o amante entrasse na casa como namorado da moça, encontraria um jeito de conversar com ele.

Tinha certeza de que Rogério a amava com paixão. Não seria demais acreditar que, com o namoro, ele estivesse tentando chegar até ela.

Precisava descobrir em que ponto estava o relacionamento entre os dois, então, se mostraria favorável ao namoro e assim poderia conseguir conversar com Rogério sem despertar suspeitas.

Era uma pequena possibilidade de conseguir ajuda, mas, naquele momento, esse pensamento conseguiu fazê-la sentir-se mais calma. Foi à copa, tomou um pouco de leite e subiu para dormir.

Passava do meio-dia quando Ângela desceu. Marina estava na sala e, vendo-a, aproximou-se.

— Pensei que fosse dormir até mais tarde. Mandei tirar a mesa do café. Se quiser, mando trazer.

— Obrigada. Não se incomode. Estou sem fome.

— Daqui a pouco, o almoço será servido.

Ângela fez menção de sair, e Marina tornou:

— Estou me sentindo muito só hoje. — Respirou fundo e continuou: — Está difícil para mim ver Raul naquele estado e não poder fazer nada.

— Talvez fosse bom sair um pouco, dar uma volta. Desde que cheguei, você não saiu uma vez sequer. Desse jeito ficará doente.

— Estou ficando depressiva. Há momentos em que Raul melhora um pouco, conversa com naturalidade, e fico esperançosa, mas depois... ele começa a falar coisas desconexas.

— Talvez fosse bom trocar de médico ou pedir que uma junta avaliasse seu estado.

— Já fizemos isso. Eles disseram que Raul ficou traumatizado com a agressão violenta que sofreu. O psiquiatra disse que era preciso esperar, porque só o tempo fará com que ele volte ao normal.

— Nesse caso, você deve se cuidar, sair um pouco, receber os amigos. Tenho notado que ninguém a visita. As pessoas têm me perguntado sobre você e a saúde de papai, dizendo que quiseram vir aqui, mas que lhes foi dito que não estavam recebendo visitas.

— De fato. Os médicos acham que Raul precisa de repouso. Ele tem ficado inquieto com qualquer ruído mais expressivo. Você viu como ele ficou, quando entrou no quarto aquele dia? Ele a confundiu com sua mãe, teve alucinações. Visitas poderiam perturbá-lo ainda mais.

— Nesse caso, só nos resta mesmo esperar.

— Vamos falar de coisas mais alegres. Como foi o baile de ontem? O ambiente estava bonito?

— Muito. O Paulistano é um clube muito agradável. Havia flores por toda a parte, uma orquestra maravilhosa, e as pessoas estavam muito elegantes.

— Achei lindo seu vestido. Comprou em Londres?

— Sim.

— Fale mais... E seu namoro com Rogério? Como vai?

— Não estamos namorando. Somos amigos e estamos nos conhecendo melhor.

— Ele é um homem elegante, rico, um solteirão muito cobiçado. Embora as mulheres fiquem em volta, ele é discreto. Segundo sei, nunca teve uma namorada firme. Notei que você tem saído com ele regularmente. Se não estão namorando, é evidente que ele está muito interessado em você.

Pelos olhos de Ângela passou um brilho indefinível. Ela não gostava que invadissem sua intimidade e respondeu simplesmente:

— Pode ser. Mas nosso relacionamento é apenas de amizade.

— Seja como for, ele é de uma família muito boa. Tenho certeza de que seu pai aprovaria esse namoro.

— Meu pai não está em condições de conduzir a própria vida, quanto mais de cuidar da minha. Não se preocupe com meus relacionamentos. Estou habituada a cuidar de mim. Sei exatamente o que quero da vida e como fazer isso.

— Desculpe-me. Não quis ofendê-la. É que tenho estado tão sozinha! Saber o que se passa com você, com pessoas de nossa amizade, é como voltar à vida.

— Ainda acho que deveria receber algumas visitas discretas. Talvez uma amiga. Assim teria com quem conversar.

Marina suspirou triste:

— Infelizmente, não tenho amigas. Em sociedade, as amizades são superficiais. Depois do atentado de que Raul foi vítima, fiquei sabendo de alguns boatos maldosos sobre ele. Veja que ingratidão. Ele sempre foi sociável, abriu esta casa para os amigos, frequentou todos os lugares da moda, gastou à larga para oferecer-lhes todas as gentilezas, mas bastou que um ladrão malvado o prostrasse para que a maldade aparecesse. Ele foi a vítima, mas há quem espalhe coisas desagradáveis sobre Raul. Não posso concordar com isso.

— Bom, você é quem sabe como proceder. Se me der licença, tenho de sair.

— Não ficará para almoçar comigo?

— Marquei cabeleireiro e já está na minha hora. Outro dia, almoçaremos.

Ângela apanhou a bolsa e saiu. A mudança de atitude de Marina era evidente. Por quê? Estaria sendo sincera?

Talvez Marina se sentisse realmente só e quisesse um pouco de companhia, afinal, era jovem e acostumada à intensa vida social. Ficar em casa ao lado de um marido doente não era motivador.

Ângela não queria ser injusta, mas alguma coisa em Marina a fazia duvidar de sua sinceridade. Ela não olhava em seus olhos quando falava, e isso revelava seu caráter dúbio.

Era-lhe difícil acreditar que uma jovem cheia de saúde, levando a vida que lhe contaram que ela levava, houvesse casado com um homem mais velho por amor. Se ele fosse pobre, talvez fizesse algum sentido. Ela fazia questão de que todos acreditassem em seu amor por Raul. Era mentira. A quem pretendia enganar?

Precisava ficar atenta. Várias vezes tivera vontade de entrar no escritório do pai, procurar inteirar-se dos detalhes de sua vida, mas não estava sendo fácil. Dentro da casa havia dois seguranças que, a pretexto de proteger a família, permaneciam circulando pela residência, principalmente perto do escritório de Raul.

Essa atitude a fazia desconfiar cada vez mais de que, por trás do atentado que seu pai sofrera, havia alguma coisa que eles queriam esconder. Notara que os dois seguranças a observavam constantemente, dando-lhe a desagradável sensação de que estava sendo vigiada, não protegida.

Ângela precisava fazer alguma coisa. Regressara pensando em descobrir por que fora separada da mãe, investigar a causa de sua morte, mas agora desconfiava de que havia muito mais e não queria regressar a Londres sem encontrar as respostas que procurava.

A moça mandou tirar o carro, dispensou o motorista e saiu. Ela gostava de dirigir e não queria que vigiassem seus passos. Em vez de ir ao cabeleireiro, decidiu ir ao escritório de Adalberto.

A secretária conduziu-a à sala dele. Adalberto recebeu-a com um abraço carinhoso:

— Como vai, minha filha? Sente-se, por favor.

Ângela acomodou-se na poltrona que ele lhe ofereceu e respondeu:

— Tenho me sentido inquieta. O tempo está passando e ainda não consegui descobrir nada. Vim para saber como vão as investigações. Adalberto passou a mão pelos cabelos e respondeu com ar preocupado:

— Precisamos ter paciência. Mílton, que está investigando para nós, esteve aqui na semana passada. Ele aconselhou terem muito cuidado. Acha que se trata de pessoas muito perigosas.

— Não gosto dos homens que estão trabalhando em casa. Tenho a sensação de que estão lá para me vigiar.

— Mílton disse isso mesmo. Aqueles homens trabalham para uma quadrilha de traficantes perigosos e estão lá obedecendo às ordens deles. Alegam que é para proteção, que Raul os contratou, mas isso é mentira. Eles são asseclas de Martínez, um perigoso traficante.

— Eles teriam alguma coisa a ver com o atentado de papai?

— Pelo que sabemos, Martínez lidera esse grupo, mas não gosta de aparecer. Vive fora do país e, quando vem ao Brasil, vem incógnito e com falsa identidade. Há indícios de que Raul trabalhava para ele. Eram sócios. Seu pai seria um testa de ferro.

— Que horror!

— Foi difícil descobrir isso. Mílton se disfarça, convive com os drogados, se arrisca, porque teve um irmão que foi morto por eles e deseja impedir que continuem distribuindo esse veneno. Mas nos aconselha a ficar longe dessas pessoas.

— Eles podem ser os autores do atentado.

— Podem, mas nós acreditamos que não. Se eles tivessem atirado, Raul não teria sobrevivido.

— E sobre mamãe? Mílton descobriu alguma coisa?

— Ele disse que está difícil, que alguém, interessado em esconder o que houve com ela, destruiu todos os vestígios. Ninguém sabe de nada. O nome de Angélica não aparece nos registros de nenhum hospital. No atestado de óbito consta que ela faleceu de ataque cardíaco.

— E o médico que assinou o óbito, o que diz?

— Afirma que a atendeu de emergência quando ela sofreu um ataque cardíaco e não conseguiu salvá-la.

Ângela suspirou desalentada:

— Acho difícil descobrir alguma coisa. Apesar disso, sinto que preciso continuar investigando. Se ao menos eu pudesse pesquisar no escritório de papai lá em casa, talvez encontrasse alguma pista. Mas os dois vigias estão sempre rondando aquela porta. Impossível entrar lá sem que eles vejam.

— Cuidado. Receio que Marina esteja tramando contra você. Às vezes, penso que seria melhor você voltar para Londres. Por outro lado, se fizer isso e seu pai morrer, você pode vir a perder tudo. Essa mulher não é confiável.

— Também sinto isso. Quero o endereço do médico que assinou o óbito de mamãe. Apesar do que ele disse, gostaria de conversar com ele e tentar descobrir alguma coisa mais.

— Não creio que consiga. Eu o procurei, mas ele não sabe nada.

— Deve pelo menos saber o nome da casa de saúde onde ela estava internada.

— Ele a atendeu em casa.

— Em casa? Nunca soube que ela houvesse voltado para nossa casa.

— O médico me contou que foi chamado para atendê-la em casa. Foi conduzido a um quarto de casal, onde ela estava desacordada em uma cama. Raul lhe disse que ela havia sofrido uma síncope e o chamou porque o médico que cuidava de sua saúde estava no exterior. O médico, então, providenciou uma ambulância, e, enquanto esperavam, tentou recuperá-la, mas não conseguiu. Quando o socorro chegou, ela estava morta.

Ângela meneou a cabeça com tristeza:

— Meu Deus! O que teria acontecido? A cada dia que passa, fico mais convencida de que minha mãe não morreu de morte natural.

— Angélica adorava você e deve ter sofrido muito com a separação. O desgosto pode ter afetado sua saúde.

— Minha mãe era uma mulher altiva, forte. Não creio que tenha se conformado em viver longe de mim. Deve ter lutado, tentado ir ter comigo, mas não conseguiu.

— Talvez tenha adoecido mesmo. Na última vez em que nos encontramos, ela estava bem de saúde, mas notei que estava triste. Fui à sua casa uma noite levar alguns documentos para Raul assinar, pois, como lhe disse, ele havia vendido a empresa e não ia precisar mais de meus serviços. Seu pai me pediu que redigisse o distrato de nosso contrato, então, aprontei tudo e fui até lá. Ele me dissera que tinha urgência.

— Não disse por quê?

— Disse apenas que havia fechado um novo negócio e queria resolver tudo o mais rápido possível. Você sabe que respeito meus clientes e não gosto de intervir em suas decisões. O tom com que ele me intimou a tomar as providências indicava que ele estava decidido, e eu fiz o que me pediu. Raul não havia chegado, e resolvi esperar. Ele sabia que eu iria levar os papéis para assinar. Angélica me recebeu com amabilidade. Sempre fomos amigos. Sua mãe e Aurora foram colegas de colégio.

— Naquela noite, eu ainda estava com ela na casa?

— Sim. Aparentemente, tudo estava normal. Apenas notei que Angélica estava muito triste, embora tentasse dissimular. Conversamos um pouco, e ela perguntou por Aurora e pelas crianças. Parecia constrangida, e pensei que fosse por Raul ter rompido nosso contrato de trabalho. Procurei deixá-la à vontade, dizendo-lhe:

"— Quero que saiba, Angélica, que o fato de Raul contratar outro advogado não modifica em nada nossa amizade.

"— Em nenhum momento concordei com as decisões que ele tomou. Não queria que ele vendesse a empresa que foi de meu pai nem que se juntasse a esse grupo com o qual está se envolvendo. Mas, infelizmente, não consegui demovê-lo.

"— Ele deseja tentar outra atividade, progredir. Nunca teve pela empresa o carinho que o doutor Renato tinha.

"— Meu pai amava a empresa. Costumava dizer que se sentia feliz em dar emprego a mais de quinhentos pais de família. Afirmava que o trabalho dava dignidade ao homem. Era um humanista.

"— Era estimado e respeitado por todos.

"— Ele não combinava muito com Raul. Os dois eram muito diferentes, mas, como eu me apaixonei, meu pai o aceitou como genro, lhe ensinou o que sabia e o introduziu no meio dos negócios.

"— Quando ele morreu, Raul estava na gerência da empresa.

"— Não sei se foi bom. Eu não queria que a vendesse... Se ao menos ele continuasse trabalhando com você, Adalberto, eu ficaria mais tranquila.

"— Ele tem o direito de fazer as coisas do jeito dele. Não se preocupe com isso. Nossa amizade continuará como sempre. Se você precisar de mim, é só chamar. Estarei sempre à sua disposição".

Adalberto calou-se pensativo. Como Ângela permaneceu calada, ele continuou:

— Saí de lá angustiado, com uma sensação de perda. Ao chegar em casa, comentei com Aurora:

"— Angélica estava muito triste. Não sei o que é, mas sinto que alguma coisa ruim está acontecendo com ela.

"— Talvez tenha razão. Essa noite sonhei com ela. Estava chorando muito, gritando por socorro. Estendia as mãos. Tentei segurá-las, mas, por mais força que fizesse, ela ia se distanciando, ficando cada vez mais longe. Acordei angustiada, aflita. Amanhã, vou visitá-la. Quero saber o que está havendo."

Ângela perguntou:

— Ela foi ver mamãe no dia seguinte?

— Foi. Mas, quando chegou, lhe disseram que Angélica havia viajado com o marido e a filha. Aurora não conseguiu saber para onde foram nem quando voltariam. Ficamos mais apreensivos ainda. Aurora telefonou várias vezes, porém, não obteve nenhuma informação. Uma semana depois, Raul estava de volta à empresa. Nós nos encontramos e, quando perguntei por Angélica e você, ele me disse que ela havia tido uma crise nervosa e estava internada em uma casa de saúde. Quanto a você, disse que havia sido levada a um colégio onde ficaria enquanto sua mãe estivesse doente.

— É intrigante tudo isso. Ninguém me tira da cabeça que mamãe descobriu alguma coisa muito grave, e ele a afastou do convívio de todos. Já lhe contei sobre a discussão que tiveram. Ela foi taxativa.

— Eu sei. Temos de continuar investigando, mas, por favor, não deixe ninguém saber. Marina é esperta. Nunca fale de nossas desconfianças.

— O que me incomoda é que o tempo está passando e não conseguimos nada.

— Você precisa ter paciência.

O telefone tocou, e Adalberto atendeu:

— Aurora? Sim. Pode fazer. Estou conversando com Ângela. Vou passar o telefone — e, voltando-se para Ângela, disse: — Ela quer falar com você.

— Como vai, dona Aurora? Sim... Hoje não. Amanhã? Combinado. Vou com prazer. Obrigada pelo convite.

Ângela devolveu o telefone, e Adalberto continuou:

— Sim, estarei em casa no horário. Um beijo. Ele desligou e esclareceu:

Ela ligou para avisar que hoje vai preparar um prato de que gosto muito. Tem certeza de que não quer jantar conosco hoje? Isso nos daria muita alegria.

— Obrigada, mas hoje eu não seria boa companhia. Desculpe. Amanhã estarei melhor.

— Como quiser. Amanhã, teremos alguns convidados, e você poderá conhecê-los. Quer que mande buscá-la em casa amanhã?

— Não é preciso. Já conheço bem a cidade.

Despediram-se. Apesar de estar sem vontade, Ângela decidiu ir ao cabeleireiro para justificar sua saída. Não queria despertar suspeitas.

Passava do meio-dia quando Rogério acordou. Apesar de ter se deitado tarde na véspera, não conseguira dormir. Sentia-se nervoso, inquieto. A saudade de Marina incomodava-o. Precisava vê-la, saber como estavam as coisas.

Ângela era discreta e não gostava de falar sobre a saúde do pai. Rogério tentava descobrir alguma coisa, mas ela se mostrava evasiva. Insistir iria despertar suspeitas.

Rogério levantou-se e tomou um banho para ver se melhorava a disposição. Desceu e encontrou Mercedes lendo na sala. Vendo-o, ela levantou os olhos com satisfação.

— Bom dia, meu filho.
— Bom dia.
— Está com fome? Posso mandar servir um café. Falta pouco para o almoço.
— Não se incomode. Estou sem fome. Vou apanhar um café simples na copa e esperar pelo almoço.
— O jornal de hoje fala sobre Raul Guilherme.
Rogério interessou-se:
— Deixe-me ver...
— Parece que a polícia descobriu alguma coisa sobre o atentado.
Rogério apanhou o jornal, viu um retrato de Raul e leu: "A polícia encontrou nova pista no caso do empresário Raul Guilherme e decidiu retomar o caso. O delegado diz que manterá sigilo para não atrapalhar as investigações. Raul Guilherme ainda não se recuperou completamente, mas, segundo seu médico Francisco Ribeiro, está melhorando e em breve deverá estar bem".
Seguia-se um resumo do atentado com comentários do jornalista, externando suspeitas de que não havia sido um simples assalto.
— Você viu? — comentou Mercedes. — O articulista também acha que não foi um assalto. Vai ver Raul está mesmo metido com gente perigosa. Ainda bem que você se afastou de Marina.
— Bobagem, mãe. Raul é homem de sociedade, tem muito dinheiro. O povo gosta de inventar histórias.
— Você não acredita que ele esteja metido com bandidos?
— O que é isso, mãe? Você também? Isso é conversa fiada de invejosos.
— Antes, você também desconfiava disso.
— Mas agora não. — Ele fez uma pausa e continuou: — Tenho saído muito com Ângela, por isso sei que não há nada.
— Saído com ela?
— Estou gostando dela, se quer saber. É uma boa moça, culta, inteligente e bonita. Se tudo der certo, pretendo pedi-la em casamento.

Mercedes emudeceu de surpresa. Rogério nunca se interessara seriamente por ninguém. Quando venceu o estupor, perguntou:

— E Marina? Sabe disso?

— Por enquanto, Ângela e eu estamos apenas saindo, nos conhecendo. A cada dia gosto, mais dela. Não sei se Marina sabe. Terminamos tudo e nunca mais conversamos, mas isso não me incomoda. Meu interesse por ela não passou de uma aventura.

— Mesmo assim, não acho aconselhável essa proximidade. Ela pode não se conformar. Sabe como são as mulheres... Afinal, você é um moço bonito, fino, e ela pode ter se apaixonado.

— Ela gosta de mim, mas não está apaixonada. Tenho certeza.

— Com a retomada do caso, pode ser que tenhamos surpresas desagradáveis. Melhor você esperar e não formalizar o namoro antes que tudo esteja esclarecido.

— Não se preocupe, mãe, sei o que estou fazendo.

— Convide Ângela para jantar conosco uma noite destas. Na formatura de seu irmão, não tivemos oportunidade de conversar muito. Gostaria de conhecê-la melhor.

— Vou transmitir-lhe seu convite.

Depois do almoço, Rogério foi para o quarto. Queria pensar, estudar a situação e traçar um plano para forçar Ângela a aceitar o noivado. O telefone tocou, e ele atendeu. Ouviu uma voz do outro lado:

— Sou eu.

— Marina! Finalmente!

— Não posso falar muito. Só quero que me responda: você e Ângela estão namorando?

— Temos saído.

— Eu sei. Quero saber se você gosta dela.

— Você sabe que só gosto de uma.

— Não fale sobre isso. Quero saber por que está saindo com ela.

— Porque precisava ver você. Não aguento mais essa distância.

— Responda minha pergunta rápido.

112

— Ela foi a maneira que encontrei de me aproximar de você.

Marina desligou o telefone, e ele sentou-se nervoso na cama. O que ela pretendia com aquela pergunta? Estaria com ciúme?

A esse pensamento, Rogério sentiu uma onda de alegria. Então, ela o amava. Não era tão indiferente quanto deixava transparecer.

Por outro lado, notava que alguma coisa estranha estava acontecendo naquela casa. Ângela evitava sua presença lá, e Marina não podia falar livremente com ele ao telefone. Estaria sendo vigiada?

Raul Guilherme estava melhor e a estaria proibindo de sair? Por que ela nunca mais frequentara a sociedade, uma vez que ele estava quase recuperado? Precisava descobrir. Ligou para a casa de Raul, e a criada atendeu. Rogério perguntou por Ângela.

— Dona Ângela não está. Quer deixar recado?

— Não, obrigado. Ligarei mais tarde.

Decidiu ir ao clube, ver os amigos, ouvir os comentários que corriam soltos. Talvez descobrisse alguma coisa. Arrumou-se e saiu. Apesar das perguntas sem resposta, das dúvidas e incertezas, Rogério, recordando-se do telefonema de Marina, sentia um brando calor de alegria envolver-lhe o coração.

Capítulo 8

Marilda pegou o envelope satisfeita. Fazia seis meses que estava trabalhando e já conseguira uma promoção e um bom aumento de salário.

Depois que arranjou o emprego, insistiu com a mãe para que ela trabalhasse menos. A princípio, Rosana recusara-se, alegando que Marilda precisava começar a comprar peças para o enxoval:

— Agora que Ronaldo está formado, pretende marcar a data do casamento. Falou nisso várias vezes.

— Eu sei, mãe, mas ele sabe que não temos dinheiro. Aliás, ele já disse que ganha o suficiente para assumir todas as despesas.

— Isso me constrange, filha. Gostaria de lhe dar um enxoval de princesa. Se seu pai estivesse vivo, tudo seria diferente.

— Relutei muito em continuar namorando-o depois que soube que Ronaldo era rico, mas não tive forças para acabar com tudo. Eu o amo de verdade. Ele insiste em dizer que o amor é mais importante.

Rosana suspirou pensativa e recordou-se do quanto havia sido feliz ao lado de Elói.

— Concordo com ele.

— Você trabalhou muito para me criar, pagar meus estudos. É minha vez de retribuir, de cooperar, de poupar um pouco suas energias. Há quanto tempo você não compra um vestido?

Relembrando esse diálogo, Marilda colocou o envelope na bolsa e sorriu pensando no presente que compraria para a mãe. Chegou em casa alegre e encontrou Rosana passando roupa.

— Mãe! Por que não me esperou? Eu disse que essa é uma tarefa minha.

Rosana sorriu:

— Eu estava folgada e decidi adiantar o serviço.

— Nós combinamos que eu continuaria cuidando da roupa e da casa; você, das compras e da comida.

— Não é justo. Você trabalha o dia inteiro, chega cansada. Eu fico o dia inteiro em casa; posso muito bem cuidar de tudo.

Marilda tirou o envelope da bolsa e entregou-o à mãe.

— Recebi um aumento. Acho que você já pode deixar de costurar.

— Nada disso. Preciso fazer algo. Quer que me sinta inútil?

Marilda sorriu.

— A senhora sabe o que quero dizer.

Rosana colocou o ferro sobre o descanso, olhou-a nos olhos e disse com voz firme:

— Está na hora de conversarmos seriamente. Decidi que não vou morar com você depois que se casar.

— De jeito nenhum. Não vou deixá-la sozinha. Ronaldo foi o primeiro a dizer que nunca vai nos separar.

— Eu sei que vocês dizem isso de coração, mas posso muito bem cuidar de mim. Quem casa precisa ter privacidade. Minha presença vai perturbar a intimidade de vocês.

— Não diga isso, mãe. Você tem nos ajudado, apoiado, e jamais iria nos perturbar.

— De fato, nunca farei nada que possa atrapalhar a felicidade de vocês, mas minha presença os obrigaria a me incluir em seus passeios, suas conversas, suas decisões. Por outro lado, quando você se casar, eu terei cumprido minha responsabilidade como mãe. Claro que continuarei a apoiando, a auxiliando e fazendo tudo por sua felicidade, e é por tudo isso que pretendo deixá-los livres.

— Você não pode nos deixar.

— Vou continuar aqui. Estaremos sempre juntos, mas também preciso dessa liberdade. Vou pensar um pouco em mim e retomar algumas coisas que ficaram para trás quando me casei.

— Não sabia que você se sentia presa.

— O casamento é uma responsabilidade. A vida a dois é uma troca na qual temos de nos adaptar, muitas vezes deixando de lado algumas preferências. A maternidade se torna uma prioridade. Deixamos tudo para cuidar dos filhos. Entenda, não é o marido quem exige nem os filhos que pedem; somos nós, mulheres, que nos entregamos, oferecendo toda a nossa devoção, com prazer e amor. Mas quando o marido morre e os filhos crescem e seguem seu caminho, é hora de compreender que a tarefa terminou. Às vezes, é difícil nos desapegarmos depois de tanto tempo, mas esse é um imperativo natural da vida.

— Mas não quero que se afaste de nós, mãe. Não precisa fazer isso.

— Depois que você se casar, quanto mais eu me desapegar de você, mais você me amará. Ronaldo também. Isso não quer dizer que eu os deixarei. Estarei sempre aqui, auxiliando-os no que for possível, mas sem me intrometer na vida íntima de vocês.

Marilda olhou-a admirada. Estava tão habituada a viver com a mãe, a incluí-la em todos os seus projetos, que não concebia separar-se dela, ainda que fosse apenas de casa.

— Você vai refletir e mudar de ideia. Ronaldo não vai deixar. Ele a adora. Chegou a comentar que gostaria muito que a mãe dele fosse como a senhora. Ele não se sente à vontade com ela. Diz sempre que, para dona Mercedes, só Rogério existe. Às vezes, noto que ele olha para a senhora com carinho. Ele está feliz em saber que a terá conosco depois do casamento.

— Vamos deixar o tempo passar. Você tem outras coisas para pensar até o casamento.

Marilda sorriu. Casar-se com Ronaldo era o que ela mais queria. Compreendia que Rosana desejava conseguir dinheiro pelo menos para comprar o mínimo de enxoval. Era-lhe desagradável deixar todas as despesas por conta Ronaldo. Além disso, não queria que ninguém pensasse que estava se aproveitando do dinheiro dele.

117

Mas tanto Marilda quanto Ronaldo estavam ansiosos para se casarem. Ele não queria esperar e insistia em marcar a data para breve.

Naquela mesma tarde, o pai de Ronaldo passou pelo escritório para vê-lo. Desde sua formatura, ele ia esperá-lo de vez em quando na saída do trabalho e convidava-o para tomar alguma coisa e conversar.

Apesar de a mãe ter comparecido à sua formatura, Ronaldo sempre se esquivava quando ela o convidava para ir à sua casa com Marilda. Não se sentia bem lá. Os encontros com o pai, contudo, eram-lhe prazerosos, porque Romualdo se mostrava mais amigo, conversando sobre vários assuntos e valorizando suas opiniões.

Sentados no bar de um restaurante, tomando uma cerveja, Romualdo perguntou:

— E Marilda, como vai?

— Muito bem. Quero me casar logo, mas ela quer esperar.

— Por quê? Não está segura de seus sentimentos?

— Está. Ela pensa como eu. Mas dona Rosana quer esperar mais.

— A filha é a única família dela. Tem medo de perdê-la.

— Não é por isso. Ela aprova nosso casamento, pai. Nós nos damos muito bem. Ela quer comprar um bom enxoval para Marilda e só conseguirá fazer isso lentamente, contudo, eu não quero esperar mais. Ganho bem, posso montar uma casa com conforto e mantê-la, mas ela acha que tem essa responsabilidade.

— Eu entendo. É uma mulher muito digna e com muita classe.

— Enquanto o marido viveu, elas desfrutaram de muito conforto, mas gastaram todas as economias com a doença dele. Preciso arranjar uma forma de convencê-la.

— Para quando gostaria de marcar o casamento?

— Para daqui a um ou dois meses, no máximo. Tenho algumas economias, e neste prazo posso montar a casa.

— Ontem, um de nossos inquilinos mudou-se para o exterior e desocupou a casa da Vila Mariana. É antiga, mas muito boa. Estava pensando em reformá-la. Alugar imóvel hoje em dia não é rentável. Estava querendo vendê-la, contudo, mudei de ideia. Será meu presente de casamento para vocês.

— Obrigado pela sua intenção, pai, mas não posso aceitar. Mamãe vai achar que está prejudicando Rogério.

— De forma alguma. Já coloquei no nome dele um apartamento que vale duas vezes mais que essa casa. Você é que está sendo prejudicado. Se não aceitar, ficarei muito triste. Tudo o que tenho será de vocês um dia. Você é o primeiro a se casar, não pode recusar meu presente.

— Está bem, pai. Eu aceitarei.

— A reforma é por minha conta, mas vocês escolherão tudo.

— Isso fará com que eu deseje me casar mais depressa.

— Talvez influencie também sua futura sogra. Quando vai estar com ela?

— Hoje vou buscar Marilda para ir ao cinema. Conversarei com ela.

Romualdo despediu-se e resolveu ir até o clube ver alguns amigos. Passava das nove quando ele saiu de lá, apanhou o carro e foi até a casa de Marilda.

Tocou a campainha, e Rosana, ao abrir a porta, surpreendeu-se.

— O senhor? Aconteceu alguma coisa?

Ele estendeu-lhe um maço de rosas que trouxera e respondeu:

— Não. Vim porque precisamos conversar.

Rosana convidou Romualdo a entrar. Na sala de estar, pousava sobre a poltrona um delicado bordado que ela deixara para atender à porta.

— Desculpe-me — disse ela, recolhendo a caixa de costura, que estava sobre a mesa de centro, e guardando rapidamente linhas e tesouras. — Não esperava visita a esta hora. Sente-se, por favor.

— Desculpe-me vir sem avisar, mas me ocorreu que seria bom falarmos sobre nossos filhos.

— Certamente. Aceita um café, um licor, um refresco?

— Não se preocupe. Acabei de tomar uma cerveja com Ronaldo.

— Ele veio buscar Marilda. Foram ao cinema.
— Eu sei. Por essa razão, vim. Sabia que a senhora estaria sozinha.

Romualdo apanhou a peça que Rosana colocara dobrada sobre a caixa de costura e abriu-a.

— A senhora tem mãos de fada. Há muito não vejo um trabalho tão delicado e bem-feito quanto este.

— Obrigada. Aprendi no colégio das freiras francesas.

— Minha irmã também estudou lá. É o melhor colégio na França e no Brasil.

— Meus pais tinham posses e valorizavam uma boa educação, mas o que aprendi nesse colégio não me deu uma formação profissional, algo que me capacitasse para ganhar a vida. A educação que se oferece a uma mulher a prepara apenas para cuidar da família. Enquanto meu marido vivia, tivemos uma vida boa, e Marilda frequentou bons colégios. Com a doença dele, consumimos todos os nossos recursos, então, veio a viuvez e a necessidade de manter a casa. Logo descobri que não tinha formação profissional suficiente. Meus pais haviam morrido, minha filha era adolescente, e eu precisava trabalhar.

— É uma situação difícil. Felizmente, hoje, as mulheres estão reagindo e conquistando seu lugar no campo profissional.

— Em todo caso, foi no colégio que aprendi a fazer os trabalhos manuais que têm me permitido pagar as despesas. Marilda sempre me ajudou, mesmo antes de trabalhar fora. — Rosana fez breve pausa e considerou: — Mas o senhor veio aqui para falar de nossos filhos.

— Isso mesmo. Eu e Ronaldo estivemos conversando hoje à tarde. Ele está muito apaixonado e deseja se casar logo. Eu entendo isso e aprovo. Ronaldo está formado, bem-empregado e tem condições de manter uma família com conforto. Fiquei sabendo que a senhora não concorda com a data.

— Ele fala em dois meses. É um tempo muito curto para cuidarmos dos preparativos.

— Não vejo assim. Por acaso a senhora tem alguma coisa contra essa união?

— Absolutamente. Ronaldo é um excelente rapaz, e estou certa de que fará Marilda muito feliz. Além disso, ela o ama muito. Mas é que... bem...

Ela hesitou, e Romualdo tentou encorajá-la:

— Não se acanhe. Fale sem rodeios. Vim aqui disposto a cooperar com a felicidade dos dois.

— Eu preciso de tempo. Marilda é minha única filha! Quero dar-lhe um enxoval razoável. Ela merece. É o mínimo que posso fazer por ela.

— O que importa é que realizem seus sonhos de felicidade. Não pensei que a senhora fosse preconceituosa.

Rosana corou e olhou-o nos olhos admirada.

— Preconceituosa? Eu?

— Sim. Está colocando as posses materiais acima da felicidade dos dois. Felizmente, Ronaldo está muito bem de vida e pode cuidar disso sozinho. Ele custeou os próprios estudos, há muito não recebe mesada, conseguiu um emprego vantajoso e tem dinheiro guardado. Mas, se ele permitisse, eu pagaria todas as despesas do casamento. De que serve o dinheiro senão para proporcionar felicidade para nossos filhos?

— O senhor está me fazendo sentir vergonha.

— Não é essa minha intenção. Só quero que concorde com a data do casamento e permita que Ronaldo faça o que for preciso. Vim pedir-lhe isso, porque senti que casar com Marilda é o maior desejo dele.

Rosana olhou-o um pouco triste e respondeu:

— Esse é também o maior sonho de minha filha.

— Confesse que, apesar disso, se sente um pouco triste com o casamento. Todas as mães querem ter os filhos embaixo de suas asas, mas a vida é assim. Nós fizemos a mesma coisa: deixamos nossos pais para assumirmos uma família.

— Vou ser bem sincera com o senhor. Às vezes, temo pelo futuro de Marilda. Ronaldo tem se revelado um bom rapaz, honesto, trabalhador, amoroso. Gosto dele. O que me assusta é que vocês pertencem a outro meio social. Essa desigualdade poderá afetar o relacionamento dos dois. Para dizer a verdade, eu preferia que Ronaldo fosse de origem mais modesta.

Romualdo sorriu e considerou:

— Ao contrário. Meu filho vai proporcionar a Marilda uma vida boa, sem preocupações. A falta de dinheiro é o que concorre para os desentendimentos do casal. Tenho certeza de que eles serão muito felizes. A senhora não tem nenhum motivo para duvidar disso.

— Tem razão. Estou exagerando. Marilda é meu tesouro, é tudo que tenho neste mundo.

— Eles se amam, serão felizes. Diga que concorda com a data do casamento.

— O senhor me convenceu. Não quero que me veja como preconceituosa.

Ele riu, e ela continuou:

— Para que mude sua impressão a meu respeito, vamos tomar uma taça de vinho e fazer um brinde aos nossos filhos.

— É uma boa ideia.

Rosana foi à cozinha e, pouco depois, voltou trazendo uma bandeja com uma garrafa de vinho, duas taças e pratinhos. Deixou tudo sobre a mesinha e foi buscar um prato com algumas empadinhas.

Ela serviu o vinho, e Romualdo levantou a taça.

— À felicidade de nossos filhos!

Rosana repetiu o brinde, e os dois uniram as taças. Ela ofereceu as empadas, e ele aceitou com prazer.

— Eu disse que a senhora tinha mãos de fada. Que delícia!

— Eu mesma as fiz. Quando eles saem, sempre preparo alguma coisa para comerem na volta.

Os dois continuaram conversando animadamente e só perceberam que o tempo passou, quando Marilda chegou com Ronaldo, que, vendo o pai, se surpreendeu:

— Pai? O que está fazendo aqui?

— Vim conversar sobre o casamento de vocês. Está tudo acertado. Podem marcar a data. Ronaldo abraçou Marilda com entusiasmo.

— Nós conseguimos! Logo realizaremos nosso sonho!

Marilda, emocionada, abraçou a mãe.

— Mãe! A senhora concordou mesmo?

Rosana sorriu e respondeu:

— O doutor Romualdo me convenceu.

— Ele sabe argumentar — comentou Ronaldo, alegre.

— Vocês estão ansiosos para formar um lar — disse Rosana.

— Meus problemas pessoais não devem retardar seus projetos.

Marilda beijou a mãe com alegria, e Ronaldo não perdeu tempo:

— Nesse caso, vamos aproveitar este momento em que estamos juntos para programar tudo.

Romualdo concordou:

— Isso mesmo. Primeiro vamos marcar a data, depois combinaremos os detalhes.

O casal marcou o casamento para dali a dois meses, e Rosana objetou:

— É pouco tempo.

Romualdo interveio:

— Será mais que o suficiente. Amanhã, veremos a casa. Um mês será mais que o suficiente para os reparos necessários.

— Casa? — indagou Rosana, surpresa.

— Sim. Temos uma casa na Vila Mariana que está vazia. Os inquilinos mudaram-se há alguns dias. Será meu presente de casamento para eles.

Rosana esforçava-se para demonstrar alegria, mas notava-se em seus olhos alguma preocupação. Ronaldo segurou a mão dela e disse com carinho:

— A senhora está preocupada pensando que vou lhe roubar a filha, mas lhe garanto que vai ganhar um filho. Formaremos uma família unida e feliz.

— Tenho certeza disso — complementou Romualdo.

A conversa fluiu animada, e todos continuaram fazendo planos para o matrimônio. O casal não desejava festa, mas Romualdo objetou:

— Mercedes não vai gostar. Você é nosso primeiro filho a se casar. Temos amigos, e eles gostariam de compartilhar conosco essa alegria.

— Fale com ela, papai. Há muito não frequento a sociedade. Marilda não tem muitos parentes, e eu possuo apenas alguns colegas de trabalho. Gostaríamos de uma cerimônia simples, talvez um jantar para poucos convidados. Eu e Marilda conversamos e já decidimos que seria assim. Prefiro montar uma casa confortável e viajar para a Europa em lua de mel a gastar em festa.

— Mas não precisa se preocupar com o dinheiro. Faço questão de pagar a festa.

— Obrigado, pai, mas não posso aceitar. Você já nos deu a casa e ainda está apressando nosso casamento. Será como programamos.

— Mercedes vai reclamar.

— Ela terá de aceitar. Temos todo o direito de fazer tudo como desejamos.

— Claro.

A conversa fluiu alegre. Rosana serviu mais algumas guloseimas, e os dois jovens não se cansavam de fazer projetos para o futuro. Romualdo sentia-se tão feliz ali que se esqueceu do tempo. Passava das onze quando se despediu.

Durante o trajeto, foi pensando em tudo o que conversaram. Entendia por que Ronaldo estava com tanta pressa de se casar. Aquele ambiente era acolhedor, havia paz e alegria, simplicidade, mas, ao mesmo tempo, requinte.

Quando entrou em casa, Mercedes esperava-o na sala de estar, com a testa marcada por uma ruga de preocupação. Romualdo logo viu que ela não estava bem.

— Pode me explicar por que não veio jantar no horário e nem sequer avisou? Deve ter acontecido alguma coisa muito grave, porque você nunca fez isso.

— Não aconteceu nada. Estava com Ronaldo.

— Ronaldo? Ele foi lhe pedir alguma coisa?

— Não. Ao contrário. Fui vê-lo, e depois fomos à casa de Marilda. Marcaram a data do casamento.

Mercedes estremeceu:

— Já? Eu tinha esperança de que, com o tempo, ele mudasse de ideia. — Ele está muito apaixonado. Quer se casar o mais depressa possível.

— Vai se arrepender, com certeza. Casamento com pessoa de nível diferente nunca dá certo.

124

— Marilda é uma boa moça, e a mãe dela tem excelente educação. Estudou no melhor colégio da cidade e fala vários idiomas, se quer saber.

— Pois não parece. Ronaldo sempre nos deu preocupações. Tinha de escolher essa moça pobre e sem nome?

— Você está sendo injusta, Mercedes. Elas não têm dinheiro, mas têm classe.

Mercedes riu e respondeu irônica:

— Onde você viu pobre ter classe? Está tendo um lapso mental.

Romualdo fingiu não escutar. Não se sentia com vontade de discutir. Havia passado uma noite agradável e não queria perder o bom humor. Disse apenas:

— Pois marcaram o casamento, e estou muito satisfeito. Tanto que dei a casa da Vila Mariana para eles.

Mercedes estremeceu:

— Como? Deu aquela linda casa para aquelas duas?

— Dei a nosso filho como presente de casamento. Ele não me permitiu pagar nenhuma despesa do casamento.

— Ronaldo vai arcar com tudo?

— Sim. Além de não ter me pedido nada, não quer nem que eu pague a festa. Afinal, essa despesa é dos pais dos noivos.

— E você, para compensar, deu-lhes logo aquela casa.

— Está vazia. O último inquilino quase a destruiu. Não desejo mais alugá-la. Vou restaurá-la para eles.

— E a festa? Acha que ele terá dinheiro para tudo?

— Eu pretendia que fosse uma grande festa, afinal, é nosso primeiro filho que se casa, mas eles não aceitaram. Não desejam festa. Querem apenas uma comemoração com a família.

Mercedes levantou-se indignada.

— E você consentiu? Nosso filho se casando correndo, quase às escondidas, como se tivesse cometido um delito? O que nossos amigos vão dizer?

— Não exagere, Mercedes. Eu também gostaria de fazer uma grande festa. Poderia ser no clube... Insisti, mas eles não querem. Não podemos fazer nada. É o casamento deles; têm o direito de escolher como querem fazer.

— Não posso crer que você tenha aceitado essa imposição. Não contem comigo para essa cerimônia. Não irei a esse casamento.

Romualdo tentou contemporizar:

— Mas, Mercedes, você não pode fazer isso.

— Posso e farei. Primeiro, quando ele ficou noivo, nem sequer pediu nossa opinião. Marcou a data sem nos consultar. E, agora, quer expor nosso nome ao comentário da sociedade.

— Se você não for ao casamento, os comentários serão piores.

— Além disso, você deu a casa a eles sem me consultar. Ela fazia parte da herança de Rogério. Ele está sendo lesado.

— Quando comprei aquele belíssimo apartamento em nome de Rogério, você não pensou em Ronaldo.

— Você não pode comparar um filho maravilhoso como Rogério, sempre ao nosso lado, com o outro que nunca nos valorizou e nos abandonou.

Romualdo sentiu certo mal-estar. Nunca notara o quanto Mercedes era implicante, mesquinha. Sentiu vontade de sair dali.

— Eles já decidiram. Não há nada o que possamos fazer. Vou subir, tomar um banho.

— Quer que mande esquentar o jantar?

— Obrigado, mas já comi. Depois do banho vou ao escritório escrever um pouco.

Romualdo foi para o quarto sentindo certa insatisfação. Mercedes era intolerante, e isso o incomodava. Enquanto se preparava para o banho, recordava-se do ambiente gostoso da casa de Rosana, de como haviam conversado com naturalidade e alegria, sem nenhum comentário maldoso.

Em sua casa era diferente, e o contraste o fez pensar em como fora sua vida em família. Os comentários maldosos à mesa entre Mercedes e Rogério, as fofocas contadas com prazer, a crítica a seus amigos sempre pelas costas. Era-lhe desagradável perceber isso, e Romualdo sacudiu a cabeça tentando afastar a sensação ruim que o tomou.

Começou a pensar que talvez ele houvesse sido tolerante demais. Fora educado no respeito às pessoas, aceitando-as como elas são. Embora se chocasse com a atitude de Mercedes e Rogério, não os levava a sério e preferira acreditar que não o faziam por mal.

Tomou banho, vestiu-se e fechou-se no escritório. Lá era seu refúgio. Quantas vezes ficara lá, recordando-se do passado, pensando em como gostaria que sua vida fosse, sonhando com um mundo de paz e de harmonia?

Pela primeira vez, Romualdo começou a descobrir por que a cada dia mais se demorava no clube e, quando estava em casa, se isolava. Aceitando a situação, estava se tornando um homem descrente, conformado com a infelicidade, como se esse fosse o único caminho que a vida lhe oferecia.

Como seria bom se Mercedes fosse como Rosana: franca, alegre, simples, bondosa, agradável. Mas ela era o oposto de tudo isso.

Quando se casaram, Romualdo era entusiasta, cheio de planos para o futuro. Pretendia correr o mundo e escrever sobre a vida de outros povos e costumes.

Ele amava muito Mercedes e procurava não ver as pequenas falhas de seu comportamento na tentativa de conservar a mesma admiração. Fazia-lhe todas as vontades, ainda que a contragosto.

Os planos de Mercedes eram muito diferentes dos dele. Romualdo, não desejando contrariá-la, foi cedendo e acatando as sugestões que ela lhe fazia.

Em vez de viajar pelo mundo e escrever sobre seus assuntos prediletos, tentava escrever os romances que ela lhe dissera que fariam mais sucesso.

Romualdo passou a mão nos cabelos como que para afastar os pensamentos desagradáveis.

O que havia sido feito de seus sonhos de juventude? Como os fora deixando para trás, escolhendo viver uma vida que não desejava, sentindo-se inútil?

Naquele instante, reconheceu que nunca escrevera nada que valesse a pena. Nos últimos tempos, fingia escrever, mas não sentia nenhuma inspiração. Ele não tinha talento para produzir romances. Por que se iludira tanto?

Algumas lágrimas rolaram por seu rosto, e ele as deixou cair. Sentia-se desencantado com o que fizera da vida. Por que se deixara levar daquela forma? Por que depois de tantos planos aceitara o papel do fracasso, da vida fútil e vazia?

O que fazer agora? O jeito era continuar levando adiante sua vida fracassada. Mas de uma coisa tinha certeza: não deixaria que Mercedes ou Rogério interferissem na vida de Ronaldo, perturbando suas decisões. Eles se casariam na data marcada, fariam tudo como planejaram. Não deixaria Mercedes fazer nada. Se ela não quisesse ir ao casamento, ele iria sozinho. Não iria se importar com o que ela pensava.

Depois desses pensamentos, sentiu-se um pouco melhor. Pareceu-lhe haver recuperado um pouco sua dignidade. Ronaldo sempre estivera certo. Pena que ele não lhe dera ouvidos. Se o tivesse feito, era possível que as coisas em casa houvessem sido diferentes.

Romualdo ficou ali, analisando suas atitudes, tentando compreender como perdera o entusiasmo e se transformado em um autômato sem ideais ou motivação.

Era muito tarde, quando ele finalmente, cansado e triste, resolveu se deitar. Mercedes dormia tranquila. Ele deitou-se a seu lado, mas continuou pensando em tudo. Amanhecia quando ele finalmente conseguiu adormecer.

Capítulo 9

Na noite seguinte, Ângela chegou pontualmente à casa de Adalberto para o jantar. Recebida com carinho pelo casal, foi conduzida à sala de estar, onde estavam algumas pessoas: um casal que ela já conhecia, e duas moças amigas da família. Pouco depois, chegaram mais dois convidados.

Após cumprimentos efusivos, Adalberto fez as apresentações.

— Este é o doutor Novais... creio que já conhecem. E este é seu filho Eduardo.

— Eduardo? — indagou Albertina, uma das convidadas.

— Sim — respondeu Aurora com alegria. — Lembra-se dele?

— Claro. Foi companheiro de escola de meu filho Mário até o colegial. Depois foi estudar fora.

— Isso mesmo. Está regressando ao Brasil depois de oito anos morando nos Estados Unidos — informou Adalberto. — Estamos aqui para dar-lhe as boas-vindas.

Eduardo, pele morena, cabelos castanho-claros, olhos verdes e brilhantes, alto, elegante, sorriu cumprimentando um por um.

Ângela achou seu rosto familiar. Onde o teria visto? Não conseguia lembrar-se. A conversa fluiu alegre.

— Você veio para ficar? — indagou Albertina interessada. — Mário gostará muito de vê-lo de novo.

— Talvez. Vim quando mamãe adoeceu. Infelizmente, ela morreu dias depois. Voltei para os Estados Unidos porque tinha muitos negócios. Tencionava ficar morando lá, mas sentia muita saudade.

Aurora colocou a mão no braço dele em um gesto carinhoso e perguntou:

— Seria bom que ficasse. Seu pai deve estar se sentindo muito só.

Desta vez foi Novais quem respondeu:

— De fato. Sinto muita falta de Olga. Se Eduardo ficasse, seria bom, mas ele fará o que desejar.

— Por certo — tornou Aurora. Ela não queria falar de tristezas e mudou de assunto:

— Ângela também foi estudar na Inglaterra e acabou morando lá. Não sei o que esses países têm que conquistam nossos jovens.

— Progresso, Aurora — ajuntou o marido de Albertina. — Primeiro Mundo, não é verdade?

Eduardo olhou para Ângela esperando que ela respondesse. Como ela continuou calada, ele disse:

— Eu adoro o Brasil. Continuei no estrangeiro depois de formado, porque me ofereceram boas oportunidades de trabalho.

— Morar em Nova York deve ser maravilhoso! — comentou uma das moças.

— É o que eu gostaria de fazer — disse a outra.

O criado avisou que o jantar seria servido, e todos foram para a sala de jantar. Ângela observava Eduardo disfarçadamente e várias vezes notou que ele também a fixava.

Eduardo puxou a cadeira para que ela se acomodasse e sentou-se ao seu lado. Apesar de não haverem conversado, Ângela sentia a presença dele o tempo todo.

Estava intrigada: onde o teria visto antes? Durante o jantar, trocaram algumas palavras triviais. Foi depois, quando todos se dirigiram para a sala de estar, onde seria servido o café e os licores, que Eduardo se sentou ao lado de Ângela no sofá e perguntou à queima-roupa:

— De onde a conheço?

Ângela sorriu e respondeu:

— Ia lhe perguntar a mesma coisa.

— Tenho certeza de que nos conhecemos, mas não me lembro de onde.

— Também tenho essa sensação.

Ele olhou-a sério e considerou:

— Vai ver que foi em outra vida!

Ângela sobressaltou-se:

— O que foi que disse?

— Se não nos lembramos de onde nos conhecemos, só pode ter sido em outra vida.

— Você está brincando.

— Por quê? Não acredita que tivemos outras vidas antes desta?

— Reencarnação? Não sei. Em Londres tenho alguns amigos que acreditam nisso, mas não os levo a sério.

— Deveria, porque é verdade. Todos já tivemos outras vidas antes desta. No momento, tenho a sensação de que já estivemos conversando como agora.

Ângela sentia a mesma coisa, mas não disse nada. Ele ficou calado por alguns instantes, olhando nos olhos dela. Depois, disse baixinho:

— Quem é Angélica?

Ângela sobressaltou-se.

— Minha mãe.

— Uma bela mulher, alta, elegante, de olhos brilhantes como os seus. Muito digna e valorosa. Preocupa-se muito com você.

— Como sabe disso? Minha mãe está morta.

— Ela sofreu muito longe de você. Morreu para o mundo, mas seu espírito continua vivo em outro lugar e amando você.

Ângela estremeceu. Ia perguntar algo, mas uma das moças aproximou-se e sentou-se ao lado deles no sofá. Eduardo desconversou.

A moça sentia as pernas tremerem. Como Eduardo sabia aquelas coisas? O que estava acontecendo ali? Precisava descobrir.

Percebeu que ele não ia tocar no assunto diante dos outros convidados e ficou esperando um momento em que pudessem trocar algumas palavras a sós.

O tempo foi passando, e os convidados começaram a despedir-se. Eduardo e o pai levantaram-se e abraçaram os donos da casa, agradecendo o jantar.

— Também preciso ir — disse Ângela. — Obrigada pelo convite.

O casal acompanhou-os até a porta. No jardim, ao se despedir dela, Eduardo deu-lhe um cartão.

— Gostaria que me ligasse. Precisamos conversar.

Ela fez um sinal afirmativo com a cabeça. Uma vez no carro, olhou o cartão, onde estava escrito: Novais – Advogado. O endereço era de Nova York, mas no verso havia um número de telefone e estava escrito: "Espero uma ligação sua".

Ângela chegou em casa emocionada. Alguns amigos em Londres frequentavam sessões espíritas. Ela fora algumas vezes, mas não tinha certeza de nada. Eles eram muito entusiastas, e a moça temia que estivessem iludidos.

Se existisse vida após a morte, sua mãe por certo já teria se comunicado. Se era verdade que, depois da morte, a pessoa continua com os mesmos afetos que tinha em vida, por que Angélica nunca fora a nenhuma das sessões a que Ângela comparecera?

As palavras de Eduardo voltavam-lhe à memória, e, quanto mais pensava nelas, mais se emocionava. Só sua mãe poderia tê-las dito. O coração de Ângela descompassava-se a esse pensamento. No dia seguinte, ligaria para Eduardo. Desejava encontrar-se com ele e tirar suas dúvidas.

Na manhã seguinte, Ângela acordou cedo, mas esperou até as nove horas para ligar. Sua impaciência não lhe permitiu aguardar mais. Eduardo atendeu prontamente:

— Como vai?

— Bem. Nossa conversa de ontem me deixou intrigada. Gostaria de continuar o assunto.

— Vamos almoçar juntos. Também quero conversar com você.

— Combinado.

— Passarei em sua casa ao meio-dia. Está bem?
Ângela concordou. Em sua cabeça as perguntas se sucediam sem respostas. Talvez Eduardo estivesse usando esse ardil para travar relações com ela, mas, mesmo que fosse isso, como ele poderia saber o nome de sua mãe e a saudade imensa que uma sentia da outra?
Não. Havia ali mais que um simples flerte. O rapaz não a conhecia; estivera no exterior durante oito anos. Meia hora antes do combinado, Ângela já estava na sala esperando por Eduardo. Marina aproximou-se e olhou-a curiosa.
— Vai sair?
— Vou.
— É uma pena. Almoçarei sozinha de novo.
— Se deseja companhia, por que não se aproxima dos amigos, como sempre fez?
— Trata-se de uma promessa. Só frequentarei a sociedade quando seu pai ficar bem. Ângela olhou-a e não respondeu. Marina não lhe parecia uma pessoa religiosa.
— Tenho uma ideia, Ângela! Por que não convida Rogério para almoçar aqui em vez de irem a um restaurante? Assim me fariam companhia.
— Em casa gosto de privacidade. Mesmo que fosse almoçar com Rogério, não o convidaria para almoçar aqui.
— Desculpe. Pensei...
— Não pense por mim. Quando eu desejar trazer alguém aqui, participarei.
A campainha tocou, e em seguida a criada anunciou:
— O doutor Eduardo Novais está no *hall*.
— Já vou.
Ângela apanhou a bolsa e saiu. Marina foi à janela, afastou um pouco a cortina e viu a enteada saindo ao lado de um rapaz desconhecido. Quem seria? Teria ela se afastado de Rogério? Estaria interessada em outro? Isso iria atrapalhar seus planos.
Não aguentava mais aquela vida de reclusão. Precisava pelo menos ter alguma distração. Trincou os dentes com raiva. Tinha de fazer alguma coisa para resolver aquela situação de uma vez, mas o quê?

Ao lado de Eduardo, no carro, Ângela não se conteve:

— Você ontem me deixou muito intrigada. Quem lhe contou o nome de minha mãe?

— Ela.

— É difícil de acreditar nisso.

— Como eu poderia saber? Quando voltamos para casa, perguntei a meu pai se ele conheceu sua mãe. Respondeu-me que não. Meu pai nem sequer a conhecia, Ângela, e se surpreendeu ao saber que você era filha do doutor Raul Guilherme. Conhece de vista sua madrasta, mas nem do nome dela ele se recorda.

— Tenho medo de me apegar a uma ilusão.

— É natural, mas afirmo que ontem à noite ela estava a seu lado. Acompanhou-me até em casa, conversou comigo. Por essa razão estou aqui.

— O que foi que ela lhe disse? Por que o acompanhou, em vez de continuar a meu lado?

— Ela notou que eu podia ouvi-la, vê-la, então, me acompanhou. Ela a ama muito, Ângela. Sua atitude comoveu-me profundamente.

Havia tanta sinceridade nas palavras de Eduardo que Ângela colocou a mão sobre seu braço e disse:

— Por favor, me conte tudo o que ela lhe disse.

— Está bem. Mas não vamos parar o carro aqui na rua. O restaurante está próximo. Lá poderemos conversar com mais tranquilidade.

O restaurante estava lotado, e Eduardo pediu ao recepcionista uma mesa discreta. Os dois, então, foram conduzidos a um canto protegido por um biombo. Sentaram-se e fizeram o pedido. Quando se viram a sós, Ângela pediu:

— Conte-me tudo.

— Ontem, quando chegamos à casa do doutor Adalberto, sua presença chamou minha atenção. Senti que a conhecia, mas não me lembrei de onde. Tentei dar atenção aos demais, porém, o tempo todo senti sua presença, como se alguma coisa me obrigasse a fixá-la.

— Também senti isso.

— Foi quando nos sentamos no sofá para o café que vi Angélica ao seu lado. Eu a descrevi, e você reconheceu sua mãe. Ela a abraçou com carinho e me falou da saudade que sentia de você.

— Como ela expressou isso?

— Disse: "Ela precisa saber que fui impedida de vê-la. Esse foi meu maior sofrimento a vida inteira".

Ângela emocionou-se, e seus olhos encheram-se de lágrimas. Observando a emoção dela, Eduardo calou-se. Quando se acalmou um pouco, ela pediu:

— E o quê mais?

— Ela disse: "Você precisa conversar com ela, contar-lhe isso, ajudá-la a descobrir a verdade".

Ângela estremeceu e segurou a mão dele com força.

— Era ela! Tenho certeza. Meu Deus! É verdade: a vida continua depois da morte! Ela lhe contou o motivo de meu pai ter nos separado daquela forma?

— Não.

— O que mais ela falou?

— Bem, depois que dei a você meu cartão e nos separamos, ela me acompanhou. Em casa, fui para o quarto e, vendo que sua mãe continuava perto, perguntei-lhe como poderia ajudá-la. Então, ela disse:

"— A hora da verdade está chegando, mas minha intervenção é limitada. Fale com ela, peça-lhe para contar tudo de que se lembra, nos mínimos detalhes."

"— Por que não me conta tudo?", perguntei.

"— Ainda não posso. Temos de esperar os sinais da vida. Sinto que nada ficará oculto, mas tudo terá de acontecer naturalmente. Ângela vai lhe contar muitas coisas, e, assim, poderão começar a investigar. Cuidado: as pessoas envolvidas são perigosas. Por essa razão, lhe pedi que a auxiliasse e protegesse. Vocês se conhecem há muito tempo."

— Quando concordei, ela se foi. Mas confesso que quase não consegui dormir pensando em tudo.

— Você sempre vê os espíritos?

135

— Desde criança. Minha mãe era muito religiosa, mas não aceitava a mediunidade. Vivia dizendo que eu era desequilibrado, que precisava de tratamento médico. Já meu pai era mais compreensivo. Depois que ela morreu, veio me ver chorosa, arrependida. Agora, está procurando estudar o assunto.

Ângela olhou-o admirada.

— Você fala como se eles fossem iguais a nós!

— E são. Continuam iguais ao que eram aqui, vivendo em uma dimensão diferente da nossa, onde o corpo deles pode estar confortável, da mesma forma que nosso corpo de carne aqui.

— É incrível. Estou deslumbrada. Por que mamãe não me conta tudo o que sabe?

— Porque não tem permissão para isso. A vida nessas cidades astrais é muito disciplinada. Pelo que observei, ela tem nível espiritual e deve habitar um lugar bom, onde a disciplina é fundamental porque facilita a vida.

— Todos os que morrem vão para esse lugar?

— Não. Muitos pretendem continuar fazendo as mesmas coisas que faziam no mundo e se recusam a ouvir os conselhos.

— Ninguém os obriga a obedecer?

— O livre-arbítrio é respeitado, mas por certo tempo. Quando esse tempo se esgota, a vida age, criando desafios que os obrigam a mudar e os ensinam a compreender. Ninguém fica esquecido. Todos têm oportunidade de viver melhor, mas é preciso querer e pagar o preço. Ângela suspirou. O garçom trouxe a comida e os serviu. Ângela estava eufórica demais para sentir fome.

— Você precisa comer, Ângela. Sinto que teremos um longo caminho a percorrer até conseguirmos esclarecer tudo.

— Preciso lhe contar o que sei.

— Vamos comer primeiro, depois você me conta. Pressinto que suas lembranças não são boas e não desejo que essas energias perturbem seu almoço.

Ela olhou e sorriu. Eduardo parecia saber o que ela estava pensando.

— Está uma delícia! Em Nova York come-se muito bem, não falta nada, há comida de todos os países do mundo, mas em nenhum lugar há pratos tão saborosos como no Brasil. Estava com saudade de nosso tempero.

— De fato. Nossa comida é muito saborosa.

Eduardo mudou de assunto, e a conversa fluiu alegre. Ele contou seus primeiros tempos fora do país, suas surpresas, suas descobertas. Ângela falou dos costumes ingleses, de como admirava aquele povo inteligente, forte, consciente do próprio valor.

Passava das duas quando saíram do restaurante.

— Agora você vai me contar tudo. Mas eu gostaria de anotar para poder analisar melhor os fatos. Podemos ir à sua casa?

— Não acho aconselhável. Para o sucesso de nosso objetivo, ninguém lá pode saber o que estamos fazendo.

— Nesse caso, vamos à minha casa. Há um escritório lá onde poderemos ficar à vontade.

— Seu pai não vai se incomodar?

— Ele está trabalhando e só voltará ao anoitecer. Ele não se incomodaria e tenho certeza de que faria tudo para nos ajudar.

— Por enquanto, gostaria de manter segredo, inclusive com ele. Minha mãe tem razão quando diz que as pessoas envolvidas são perigosas.

— Faremos como você quiser.

Uma vez no escritório, Eduardo sentou-se atrás da escrivaninha e indicou uma cadeira para que Ângela se acomodasse. Apanhou bloco, caneta e tornou:

— Pode começar.

Ângela contou tudo o que se lembrava da primeira infância, inclusive da conversa que surpreendera entre os pais, da discussão e do que aconteceu depois. Finalizou dizendo:

— Nunca mais vi minha mãe depois que fui para o colégio.

— Você acha que ela realmente pode ter tido uma crise de loucura?

— Não. Mamãe era muito lúcida, equilibrada. Durante todos esses anos, tenho me perguntado o que teria acontecido para ela perder o juízo, se é que isso de fato aconteceu. Por esse motivo, não voltei a Londres e decidi ficar mais tempo aqui. O doutor Adalberto está me ajudando, mas ainda não conseguimos obter nenhuma pista. Nada. Ninguém sabe nada sobre o caso. Nem no hospital onde dizem que ela foi internada sabem dizer o que aconteceu. O médico que deu o atestado de óbito não era o médico dela. Foi chamado para a emergência e não pôde fazer nada.

Eduardo anotava tudo e, de repente, perguntou:

— Fale-me de seu pai. Como está sendo seu relacionamento com ele?

— Distante. Deu-me tudo que o dinheiro pode comprar, me visitava de vez em quando, mas nunca permitiu que eu voltasse ao Brasil nas férias. Eu as passava no colégio. Confesso que sempre desconfiei que ele houvesse sido a causa da doença de mamãe. Meu pai me separou dela, e nunca mais a vi. Por tudo isso, sinto certa rejeição por ele. Às vezes, me culpo. E se ele não teve culpa de nada? E se, de fato, ela ficou doente? Tenho procurado saber a verdade, mas até agora não consegui nada.

— Meu pai comentou que o doutor Raul ainda não está bem. Qual é o estado atual dele?

— Marina, a mulher de meu pai, diz que ele está fora de si, que não consegue dizer coisa com coisa.

— E os médicos?

— Bem, eu queria consultar outros, mas Marina não deixa. Em minha casa, vivemos uma situação estranha. Marina é jovem, cheia de vida. Antes de meu pai sofrer o atentado, ela frequentava a sociedade e estava sempre em destaque nas revistas de moda. Agora, vive reclusa, não recebe ninguém a pretexto de que meu pai não pode receber visitas. Não tem amigos, e, o que é pior, circulam por lá alguns homens que mais parecem nos vigiar do que nos proteger.

— De fato, é estranho. Você visita seu pai?

— Logo que cheguei de viagem, fui ao quarto dele, mas minha presença o atormentou. Ele me confundiu com mamãe, gritou que ela havia voltado para se vingar. Marina, então, me pediu que evitasse entrar no quarto para não inquietá-lo.

Eduardo ficou pensativo por alguns instantes e depois considerou:

— Vamos fazer uma coisa: tente descobrir o nome completo dos seguranças. Precisamos saber quem eles são. Tenho como investigar. Gostaria de conversar com o doutor Adalberto sobre seu caso. Tem certeza de que ele é de confiança?

— Sim. Ele e a mulher eram muito amigos de minha mãe. Desconfiam de que ela tenha sido vítima de um crime, inclusive.

— Você também pensa assim?

— Não sei se chegou a tanto, mas há muitas coisas mal explicadas que precisam ser esclarecidas.

Eduardo colocou a mão sobre o braço dela em um gesto de apoio.

— Eles podem ter razão.

— Minha mãe disse que está chegando a hora da verdade. Talvez as coisas se aclarem sem que precisemos investigar.

— Não creio. A ajuda espiritual não funciona assim. Para obtermos resultados, precisamos fazer nossa parte. Com bom senso, prudência e firmeza, precisaremos investigar. Tenho certeza de que, à medida que fizermos isso, as coisas começarão a acontecer.

Ângela fixou os olhos nos dele e respondeu emocionada:

— Obrigada por me ajudar. Você não sabe o bem que me fez. Eu estava desanimada, perdida, sem uma pista, quase desistindo, e agora tudo mudou. A certeza de que minha mãe continua viva em outro mundo, que se interessa por mim, que me protege e me acompanha com carinho me deu um alento.

— Pode contar comigo.

— É melhor não ligar para minha casa. Não desejo criar suspeitas. Marina vive me perguntando aonde vou e o que estou fazendo. Honestamente, ela até me trata bem, mas há alguma coisa naquela mulher que me incomoda. Algo me diz que não posso confiar nela.

— Isso significa que as energias dela não são boas.

— O que isso quer dizer?

— Muitas coisas. Entre outras, que não é sincera e cultiva pensamentos maldosos. Se não posso ligar para sua casa, como nos encontraremos?

— Eu ligarei para você.

— E se eu precisar falar com você e for urgente?

— Ligue e deixe recado. Diga que é da livraria e que minha encomenda chegou. Eu ligarei em seguida.

Eduardo queria conversar com Adalberto naquele mesmo dia. Ângela telefonou ao advogado e combinou de irem à sua casa no fim da tarde.

— É melhor eu ir embora, Eduardo. Já tomei muito seu tempo. Nós nos encontraremos na casa do doutor Adalberto.

— Nada disso. Falta pouco tempo. Fique aqui, vamos juntos.

— Não quero abusar. Seu pai pode chegar e não gostar.

— Meu pai adoraria encontrá-la aqui. Depois da morte de minha mãe, esta casa tem ficado muito vazia. Ele reclamou tanto que decidi voltar a viver aqui. Mas, se isso a incomoda, saiba que, quando ele chegar, já teremos ido embora.

— Se é assim, ficarei.

Eduardo sorriu, e os dois continuaram conversando. Por ter sido criada longe da família e com muita disciplina, Ângela tornara-se uma mulher muito fechada. Educada, instruída, inteligente, mantinha com as pessoas uma conversa agradável, mas sem nenhuma intimidade.

Jamais falava de si, de seus projetos ou de suas dificuldades, todavia, ela se sentia à vontade com Eduardo para falar de assuntos pessoais. Parecia-lhe natural mencionar o quanto sentira saudade da mãe e do aconchego familiar.

Eduardo, por sua vez, falava de espiritualidade, da vontade que sentia de conversar com as pessoas, contar-lhes suas experiências com os espíritos e confortá-los com a continuidade da vida após a morte.

Os dois conversavam entretidos, e Eduardo nem viu que Angélica estava ali, observando-os emocionada. Seu coração amoroso derramava sobre eles vibrações de luz. Embora não a vissem, ambos sentiram grande bem-estar e usufruíram prazerosamente daqueles momentos de entendimento e paz.

Capítulo 10

Rogério desligou o telefone contrariado. Mais uma vez, Ângela não estava em casa e não lhe deixara nenhum recado.

Depois da conversa que tivera com Marina dias atrás, planejou apertar o cerco para conseguir romper as barreiras impostas por Ângela e fazê-la aceitar o tão desejado namoro.

Sentia que havia alguma coisa séria acontecendo com Marina e precisava descobrir o que era. Mas, nos últimos dias, Ângela afastara-se dele. Nunca a encontrava em casa e não obtinha informações sobre onde poderia encontrá-la.

Sempre prestigiado pelas mulheres, não se conformava com o fato de Ângela não ter ainda se rendido aos seus encantos. Nervoso, apanhou o telefone, ligou novamente e pediu para falar com Marina. Quando ela atendeu, Rogério disse:

— Desculpe incomodá-la. Eu queria falar com Ângela, mas não a tenho encontrado. Ela viajou?

— Não. Ela saiu.

— Como vai o doutor Raul? Está melhor?

— Continua na mesma.

— Lamento muito. Avalio seu sofrimento.

Marina suspirou triste e respondeu:

— De fato. Perdi o gosto pela vida. Se ele não melhorar, nem sei o que será de mim. Obrigada por perguntar. Você é um bom amigo.

— Eu queria ser mais do que um amigo. Isto é, eu gostaria que Ângela aceitasse meu pedido. Talvez você possa me ajudar. Se o doutor Raul estiver bem, eu gostaria de ir visitá-lo e pedir permissão para namorar sua filha.

— Ele não está em condições de receber visitas nem de decidir a respeito de nada, mas tenho certeza de que faria gosto em recebê-lo e que aceitaria seu pedido. Sempre manteve bom relacionamento com seus pais e ficaria feliz com esse namoro. Eu também faço muito gosto, mas não sei como poderei ajudá-lo.

— Converse com Ângela e a aconselhe a aceitar minha proposta. Garanto-lhe que minhas intenções são boas.

— Sei bem de suas intenções e as aprovo, mas acho difícil aconselhar Ângela, afinal, ela nunca ouve ninguém, é muito independente. Em todo caso, verei o que posso fazer.

— Eu lhe serei muito grato. Faço votos de que o doutor Raul melhore. Não é saudável para uma mulher jovem como a senhora ficar tanto tempo reclusa. Deveria sair um pouco, se distrair, senão, acabará doente também.

Marina suspirou. Ela queria gritar sua raiva por não poder sair dali, dizer como os dias demoravam a passar, como o tédio a deixava irritada, mas a prudência a mandava calar-se. Por fim, respondeu com voz triste:

— Enquanto meu marido não melhorar, não terei vontade de sair.

— Nunca vi tanta dedicação, contudo, há de convir que a situação pode demorar ainda mais. Não acha que precisa distrair-se um pouco, rever os amigos, conversar? Você sempre foi tão sociável...

— Mas agora tudo mudou. Não tenho vontade de nada. Enquanto Raul não melhorar, continuarei aqui. Obrigada pelo seu interesse.

— Pode dar um recado a Ângela?

— Sim.

— Peça-lhe que me ligue ainda hoje.

Rogério desligou e ficou pensativo. Era evidente que Marina mentia. O que de fato estaria acontecendo dentro daquela casa? Por que Ângela evitava que ele entrasse na residência e nunca mencionava o que se passava lá? Fazia três dias que não se falavam, e ela nunca estava em casa. Onde estaria indo? Teria arranjado outro para sair? Precisava saber.

A criada avisou a Rogério que o almoço estava sendo servido. O rapaz aproximou-se da mesa imerso em seus pensamentos e, vendo os pais já acomodados, sentou-se.

— Você está preocupado. Aconteceu alguma coisa? — indagou Romualdo.

Rogério sorriu:

— Não. Estou sem fome.

— Você precisa se alimentar melhor. Levantou-se há pouco, nem sequer tomou café — disse Mercedes.

— Estou bem, mamãe.

Rogério serviu-se e começou a comer. A conversa decorreu trivial, como sempre. Mercedes falava de uma peça a que sua amiga assistira e que os aconselhara a ver.

A certa altura, Romualdo disse com naturalidade para Rogério:

— Ronaldo marcou o casamento.

— Ele deveria esperar mais — tornou Mercedes contrariada.

— Ronaldo tem tudo planejado e ganha o suficiente. Não há por que esperar.

— Eu tinha esperança de que ele desistisse.

— Por quê insiste nisso? Ele está apaixonado. Além disso, Marilda é uma boa moça. Estou certo de que serão felizes.

Mercedes virou-se para Rogério e perguntou:

— Você não acha que seu irmão fará uma besteira se casando com uma moça que não pertence à nossa classe social?

Arrancado de seus pensamentos, Rogério não respondeu logo. Mercedes repetiu a pergunta, e ele considerou:

— Ele sempre gostou de viver no meio de gente assim. É onde se sente bem. Não adianta você querer que ele mude.

— Pois eu gosto da moça. É bem-educada, e a mãe dela é uma excelente pessoa. Creio que serão muito felizes.

Mercedes fuzilou o marido com o olhar:

— Você está sendo muito complacente. Quando ele se der mal, não venha queixar-se, afinal, você está aprovando esse casamento.

— Estou mesmo. Ronaldo tem se revelado capaz e sabe o que está fazendo.

Mercedes ia responder, mas Rogério não lhe deu tempo:

— Ele escolheu o próprio caminho, mãe. Se não der certo, não terá do que se queixar.

— Já você é diferente. Escolheu uma moça de nosso meio, linda, rica. Quando marcar a data, faremos uma grande festa. Será o casamento do ano!

Romualdo surpreendeu-se:

— Você está pensando em se casar?

— Estou. Pedi Ângela em casamento, mas ela ainda não aceitou.

Mercedes escandalizou-se:

— Por quê?! Ela deveria aceitar correndo. Um partido como você!

— Ela vai aceitar. É que o pai não recuperou de todo a consciência, e, como tenho de fazer o pedido a ele, Ângela prefere esperar até Raul ficar bem.

— Ah! Então, é isso! Será que Marina não está interferindo nessa decisão? Ela pode não ter se conformado com o rompimento — tornou Mercedes.

— Isso não. Nosso caso acabou. Ontem, liguei para falar com Ângela, e Marina atendeu à ligação. Ela disse que faz muito gosto em nosso casamento.

— Eis aí uma coisa que me incomoda no seu namoro — interveio Romualdo. — Essa atitude não é natural. Ou ela não gostava de você ou está fingindo. Casar-se com a enteada de Marina não é uma boa escolha.

Rogério impacientou-se:

— Gosto de Ângela, pai. Ela é uma boa moça.

— Isso mesmo! — reforçou Mercedes. — Você deu para apoiar Ronaldo e implicar com Rogério agora? Por que isso?

Romualdo olhou-a sério e respondeu com voz firme:

— Nunca impliquei com Rogério, mas, muitas vezes, me omiti em relação a Ronaldo. Hoje, estou apoiando igualmente nossos filhos, contudo, sem proteger ninguém. Gostaria muito que você fizesse o mesmo.

Mercedes olhou-o surpreendida. Romualdo estava diferente. O tom com que ele dissera aquelas palavras fê-la preferir não revidar. Ela, então, mudou de assunto e começou a falar de coisas banais.

Rogério saiu e foi ao clube. Se houvesse alguma novidade, os amigos comentariam. Mas não conseguiu nada. Passava das quatro, quando ele ligou para a casa de Ângela. Ela não estava. Irritado, pediu para falar com Marina, que atendeu prontamente à ligação.

— Ângela saiu cedo e não voltou ainda — disse ela.

— Estou preocupado. Aconteceu alguma coisa? Faz três dias que não consigo falar com ela.

— Você é meu amigo e vou ser sincera. Ela está saindo com outra pessoa.

Rogério irritou-se:

— Bem que desconfiei. Ela não pode fazer isso comigo, afinal, estamos namorando. Você lhe deu meu recado ontem?

— Claro. Você sabe que tenho o maior interesse de que ela o namore.

— Com quem ela tem saído?

— Vi quando veio buscá-la ontem. Não o conheço.

— Isso me intriga. No clube ninguém comentou nada. Não deve ser pessoa de nossas relações.

— Tentei saber, mas ela não disse e até me respondeu mal.

— Vou telefonar mais tarde. Hoje, ela terá de me dizer o que está acontecendo.

Rogério desligou o telefone nervoso. Se Ângela o estivesse deixando, ele perderia a única chance de aproximar-se de Marina e voltaria à estaca zero. Precisava fazer alguma coisa.

Naquela manhã, Ângela havia acordado disposta a conseguir o nome dos homens que trabalhavam na vigilância da casa. Sabia que Marina se levantava depois das nove. Eram oito horas quando ela desceu para tomar café.

A mesa ainda não estava posta, e a moça dirigiu-se à copa. Vendo-a entrar, a criada justificou-se:

— Ainda não coloquei a mesa, porque o café é sempre servido depois das nove. Mas está tudo pronto, dona Ângela. Servirei o café dentro de alguns minutos.

— Pode colocar aqui mesmo na copa.

Na véspera, Ângela havia ido com Eduardo à casa de Adalberto. Tanto ele quanto Aurora emocionaram-se muito com o que o rapaz contou. Finalmente, uma notícia! Diante do descrito, não tiveram nenhuma dúvida de que o espírito de Angélica estivera mesmo com Eduardo e lhe dera as informações.

Decidiram continuar investigando. Era fundamental saber o nome dos homens que moravam dentro da casa e vigiavam a família, para descobrirem quem eram e por que estavam lá.

Haviam aconselhado Ângela a tentar fazer amizade com as duas mulheres que trabalhavam na casa. Talvez elas soubessem de alguma coisa. Os empregados muitas vezes sabem mais que os patrões.

Ângela olhou para o rosto corado de Emília. Ela devia ter uns trinta anos.

— Há quanto tempo trabalha aqui?

— Há oito anos.

— Está satisfeita no emprego?

— Sim. Minha tia Lurdes trabalha aqui há mais tempo. Quando Rita saiu, ela me arranjou o emprego.

— Não sabia que Lurdes era sua tia e que está aqui há mais tempo que você.

— Está, sim. Acho que faz mais de quinze anos.

— Vocês são muito eficientes. A casa está sempre limpa, bem-arrumada.

— Nós precisamos muito deste emprego. Trabalhar aqui é muito bom. Pode se sentar, dona Ângela. Está pronto.

Ângela sentou-se. Lurdes entrou na copa e olhou-a surpresa. Fez menção de sair.

— Desculpe. Não sabia que a senhora estava aqui.

— Acordei cedo. Emília arrumou a mesa para mim. Ela me disse que é sua sobrinha. Vocês estão aqui há bastante tempo. Fico contente em saber. Vocês fazem tudo muito bem.

— Dona Marina é muito exigente. Gosta de tudo em ordem.

— Mas vocês estão aqui desde antes do casamento de papai. Você veio primeiro. Quando começou, minha mãe ainda estava viva?

— Não, o doutor Raul já era viúvo.

— Perguntei isso, porque, quando fui para o colégio, me recordo de que havia um retrato de minha mãe na sala. Foi feito por um grande pintor. Chegou a vê-lo?

— Não. Nunca vi nenhum retrato de sua mãe.

— Sinto muita saudade dela e gostaria de saber onde está aquele retrato.

— Por que não pergunta a seu pai?

— Ele ainda não está bem. Não quero aborrecê-lo. Perguntarei quando ele estiver bem.

Os dois homens da vigilância entraram na copa e, vendo-a, cumprimentaram-na brevemente, saindo em seguida.

— Eles têm uma cara feia. Parecem que estão sempre zangados.

Lurdes aproximou-se e baixou o tom de voz:

— Tenho medo deles.

— Faz tempo que estão aqui?

— Desde o dia seguinte ao atentado. O doutor Raul estava no hospital, e dona Marina também. Eles vieram dizendo que haviam sido contratados para proteger a casa. No começo, eu gostei, pois estava com muito medo do que aconteceu. Pensei que fossem da polícia, mas não são. Uma vez, tentei falar com dona Marina para trocar esses vigilantes, mas ela disse que não podia. Ela não conversa muito e não gostou de eu me meter no assunto.

Ângela notou que Lurdes era uma pessoa falante. Talvez soubesse mais coisas.

— Depois, vá a meu quarto. Desejo lhe mostrar um retrato de minha mãe. Sei que há muitas coisas guardadas no porão. Será que o quadro dela não está lá? Você poderia procurar para mim. Se o encontrar, será gratificada.

— Irei, sim.

Ângela foi para o quarto, e, dez minutos depois, Lurdes estava lá. Ângela era retraída e nunca havia se aproximado dela; Marina era orgulhosa, exigente, fria e não dava conversa às empregadas. Lurdes sentiu-se valorizada com o tratamento de Ângela.

— Vim ver o retrato de sua mãe.

— Entre. Vou mostrar-lhe.

Ângela pegou o retrato e entregou-o a Lurdes, que exclamou:

— Como era linda! Parece com a senhora!

Os olhos de Ângela marejaram, e Lurdes comoveu-se:

— Como a senhora não fica muito com seu pai, pensei que não fosse uma boa filha. Estava enganada. Desculpe-me. Sinto que ama muito sua mãe.

— Muito. Fui internada num colégio quando tinha cinco anos. Ela ficou doente e morreu quando eu ainda estava internada. Nunca mais a vi.

— Com certeza, a senhora veio ao enterro.

— Não. Eu estava longe, e meu pai não me avisou. Só fiquei sabendo depois.

Os olhos de Lurdes estavam cheios de lágrimas. Ela tinha uma filha que morava com sua irmã e que ela ia ver em seu dia de folga.

— A senhora deve ter sofrido muito.

— Sofri mesmo. Fiquei sozinha no meio de estranhos e nem pude me despedir dela. Lurdes aproximou-se e colocou a mão no braço de Ângela com carinho.

— Eu não sabia. Além de tudo, seu pai sofreu esse atentado. Pode contar comigo para o que precisar. Gostaria de poder fazer alguma coisa para aliviar seu sofrimento.

— Seja minha amiga, Lurdes.

— Sim, senhora.

— Não me chame de senhora.

— Dona Marina não vai gostar.

— Não importa. Somos amigas, e você me chamará de Ângela, está bem? Sou eu que estou lhe pedindo.

Lurdes devolveu o retrato, e Ângela, depois de fitá-lo com carinho, guardou-o. A criada saiu, e Ângela sentiu-se mais alegre. Lurdes parecia ser uma boa pessoa e talvez, com o tempo, pudesse conquistar sua confiança.

Ângela desceu, e Marina estava na sala. O telefone tocou, e Emília atendeu:

— Dona Ângela, um moço quer falar com a senhora.

Ângela atendeu e reconheceu a voz de Eduardo:

— Dona Ângela?

— Sim.

— O livro que a senhora encomendou já chegou.

— Obrigada. Irei hoje mesmo buscá-lo.

Ângela desligou o telefone, apanhou a bolsa e saiu. Marina foi à janela para ver se havia alguém à espera da enteada, mas Ângela saiu dirigindo o próprio carro.

Marina foi tomada por uma sensação desagradável. Apesar de não ter acontecido nada, ela tinha certeza de que alguma coisa mudara. Mas o quê?

Foi ao escritório e chamou um dos vigias. Quando ele entrou, ela disse:

— Sente-se, Ari. Temos de conversar.

Ele obedeceu-a prontamente e esperou. Marina continuou:

— Preciso saber até quando terei de ficar aqui, sem poder sair. Não estou aguentando mais ficar presa. Quero falar com Martínez. Você vai arranjar isso.

— O chefe disse que é para esperar até ele dizer que não há mais perigo.

— Raul continua confuso, e eu preciso falar com ele. Quero saber como vão nossos negócios. Isso está demorando demais.

— Tudo está sob controle. Não precisa se preocupar. O doutor Martínez está fora do Brasil.

— Passe-me o telefone. Vou falar com ele.

— Isso é loucura. Pode haver alguém na escuta de nossos telefones.

149

— Estou com um pressentimento ruim. Ângela tem saído muito, não conta nada, pode estar tramando alguma coisa.

— Estamos na escuta. Ela não sabe de nada. Sai para passear.

— Ainda agora recebeu um telefonema e saiu.

— Foi de uma livraria em que ela havia encomendado um livro.

— Ela gosta mesmo de ler, mas tem saído com um moço desconhecido. Você precisa descobrir quem é.

— Já sabemos. Trata-se de um advogado, filho do doutor Novais. Morava nos Estados Unidos e veio visitar o pai. Como vê, estamos vigilantes. Pode confiar em nós. Estamos aqui para protegê-los.

Marina pensou um pouco e depois disse:

— Fale com Martínez. Precisamos conversar sobre negócios. Tenho um assunto importante para tratar com ele. Quando Martínez voltará?

— Não sei.

— Quero propor a ele um negócio muito bom. Tenho certeza de que vai gostar. Preciso vê-lo com urgência.

— Está bem. Verei o que posso fazer. É muito perigoso usar o telefone. A polícia pode estar na escuta. Eles ainda estão investigando o caso.

— Sei que você tem meios de entrar em contato com ele. Faça isso. Tenho urgência. Vocês trabalham para nós, mas às vezes penso que podem estar servindo nossos inimigos. Cuidado! Se eu descobrir alguma coisa, vocês pagarão caro. Não tolero traição.

— A senhora está enganada. Desde que o doutor Raul fez sociedade com o doutor Martínez, nós nos tornamos uma só família. Se estivéssemos aqui antes, o doutor Raul não teria sido atacado. Nosso chefe faz questão de protegê-los. Desconfiar de nós me ofende.

— Não foi minha intenção. Estou apenas os prevenindo. Não gostaria de tomar nenhuma providência contra vocês. Prefiro que estejam de nosso lado. Agora vá. Entre em contato com Martínez e diga que preciso vê-lo com urgência.

O homem saiu, e Marina ficou pensativa. Raul não melhorava, e ela precisava agir. Era verdade que Martínez estava depositando muito dinheiro em sua conta, mas Marina não tinha como saber se ele estava sendo correto.

Martínez afirmava sempre que era homem de palavra. Questionar isso o deixaria furioso e seria muito perigoso. Ele costumava lavar a honra com sangue e de forma alguma poderia notar sua desconfiança.

Marina temia que ele estivesse querendo tomar posse de todos os bens de Raul, que não tinha como se defender, e que por fim acabaria com ela para que ninguém soubesse.

A vigilância dos dois homens da confiança de Martínez não a deixava livre para articular nenhuma defesa. Se pudesse sair, daria um jeito de entrar em contato com Dino, inimigo de Martínez. Apesar de jogarem a culpa do atentado sobre Dino, Marina desconfiava de que isso não fosse verdade. E, mesmo que fosse, sabia que Dino era bom negociante e ela tinha muito a oferecer-lhe. Se fizesse uma aliança com ele, estaria mais segura, mesmo que o homem tivesse tentado matar Raul e estivesse querendo acabar com ela. Passar para o lado dele seria a melhor defesa. Dino vivia no Brasil, e ela sabia como tentar marcar um encontro com ele. Contudo, estava sendo vigiada, o que tornava qualquer projeto impossível.

Precisava encontrar um meio de sair. Se ao menos Rogério estivesse frequentando a casa, poderia usá-lo sem despertar suspeitas. Ângela precisava continuar saindo com ele. Tinha certeza de que Rogério faria tudo o que lhe pedisse.

Ângela chegou à casa de Eduardo e foi imediatamente introduzida no escritório, onde ele a esperava. Depois dos cumprimentos, ela perguntou:

— Alguma novidade?

— Estive conversando com Mílton, e ele me fez um relatório de suas investigações.

— O doutor Adalberto disse que ele não conseguiu nada.

— Com relação à sua mãe, não. Mas, quanto ao sócio de seu pai, ele sabe de muitas coisas. O doutor Raul fez sociedade com Martínez, um milionário colombiano, e abriu uma empresa de exportações. Compram lotes de produtos aqui e os vendem para outros países. Aparentemente, tudo dentro da lei, mas, na verdade, a empresa serve de veículo para o contrabando de drogas.

Ângela deixou-se cair assustada em uma cadeira:

— Nesse caso, estamos lidando com traficantes.

— Não há nenhuma dúvida quanto a isso. Os dois homens que estão em sua casa são homens de confiança de Martínez, para quem trabalham há muitos anos, mesmo antes de seu pai se associar a ele.

— Não gosto deles. Sinto que estão nos vigiando.

— Martínez tem um inimigo chamado Dino, que mora no Brasil e com quem ele disputa a liderança desse comércio. Eles se odeiam, e os dois grupos vivem brigando.

— Será que Marina sabe de tudo isso?

— Acredito que sim. Eles a estão vigiando por temer que abra a boca para a polícia.

— Faz sentido.

— Mílton acha que foi um dos dois grupos que tentou matar seu pai.

— Provavelmente Dino.

— Não necessariamente. Esses grupos têm valores distorcidos. Vivem perigosamente e sempre estão na defensiva. Fazem tudo para obter poder. Dinheiro rola fácil, então, o poder se torna mais importante. As sociedades com eles só acabam com morte. Se Martínez, por alguma razão, desejasse acabar com a sociedade com o doutor Raul, não hesitaria em mandar alguém assassiná-lo. Se foi isso o que ocorreu, a vida de Marina corre sério perigo.

— Que horror! Ela não sai de casa e não convida ninguém para visitá-la.

— Ela pode estar proibida de sair.

— Tudo começa a fazer sentido. Segundo sei, ela adorava vida social, frequentava clubes, lugares da moda, e tinha muitas amizades, mas, desde que cheguei, ela não saiu uma vez sequer e também não recebeu ninguém em casa. O doutor Adalberto disse que eu poderia estar correndo perigo e chegou a me aconselhar a voltar para Londres.

— Sua segurança está em não demonstrar que sabe a verdade. Não pode deixar que desconfiem de nada. Estão observando tudo.

— Desde que cheguei, senti que teria de ser discreta. Ninguém desconfia de mim. Ontem, conversei um pouco com as duas empregadas. Emília me pareceu ingênua, de boa fé. Lurdes é mais velha. Papai a contratou depois que mamãe morreu. Ela não a conheceu. Ficou emocionada quando lhe mostrei o retrato de mamãe, lhe contei que fui separada dela aos cinco anos e nunca mais a vi.

— O que mais você disse a ela?

— Apenas isso. Falei de um quadro com o retrato de mamãe que havia em nossa casa quando eu era criança e que nunca mais o vi. Senti que Lurdes é boa pessoa e não simpatiza com Marina. Vou tentar ganhar sua amizade.

— Ótimo, mas tome cuidado. Vá devagar.

— Pode deixar. Sei como fazer isso.

— Está quase na hora do almoço. Meu pai sugeriu-me um restaurante; disse que é maravilhoso. Gostaria de convidá-la para almoçar.

— Ainda é cedo.

— Vamos esperar um pouco. Mílton ficou muito satisfeito por eu ter me interessado em ajudá-lo nas investigações.

Ângela pôs a mão sobre o braço de Eduardo.

— Você não precisa envolver-se. O caso é perigoso. Já fez muito por mim.

— Eu já estou envolvido. Não sei resistir ao pedido de uma linda mulher, principalmente se ela vem de outra dimensão e me procura para ajudá-la.

Os olhos de Ângela brilharam emocionados. Eduardo tocara seu coração, e ela só conseguiu dizer:

— Obrigada. Agradeço a Deus por ter me enviado um amigo como você. Deus o abençoe.

Os dois continuaram conversando, mas nenhum dos dois notou que Angélica estava lá, observando-os com amor.

que eu pudesse estar correndo, pouquíssimo chegou a me aconselhar a voltar para Lourres.

— Sui, seguia até esta um pão com chá, mas que solta aver dade. Não pode deixar que quer ninfantil, nada, disto observando o raio.

Diante que cheguei, sai a das ombros adorno da ninguém. Conseil de muni. Ontem conversei um pouco com as duas rapaz-que. Emilia me pareceu injetada de tarde. Certo a não voltar. Pago a confia a desde um dia não de moça. Tá não aceitácia. Em ou emocional autodeterminante a espero as homenagem consei cerca certa de cocota, seus anos e qui conhe s vi.

— O que me s você disse lisa?

— Acabe sem faladas un di somos uno à nun di na mãe que tem, este coisa cuminão, cemmença nenhuma mais o vi. Senta que Lunes a bocapas por si não anta teve com idama. Voltaria sentir se su voisa cocou.

— Ou mo...

— Pode pensan...

— Esta mase tv a coisa, enta dec so pora. Sa que protar mistamente, de s um eu eu o sabe o prácio mu o ne. Polo dizera strago.

— Ainda o seo...

— Vamos esperar um pouco. Milton lo o novo selina, que eu ter me interessado em atl-tá la nas investiga ges. Angenti por a ser o sobre o caso de Raqu a.

— Você não precisa anon-irses do caso a subese. Já fez o to brial-i".

— T. tóur-tuando. Não vai ir ná1. Ve perde os son rin dos maz, por isdrtou ha eles vem aos casa sempre que pra precisa. — qua si.

Os olhos da Ángela brilharam em o iu-aars. Edis ela reserve se conteve e sicise oiss esgui dense.

— Obrigada. Agrdecéu à Deus por ter a família de vocês de voissi. Caiu s. suas per.

Je cont si aluctarei se verdader-ie, mas, norma disx dois nhuoro o Ânron, que os vest fotes eme aaulr se em curmor.

Capítulo 11

Após ligar para Ângela e saber que a moça ainda não tinha retornado, Rogério desligou o telefone nervoso. Resolveu sair um pouco e passar no clube para encontrar alguns amigos e saber se havia alguma novidade.

Encontrou um conhecido, e os dois ficaram conversando sobre banalidades até o momento em que Rogério viu Sônia com uma amiga. Imediatamente, foi ter com elas. Depois dos cumprimentos, Sônia perguntou:

— Como vai seu namoro com Ângela?

— Namoro? Somos apenas amigos.

— Vocês estavam sempre juntos.

— Já vi que não dá para esconder... estamos namorando mesmo.

— Que sorte a dela! Logo você, sempre tão arredio. É sério?

— Ainda não oficializamos, porque o pai dela não está bem. Ela prefere esperar.

— Ontem, vi seu irmão com uma moça muito bonita. Ele estava tão envolvido que nem me cumprimentou. Acho que não me viu.

— Ele vai se casar logo.

— E você? Pretende se casar logo também?

— Eu me casaria amanhã, mas Ângela faz questão de esperar o pai melhorar.

— Quando estiver com ela, peça-lhe para me ligar, afinal, eu os apresentei.

Ele sorriu tentando aparentar alegria. Deduzira que Sônia também não sabia nada sobre Ângela. Despediu-se e saiu.

Rogério resolveu ir para casa e tentar telefonar mais uma vez. No caminho, ao parar em um farol, viu Ângela na companhia de um rapaz elegante. Os dois entraram em um restaurante, e Rogério ficou irritado.

Então era isso. Ela estava mesmo saindo com outro. Afinal, quando a pedira em namoro, ela dissera sim. Como podia deixá-lo de lado sem uma explicação e já estar com outro?

Era deslealdade, e ele não estava habituado a ser passado para trás. Precisava fazer alguma coisa. Decidiu voltar e entrar no restaurante.

Estacionou o carro e entrou. O lugar estava lotado. Ângela e o rapaz estavam aguardando uma mesa. Rogério aproximou-se deles com naturalidade e, sorrindo, disse:

— Ângela! Que coincidência! Como vai?

— Bem. E você?

— Com saudade. Você desapareceu.

— Permita-me apresentar-lhe o doutor Eduardo Novais, um amigo meu. Eduardo, este é Rogério Mendes Caldeira.

Os dois estreitaram as mãos.

— Não me recordo de você — disse Rogério.

— Estive morando fora durante oito anos. Cheguei há alguns dias.

— Voltou para ficar?

— Não sei. Depende.

Rogério sentiu uma onda de rancor. Estava claro que ele estava interessado em Ângela. Ficaria se ela o aceitasse. Procurou dissimular.

O garçom aproximou-se avisando a Eduardo que a mesa estava vaga. Olhando em volta e vendo que havia muitas pessoas esperando, ele convidou:

— Quer almoçar conosco?

— Obrigado. Aceito. Aqui está sempre lotado.

Eles sentaram-se e conversaram sobre vários assuntos. Rogério quis saber onde Eduardo havia vivido e respirou aliviado ao saber que não fora em Londres. Isso afastava a hipótese de ele ser um antigo amor de Ângela.

A certa altura, Rogério fixou Ângela e disse sério:

— Há dias nós não conversamos. Tenho ligado, deixado recados com Marina, mas você não retorna.

— Desculpe, Rogério. Tenho andado ocupada.

— Você?

— Sim. Cansei de ficar em casa sem fazer nada. O clima lá anda triste. Meu pai continua confuso, não melhora.

— Hoje estive com sua amiga Sônia no clube. Ela tem sentido sua falta.

— Não somos amigas. Eu a conhecia no clube. Meu pai é sócio de lá há muitos anos. Quando cheguei, fui àquele lugar na intenção de passar o tempo e praticar um pouco de natação, que adoro. Conheci Sônia, conversamos, saímos algumas vezes, mas, para ser sincera, não é essa a vida que eu quero.

— O que você quer?

— Fazer alguma coisa que me traga satisfação. O clube serve para ir de vez em quando e em boa companhia. Estou procurando encontrar algo mais interessante.

Eduardo interveio:

— Sei o que quer dizer. Há várias atividades que você pode fazer.

— Talvez um curso interessante. Em Londres, tenho amigos que se dedicam a atividades sociais, ecológicas, artísticas. Estão sempre ocupados com alguma coisa, descobrindo a cada dia novos interesses. Eles dizem que a vida se comunica conosco de várias formas, mandando recados que, se atendidos, nos ajudam a viver melhor.

Rogério sorriu:

— Você acredita nisso?

Eduardo interveio:

— É a pura verdade. Quem entende como a vida funciona, o significado dos fatos do dia a dia, toma decisões mais adequadas ao momento em que está vivendo.

— Isso mesmo.
— Vocês falam como se a vida fosse uma pessoa e pudesse discernir.
— Ela vai muito além de ser uma pessoa, pois determina sabiamente os acontecimentos em nossa vida.
— Se isso fosse verdade e ela fosse sábia, o mundo não estaria tão conturbado.
— Você já notou que, apesar do caos que parece existir, o universo continua seguindo, sustentando a vida? Se não existisse essa sabedoria — que, até quando permite o sofrimento, o faz para amadurecer o espírito —, há muito os homens teriam conseguido destruir nossa civilização — respondeu Eduardo com firmeza.
— Não acha que está sendo muito otimista? — perguntou Rogério.
— Não — ajuntou Ângela. — Eu também creio que haja uma força superior comandando tudo e que o caos seja apenas uma transformação para uma situação melhor. É como uma tormenta que nos amedronta, mas que, quando acaba, deixa uma atmosfera leve, refeita, agradável.

Rogério não gostava desses assuntos. Além disso, irritava-o notar que havia uma identidade de pensamento entre eles. Isso poderia fazer nascer um sentimento afetivo que viria a atrapalhar seus projetos. Por tudo isso, tentou mudar de assunto:
— Como vai o doutor Raul?
— Continua na mesma.
— Se eu estivesse em seu lugar, procuraria ouvir a opinião de outros médicos.
— Já tentei, mas Marina não quer. Diz que confia nos dois que o estão tratando.

A conversa continuou impessoal. Falaram de vários assuntos, terminaram de almoçar, e, no momento de se despedirem, Rogério disse:
— Gostaria de levá-la para casa. Há um assunto que eu queria conversar com você.
— Obrigada, mas não vou para casa. Tenho outro compromisso.
— Desculpe insistir, mas posso passar em sua casa à noite?

— Não sei a que horas estarei livre, mas lhe prometo que ligarei assim que chegar, está bem?

Rogério despediu-se a contragosto. Depois que ele se foi, Eduardo comentou:

— Ele vai insistir.

— Ele me pediu em casamento e estou ganhando tempo.

— É um moço elegante, fino.

— Não é o homem que eu gostaria de namorar. No princípio, eu disse que aceitava o namoro. Ele quis formalizar o pedido, e eu condicionei isso à recuperação de meu pai.

— Nesse caso, você lhe deu esperanças. Cuidado. Ele é muito vaidoso e não gosta de perder. Pode lhe causar problemas futuros.

— Vou ser sincera. Há nele alguma coisa que não me agrada. Não sei o que é. É bonito, educado, atencioso, mas não consigo gostar dele. Rogério se mostrou interessado por mim desde que nos conhecemos, e tenho saído com ele só para justificar o fato de ficar no Brasil e poder continuar investigando a morte de minha mãe.

— Se você disse "sim" e não deseja namorá-lo, talvez seja prudente esclarecer. Ele não aceitará um afastamento sem mais explicações.

— É sobre isso que ele deseja conversar.

Eduardo ia dizer alguma coisa, mas hesitou. Ângela continuou:

— O que ia dizer? Fale, seja franco.

— Está certo. Eu preferia calar, mas é melhor dizer. Esse moço está envolvido por espíritos perturbadores que o dominam. Ele precisa de ajuda espiritual.

— Poderíamos ajudá-lo de alguma forma? Rogério não acredita em nada disso e não tem como se defender.

— O fato de não acreditar não significa que ele esteja desprotegido. Do jeito que você falou, parece que ele é uma vítima. Isso não é verdade. Quem tem atitudes elevadas fica imune a essas interferências.

— Quer dizer que, se ele está sendo envolvido, é porque...

— Mantém pensamentos negativos e atitudes ruins. São elas que baixam o padrão energético e tornam a pessoa vulnerável. Se ele elevasse o espírito e mantivesse atitudes positivas, esses espíritos não teriam como envolvê-lo e se afastariam.

— Talvez seja por essa razão que em alguns momentos sinto rejeição por ele.

— Pode ser. Você disse que tinha um compromisso. Onde quer que eu a leve?

— Eu disse isso porque não quero conversar com Rogério hoje, mas não tenho nada para fazer.

— Nesse caso, vamos à minha casa. Você está interessada em fazer um curso. Talvez eu possa ajudá-la a encontrar alguma coisa.

— Não sei se é uma boa ideia. Estou tomando muito seu tempo. Talvez você tenha o que fazer.

— Por enquanto, estou pensando no que fazer de minha vida daqui para a frente. Meu pai está sensibilizado com minha presença e sente-se muito só depois que mamãe morreu. Estou estudando a possibilidade de me radicar definitivamente no Brasil. Meu pai ficaria muito feliz, e eu sinto que, além da alegria de ficar com ele, de voltar a esta terra tão boa, tenho alguma coisa para fazer aqui.

— Acha que não estou atrapalhando?

— Ao contrário. Ambos estamos em uma encruzilhada e precisamos definir nossos rumos daqui para a frente. Acho bom unirmos nossas forças e nos ajudarmos mutuamente.

— Também sinto a mesma coisa. Estava acanhada de dizer.

— Então, vamos para minha casa trocar ideias, pensar no que será bom para nós agora.

Ângela concordou prontamente. Estar com Eduardo era como estar com uma pessoa muito chegada, diante da qual podia ser verdadeira e falar sobre tudo o que ia dentro do coração, sem se preocupar com nada.

Marina esperou que Ângela aparecesse para almoçar, mas o tempo passava e ela não aparecia. Estava curiosa. Sabia que a enteada não estava com Rogério, e isso a preocupava.

Mandou servir o almoço e sentou-se à mesa para comer. Ari apareceu na porta, e ela o chamou:
— Então? Já obteve alguma resposta de Martínez?
— Nada.
— Pelo menos conseguiu se comunicar com ele?
— Estou tentando.
— Quer dizer que ainda não conseguiu? Isso não pode continuar. Sei que você consegue a hora que quiser.
— Está enganada. Estou tentando.

Marina não respondeu. Terminou de comer e foi ao quarto de Raul. Não aguentava mais aquela situação.

Raul estava dormindo. Marina apanhou um livro, sentou-se na poltrona ao lado da cama e começou a ler. De repente, Raul agarrou sua mão, e ela estremeceu de susto.

Ele olhava-a sério e colocou o dedo nos lábios pedindo silêncio. Marina levantou-se admirada, e ele a chamou para perto. Fez um gesto com a mão como se estivesse escrevendo. Ela entendeu. Foi à escrivaninha, apanhou papel, caneta e entregou-os a ele, que tentou sentar-se.

Marina colocou alguns travesseiros em suas costas e ajudou-o a recostar-se. Ele apanhou o bloco e a caneta e escreveu: "Não podemos conversar. Eles estão na escuta".

Marina concordou com a cabeça, e ele continuou escrevendo: "Como estão as coisas?"

Estendeu o bloco para que ela respondesse:

"Ruins. Há dois homens de Martínez na casa nos protegendo, mas creio que estão nos vigiando."

"Foi Martínez quem mandou me matar. O homem que atirou em mim era um deles."

"Bem que eu desconfiava, mas não tinha certeza. Desde quando está lúcido?"

"Desde ontem. Há uma droga no remédio. Por esse motivo, jogue-o fora e coloque água no lugar. Não quero tomar mais nada. Se souberem que estou bem, vão querer me matar."

"Pode confiar em mim. Farei tudo para ajudá-lo. Eles culpam Dino pelo atentado."

"É mentira. Você precisa procurar Dino. Ele vai nos ajudar a acabar com Martínez."

"Pensei nisso, mas estou proibida de sair. Não deixam ninguém vir nos visitar."

"Vou pensar em um jeito de sairmos desta situação. Enquanto isso, vamos fingir que estou tomando o remédio e que você não consegue fazer nada."

Eles ouviram um ruído vindo de fora, e Raul escreveu:

"Queime este papel. Ninguém pode saber."

Marina pegou o bloco e fechou-se no banheiro no momento exato em que Lurdes entrava no quarto.

Raul fingiu que estava dormindo. A criada deixou uma bandeja sobre a mesa de cabeceira e saiu. Marina não tinha fósforos, por esse motivo picou as folhas em pedaços bem pequenos, jogou-os no vaso sanitário e deu descarga.

Voltou ao quarto aliviada. O fato de Raul haver recuperado a lucidez era um apoio e uma possibilidade de encontrarem uma solução. Marina cuidava de Raul o melhor que podia, porque tinha certeza de que, se ele morresse, ela seria executada em seguida. Defendendo-o ela defendia a própria vida. Desde o primeiro dia sentira isso.

Esperou um pouco. Como não ouviu nenhum ruído, escreveu:

"Estamos nas mãos deles. Precisamos recorrer a alguém de fora para nos ajudar."

Raul leu e respondeu:

"Não podemos confiar em ninguém. Teremos de esperar que eles se descuidem. Enquanto a polícia continuar investigando, eles não farão nada. Fique atenta. Quando eles se descuidarem, agiremos. Não podem perceber que estou melhor."

"Sua filha está aqui e não fala em ir embora."

"Ela não pode saber nada disso. Aconselhe-a a voltar para Londres. Não quero que ela seja envolvida."

"Ela não aceita conselhos, nem fala em voltar para lá."

"Queime tudo antes que alguém apareça. Só devemos escrever o necessário."

Marina obedeceu. Apanhou os vidros de remédio na mesa de cabeceira, despejou o conteúdo na pia do banheiro e encheu-os de água, recolocando-os no lugar.

Rogério voltou para casa, e Mercedes estranhou:
— Você em casa a esta hora? Está se sentindo bem?
— Estou. Você parece preocupada. Está acontecendo alguma coisa?
— Não. A rotina está me cansando. Vou mandar servir um café. Quero conversar com você.
Enquanto esperavam o café, acomodaram-se na sala.
— Aproxima-se a data do casamento de Ronaldo. Gostaria de fazer alguma coisa para impedir essa calamidade.
— Ele escolheu, mãe. Se não der certo, problema dele. Aliás, Ronaldo nunca a consultou para nada. Você não tem nenhuma responsabilidade nesse casamento.
— O que nossos amigos dirão ao vê-lo casar-se com uma pobretona desconhecida, que ninguém sabe de onde veio?
Rogério deu de ombros. Não estava nem um pouco interessado nos problemas de família.
— Deixe-o quebrar a cara. Vai ser bom para domesticá-lo.
— O pior é que seu pai concorda e faz gosto. Deu para elogiar tanto a filha quanto a mãe.
— Mais um motivo para você não se preocupar.
A criada serviu o café, e Mercedes continuou:
— Sinto uma sensação desagradável quando penso nelas. Algo me diz que essa união vai nos trazer desgraça.
— Não sabia que a senhora era supersticiosa.
— E não sou, mas definitivamente não gosto daquelas duas.
Rogério colocou a xícara na bandeja e levantou-se dizendo:
— Eles estão decididos. Não há nada que se possa fazer. Conforme-se! Afinal, Ronaldo não aparece mesmo por aqui.
— Nem sei se irei a esse casamento pobre. Não querem festa, nada. Imaginou a vergonha?

— Se não for, falarão ainda mais. Em todo caso, a decisão é sua. Vou subir e descansar um pouco. Pretendo sair à noite.

Rogério subiu, e Mercedes, um pouco decepcionada, sentou-se pensativa. O filho estava diferente. Se fosse em outros tempos, ele a teria apoiado, lhe dado sugestões. Ela percebeu que ele não estava nem um pouco interessado.

Por que as coisas estavam mudando tanto? Com Ronaldo, era de se esperar: ele nunca fora companheiro mesmo, mas Romualdo sempre acatara suas opiniões e nos últimos tempos tornara-se arredio, não concordava com o que ela dizia, fechava-se no escritório, sem escrever nada, contudo. E, por fim, Rogério também não a estava apoiando. Precisava saber o que estava acontecendo, fazer alguma coisa, mas o quê?

Rogério foi para o quarto e fechou a porta à chave. Sentou-se na cama pensativo. A conversa da mãe irritara-o ainda mais. Enquanto ele estava preocupado com coisas sérias, ela gastava o tempo com assuntos sem importância.

Pela primeira vez, notou o quanto ela era fútil, pretensiosa e vazia e remexeu-se inquieto. Pouco lhe importava que Ângela saísse com quem quisesse. O que ele queria mesmo era ver Marina. Não podia ficar esperando que Ângela se resolvesse.

Marina também sentia saudade de Rogério, queria vê-lo. Ele poderia tentar entrar na casa no meio da noite. Só precisava saber se o quarto dela ainda era o mesmo e se Raul também estava dormindo nele. Precisava falar com Marina, mas por telefone não seria aconselhável. Mesmo assim, precisava tentar.

Rogério apanhou o telefone e ligou. A criada atendeu, e ele perguntou por Ângela. Como ela não estava, quis falar com Marina.

Ela demorou um pouco e por fim atendeu. Depois dos cumprimentos, ele disse:

— Queria falar com Ângela, mas não consigo encontrá-la. Queria dizer que estou morrendo de saudade, que não aguento mais esperar. Passo o tempo recordando tudo o que vivemos juntos e preciso vê-la urgente. Queria saber se ela ainda me ama.

Marina estremeceu de prazer ao notar o recado nas entrelinhas e respondeu com voz que procurou tornar indiferente:

— Calma. Tenho certeza de que ela também o ama e não aguenta mais de saudade.

— Fale com ela. Peça para me ligar ainda hoje e marcar um encontro. Garanto que ela não se arrependerá. Farei tudo como ela quiser.

Marina ficou em silêncio por alguns instantes e depois respondeu:

— Está certo. Ela vai ligar, pode esperar.

— Hoje ainda.

— Se ela chegar com tempo, ligará.

— Diga-lhe que mandei um beijo.

— Direi.

Rogério desligou o telefone eufórico. Marina entendera o recado e correspondera. Agora era só esperar que ligasse combinando tudo.

Estendeu-se na cama recordando os momentos de paixão que haviam desfrutado juntos e sentia que, para conseguir novamente essas emoções, faria tudo o que ela lhe pedisse.

Marina desligou o telefone e, vendo Lurdes, disse:

— Rogério deixou recado para Ângela. Quando ela chegar, avise-me para eu poder lhe transmitir o recado. Ele estava muito ansioso.

— Está bem, dona Marina.

Marina subiu para o quarto pensativa. Desde que Raul fora ferido, ela não dormia mais com ele no quarto do casal. A pretexto de não incomodá-lo, instalara-se no quarto de hóspedes. Foi para lá e circulou pelo quarto. Um pensamento louco, ousado, a acometeu: tentaria burlar a vigilância dos dois guardas e receber Rogério no meio da noite.

Estava ansiosa para entregar-se ao prazer do amor e, ao mesmo tempo, conseguir que ele a ajudasse. Raul não queria ninguém, mas ela confiava em Rogério. Ele estava muito apaixonado. Faria o que ela pedisse.

Lembrou-se de que ele tinha a chave da entrada de serviço. O problema era distrair os vigias. Arrependeu-se de ter jogado fora os remédios de Raul. Era provável que eles contivessem um sonífero. Poderia utilizá-los. Precisava arranjar outro.

Marina foi ao banheiro onde guardava os remédios e apanhou um vidro de calmantes que o médico lhe dera depois do atentado. Precisava planejar tudo. Sabia que, antes de dormir, Lurdes preparava todas as noites uma garrafa de café e lanche para o vigia que ficava de plantão.

Depois do jantar, esperou que todos se recolhessem, desceu sem acender a luz, foi à copa, abriu a garrafa de café e colocou um pouco do calmante.

Naquela noite, quem ficaria de vigia no meio do corredor, sentado com uma arma na cintura, seria Ari. Marina ficou um pouco no quarto de Raul, como sempre fazia. Ao sair no corredor para ir a seu quarto, notou que Ari estava sentado, cabeça recostada na parede, adormecido.

Exultou. Imediatamente, foi para o quarto e ligou para Rogério.

— Pode vir agora. Ângela o está esperando.

— Como vou entrar?

— Ela me disse que lhe deu a chave da porta de serviço. Ainda a tem?

— Tenho.

— Vá para a porta lateral, e ela se abrirá para você.

— Mal posso esperar!

Marina desligou feliz. Finalmente, ia poder ver Rogério e torná-lo um aliado.

Rogério arrumou-se e saiu rapidamente. Passava da meia-noite, quando entrou no jardim da casa de Marina pelo portão dos fundos. A casa estava às escuras e silenciosa.

Dirigiu-se à porta indicada e bateu levemente. Imediatamente, Marina abriu-a e puxou Rogério para dentro.

— Venha — disse Marina. — Não faça barulho.

Rogério sentia o coração bater descompassado, enquanto subia as escadas iluminadas apenas pela luz da lua, que penetrava as frestas das janelas.

Ela conduziu-o ao quarto, fechou a porta à chave e imediatamente se atiraram nos braços um do outro, dando vazão à paixão que os unia. Rogério estava insaciável.

Minutos mais tarde, quando o viu mais calmo, Marina disse baixinho:

— Precisamos conversar. Quero que jure que não contará a ninguém o que vou lhe dizer.

— Juro.

— Estou aqui prisioneira. Vou lhe contar tudo.

Em poucas palavras, colocou Rogério a par da situação que estavam vivendo e finalizou:

— Temos certeza de que foi Martínez quem tentou matar Raul e, assim que a polícia terminar as investigações, ele acabará conosco para ficar com tudo o que temos, mas principalmente para garantir sua impunidade.

— Por que não conta tudo à polícia?

— Seria loucura. Primeiro, eu precisaria apresentar provas. Segundo, Raul estava metido com ele, e nós seríamos presos. Depois, o resto do bando se vingaria. Eles matam sem piedade.

— O que pensa em fazer?

— Pretendo contatar Dino para nos aliarmos a ele. Dino ficará satisfeito em acabar com Martínez. Ele nos ajudará.

— Mas vocês ficarão nas mãos dele.

— Não temos opção. Estou prisioneira e não posso sair. Quero que você o procure e conte o que está acontecendo aqui. Diga-lhe que precisamos de ajuda. Em troca, além de muito dinheiro, queremos propor uma sociedade rendosa com ele. Diga-lhe que não se arrependerá.

— É muito perigoso, Marina. Não sei onde encontrá-lo.

— Vou lhe dar o nome de uma pessoa que poderá levá-lo até ele.

Marina apanhou um papel, escreveu um nome e um telefone e algumas palavras.

— Tome. Ligue e diga essa senha. Garanto que ele vai levá-lo até Dino.

— Talvez tenha outros meios. É perigoso se envolver com esses marginais.

— Está com medo? Não vê que disso depende minha vida? É assim que diz me amar? Se eu não fizer nada, eles vão dar cabo de mim. Vai me deixar morrer?

Rogério abraçou-a, apertando-a de encontro ao peito.

— Não. Isso não. Farei o que me pede.

— Agora é bom você ir. Pode acabar o efeito do sonífero e o vigia acordar.

— Quando nos veremos de novo?

— Ainda não sei. Se conseguir falar com Dino, ligue dizendo que já comprou o presente para Ângela. Agora precisa ir.

Marina conduziu Rogério até a porta, e ele se foi, disposto a fazer o que ela lhe pedira.

Ele a amava. Aquela noite havia sido maravilhosa. Ainda que tivesse de morrer depois disso, valeria a pena. Durante o trajeto de volta, Rogério relembrou-se dos momentos de amor que haviam vivido e sentia que estava preso àquela paixão da qual não desejava sair.

Capítulo 12

O telefone na cômoda tocou, e Ângela atendeu. Era Eduardo. Depois dos cumprimentos, ele disse:

— Venha almoçar comigo hoje. Recebi aquele livro de que lhe falei.

— Está bem, irei. Ela desligou, levantou-se, tomou um banho e desceu para o café. Passava das dez, e ela foi direto à copa. Vendo-a, Lurdes disse sorrindo:

— Sente-se, Ângela. Vou buscar o café.

— Obrigada.

Lurdes tornara-se mais próxima de Ângela. Desde que soubera como ela havia sido criada longe da mãe, sentira vontade de compensá-la de alguma forma.

Ângela notava a boa vontade de Lurdes e tratava-a com amabilidade e gratidão. Naquela casa, ela era a única pessoa com a qual gostava de conversar e se sentia bem.

Quando terminou, apanhou a bolsa, e, ao passar na sala para sair, Marina aproximou-se:

— Ontem, seu pai chamou por você.

— Ele está melhor?

— Continua confuso, mas de vez em quando murmura nomes. Dessa vez, chamou por você.

— Vou vê-lo quando voltar.

— Não vai almoçar comigo? Parece que você não gosta de minha companhia.

— Para ser sincera, esta casa é muito triste e prefiro ficar com os amigos.

— De fato, não é agradável ficar em um lugar com um doente e nunca receber ninguém. Por que não volta para Londres? Lá com certeza há coisas mais interessantes para fazer. Quando seu pai melhorar, avisarei.

Ângela olhou-a séria e respondeu:

— Vou pensar. Pode ser uma boa solução.

Eduardo já esperava Ângela e imediatamente a conduziu ao escritório, onde Mílton os estava esperando.

— Alguma novidade? — indagou ela.

— Olhe estas fotos. São eles que fazem a vigilância em sua casa?

Ângela apanhou as fotos e examinou-as.

— Esses dois são os que estão lá. Este é Ari, e o outro é Miguel. Onde conseguiu essas fotos?

— Mílton ficou de tocaia em sua casa e tirou. Os quatro se encontram no portão dos fundos e conversam.

— Bem, os que ficam lá dentro são apenas esses dois. Os outros não conheço.

— Pertencem ao grupo liderado por Martínez — esclareceu Mílton.

— Isso já sabíamos — disse Ângela.

— A ficha deles é extensa, mas não há nada de concreto para poder prendê-los. Usam documentos falsos, e os nomes deles não são os que você disse. Mas o que me trouxe aqui foi outro detalhe.

— Conte a ela, Mílton.

— Tenho continuado a vigiar a casa porque acredito que a qualquer hora eles vão dar uma pista e poderemos agir. Há alguns dias, vi parar um automóvel de luxo na entrada de serviço. Dele desceu um moço bem-vestido, tirou uma chave do bolso, abriu o portão e entrou. Duas horas depois, saiu cautelosamente, entrou no carro e se foi. Intrigado, eu o segui. Ele entrou em um palacete. Anotei a chapa do carro e descobri o nome dele.

— Quem era? — indagou Ângela, surpreendida.
— Rogério Mendes Caldeira.
Ângela deixou-se cair em uma cadeira. Mílton continuou:
— A princípio, pensei que ele tivesse ido vê-la. Fiquei preocupado que, inconformado com sua indiferença, ele pudesse tentar alguma coisa, mas o rapaz tinha a chave, o que quer dizer que está autorizado a entrar na casa.
— Não pode ser. Tem certeza de que era ele mesmo? Desde aquele dia em que o encontramos no restaurante, nunca mais o vi. Ele também não me procurou. Pensei que tivesse ficado zangado por ter sido preterido e houvesse desistido de me assediar.
— Se ele não foi vê-la, só pode ter ido ver Marina — tornou Eduardo.
— É possível. Tenho investigado também a vida dela e sei de muitas coisas — tornou Mílton.
— O que você sabe? — perguntou Ângela.
— Nela tudo é aparência. Renegou os pais, envergonha-se deles. Tempos atrás, um amigo meu viu um moço pulando da sacada e saindo pelo portão dos fundos, enquanto acontecia um rebuliço dentro da casa.
— Isso nos leva a crer que Rogério pode estar metido com Marina. Talvez tenha se aproximado de você com o pretexto de entrar na casa para vê-la — disse Eduardo.
— Ela deve estar proibida de sair, e ele não podia vê-la livremente — concluiu Mílton.
— Por esse motivo, ela me falava dele dizendo que eu deveria namorá-lo, que se tratava de um moço de boa família e que papai faria gosto nesse namoro.
— Eles a estavam usando — disse Eduardo.
— E eu pensei que o estivesse usando! O que faremos agora?
— Vou ficar atrás dele — disse Mílton. — Pode ser revelador.
— É difícil de acreditar que um moço rico, de boa família, se envolva em um caso desses... — tornou Ângela.
— A paixão cega. O que um homem apaixonado não faz por uma mulher? — considerou Mílton.
— Vou ficar atenta.

— Cuidado, Ângela. Estamos lidando com pessoas perigosas — disse Eduardo.

— Hoje, Marina me sugeriu que eu voltasse para Londres. Agora que ela conseguiu uma forma de ludibriar a vigilância, não precisará mais de mim. Por esse motivo, Rogério deixou de me ligar.

— Tudo se encaixa — comentou Mílton. — Se Marina conseguiu enganar os vigias e o rapaz entrou na casa, talvez eu consiga o mesmo. Eu adoraria entrar e dar uma busca naquele escritório.

— Não sei como ela conseguiu isso — disse Ângela, pensativa. — Sempre há um vigia no corredor onde ficam os dormitórios. Para entrar em qualquer um dos quartos ou no escritório, é preciso passar por ali.

— Vamos pensar em alguma coisa — propôs Mílton.

— Não podemos envolver Ângela.

— Diante de tudo isso, estou no meio do perigo — disse a jovem. — O doutor Adalberto também me sugeriu voltar para Londres, mas não posso fazer isso. Desta vez, vamos descobrir tudo, inclusive o que aconteceu com minha mãe.

— Seria bom procurarmos um grupo de apoio espiritual.

— O espírito de minha mãe não o está inspirando?

— Está do nosso lado, tentando nos ajudar, mas espera que façamos nossa parte. Temos de criar ambiente para que possa agir.

— Farei o que você quiser.

— Um amigo de papai me falou de um grupo muito bom que ele frequenta e ficou de me apresentar.

— Quero ir com você — pediu Ângela.

— Enquanto isso, vou continuar vigiando esse rapaz. Alguma coisa me diz que ele vai nos conduzir ao fio da meada.

Eduardo concordou. Depois que Mílton se foi, Ângela levantou-se para ir embora.

— Aonde você vai?

— Embora. Tenho tomado muito seu tempo.

— Vamos almoçar primeiro. Luísa está nos esperando.

— Não quero incomodar.

— Ela fez com carinho. Trabalha em nossa casa desde que eu era menino. Está muito feliz por eu ter voltado. Tenho certeza de que vai adorar conhecê-la.

— Nesse caso, ficarei.

Luísa bateu levemente e entrou. Era uma mulher de meia-idade, robusta, rosto moreno claro, olhos vivos, sorriso alegre. Ângela simpatizou com ela imediatamente.

Eduardo apresentou-as sorrindo e finalizou:

— Falei que você viria, e ela estava ansiosa por conhecê-la.

Ângela estendeu a mão delicadamente, e Luísa apertou-a com satisfação. As pessoas de sociedade que conhecia não estendiam a mão para cumprimentar os empregados. Notou logo que se tratava de uma moça de classe, educada e gentil.

— Eduardo me disse que você trabalha aqui desde que ele era menino.

— Ele tinha cinco anos quando cheguei. Eu tinha acabado de ficar viúva, não tinha filhos e logo me apeguei a ele.

— Luísa é da família. Cuidou de minha mãe com carinho e dedicação.

Os olhos de Luísa brilharam comovidos, e ela perguntou:

— Posso servir o almoço?

— Pode. Vamos em seguida.

— Você tem muita sorte de ter em casa uma pessoa assim. Ela tem cara de mãe.

Eduardo ficou calado por alguns instantes, depois disse:

— De fato. Ela sempre teve para comigo desvelos de mãe. Adivinha o que estou pensando e faz tudo para me ver feliz. Temos ligações de outras vidas.

— Você fala isso com tanta certeza!

— Eu sei que foi assim. O acaso não existe.

— Por que será que tive de viver longe de minha mãe e ter um pai que se associou com marginais? Podem ser ligações de outras vidas também?

— Talvez, mas nem sempre isso ocorre. Há muitas variáveis que interferem nas ligações afetivas. Você não pode se esquecer de que o livre-arbítrio funciona. Somos nós que escolhemos nossas atitudes e com elas escrevemos nosso futuro.

— Nesse caso, tudo pelo que passei e pelo que estou passando pode ser fruto de minhas escolhas em outras vidas?

— Os fatos e as situações que ocorrem em nossa vida atual decorrem de vários fatores. Podem ser resultado de escolhas feitas sob falsos conceitos adquiridos, podem ser devido ao fato de termos amadurecido e precisarmos dar um passo à frente. Nesse caso, a vida cria os desafios para que, vencendo-os, nos tornemos mais lúcidos e felizes.

— E se não conseguirmos vencê-los?

— Começaremos tudo outra vez. Mas é bom saber que a vida não joga para perder. Quando ela coloca um desafio em nosso caminho, ainda que nos pareça difícil, é porque temos condições de vencer.

— Do jeito que você fala, tudo parece claro.

— De fato. A espiritualidade nos oferece respostas que nos alimentam o espírito e ensinam a viver melhor.

— Gostaria de conhecer mais.

— Posso lhe emprestar alguns livros.

Luísa apareceu na porta.

— O almoço está servido.

Enquanto almoçavam e conversavam com naturalidade, Luísa observava-os com satisfação. Havia tanta harmonia no ambiente, e ela se sentia tão bem, que se deixou ficar ali em silêncio.

A volta de Eduardo trouxera para aquela casa vida e alegria. Ramiro, muito triste depois da morte da mulher, voltara a sorrir e a interessar-se em melhorar os arranjos domésticos. Sabia que o filho era amante da arte e da beleza e queria que ele se sentisse feliz, desfrutando de um ambiente confortável e belo.

Sensível, Luísa gostou de Ângela desde o primeiro instante. A maneira franca de olhar, o sorriso alegre, a classe e o jeito delicado de falar a cativaram. Estariam interessados um pelo outro? Essa proximidade parecia-lhe familiar. Era como se eles sempre tivessem estado juntos.

Alguns dias antes, Rogério, sentado no quarto, tentava encontrar uma forma de comunicar-se com Marina. Havia alguns dias, ela ligara perguntando se ele conseguira conversar com Ângela.

— Ainda não. Ela não atendeu a meu pedido.
— Continue tentando. Ela vai ceder. Faço votos de que vocês se entendam. Ela tem saído com um desconhecido, e eu sei que o pai não aprovaria. Raul conhece sua família e os considera muito.
— Não vou desistir.

É claro que ela falava sobre o contato com Dino. Rogério ligara para a pessoa que Marina indicara, dera a senha e pedira um encontro com Dino:

— Um encontro para quê?
— Sabemos que ele aprecia bons negócios. Há um projeto que queremos apresentar-lhe. Temos certeza de que ele vai adorar. Além do dinheiro em jogo, há também um aumento de poder. Dino não pode perder essa oportunidade.
— Vou ver o que posso fazer. Não é fácil encontrá-lo. Tem certeza de que não é fria? Se está pretendendo nos meter em encrenca, não viverá para apreciar os resultados.

Rogério sentiu um arrepio de medo, mas respondeu com firmeza:

— Estou dizendo a verdade. Garanto que é um bom negócio.
— Quando eu o encontrar, direi a ele.
— Marina tem pressa. O momento oportuno é agora. Se demorar, pode perder a chance.
— Ligo quando tiver uma resposta.

Mas os dias passavam, e o homem não ligava. Rogério tentou de novo, e ele respondeu:

— Não adianta insistir. Aqui nós damos as cartas. Tem de ser do nosso jeito, entendeu? Não me ligue mais.

Rogério achou melhor não insistir. Não estava habituado a lidar com aquele tipo de pessoa. Momentos havia em que preferia que ele não aceitasse o encontro, pois assim ficaria fora daquela encrenca.

Mas, por outro lado, Marina corria perigo e podia morrer. Quando pensava nisso, torcia para que Dino aceitasse o encontro.

Nos últimos dias, Rogério quase não saía de casa, esperando a ligação. Mercedes estranhava, e ele dava desculpas:

— Estou cansado da rotina no clube. São sempre as mesmas pessoas, fúteis. Até as fofocas são as mesmas. Não acontece nada nesta cidade.

— Por que não vai ao cinema ou sai com sua namorada? Você não está mais namorando a filha do doutor Raul?

— Não. Nosso namoro não deu certo.

— Como assim? Você parecia tão entusiasmado. Por que acabou?

— Ela não era o que eu pensava.

— Embora ela fosse enteada de Marina, eu estava contente. Pensei que você fosse me casar.

— Não se preocupe. Estou dando um tempo.

Uma noite, Mercedes falou com Romualdo:

— Estou estranhando Rogério. Anda triste, não sai mais de casa, acabou o namoro com Ângela. O que estará acontecendo com ele?

— Talvez esteja cansado da vida que leva. Tenho observado que Rogério não tem nenhum objetivo. Não se entusiasma com a faculdade, não faz nada de útil. Observando-o, me pergunto se não erramos na forma de educá-lo.

— O que é isso? Você agora deu para implicar com ele? De uns tempos para cá, você passou a andar muito com Ronaldo. Está ficando igual a ele! Que horror!

— Não estou implicando com ninguém. Só reconheço que Ronaldo nunca nos deu problemas. Sabe o que quer, é esforçado, trabalha para manter-se, vai se casar e tenho certeza de que será muito feliz. Já Rogério, o que ele pretende fazer da vida? Está perdido, sem diretriz. Temo pelo seu futuro.

— Não se pode mais falar com você! Isso é influência perniciosa de Marilda e de sua mãe. Estou sabendo que nos últimos tempos você tem frequentado a casa delas, jantado, almoçado. O que está pretendendo? Está pensando em conquistar a mãe como Ronaldo conquistou a filha?

Romualdo enrubesceu. Mercedes estava passando dos limites. Sabia que era esnobe, intolerante, mesquinha, mas aquela suspeita superava todos esses qualificativos.

— É melhor parar, Mercedes. Você está ofendendo a mim e a pessoas honestas que não merecem.

— Ainda as defende? Não vê que está justificando minhas suspeitas?

— Vou fazer de conta que não ouvi nada. Não quero brigar com você. Vou sair e espero que, ao retornar, você tenha voltado a si e modificado seus pensamentos.

Romualdo saiu, e Mercedes sentiu a raiva aumentar. Passava das dez, e ele nunca saía depois desse horário. "Aonde terá ido? Talvez à casa daquelas duas", Mercedes pensou.

Trincou os dentes de raiva. Aquilo não ia ficar assim. Precisava tirar a limpo. Com aquela cara de santa, Marilda agarrara Ronaldo. Era possível que a mãe pretendesse também agarrar o pai. Ele tinha dinheiro, e mulheres pobres como elas faziam tudo para levar vida confortável. No dia seguinte, tomaria providências.

Romualdo saíra nervoso. Pela primeira vez, sentira vontade de esbofetear a mulher. Ele era de paz. Ficou impressionado com a intensidade de sua raiva. Nunca se imaginou capaz de bater em uma mulher.

Foi ao clube. Felizmente, encontrou um amigo, e ficaram conversando. Era um advogado de assuntos internacionais que viajara o mundo todo. Falaram sobre costumes de outros países. O amigo contou experiências de viagens, e o tempo foi passando agradavelmente.

Passava das três, quando Romualdo voltou para casa. A conversa tivera o dom de acalmá-lo. Ele começou a fazer novos projetos de vida. Depois do casamento de Ronaldo, iria viajar. Preferia ir sozinho. Quando foi à Europa com a mulher, não pôde fazer o que gostaria. Ela o forçara a peregrinar por lojas e lugares da moda, carregando embrulhos e aumentando o volume da bagagem, o que lhe deu imenso trabalho no regresso.

Ele queria conhecer outras culturas, lugares especiais, costumes, pessoas. Recordando a última viagem que fizera com Mercedes, decidiu que desta vez iria sozinho. Ela podia zangar-se, mas ele queria pelo menos fazer as coisas de seu jeito, com prazer, uma vez.

Imaginando o que faria, Romualdo chegou em casa e preparou-se para dormir, sem perceber que Mercedes fingia estar dormindo. Deitou-se e logo adormeceu, enquanto Mercedes, irritada, imaginava onde ele teria ficado até aquela hora e pensava em tomar providências no dia seguinte.

De fato, no dia seguinte ela ligou para um detetive particular que uma conhecida lhe indicara e combinou um encontro. Contratou-o para seguir os passos do marido, bem como os de Marilda e da mãe. Ela desejava saber tudo sobre os três.

Na mesma tarde, enquanto Ângela almoçava com Eduardo, Rogério estava no quarto inquieto. O esperado telefonema não acontecia, e Marina não ligara.

Depois daquele encontro, ela não o introduziu mais na casa. Apesar de desejar muito estar com ele, Marina temia pôr tudo a perder. Precisava ser cautelosa. Só o chamaria quando já houvesse se encontrado com Dino.

Rogério apanhou uma revista e tentou lê-la, porém, não conseguiu fixar a atenção. Jogou a revista de lado, nervoso. Sentiu vontade de sair, dar uma volta. Mas e se telefonassem?

Estendeu-se na cama e lembrou-se dos momentos vividos no último encontro com Marina. Nenhuma mulher conseguia oferecer-lhe tantas emoções. Ela era maravilhosa.

Se a vida de Marina não estivesse em jogo, ele iria torcer para que Martínez acabasse com Raul, pois assim eles ficariam livres para sempre.

Naquele instante, uma ideia surgiu em sua mente. Eles poderiam fugir juntos. Ele arranjaria bastante dinheiro, tramariam a fuga e iriam para um lugar distante onde ninguém pudesse encontrá-los.

À medida que pensava, a ideia crescia em sua mente. Seria a solução ideal. Não tinha dúvida de que Marina o amava. Ele a salvaria, e juntos seriam felizes. Por que não pensara nisso antes?

Ele venderia o apartamento e arranjaria todo o dinheiro que pudesse. Ela levaria suas joias, e viveriam muito bem.

O telefone tocou. Arrancado dos devaneios, Rogério estremeceu.

— Alô.

— Falei com ele.

— Vai me receber?

— Talvez. Antes você terá de falar com o secretário dele.

— Quero falar com Dino.

— Já lhe disse que aqui nós damos as cartas. É pegar ou largar. Você falará com José, e ele avaliará se vale a pena recebê-lo.

— Está bem. Irei. Pode marcar.

— Será esta noite, às dez. Vou lhe dar o endereço. É um bar. Pergunte por José, e ele o estará esperando. Vá sozinho. Se estiver armado, se arrependerá.

— Farei como pede. Estarei lá na hora marcada.

Depois que desligou, Rogério ficou pensativo. Tinha de ir àquele encontro. Precisava pensar bem no que diria, pois disso dependeria o sucesso de sua tarefa. Apesar do medo que sentia, desejava que Marina o admirasse, que o visse como seu salvador.

Minutos antes da hora marcada, Rogério já estava no bar. Sentou-se à uma mesa, pediu uma cerveja e esperou. Algum tempo depois, um homem aparentando trinta e poucos anos aproximou-se e sentou-se ao lado dele.

— Você estava me esperando. Quer falar com meu chefe? O que deseja dele?

— Estou aqui a pedido de Marina e de Raul Guilherme. Tenho um recado deles para Dino.

— Por que não vieram pessoalmente?

— Raul ainda não se recuperou, e Marina está proibida de sair.

— Quem a está proibindo?

— Os vigias de Martínez. Dizem que foi Dino quem atirou em Raul e que jurou o casal de morte. Marina não acredita nisso. Ao contrário. Sabe que foi Martínez o autor do atentado. Ficou zangada e quer propor um negócio a Dino. Mandou dizer que sabe de coisas que poderão tornar Dino o maior chefe da cidade. Há muito dinheiro em jogo.

José olhou firme nos olhos de Rogério e disse sério:

— Esperta ela, mas não sei se acredito nisso. Pode ser uma cilada. Desde já fique sabendo que, se estiver mentindo, sua vida não valerá mais nada.

Rogério estremeceu, mas, sem desviar o olhar, afirmou:

— Estou lhe dizendo a verdade.

— Você não é dos nossos. Cuidado onde está se metendo. Eles podem estar enganando você. Se estiverem aprontando, você pagará.

— Confio neles. Sei que dizem a verdade.

— Está bem. Darei o recado a ele. Enquanto isso, pense bem se quer isso mesmo.

— Quando saberei se ele vai me receber?

— Isso eu não sei. Ele vai determinar. Dino não marca nada com antecedência. Espere que, quando for a hora, terá a resposta.

Sem dizer mais nada, levantou-se e saiu. Rogério sentia muita ansiedade, uma sensação desagradável no estômago. Tomou alguns goles de cerveja para relaxar, pagou a conta e saiu.

Estava na periferia, onde seu carro de luxo e sua aparência chamavam a atenção. Rapidamente ligou o carro, ansioso para sair logo dali.

Rogério foi para casa e ligou para Marina, como sempre perguntando por Ângela para disfarçar.

— Ela não está.

— Consegui falar com o secretário daquele curso que ela deseja fazer. Está lotado. Pedi para arranjar uma vaga, e ele prometeu dar um retorno.

— Ângela quer muito fazer esse curso.

— Eles não sabem quando terão a vaga. Teremos de esperar.

— Está bem. Darei o recado.

Rogério desligou. Sentia-se inquieto, nervoso. O tempo ia custar a passar. Seria bom que aquilo fosse resolvido logo. Se ao menos conseguisse outro encontro com Marina! Precisava contar-lhe seu plano de fuga.

Estava convencido de que ela não amava o marido. O que ela queria era salvar a própria pele. Seria perfeito. Eles iriam para longe, onde ninguém pudesse encontrá-los. Raul continuaria nas mãos de seus inimigos, que por certo acabariam com ele, o que seria muito conveniente. Esse pensamento não o incomodava, porque fora Raul quem se associara com aquelas pessoas e estava pagando o preço.

Rogério sentiu fome e lembrou-se de que não jantara. Resolveu ir até a copa fazer um lanche. Mercedes, que estava na sala, chamou-o ao vê-lo passar:

— Rogério, não o vi chegar.

— Cheguei cansado e fui descansar um pouco. Estou com fome. Vou procurar algo para comer.

— Posso mandar esquentar o jantar, afinal, sobrou tudo. Antes, você jantava em casa e saía depois. Seu pai também jantava em casa. Não sei o que está acontecendo, tudo mudou. Romualdo ainda não chegou. Como nenhum dos dois avisou que não viria, Maria fez a quantidade de sempre. Eu perdi a fome e também não comi. Vocês sabem que não gosto de comer sozinha.

— Não se incomode, mamãe. Só quero fazer um lanche.

— Você precisa comer. Tem emagrecido, está pálido. Pode ficar doente.

— Não se preocupe, mãe. Estou bem.

Rogério foi à copa, e Mercedes acompanhou-o.

— As empregadas já foram dormir. Vou esquentar para você.

Ela foi à cozinha, esquentou a comida, arrumou a mesa na copa e sentou-se também para comer, mas não sentia fome. O que ela queria mesmo era conversar, e isso era exatamente o que Rogério não queria.

Enquanto comiam, ela disse com voz chorosa:

— Seu pai está mudado. Antes vinha cedo, jantava e, se nós não tivéssemos nenhum compromisso, ia para o escritório escrever.

Ela suspirou, guardou silêncio por alguns instantes e depois continuou:

— Acho que há algum rabo de saia no meio disso.

Rogério olhou-a admirado:

— Que absurdo, mãe! De onde tirou essa ideia?

— Ele não gosta mais de mim. Quase não fica em casa e, quando fica, fecha-se no escritório. Tem recusado vários convites de nossos amigos para sair.

— Você está imaginando coisas. Papai é homem sério, dedicado à família.

— Além disso, tem andado muito com Ronaldo e aquelas duas. Você sabia que ele as tem defendido abertamente?

— Ele está apenas aceitando o casamento de Ronaldo. É o que você deveria fazer também. Logo elas serão da família.

— Nunca! Jamais aceitarei aquelas duas como pessoas da família.

Mercedes disse isso com tal veemência que Rogério se assustou:

— Elas fizeram alguma coisa que a ofendeu? Faltaram-lhe com o respeito?

— Ainda não, porque não lhes dei chance, mas estou certa de que, se eu facilitar, um dia o farão.

— Ainda bem que Ronaldo não frequenta nossa casa. É provável que continue assim depois de casado. A senhora não tem com que se preocupar.

Rogério não estava nem um pouco interessado na conversa da mãe, assim, tratou de comer rapidamente, deu boa-noite e subiu para o quarto.

Mercedes permaneceu sentada, pensando. No dia seguinte, o detetive, por certo, iria lhe trazer um relatório sobre o marido. Fazia três dias que o contratara para seguir-lhe os passos sempre que saísse de casa. Quando Romualdo se preparava para sair, ela avisava ao detetive, e ele posicionava-se perto da casa para segui-lo.

O que faria se Romualdo tivesse outra mulher? Não podia nem pensar em desquite. Jamais se sujeitaria a essa situação. Nunca seria apontada como mulher traída. Seria capaz de qualquer coisa para impedir que as pessoas soubessem.

Se, como temia, ele tivesse uma amante, não era com ele que iria entender-se, mas com ela. Tiraria a mulher do caminho sem piedade. Quem se atrevesse a levantar os olhos para seu marido pagaria muito caro por essa ousadia.

Mercedes trincou os dentes com raiva e sentiu ligeira tontura e um peso no estômago. Cerrou os punhos com força. Ninguém prejudicaria sua reputação. Não admitiria nunca.

Mercedes não viu que dois vultos a abraçaram satisfeitos.

— Esta é nossa! — disse um.

— Vamos aproveitar! — respondeu o outro.

Mercedes continuou imaginando o que Romualdo estaria fazendo fora de casa, sem perceber que estava apenas registrando as palavras que os dois, um de cada lado, lhe sussurravam aos ouvidos.

Capítulo 13

Naquele momento, Romualdo estava na casa de Rosana com Marilda e Ronaldo. A casa onde o casal iria morar passava por reformas. Como Ronaldo estava com muito trabalho na empresa e não dispunha de tempo para cuidar de tudo, Romualdo oferecera-se para ajudá-lo.

Ronaldo queria que tudo fosse do gosto de Marilda e de Rosana, e, no momento de escolher, queria que ambas vissem o material e o ajudassem a decidir.

Aproximava-se a data do casamento e era preciso ultimar os preparativos. Marilda também não queria deixar o emprego, e Rosana ajudava-a no que podia.

Naquele dia, Romualdo convidara-os para almoçar. Após a refeição, foram até a casa em reforma, onde o jovem casal tomou algumas decisões. Depois, o casal voltou ao trabalho, enquanto Rosana e Romualdo foram cuidar de executar o que eles haviam decidido.

Os dois foram juntos a lojas, pesquisaram preços, compraram coisas que os filhos haviam escolhido. Estavam felizes pensando na felicidade do jovem casal.

No fim da tarde, ambos estavam satisfeitos por terem conseguido agilizar as coisas. Romualdo convidou Rosana para tomar um chá em uma confeitaria elegante. Quando saíram, estava na hora de Marilda deixar o trabalho, e os dois foram esperá-la, ansiosos para contar-lhe todas as novidades.

Romualdo levou-as para casa e fez menção de ir embora, mas as duas protestaram:

— É cedo — disse Rosana. — Fique para jantar conosco.

— Não vai esperar Ronaldo? — indagou Marilda. — Ele vai gostar de saber tudo.

— Não quero dar trabalho.

— É um prazer. Depois do almoço que nos ofereceu e da ajuda que nos deu hoje, o mínimo que podemos fazer é oferecer-lhe um jantar caprichado — tornou Rosana, sorrindo.

— Isso mesmo. Fique conosco.

Romualdo sorriu contente. A felicidade do filho, a alegria delas valorizando tudo com carinho e gentileza proporcionavam-lhe grande bem-estar.

Quando Ronaldo chegou, estava tudo pronto. Marilda ajudara a mãe na cozinha e arrumara a mesa, enquanto Romualdo, saboreando uma taça de vinho e alguns salgadinhos, as observava prazerosamente.

A alegria continuou durante o jantar. Ronaldo sentia-se feliz. Seu pai mudara, aproximara-se dele, revelando-se mais amoroso e interessado em compreendê-lo e apoiá-lo. Além disso, mostrava-se capaz de uma conversa agradável, inteligente, amadurecida. Ronaldo sentia que só agora o estava conhecendo e admirando.

Quando Romualdo discorria sobre momentos de sua juventude, seus projetos, as viagens que fizera, Ronaldo parecia estar vendo-o pela primeira vez. O que teria acontecido para aquele jovem promissor ter se transformado no homem que conhecera como pai? Embora não desejasse confessar nem a si mesmo, a imagem de sua mãe aparecia em sua mente com os habituais comentários e as habituais críticas e cobranças.

Acabou percebendo que, assim como ele, o pai sentia-se bem naquele ambiente onde Rosana mantinha uma conversa positiva, elevada, alegre e ao mesmo tempo respeitosa. Marilda era igual a ela.

A diferença entre os jantares na casa paterna e na casa de Rosana eram marcantes. Na casa dos pais, comentava-se sobre a vida alheia com maldade e esnobismo; na casa da noiva, falava-se de arte, de música, livros, progresso, conhecimento.

Passava das onze quando Ronaldo saiu com o pai. Despediram-se no portão, e cada um foi para seu carro, tendo antes combinado o que fariam no dia seguinte.

Eles não notaram — nem Rosana e Marilda, que os acompanharam até o portão — que dentro de um carro com os faróis apagados, parado alguns metros depois, um homem os observava discretamente. Assim que Romualdo saiu com o carro, ele o seguiu.

Era mais de meia-noite, e a casa estava às escuras. Romualdo entrou procurando não fazer ruído. Não queria acordar ninguém, muito menos Mercedes, que o crivaria de perguntas. Ele não estava a fim de perder o bom humor.

Havia passado um dia maravilhoso, sentia-se de bem com a vida e não desejava que nada perturbasse esse sentimento.

Mercedes estava deitada. Fingia dormir, mas, disfarçadamente, não perdeu nenhum dos movimentos do marido. Aonde teria ido para chegar tão tarde? Estava ansiosa para saber. No dia seguinte o detetive lhe traria o relatório, e, então, descobriria tudo. Resolveu esperar. Continuou fingindo e não fez as perguntas que gostaria. Romualdo sentiu-se aliviado por ter sido poupado. Deitou-se e em poucos minutos estava dormindo tranquilamente.

Mercedes, entretanto, irritada, nervosa, inconformada, tendo como certa a traição do marido, maquinando planos de vingança, revirou-se na cama, atormentada, e, só quando já estava amanhecendo, conseguiu adormecer.

Na manhã seguinte, passava das nove quando Romualdo acordou. Mercedes ainda dormia, e ele levantou-se procurando não fazer ruído.

Desceu para o café, e Mercedes continuava dormindo. O dia estava lindo, e ele sentia-se bem-disposto. Depois do café, foi para o escritório, sentou-se e começou a pensar na vida.

A conversa da véspera avivara-lhe a memória, trazendo de volta os projetos da juventude. Ao mencionar a eles sua vontade de viajar, de escrever sobre outros povos, outras culturas, finalizou:

— Sinto-me frustrado por não ter feito isso.

— Por que não faz isso agora? — perguntou Ronaldo.

— Foi um sonho. Hoje não me sinto capaz.

— Sempre é tempo para recomeçar — comentou Rosana. — É um trabalho motivador. Quando tenho algum tempo, costumo frequentar museus e aprender um pouco sobre isso. Adoraria poder viajar pelo mundo, conhecer tudo, aprender sobre a vida. Meu marido também gostava de viajar. Com ele conheci a Europa e os Estados Unidos. Nunca mais esqueci. Convide dona Mercedes e aproveitem. Viajar é muito bom.

— Eu gostaria muito, mas não sei se será possível.

— Por quê, pai? Você pode, tem quem tome conta de todos os seus negócios, e, se precisar de mim, estarei à disposição para cuidar do que quiser quando voltar da lua de mel.

— Obrigado, meu filho. Vou pensar no caso.

Romualdo não quis dizer que viajar com Mercedes era sacrifício, não prazer, e não gostaria de fazer isso de novo.

Recordando-se daquela conversa, Romualdo sentiu que não podia mais continuar levando aquela vida vazia e sem finalidade. Se fosse viajar, para onde gostaria de ir?

Apanhou o atlas e começou a folheá-lo. Na Europa, continente que conhecia bem, havia inúmeras cidades que não visitara. Algumas vezes, como turista, percorrera as capitais mais importantes do mundo, circulando pelos hotéis de luxo, fazendo passeios encomendados e carregando os pacotes de Mercedes.

Como seria bom alugar um carro e percorrer o interior da França, da Itália, da Espanha, pequenas cidades, misturar-se com o povo, conhecê-lo melhor, aprender outras coisas, escrever sobre isso.

Romualdo foi à estante e apanhou um livro sobre a França. Folheando-o, informou-se sobre algumas cidades e alguns vilarejos, sua comida, seus hábitos e, quanto mais lia, mais se convencia de que era isso o que queria fazer.

Não iria com Mercedes. Sabia que teria de enfrentar uma boa briga com ela antes, mas essa condição seria fundamental para garantir a liberdade de fazer tudo do seu jeito, sem precisar consultá-la e fazer coisas a contragosto.

Algumas batidas na porta arrancaram-no de seus devaneios, e Mercedes entrou dizendo:

— Até que enfim consigo vê-lo. Ontem, você não veio jantar nem nos avisou. Aliás, isso está se tornando constante. Fui dormir à meia-noite, e você ainda não havia chegado. Onde esteve?

— Saí com Ronaldo. Fui ajudá-lo nas providências. Falta pouco para o casamento, e os preparativos estão atrasados.

— Quem tem de cuidar dessas coisas é ele. Não quis fazer tudo sozinho? Nem sequer nos pediu opinião.

— Ele não pode fazer muito. A empresa exige a maior parte de seu tempo. Depois, eu gosto e não me custa ajudar.

— Só que, para ficar atrás de um filho ingrato, que não se incomoda conosco, você tem me deixado plantada, sozinha, noite após noite. Estou ficando cansada.

— Por que não convida uma amiga e faz uma viagem para o exterior? Seria divertido.

— Quer se ver livre de mim?

— Eu não disse isso. Se está cansada, nada melhor do que uma viagem para renovar as energias.

— Só irei se você for comigo.

— No momento não posso, mas pode aproveitar para se distrair. Garanto que vai lhe fazer muito bem.

— Não falemos disso, pois me irrita. Daqui a pouco serviremos o almoço.

Romualdo sobressaltou-se:

— Que horas são?

— Quase meio-dia.

— Estou atrasado. Preciso sair.

Romualdo fechou o livro e ia saindo, quando Mercedes se postou no meio da porta, impedindo sua passagem.

— Não vai almoçar em casa de novo?

— Combinei com Ronaldo de ver algumas coisas. Com licença. Tenho de ir.

— Não me conformo de jogar tanta comida fora. Rogério também não come mais em casa, e eu detesto comer sozinha.

— Nesse caso, não mande mais fazer comida para mim. Deixe-me passar.

Romualdo pegou-a pelo braço, afastou-a da porta e subiu para arrumar-se. Em poucos minutos, saiu, enquanto Mercedes, escondida atrás da cortina da janela, deixava as lágrimas de raiva caírem livremente. Algo lhe dizia que aquilo era influência das duas intrusas que haviam se metido em sua família para destruí-la.

Passava das três quando o telefone tocou, e Mercedes atendeu. Era o detetive. Depois dos cumprimentos, ela perguntou:

— E então? Conseguiu alguma coisa?

— Fiz o relatório dos últimos três dias.

— Gostaria de vê-los. Passarei em seu escritório daqui a meia hora.

Mercedes apanhou a bolsa e saiu. Seu motorista deixou-a em frente à casa de uma amiga. Ela dispensou-o dizendo que não precisaria dele. Assim que o viu dobrar a esquina, apanhou um táxi e foi ao escritório do detetive. Ao entrar na sala onde ele a esperava, sentiu-se ansiosa, angustiada.

— Então, o que descobriu?

— Nada importante.

— Como assim? Meu marido está diferente, não para mais em casa. Estou certa de que tem outra mulher.

— Não creio. Ele tem saído com seu filho, sua futura nora e a mãe dela. Não existe nenhuma mulher na jogada.

— É o que tem para me dizer?

— Aqui estão os relatórios. Tudo documentado, com fotos.

Mercedes apanhou o envelope pardo, abriu-o, apanhou as fotos e começou a olhá-las.

À medida que olhava o conteúdo, seu rosto ia se colorindo de rubor: Romualdo e Rosana sozinhos no restaurante, ele todo sorridente. Estava claro que alguma coisa estava acontecendo entre eles.

— E isto aqui? — perguntou ela, indignada. — Não lhe parece suspeito? Por que os dois iriam almoçar sozinhos?

— Romualdo está com aquela cara de galanteador que conheço bem. Como pode afirmar que ele não tem outra mulher?

— Seu filho vai se casar dentro de alguns dias. Pensei que elas fossem pessoas de sua confiança. Se a senhora suspeita, posso continuar observando.

— Isso mesmo. Continue observando. Estou certa de que descobrirá alguma coisa.

Depois de acertar as contas com o detetive, Mercedes colocou o envelope na bolsa e saiu. Uma vez em casa, fechada em seu quarto, ela apanhou as fotos e olhou uma a uma atentamente.

Em todas, Romualdo estava feliz, e pareceu-lhe até remoçado. Rosana estava sorrindo, olhos brilhantes. Eles divertiam-se enquanto ela, Mercedes, ficava em segundo plano, sozinha em casa.

Precisava fazer alguma coisa. Não ia deixar que aquela mulher com cara de sonsa lhe roubasse o marido.

Romualdo estava mudado. Havia insinuado que ela fosse viajar sem ele, por certo para ficar livre e poder entregar-se àquele namoro idiota. Eles não sabiam com quem estava lidando. Tinha de fazer um plano para afastar aquelas duas de seu caminho. Mas o quê?

Romualdo havia combinado de buscar Rosana em casa e levá-la ao restaurante onde deveriam encontrar-se com Ronaldo e Marilda para almoçar.

Eles queriam aproveitar o horário de almoço dos filhos para fazerem algumas compras. No restaurante, enquanto esperavam pelos dois jovens, fizeram o pedido para ganhar tempo. Quinze minutos depois, os dois chegaram.

O detetive estava lá, encostado no bar tomando um refrigerante, com os olhos fixos na mesa deles. O entendimento entre a mãe da noiva e Romualdo era amistoso, e não lhe parecia que houvesse maior intimidade entre eles. Sua experiência, porém, fazia-o pensar que Mercedes podia estar pressentindo alguma coisa, mas o que realmente o interessava era ganhar seu dinheiro.

Sem suspeitarem de que estavam sendo observados, eles conversavam alegres. Demoraram o mínimo possível e saíram em seguida.

Visitaram algumas lojas, e, depois que os dois jovens partiram, Romualdo e Rosana se dirigiram para a casa que estava sendo preparada para os noivos. Os dois entraram na residência, e o detetive ficou esperando.

Eles estavam comprando tudo do melhor. A casa estava linda, e quase tudo já havia ficado pronto. Rosana sentia-se feliz observando o bom gosto e o carinho com que Ronaldo estava fazendo tudo.

Faltavam apenas dez dias para o casamento e havia muitas coisas para pôr em ordem. Os armários ficaram prontos, e Rosana desejava arrumar toda a roupa de cama e mesa. Por essa razão, disse a Romualdo:

— Se o senhor quiser, pode ir. Vou ficar e arrumar o roupeiro. Também será preciso lavar algumas peças para tirar a goma.

— Vou esperar.

— Não é preciso. Deve ter o que fazer. Voltarei de ônibus.

— Não tenho nada a fazer. Estou adorando participar. Posso ajudar também. Quanto à roupa para lavar, podemos arranjar alguém. A senhora não deveria fazer esse tipo de trabalho.

Rosana sorriu:

— Estou habituada. Além disso, uma lavadeira não vai ter o capricho necessário. São roupas lindas. É preciso ter um cuidado especial com elas.

Rosana começou a arrumação, enquanto ele fazia o que podia para ajudá-la.

— Ontem tomei uma decisão — disse ele de repente. — Depois que Ronaldo voltar da viagem de núpcias, farei uma excursão pela Europa.

— Que bom! Dona Mercedes vai adorar.

— Pretendo ir sozinho. Será uma viagem do meu gosto. Quando viajamos juntos, ela só quer fazer compras, realizar passeios turísticos. Estou pensando em alugar um carro e conhecer o interior da França, ir até a Itália, parar nas pequenas cidades, ficar algum tempo conhecendo o povo.

Rosana suspirou admirada:

— Vai ser maravilhoso! Essa é a melhor maneira de viajar. Tente convencer dona Mercedes. Se ela for, vai adorar.

Romualdo não insistiu. Conhecia bem sua mulher. Ela iria resmungar se não encontrasse conforto e instalações de luxo por onde passassem e ainda o culparia por tudo o que a desagradasse, tornando a viagem um tormento.

Enquanto Rosana cuidava da arrumação, continuaram conversando sobre o interior da França. Ela estudara em um colégio francês, falava bem o idioma e estava bem informada sobre o interior não só da França como de outros países da Europa e até da Inglaterra, que ela descrevia como se já houvesse estado lá.

Romualdo a ouvia encantado. O tempo passou rápido. A tarde estava morrendo, e Rosana disse admirada:

— Não vi o tempo passar. É tarde, temos de ir.

— Que pena! A conversa estava tão boa!

Os olhos dele brilhavam emocionados, e Rosana sentiu-se embaraçada. Romualdo aproximou-se e colocou a mão no braço dela.

— Havia tempo que eu não passava uma tarde tão maravilhosa! Obrigado, Rosana. Permita-me tratá-la assim, afinal, seremos parentes.

— Eu também gostei, mas agora temos de ir.

Rosana fechou tudo rapidamente, e eles saíram.

— É tarde. Não precisa me levar para casa.

— De forma alguma. Faço questão de levá-la.

Durante o trajeto de volta, Rosana estava pensativa e falou pouco. Quando chegaram em casa, ela desceu e estendeu a mão a Romualdo.

— Obrigada. O senhor foi muito gentil.

— Eu a estou tratando de Rosana, então, pode me tratar de Romualdo. Não vai me convidar para entrar?

— É que é tarde. Hoje não sei a que horas Marilda e Ronaldo virão.

— Notei que você mudou de repente. Eu disse alguma coisa que a aborreceu?

— De modo algum.

— Alguma coisa a está incomodando. Não quero ir embora sem saber o que é. Vamos entrar.

Eles entraram e sentaram-se na sala. Rosana estava acanhada, não sabia o que dizer.

— O que a está incomodando, Rosana? Você estava radiante e de repente ficou diferente.

— Nós nos damos bem, temos saído juntos para ajudar nossos filhos, mas de repente pensei que dona Mercedes pode não gostar. Ela não está satisfeita com esse casamento. Demonstra claramente que não nos aprecia, e confesso que às vezes temo pelo futuro de minha filha.

— Mercedes foi criada valorizando nome e posição social, Rosana. Eu também temo por ela, porque essa é uma ilusão. Para mim, o que vale mesmo são os valores de cada um, suas qualidades como pessoa. Você não precisa temer. Marilda é uma joia, e Mercedes se renderá quando vir o quanto Ronaldo será feliz ao lado dela.

— Gostaria de acreditar nisso, mas, quando penso nela, sinto um aperto no peito, tenho uma sensação de medo. Desculpe-me. Acho que estou muito sensível com o casamento de Marilda. Coisas de mãe.

Romualdo colocou a mão sobre o braço de Rosana.

— Não tenha medo. Pode confiar em mim. Estarei sempre presente e vigilante. Nada nem ninguém perturbará a felicidade de nossos filhos. Isso eu lhe garanto.

Rosana sorriu, e Romualdo viu o brilho de uma lágrima que ela se esforçou para conter. Ela levantou-se dizendo:

— Vou fazer um café. Não vou deixá-lo sair sem nada.

Meia hora depois, quando Romualdo deixou a casa, o detetive estava esperando. Afinal, os dois haviam ficado sozinhos por muito tempo na casa durante o dia, e agora ele demorava a sair. Começava a imaginar que sua cliente poderia ter razão.

Romualdo foi para casa. Estava ansioso para continuar suas pesquisas de viagem. Rosana mencionara alguns vilarejos onde havia curiosos costumes que ele gostaria de conhecer.

Vendo-o chegar, Mercedes comentou:

— Pensei que não viesse jantar. Ainda bem que, apesar de nossa conversa de hoje, mandei preparar a refeição.

— Estou sem fome.

— Ainda não jantei. Espero que me faça companhia. Odeio comer sozinha.

— Rogério não está em casa? Faz dias que não o vejo.

— Claro que não o vê. Você não fica mais em casa.

— Ele também não. Pode servir o jantar. Vou só lavar as mãos.

Depois do jantar, Romualdo foi para o escritório e retomou os livros de seu interesse. Não só encontrou informações sobre os vilarejos que Rosana mencionara, como também descobriu outros lugares que considerou interessantes. Leu tudo com prazer, procurando gravar os detalhes para contar a ela no dia seguinte.

Inconformada, Mercedes foi ao escritório e surpreendeu-o lendo.

— Pensei que estivesse escrevendo. O que está fazendo?

— Lendo. Para escrever como quero, preciso colher informações, pesquisar.

— Estou vendo que esse romance não sairá nunca.

— Talvez não mesmo. Estou estudando. Gostaria de continuar.

— Está me mandando embora? Prefere ler essas coisas enfadonhas a ficar em minha companhia?

Romualdo colocou o marcador entre as páginas, fechou o livro e respondeu calmamente:

— Já disse que estou estudando. Esse assunto pode ser enfadonho para você, mas eu estou adorando. Por que não tenta fazer alguma coisa útil? Se não gosta de ler, saia, vá passear com suas amigas. Não fique esperando tudo de mim.

Ele fingiu não notar o ar de desagrado da esposa. Abriu o livro novamente e mergulhou na leitura. Mercedes saiu irritada. Romualdo estava mesmo irreconhecível.

Dois dias depois, às onze da manhã, Rogério saiu do clube, entrou no carro e dirigiu-se para casa. Estivera no clube por algumas horas conversando com amigos para saber as novidades e também para não provocar comentários. Em sua roda, qualquer mudança de rotina era motivo de curiosidade.

Ao dobrar uma rua, foi cercado por dois carros que o impediram de continuar. Imediatamente, dois homens aproximaram-se apontando-lhe armas e disseram:

— Desça do carro, rápido.

Assustado, Rogério obedeceu-os, e os outros dois o agarraram e o obrigaram a entrar na parte traseira de um dos veículos. Enquanto os homens se acomodavam, Rogério viu que um deles entrou em seu carro e estacionou-o melhor.

Imediatamente, partiram. Tudo aconteceu muito rápido, e Rogério, sentado entre dois deles, pensou estar sendo vítima de um sequestro. Tentou conversar:

— Vocês não precisam me levar. Fiquem com meu carro, mas me deixem ir.

— Calado! Você não queria falar com Dino? Chegou a hora.

Um deles colocou um capuz em Rogério, enquanto o outro mantinha a arma encostada em sua cabeça.

Assustado, Rogério arrependeu-se de ter se metido naquele caso. Sentiu-se vulnerável. Eles poderiam fazer dele o que quisessem. O medo impedia-o de falar, e os outros seguiram em silêncio.

Depois de meia hora, que para Rogério pareceu uma eternidade, o carro parou, e eles forçaram-no a sair, conduzindo-o sem dizer nada.

Rogério sentiu um cheiro forte de gasolina misturado com óleo queimado, que lhe provocou náuseas. Subiram uma escada de madeira, andaram mais um pouco e obrigaram-no a sentar-se. Finalmente alguém tirou seu capuz.

Rogério estava sentado em uma poltrona em uma sala mobiliada com um luxo exagerado e de mau gosto. À sua frente, estava um homem de cerca de cinquenta anos, de pouca estatura, cuja magreza o fazia parecer um menino. A um gesto dele, todos saíram.

— Você tem um recado para mim. Pode falar.

Apesar de sua aparência, tinha uma voz grossa e forte.

— Você é Dino?

Ele assentiu, e Rogério continuou:

— Tenho um recado de Raul Guilherme e de sua mulher, Marina.

— Estou ouvindo.

Rogério contou tudo o que combinara com Marina e finalizou:

— Raul ainda não se recuperou de todo. Eles não confiam mais em Martínez.

— E por que eu confiaria neles, se estão traindo seus sócios?

— Eles não o estão traindo. Foram traídos e estão correndo risco de morte. Raul viu que quem atirou nele foi um homem de Martínez. É justo que queiram se defender. E, para isso, pretendem acabar com eles. Você terá muito a lucrar unindo-se a eles.

Dino ficou calado por alguns instantes. Depois, olhando firme nos olhos de Rogério, perguntou:

— E você? Por que está metido no meio deles? Não é dos nossos. É um moço rico, que nunca se envolveu com drogas, não tem dependência, vícios. A não ser que...

Ele riu malicioso, mostrando uma fileira de dentes amarelados pelo excesso de fumo. Rogério remexeu-se na cadeira inquieto. Não desejava falar de seu envolvimento amoroso com Marina. Dino prosseguiu:

— A paixão é um caso sério. Pode levar à loucura. Marina sabe como fazer isso.

Apesar de assustado, Rogério resolveu aproveitar o momento:

— Você está certo. Ela vive com ele, mas é a mim que ela ama.

Dino deu uma sonora gargalhada, apanhou um cigarro no maço que estava sobre a mesa e levou-o à boca. Acendeu-o, tirou algumas baforadas e respondeu:

— Se eu fosse você, não botaria muita fé nisso. Mulher é bicho matreiro; nunca dá ponto sem nó. Marina sempre foi assim, desde quando era pobre. Nunca lhe faltaram dinheiro, boas roupas, joias...

Rogério não gostou do que ouviu e sentiu seu rosto enrubescer de raiva, mas controlou-se. Seus instintos diziam-lhe que precisava ser cauteloso. Procurou entrar no jogo.

— Não é caso para casamento. Vou aproveitar enquanto durar.

— Se Raul descobrir, você já era. Vou mandá-lo de volta, e é bom saber que terá de esquecer tudo o que viu aqui. Não pense que pode me enganar. Saberei de todos os passos que vocês derem. Se contar a alguém que esteve aqui, não viverá para repetir a dose. Entendeu?

— Fique tranquilo. Não direi nada. O que informo a eles?
— Vou pensar, tomar pulso da situação. Se decidir aceitar, entrarei em contato.
— Eles acham que não têm muito tempo. Querem agir antes de Martínez.
— Dê meu recado. Não há mais nada para dizer.

Dino apertou um botão, e dois homens entraram imediatamente.

— Podem levá-lo.

Recolocaram o capuz em Rogério e conduziram-no de volta ao carro. Sentado no banco de trás entre dois homens, sentindo o cano de uma arma encostado em sua cabeça, Rogério teve medo. E se resolvessem acabar com ele ali mesmo? Já sabiam o que queriam e não precisavam mais dele. Procurou acalmar-se pensando que, para se comunicar com Marina, ele ainda estava no jogo.

Pararam e obrigaram-no a descer. Tiraram-lhe o capuz, entraram rapidamente no carro e se foram. Rogério estava diante de seu carro, tentou abri-lo, mas estava fechado. Talvez tivessem jogado a chave no chão, e ele olhou em volta procurando-a. Não as encontrou. Suas pernas estavam trêmulas, e ele se sentou na calçada procurando se acalmar. Notou que algo o incomodava no bolso traseiro da calça. Colocou a mão e encontrou as chaves do carro. Respirou aliviado.

Rogério entrou no automóvel e, já mais calmo, resolveu ir para casa. Era madrugada, e ele entrou procurando não fazer ruído. Não sentia vontade de ver ninguém.

Aquele cheiro desagradável ainda estava em suas narinas. Resolveu tomar um banho para tentar lavar aquela sujeira em que se metera. Depois se deitou, mas custou a dormir. As cenas daquele encontro inusitado não lhe saíam do pensamento.

Capítulo 14

Lentamente, Ângela abriu a porta do quarto do pai e entrou.

Na noite anterior, fora com Eduardo assistir a uma sessão espírita na casa de alguns amigos do doutor Novais. No fim da reunião, uma jovem leu a comunicação que recebera e que estava assinada por Angélica. Nela, a mulher dirigia-se à filha, falava sobre a separação e a saudade que sentia. Terminava pedindo-lhe que se aproximasse do pai e perdoasse os responsáveis pelo que lhes acontecera.

Ângela não conteve as lágrimas. Comovida, a jovem entregou-lhe a mensagem, que, desde então, lera repetidas vezes.

Sua mãe lhe pedira que se aproximasse do pai, mas como faria isso, se ele estava confuso? Além disso, Ângela suspeitava que ele fora o culpado de tudo. O fato de Angélica ter lhe pedido que o perdoasse confirmava isso.

No trajeto de volta, Ângela conversou com Eduardo, e ele aconselhou:

— Se sua mãe está lhe pedindo isso, ela deve ter boas razões. Onde ela está, sua mãe tem uma visão melhor dos fatos. Precisamos nos abster de julgar. Seu pai está doente, e devemos ajudá-lo.

Naquele momento, sabendo que Marina estava em seu quarto descansando, Ângela foi vê-lo. Olhando seu rosto emagrecido, notou como ele envelhecera. Raul abriu os olhos e, vendo-a, surpreendeu-se.

Ela aproximou-se.

— Como vai, papai? Está melhor?

Raul fez que sim com a cabeça e, colocando o dedo nos lábios, fez-lhe sinal para que se calasse. Depois, abriu a gaveta da mesa de cabeceira, apanhou um bloco de papel, a caneta e escreveu:

"Quero que volte para Londres o mais rápido possível."

— Por que está me pedindo isso por escrito? Perdeu a voz?

Ele escreveu:

"Não quero que nos escutem e saibam que estou consciente."

Ângela olhou-o assustada. Suas suspeitas confirmaram-se. Aqueles vigias não os estavam protegendo. A moça apanhou o bloco e escreveu:

"Receia que os vigias possam nos ouvir?"

"Sim. Estamos correndo perigo. Quero que volte para Londres. Vá embora. Não sei se sairemos vivos desta situação."

"Não irei. Quero ajudá-lo."

"Não pode. Salve-se enquanto é tempo. Não quero que nada de mau lhe aconteça."

"Não posso deixá-lo em um momento como este. Por que não conta tudo à polícia?"

"Seria pior. Por favor, vá embora e não fale nada a ninguém, muito menos com a polícia."

"O que está acontecendo? Precisa me contar a verdade. Estou cansada de tanto mistério."

"Não fale para Marina o que estou lhe dizendo. Vá embora daqui o mais depressa que puder. Queime este papel. Saia antes que alguém nos surpreenda."

Ângela colocou as folhas de papel no bolso e saiu.

Raul guardou o bloco e a caneta e fechou os olhos. Estava tenso, estremecia a qualquer ruído. Parecia-lhe que alguém ia entrar e acabar de uma vez com sua vida.

Quando voltou para casa depois do atentado, estava confuso. Havia momentos em que os acontecimentos se misturavam em sua cabeça. Tinha pesadelos em que cenas do passado se mesclavam ao presente. Acordava atordoado, sem conseguir concatenar as ideias. O que mais o assustava era a presença de Angélica. Ela lhe aparecia com as mãos estendidas, chorando, pedindo-lhe que a libertasse, que lhe trouxesse a filha de volta.

Lembrava-se de que ele levara Angélica para um sítio que comprara no interior, afastado de tudo, e deixara-a aos cuidados de um casal de sua confiança. Às vezes, Angélica ficava muito revoltada, tentava fugir, e o casal aplicava-lhe uma injeção que a fazia dormir. Acordava amarrada, cabeça atordoada, corpo dolorido.

Só a soltavam quando ela, cansada, jurava não tentar mais fugir. O caseiro exibia um revólver sempre que ela se revoltava, afirmando que tinha ordens de acabar com ela se tentasse escapar novamente.

Raul raramente a visitava, culpando-a pela atitude que tomara. Angélica ameaçara denunciá-los à polícia. Ele não podia permitir. Estava satisfeito com o montante de dinheiro que mensalmente depositava no banco.

Pouco lhe importava como o conseguia. Justificava-se pensando que, se ele não aproveitasse esse filão, outros o fariam; o mundo não seria melhor nem pior por causa disso. Além do mais, ele vendia drogas, mas não as usava. As pessoas eram fracas, precisavam de drogas para enfrentar seus problemas. Ele não se sentia responsável, não obrigava ninguém a consumi-las.

Nesse período, viajava pelo mundo, reunia-se com outros traficantes, planejavam os negócios, dividiam zonas, faziam tratos.

Martínez, homem astuto, porém, pouco instruído, admirava a perspicácia de Raul, sua maneira jeitosa de conseguir grandes negócios apenas com sua inteligência. Por esse motivo associara-se a ele.

Maltratada, revoltada e deprimida, Angélica foi enfraquecendo. Mesmo assim, só pensava na fuga. Queria ver a filha, protegê-la. Uma noite, quando o casal dormia, ela conseguiu abrir o cadeado da janela com uma chave de fenda que roubara deles e pulou para fora da casa, mas o cachorro estava solto e começou a latir. O caseiro acordou e encontrou-a acuada pelo cão, trêmula. Na manhã seguinte, ele telefonou a Raul e contou-lhe o ocorrido.

— Prenda-a de novo. Irei aí amanhã mesmo.

Na tarde seguinte, quando Raul chegou ao sítio, Angélica ainda dormia sob a ação do sonífero que o caseiro lhe aplicara. Olhando seu rosto abatido e emagrecido, ele pensou:

"Preciso acabar definitivamente com este tormento. É hora de resolver tudo de uma vez." Quando ela acordou e o viu no quarto, encolheu-se assustada. Raul aproximou-se:

— Não tenha medo. Vou cuidar de você.

— Se quer fazer alguma coisa por mim, deixe-me ir. Juro que não direi nada a ninguém, nem mesmo a Ângela. Quero vê-la, falar com ela. Não pode continuar fazendo essa maldade comigo.

— Eu não queria. A culpa foi sua. Não podia deixá-la fazer o que pretendia. Eles nos matariam. Nem Ângela escaparia.

— Prometo-lhe que não direi nada. Acredite. Só quero ver Ângela e viver livre. Juro.

— Eu acredito. Vamos fazer o seguinte: você está muito fraca, precisa reagir, alimentar-se melhor, e, por essa razão, falei com o médico e trouxe um fortificante para você. Vou levá-la de volta para casa.

— E poderei ver minha filha?

— Ela está em Londres no colégio, mas lhe prometo que, nas próximas férias, ela virá para casa. Você, contudo, precisa me obedecer e não tentar fugir.

— Aceito voltar para casa desde que possa ver Ângela. Podemos ir agora mesmo.

— Você está muito fraca, Angélica. Tem de melhorar primeiro. Hoje mesmo voltarei a São Paulo; não posso abandonar meus negócios. Reaja, trate de se fortalecer e lhe prometo que dentro de uma semana virei buscá-la.

Agora que recuperara a consciência e tinha de fingir e ficar naquela cama sem poder fazer nada, Raul não podia evitar que todos aqueles acontecimentos passados desfilassem em sua memória nos mínimos detalhes. Era-lhe penoso, porque os pesadelos reapareciam com intensidade. O que mais o angustiava era recordar-se do que acontecera depois.

Entregou o vidro de remédio ao caseiro e instruiu-o como administrá-lo.

— Não pode esquecer nenhuma vez. Para fazer efeito, terá de fazê-la tomar conforme lhe indiquei. Dentro de uma semana, virei buscá-la. Vou levá-la de volta para casa.

— O senhor não tem medo de que ela possa ir à polícia?

— Não. Ela vai obedecer, porque quer ver a filha.

Uma semana depois, conforme o prometido, Raul voltou para buscá-la. Angélica estava pálida, mas animada. Parecia mais forte. Durante a viagem de volta, ela perguntou por Ângela.

— Você precisa ter paciência. Falta um mês para as férias. Ela não pode perder o ano. Enquanto isso, procure melhorar.

Uma vez em casa, Raul colocou-a no quarto de hóspedes e disse:

— Aqui você ficará mais à vontade.

— Obrigada. Quero ver as fotos de Ângela, saber como está. Quero falar com Aurora.

— Trarei as fotos, mas não quero que veja ninguém, muito menos Aurora. Você pode não se controlar e pôr tudo a perder.

— Juro que não direi nada.

— Não me faça me arrepender de tê-la trazido de volta. Se quer ver Ângela, terá de me obedecer.

Raul não deixava Angélica sair do quarto. Não havia telefone, e ele mesmo lhe levava a comida. A arrumadeira entrava lá para o serviço, mas somente quando ele estava presente. Raul ministrava o remédio a Angélica religiosamente.

Angélica foi definhando, sentindo-se mal, com falta de ar. Uma noite, recusou-se a tomar o remédio e gritou:

— Você não quer que eu veja Ângela. Você quer me matar! Este remédio agrava meu estado. Não quero tomá-lo mais.

— Você tem de me obedecer. Vai tomar tudo.

Raul agarrou Angélica com força e derramou o remédio em sua boca. Ela tentou reagir, mas ele a segurou. Com os olhos arregalados e com dificuldade para respirar, ela perdeu os sentidos.

Raul sentou-se ao lado da cama onde Angélica, pálida, parecia morta. Com um conta-gotas, colocava o remédio em sua boca de hora em hora.

Amanhecia quando Angélica abriu os olhos. Vendo-o, disse baixinho:

— Por que me odeia tanto? Por que está fazendo isso comigo? Chame um médico. Estou morrendo...

Raul notou que um suor gelado cobria o corpo de Angélica e que sua respiração estava irregular. A voz fraca mal se ouvia.

Ele deixou o quarto. Mais tarde, quando foi com a criada levar o café, mandou-a na frente. Ao abrir a porta, a mulher deu um grito:

— Ela parece morta!

Raul correu para Angélica e gritou:

— Depressa! Chame o médico! O telefone dele está na agenda.

Quando o médico chegou, encontrou Angélica em coma profundo e nada pôde fazer. Raul disse que a esposa era cardíaca. Examinando-a, ele constatou que a causa da morte fora um infarto.

Raul disse aos criados que Angélica comentara diversas vezes que, quando morresse, não queria ser velada e que seu enterro deveria ser discreto. Assim, depois do enterro, ele mandou publicar nos jornais apenas a notícia da missa de sétimo dia que ele mandou rezar e à qual compareceu fingindo tristeza.

Satisfeito, constatou que tudo saíra como planejara. O médico que lhe arranjara o remédio trabalhava para os traficantes e garantira que, se fosse aplicado de maneira certa, provocaria um infarto. Foi o que aconteceu.

Raul não desejou envolver o médico amigo e chamou um desconhecido para atestar o óbito. Depois disso, sentiu-se livre e a cada dia via sua fortuna aumentar. Tornou-se homem de sociedade, respeitado.

Conheceu Marina no Paraguai em um cassino e interessou-se por ela imediatamente. Na mesma noite, ficaram juntos. Pouco tempo depois, Raul, apaixonado, trouxe-a de volta ao Brasil e montou-lhe um apartamento.

Ardilosa, Marina alimentou a paixão a tal ponto que ele finalmente chegou ao casamento. Ele desfrutava feliz da nova vida e não se arrependia do que fizera. De vez em quando, sonhava com Angélica, pálida, sofrida, exigindo que a libertasse, mas reagia logo pensando que precisava aproveitar a vida e esquecer aqueles momentos desagradáveis.

Mergulhava nos braços de Marina e lançava-se vertiginosamente aos prazeres da sociedade, gastando regiamente. Dinheiro não lhe faltava. Seguiu assim até o atentado.

Depois, quando acordou no hospital, delirava, ora se vendo cercado por pessoas horríveis, desfiguradas, acusando-o, culpando-o por suas desgraças, ora ouvindo vozes de mulheres gritando, chamando-o de assassino e dizendo irônicas:

"De que lhe adiantou ganhar dinheiro à custa do tráfico imundo? Você não vai aproveitar. Nós vamos destruí-lo!"

"E agora vai se arrepender do que fez? Não vai adiantar. Faremos de sua vida um inferno."

"Onde estão os amigos que você comprava com seu dinheiro sujo? Estão falando mal de você, rindo de seu sofrimento."

"Vamos acabar com você, e sua mulher gastará todo o seu dinheiro nos braços de outro. Enquanto seu corpo apodrecer embaixo da terra, estaremos cuidando de você. Nunca vamos abandoná-lo."

Elas riam, e Raul tapava os ouvidos tentando não ouvir, mas de nada adiantava: elas falavam dentro de sua cabeça.

Sem entender bem o que estava acontecendo, Raul, em espírito, instintivamente procurava entrar em seu corpo para escapar daquelas perseguições e então sentia as dores dos ferimentos. Quando lhe ministravam calmantes para minorar seu sofrimento, ele saía do corpo e reencontrava os espíritos perseguidores acusando-o, ameaçando agredi-lo, apavorando-o.

Momentos havia em que pensava em reagir, levantar-se, expulsar de sua casa os capangas de Martínez, contratar outros para defendê-lo, mas tinha medo. Além dele e de Marina, havia Ângela. Era sua única filha. Amava-a e não queria que nada de mau lhe acontecesse.

Raul levantou-se e fechou a porta com a chave. Não queria ser surpreendido em pé. Nos últimos dias, para ganhar forças, levantava-se e andava pelo quarto no meio da noite, quando todos dormiam.

Procurava trocar o dia pela noite, pois parecia-lhe que, quando adormecia de dia, não tinha tantos pesadelos. Se ao menos Marina pudesse sair livremente, poderia programar uma fuga. Seria arriscado, mas era melhor do que ficar ali esperando que eles os atacassem. Não faria nada enquanto Ângela estivesse lá. Era imperioso que ela fosse embora.

Raul ignorava os planos de Marina, que não lhe contara por dois motivos: primeiro, porque ele não concordaria que Rogério ficasse a par de seus negócios e intermediasse o encontro; segundo, porque, nos últimos tempos, ela estava pensando em aproveitar a situação e deixar que Martínez acabasse com Raul e que Dino acabasse com Martínez. Além de ampliar seus negócios eliminando um grande concorrente, Dino ainda receberia metade de toda a fortuna de Raul. Se antes Marina desejava que Ângela voltasse para a Inglaterra, agora achava que seria melhor que acabassem com ela também, para que tudo fosse dividido somente entre ela e Dino.

Não queria dizer isso a Rogério. Certamente Dino daria um jeito de comunicar-se diretamente com ela. Não sabia como, mas, se ele quisesse, o faria.

Quando Rogério ligou dizendo que precisava encontrar-se com Ângela com urgência, porque conseguira o que ela tanto queria, Marina entendeu que ele estivera com Dino e decidiu programar um novo encontro com o amante naquela mesma noite. Ligou para Rogério:

— Ângela precisou sair, mas mandou lhe dizer que quer vê-lo esta noite no lugar de sempre. Não deixe de ir.

— Obrigado. Diga a ela que estarei lá.

Novamente, Marina foi à copa e despejou as gotas do sonífero na garrafa térmica de café. Ela estava de costas para a porta da cozinha e não percebeu que Lurdes ia entrando e viu o que Marina estava fazendo. Com medo de ser descoberta, a criada saiu dali assustada.

Havia muito tempo notava que naquela casa, com exceção de Ângela, as pessoas eram misteriosas. Não suportava a arrogância dos dois vigias, que as tratavam com grosseria, dando-lhes ordens abusivas e evidenciando o mau caráter.

Precisava falar com Ângela. Ela saíra para comprar um presente para Ronaldo e Marilda, que se casariam em alguns dias. Quando a viu chegar no fim da tarde e subir para o quarto, esperou para ver se ninguém a observava e foi até lá.

Ângela estava se preparando para tomar um banho e arrumar-se, porque logo mais Eduardo iria buscá-la para irem a um jantar na casa de Adalberto.

Lurdes bateu na porta, entrou e fechou-a em seguida.

— Preciso falar com você.

— Parece assustada. O que aconteceu?

Falando baixo, Lurdes contou-lhe o que vira e finalizou:

— Tanto nós, como os dois vigias, tomamos café daquela garrafa. O que será que ela colocou dentro?

Ângela lembrou-se do que o detetive lhe contara. Era provável que, naquela noite, Rogério voltasse a entrar na casa.

— Talvez seja um remédio para dormir. Ela quer fazer alguma coisa e não deseja que saibamos.

— Deus me livre! Eu é que não vou tomar aquele café!

— Isso mesmo, mas finja que tomou. Sirva-se e jogue fora. Eu não vou jantar aqui. É bom que ela continue pensando que não sabemos de nada, mas fique atenta a qualquer barulho. Não deixe que ela desconfie.

— O que será que ela vai fazer?

— Não sei. Vamos fingir que não sabemos de nada. Amanhã, você me conta o que viu.

— Se não fosse por você, eu iria embora. Ultimamente, tenho tido medo de trabalhar aqui.

— Calma. Não vai nos acontecer nada. Tenho amigos que estão nos ajudando. Confie em mim.

— Vou rezar para que Deus nos proteja.

— Faça isso.

Rogério desligou o telefone com satisfação. A perspectiva de um encontro com Marina era maravilhosa. Lembrava-se do último encontro e sentia arder o fogo da paixão. Não se lembrava de haver sentido por nenhuma mulher o que sentia por Marina.

Preparou-se com prazer e capricho. Sabia que teria de ir depois da meia-noite à casa dela, mas as horas custavam a passar.

Por fim, chegou o esperado momento. Rogério deixou o carro no lugar de costume, apanhou a chave da casa e entrou sorrateiramente.

Marina esperava-o, e ele abraçou-a enlevado. Ela esquivou-se, fez-lhe sinal para que não fizesse ruído e conduziu-o cautelosamente a seu quarto. Passaram pelo corredor onde Ari dormia, com a cabeça encostada na parede, a arma na cintura, sem esboçar o mínimo gesto.

Uma vez no quarto, Marina fechou a porta à chave e perguntou:

— E, então, falou com ele?

Rogério abraçou-a eufórico e tentou beijá-la nos lábios. Marina esquivou-se.

— Vamos conversar primeiro. Estou ansiosa. Como foi?

Rogério contou tudo, e no fim ela considerou:

— Ele não deu nenhuma resposta. Como era a expressão dele? Você sentiu que se interessou?

— Ele é muito controlado. Difícil de perceber o que estava pensando. Havia momentos em que eu não sabia o que fazer. Empenhei-me, mas, conforme ele disse, teremos de esperar.

— Pelo menos, fizemos contato. Já é alguma coisa. Preciso falar com ele pessoalmente.

— Você pode tentar enganar os vigias e sair sem que saibam.

— Eles não se descuidam. Se eu não colocasse o sonífero no café, não poderíamos nos encontrar. Se Dino marcar um encontro comigo à noite, talvez eu possa dar jeito.

— Ele não marca nada com antecedência. Diz que é ele quem dá as cartas.

— Ainda penso que, se ele se interessar, dará um jeito.

— Se ele a procurar, o que vai lhe propor? Você não me deu detalhes. Ele fez perguntas que eu não soube responder.

— Ele e Martínez são concorrentes nos negócios e, além disso, se odeiam. Fizeram um acordo delimitando o espaço de atuação de cada um, mas nem sempre respeitam o que prometeram. Muitas mortes já aconteceram entre eles, e os dois estão sempre querendo um acabar com o outro.

— Não sei se o que está fazendo é o melhor. Raul é sócio de Martínez. Já pensou o que pode acontecer se foi Dino quem atacou seu marido? Ele não merece confiança. Depois de acabar com Martínez, pode querer acabar com vocês.

— Sei de fonte limpa que não foi Dino quem atacou Raul. Martínez só está esperando a polícia encerrar as investigações do atentado para arranjar um jeito de nos matar. Também não confio em Dino, mas, diante das circunstâncias, preciso correr o risco. Creio que é nossa única saída.

Ele abraçou-a nervoso:

— De todo jeito, vou perder você. Se tudo der certo, vai embora com Raul. Tremo só de pensar nisso.

Ela sorriu e beijou-o longamente nos lábios. Depois, disse com voz calma:

— Também não quero perdê-lo. Não está em meus planos ir embora com Raul. Ele foi bom para mim, deu-me tudo, inclusive posição social, que era o que eu mais queria. Por esse motivo, gosto dele, mas não o amo. Não viverei com Raul quando ele não puder mais manter nossa vida social.

— Ele é ciumento. Não aceitará uma separação.

— Terá de aceitar. Ele não estará em condições de não fazer como quero. Ficarei com você. Terei muito dinheiro, e iremos juntos para bem longe.

Apesar de ter pensado em fugir com Marina, Rogério sentiu o peito oprimido. Pensou que teria de deixar família, posição, tudo por causa de uma mulher. Diante do que iria perder, hesitou, mas ela abraçou-o, beijou-o com paixão, e ele não desejou resistir. Entregou-se ao momento, extravasando o desejo que o consumia.

Lurdes viu quando Marina desceu as escadas cautelosamente, passou pela copa e foi para a entrada de serviço. De seu quarto, atrás da cortina, luzes apagadas, pôde perfeitamente vê-la abrir a porta e deixar um homem entrar.

Com o coração batendo forte, esperou um pouco, abriu vagarosamente a porta do quarto e, sem fazer ruído, espiou. Viu quando subiram as escadas, passaram pelo vigia adormecido e foram para o quarto de Marina.

Então era isso! Marina tinha um amante! Bem que desconfiara do amor que ela fingia ter pelo marido. Não teve coragem de subir e tentar ouvir o que diziam. Não queria ser descoberta.

Lurdes voltou para seu quarto e esperou. Ângela chegou pouco depois e foi para o quarto. Ela ficou com vontade de ir contar-lhe o que vira, mas teve medo. Continuou em seu quarto observando.

Mais de uma hora depois, viu quando abriram a porta de serviço, se beijaram, e ele saiu. A noite estava clara, e ela, admirada, reconheceu Rogério.

Várias vezes, atendera seus telefonemas, quando ele buscava Ângela para sair. Marina e Rogério já seriam amantes naquele tempo? O interesse dele por Ângela teria sido fingido?

Marina foi para o quarto, e Lurdes deitou-se, mas custou-lhe pegar no sono. Quando conseguiu, teve pesadelos. Acordou inquieta, nervosa, preocupada com o que poderia acontecer.

Na manhã seguinte, assim que Ângela desceu para o café, desejou contar o que vira, mas Marina já havia acordado e sentara-se ao lado da enteada. Lurdes serviu-lhes aparentando calma, mas atentando ao que conversavam.

— Ontem você saiu novamente com aquele moço... Como é mesmo o nome dele? — indagou Marina.

— Eduardo.

— Vocês estão namorando?

— Não. Somos amigos.

— Formam um lindo casal.

Ângela não respondeu. Marina continuou:

— Gostaria de poder recebê-lo aqui em casa, oferecer-lhe um jantar, mas, infelizmente, nossa situação ainda não permite. Fico constrangida com os vigias circulando. Por essa razão não convido ninguém.

— Não se incomode. Está tudo bem.

Ângela tomou seu café, levantou-se e perguntou para Lurdes:

— Você passou aquela blusa verde que pedi?

— Sim, senhora. Vou buscá-la.

— Leve-a para meu quarto, por favor.

apanhou a blusa e foi para o quarto, onde Ângela já a esperava. Entrou e fechou a porta. Aproximou-se, contou o que vira e finalizou:

— Era Rogério, aquele moço que saía com você. Eles se beijaram na saída.

— Era o que eu imaginava.

— Bem que eu desconfiava do amor que ela dizia sentir pelo doutor Raul.

— Infelizmente, papai não está em condições de reagir, Lurdes. Ele não pode saber de nada.

— Fique sossegada. Só farei o que você mandar.

Ângela colocou a mão sobre o braço de Lurdes e respondeu:

— Obrigada, Lurdes. Você é uma boa amiga. Um dia vou recompensá-la por tudo.

— Não diga isso. Não quero nada. Estou do seu lado. É só por sua causa que ainda estou aqui. Pode contar comigo.

Ângela abraçou-a comovida.

— Não conte nada a Emília. Ela pode não se controlar.

— Fique tranquila.

— Esteja atenta. Vigie Marina sempre que ela se aproximar da copa.

— Claro. Se ela colocou sonífero no café, algum dia poderá colocar coisa pior. Eu é que não vou tomar nada daquela garrafa.

— É melhor ficar observando. Não façamos o jogo dela.

— Isso mesmo. Eu vou descer. Não quero que ela desconfie.

Lurdes saiu, e Ângela ficou pensando. Na véspera, no jantar na casa do doutor Adalberto, contara a novidade. Mílton vira Rogério entrar na casa pela porta de serviço. Colocar sonífero no café era a maneira que Marina encontrara para receber o amante sem que ninguém desconfiasse. Todos concordaram com isso.

Mas, durante o trajeto de volta, sentada no carro ao lado de Eduardo, ele disse de repente:

— Vamos passar em casa.

— São dez e meia, é tarde.

— Angélica quer falar conosco. Lá estaremos melhor.

Os dois entraram na casa, e Ângela ficou acanhada notando a presença do pai de Eduardo.

— Desculpe, doutor Ramiro — disse acanhada. — Não é hora de visitar ninguém.

— É um prazer recebê-la, minha filha. Fique à vontade.

— Minha mãe quer falar comigo e...

— Não se acanhe. Está em sua casa.

— Obrigada.

Eduardo e Ângela foram ao escritório e sentaram-se no sofá. Ele disse sério:

— Ela nos acompanhou. Disse que tem amigos que estão nos protegendo, mas que seu pai corre perigo.

— Eu sei. Já lhe contei que ele está consciente e que nos comunicamos pela escrita.

— É sobre Marina. Rogério também está correndo perigo. Ela está tramando um golpe e o envolveu com os traficantes. Ele está cego de paixão. Angélica pede que, quando formos à reunião espiritual, coloquemos o nome dele nas orações. Os espíritos tentarão ajudá-lo.

— Faremos tudo o que ela mandar.

— Ela pede que você procure Marilda. Ela precisará de seu apoio.

— Marilda? Ela se casará com Ronaldo, irmão de Rogério. Serão envolvidos também?

— Não com Marina, mas há alguém que não deseja a felicidade do casal.

— Já sei. É a mãe dele. Notei que ela não aprova o casamento.

— Isso mesmo. Vá vê-la, coloque os nomes nas orações. Angélica a está abraçando e diz que estará sempre ao seu lado.

Ângela comoveu-se. O amor da mãe tocava-lhe os sentimentos. Algumas lágrimas desceram pelo seu rosto.

— Ela diz que não deseja vê-la chorar. Quer que sorria e seja muito feliz.

— Não estou triste. Ao contrário, estou chorando de alegria por sua presença.

Eduardo esclareceu que, depois de abraçá-los, ela se foi. Ficaram alguns minutos em silêncio. Depois, Ângela pediu:

— Vamos embora.

Os dois desceram, e doutor Ramiro esperava-os com alegria. Ângela quis despedir-se, mas ele disse:

— É cedo. Fique mais um pouco. Dividam sua alegria com um homem solitário que deseja muito ter o prazer de sua companhia. Sentaram-se, e a conversa fluiu agradável. Meia hora depois, Ângela despediu-se. Eduardo conduziu-a para casa.

Ela entrou, e tudo estava em silêncio. Ari dormia sentado na cadeira do corredor. Ângela teve vontade de falar com Lurdes, mas achou prudente esperar pelo dia seguinte.

Assim que acordou, desceu. Mas, como Marina estava acordada, lembrou-se da blusa e pediu para falar com Lurdes a sós.

As palavras da mãe ainda estavam vivas em sua mente. Sentia que precisava ajudar o pai, Rogério e, para sua surpresa, Ronaldo e Marilda.

O que poderia fazer para isso? Decidiu ir no dia seguinte entregar o presente de casamento pessoalmente, pois, assim, teria ocasião de conversar com Marilda e sentir como estavam as coisas.

Capítulo 15

Na tarde do dia seguinte, Ângela foi à casa de Marilda, porém, ela não estava; havia ido até a casa onde iria morar depois do casamento.

Rosana recebeu Ângela com carinho e, notando nela certa decepção por não encontrar Marilda em casa, disse:

— Marilda ficará muito triste quando souber que você veio e não a encontrou.

— Preciso vê-la. Tenho um recado especial.

Rosana convidou Ângela a entrar. Depois que as duas mulheres se acomodaram no sofá, Rosana perguntou:

— Aconteceu alguma coisa?

— Está tudo bem. Não se preocupe — Ângela hesitou um pouco e depois disse: — Nós nos conhecemos no baile de formatura de Ronaldo, mas, apesar de não termos tido oportunidade de estreitar nossa amizade, sinto grande simpatia por vocês. É como se fôssemos velhas amigas.

— Essa sensação foi recíproca.

— Obrigada. Naquela noite, Marilda e eu estivemos conversando. Contei-lhe que fui internada em um colégio aos cinco anos e que nunca mais vi minha mãe. Ela morreu anos depois sem que eu tivesse oportunidade de estar com ela. Sofri muito.

Notando o carinho e a atenção com que Rosana a ouvia, Ângela contou como conhecera Eduardo e falou das provas que ele lhe apresentara da vida após a morte. Por fim, transmitiu o recado que sua mãe lhe dera sobre Marilda.

— A senhora me desculpe por eu vir lhe dizer isso. Não quero me intrometer na vida de sua família, mas, diante da insistência de minha mãe, eu vim. Não sei qual é sua religião, não quero convencê-la de nada; apenas estou dando o recado que ela me transmitiu.

Rosana olhou-a séria e respondeu:

— Não se preocupe com formalidades. Embora eu não tenha muito conhecimento sobre o assunto, sempre acreditei que a vida continua após a morte. Agradeço seu interesse. Para dizer a verdade, esse casamento vem me preocupando muito. Ronaldo é um ótimo rapaz, gosto dele como um filho, eles se amam, e tudo indica que serão muito felizes, mas...

— Continue, dona Rosana.

— Tenho sentido que alguma coisa ruim atrapalhará a felicidade dos dois. Há momentos em que sinto uma angústia enorme. Às vezes, tento falar com eles para que tenham cuidado, mas os dois dizem que minha preocupação é natural, que estou com ciúme porque minha filha é tudo o que tenho neste mundo.

— Esse pensamento é até certo ponto natural. Marilda deixará de ser uma moça e se tornará mulher, formará uma família, e a senhora, com sua experiência, sabe como isso pode ser.

— Tenho sonhado muito com meu marido. Ele sempre me recomenda calma, pede que eu confie em Deus e não me deixe envolver por esses pensamentos desagradáveis.

— Isso mesmo. Minha mãe tem me aconselhado a mesma coisa.

— Tenho rezado e pedido a Deus para me orientar. Gostaria de fazer algo mais para proteger os dois.

— Se a senhora quiser, falarei com Eduardo. Ele tem muita sensibilidade, vê os espíritos, fala com eles, recebe instruções. Tenho certeza de que ele poderá nos orientar.

Rosana segurou a mão de Ângela com carinho.

— Faria isso por nós?

— Claro.

— Posso lhe fazer uma pergunta?

— Sim.

— Você ainda está namorando Rogério?

— Não. Nunca fomos namorados. Certa vez, ele me pediu, eu disse que aceitava, mas depois mudei de ideia. Não sinto amor por ele para manter um namoro.

— Perguntei-lhe isso, porque ele e a mãe não aprovam o casamento de Marilda e Ronaldo.

— Eu notei. Ambos são muito iludidos com as aparências e estão muito distantes dos verdadeiros valores da alma.

— Isso mesmo. Já o doutor Romualdo é o oposto. Tem sido maravilhoso. Deu uma casa de presente de casamento para Ronaldo e Marilda, reformou-a ao gosto deles, achegou-se muito conosco. Não sei se você sabe, mas Ronaldo teve um desentendimento com a família anos atrás, saiu de casa e nunca mais aceitou mesada dos pais. Só aceitou a casa, porque o pai insistiu em dá-la como presente de casamento.

— Notei que ele é um moço de valor, muito diferente do irmão.

— É um moço simples, que gosta das boas coisas da vida. Nós nos damos muito bem.

— E a mãe dele? Como vem se portando? Está mais acessível agora que o casamento está tão próximo?

— Nunca veio aqui nem se interessou por nada relacionado ao casamento. Fomos à casa dela uma vez para um jantar formal, que foi muito frio, apesar de Ronaldo e o doutor Romualdo terem se esforçado para alegrar o ambiente.

A campainha tocou, e Rosana foi abrir a porta. Era Romualdo, que vinha buscá-la para irem à casa de Ronaldo ajudar na arrumação. Conversaram alguns minutos. Rosana serviu café com biscoitos, e depois Ângela se levantou para sair.

— Você tem algum compromisso agora? — indagou Romualdo.

— Não, mas vocês devem ter.

— Nós vamos à casa dos noivos — disse ele sorrindo. — Gostaria que fosse conosco.

— Isso mesmo — reforçou Rosana. — Tenho certeza de que Marilda ficará muito contente. Aproveitaremos para levar seu presente.

— Tem certeza de que não vou atrapalhar?

— Absoluta — disse Romualdo. — Vamos embora.

Ângela queria ir com seu carro, mas Romualdo a convenceu a ir com eles.

— Vamos aproveitar o tempo para conversar — disse ele. — Você morou na Inglaterra durante muitos anos. Estou interessado em falar sobre esse país.

O ambiente estava tão agradável entre eles que Ângela aceitou de bom grado o convite. Sentia-se à vontade com eles. Meia hora depois, chegaram ao destino.

Marilda estava sozinha na casa. Havia deixado o emprego, pois Ronaldo lhe dissera que ela não precisaria trabalhar. A moça, então, concordou em parar provisoriamente, pois pensava em continuar os estudos e preparar-se para conseguir coisa melhor.

As conversas que mantinha com o noivo despertaram nela o prazer do conhecimento. Sempre que dispunha de tempo, entregava-se à leitura, sentindo a alegria que um bom livro podia lhe proporcionar.

Rosana via com prazer o interesse de Marilda, que não tivera como ela a possibilidade de continuar estudando, e conversava com a filha, estimulando-a a continuar.

Foi com olhos brilhantes que Marilda abriu o presente de Ângela. Era um relógio de parede de muito bom gosto.

— Ainda não tínhamos um. Vou colocá-lo na sala de jantar. Vai ficar lindo lá! — exclamou Marilda.

Depois levou Ângela para conhecer a casa toda. O ambiente era de alegria, e Ângela sentia-se bem por estar ali. Com naturalidade, começou a ajudar na arrumação. Nos pontos em que Marilda estava indecisa ela intervinha, e, em poucos minutos, os ambientes ganhavam beleza e distinção.

— Você tem mãos de fada — comentou Rosana.

— Minha casa em Londres era pequena, mas muito graciosa. Lá os costumes são outros. Recebemos os amigos para o chá, e tudo é motivo de comemoração. Esses encontros, embora cordiais, são sempre formais. Ninguém aparece sem ser convidado ou sem antes perguntar se pode ser recebido. Eles preservam a intimidade.

— Muito diferente daqui — comentou Romualdo. — As pessoas aparecem para almoçar, jantar, sem avisar ou perguntar se você tem algum compromisso, o que muitas vezes cria certo embaraço.

— Lá eles logo colocam as pessoas onde devem estar. São eles quem determinam até onde o outro pode ir. Se você agir assim aqui, todos respeitarão. Apesar do que disse, prefiro o calor humano que daqui. Nosso povo é muito cordial e carinhoso.

— Você tem razão. Gosto de viajar, mas adoro voltar para cá.

Eles riram, e o tempo passou depressa. Quando Ronaldo chegou, encontrou-os sentados na sala, conversando animadamente. O rapaz juntou-se a eles satisfeito.

Olhando Ronaldo e notando que ele era tão diferente de Rogério, Ângela perguntava-se intimamente se não seria melhor contar-lhe o que estava acontecendo. Seu irmão corria perigo, pois estava se envolvendo perigosamente com marginais e com uma mulher sem escrúpulos. E se acontecesse o pior? Por outro lado, contar não seria envolvê-los também no perigo?

Marilda levou Ângela para o quarto a fim de pedir-lhe opinião sobre um arranjo. Uma vez lá, perguntou:

— Notei que você mudou depois que Ronaldo chegou. Ficou mais quieta, pareceu-me preocupada.

— Você notou?

— Sim.

— Já lhe contei sobre minha mãe e o recado que ela lhe mandou. Acontece que eu não disse tudo.

— Tudo o quê?

— Estão acontecendo coisas envolvendo Rogério e não sei se deveria contar a Ronaldo e ao doutor Romualdo. Trata-se de um assunto muito sério e perigoso. Eles podem querer ajudá-lo e correrem perigo. Mas, se eu não contar e acontecer alguma coisa com Rogério, poderão me culpar por omissão.

— É uma decisão difícil.

— Vou pensar um pouco mais e pedir orientação espiritual. Sei que todos temos amigos espirituais que nos protegem e orientam, então, vou recorrer a eles. Não quero me precipitar.

— Do jeito que você fala, deve ser alguma coisa muito séria.

— Tão séria que tenho receio de envolver vocês. Estou nisso por causa de meu pai.

— Não é perigoso também para você?

— É, mas não estou sozinha. Eduardo e outros amigos estão me apoiando.

— Quando você falou de Rogério, senti um aperto no peito e muita tristeza. Não gosto quando sinto isso. Geralmente acontece alguma coisa ruim. Tome cuidado.

— Tomarei.

Ronaldo foi ter com elas:

— Falta muita coisa ainda?

— Não. Já acabamos — respondeu Marilda.

— Que tal irmos jantar em um bom restaurante?

Elas concordaram, e pouco depois todos saíram. Ronaldo e Marilda convidaram Ângela para ir no carro com eles, enquanto Rosana foi com Romualdo.

O detetive estava esperando-os do lado de fora. Acompanhou-os ao restaurante e tirou várias fotos. Passava das dez, quando o grupo deixou o local e foi para a casa de Rosana. Ângela não tocou mais no assunto com Marilda, mas combinaram que Ângela falaria com Eduardo e pediria orientação para ela e o noivo.

Ângela despediu-se e foi embora com seu carro. Romualdo acompanhou-a até em casa. Ela estacionou o carro na garagem e saiu para despedir-se dele.

— O senhor foi muito gentil. Não precisava ter se incomodado.

— Eu não iria deixar uma moça sozinha a esta hora da noite. Passamos um dia muito agradável. Foi muito bom tê-la conosco. Por que não se junta a nós amanhã à tarde? Ainda temos muito a fazer.

— Vamos ver. Obrigada e boa noite.

Ângela entrou, foi para o quarto e não notou que Marina os estava observando atrás da cortina da janela. Reconheceu

Romualdo e ficou intrigada. O que Ângela estaria fazendo com o pai de Rogério? Por que ele a levara para casa? Teria ido à casa deles?

Teve vontade de perguntar, mas trincou os dentes com raiva. Seria inútil, uma vez que Ângela não respondia às suas perguntas. Marina não aguentava mais aquela situação. Se ao menos Dino a procurasse...

Quando Romualdo chegou em casa, passava da meia-noite. Como sempre, Mercedes fingia dormir ruminando sua raiva. Ele deitou-se e adormeceu logo, enquanto a esposa ficou pensando no que faria no dia seguinte quando o detetive a procurasse com o relatório.

Não estava disposta a esperar mais. Tanto Romualdo quanto Rosana iriam arrepender-se pela traição. Faria um escândalo e trataria de impedir o casamento de Ronaldo.

A situação chegara a um ponto em que seria necessário dar um susto no marido. Não desejava tornar pública a situação. Não podia se expor, mas tornaria a situação familiar impossível e obrigaria Romualdo a impedir o casamento.

Tinha certeza de que, para evitar um escândalo, ele faria tudo do jeito que ela queria. Diante dos fatos, talvez Ronaldo pensasse melhor e acabasse de vez com aquele relacionamento.

Antegozava o prazer de ver as duas, mãe e filha, chorando desconsoladas. Esse seria seu prêmio por todo o sofrimento que estava suportando por causa delas.

Passava das dez da manhã, quando Ângela procurou Eduardo em casa. Ele conduziu-a ao escritório, onde ela contou sobre seu encontro com Marilda e a família no dia anterior. Por fim, finalizou:

— Elas aceitaram muito bem tudo o que disse e pediram sua orientação. Você tem o que fazer esta tarde?

— Não. Tenho alguns negócios que pretendo ver amanhã cedo. Hoje estou disponível.

— Você decidiu mesmo ficar morando no Brasil?

— Sim. É hora de ficar. E você? O que fará quando resolver seus assuntos de família?

— Ainda não sei. Tenho me perguntado se, depois de passar este tempo aqui, eu me habituaria lá outra vez. É tudo muito bom, mas sinto que aqui é a nossa gente, os nossos costumes. Depois... — ela hesitou.

— Depois? Continue.

— Há os amigos. Há você.

Eduardo segurou a mão de Ângela dizendo sério:

— Minha presença significa alguma coisa para você?

Ela corou e respondeu:

— Sim. Em pouco tempo, você se tornou meu melhor amigo.

— Talvez eu espere um pouco mais...

Ela sorriu quando respondeu:

— O tempo vai dizer. O que sei agora é que gosto muito de você.

Eduardo aproximou-se e beijou-a nos lábios repetidas vezes. Ângela estremeceu, sentiu o coração disparar e entregou-se ao prazer daquele momento, tomada de uma grande emoção.

— Amo você desde o primeiro dia em que a vi. Sinto que você também me quer. Diga que é verdade.

— Sim. Nunca senti o que estou sentindo agora.

Ele abraçou-a novamente e disse emocionado:

— É tudo o que eu queria ouvir. É bom incluí-la em meus projetos. Tenho certeza de que seremos felizes.

Ângela ficou calada por alguns momentos, e Eduardo continuou:

— Você pode pensar que estou sendo apressado, mas é o que sinto. Eu sei que nós dois viemos para ficar juntos. Talvez você precise de mais tempo para analisar seus sentimentos. Não desejo pressioná-la.

— Não se trata disso. Sinto o mesmo que você, mas estou pensando em meus problemas de família. Corremos perigo. Apesar de saber que meu pai é culpado por estarmos nesta situação, não desejo que nada de mau lhe aconteça. Se ao menos ele descobrisse a verdade...

— Não sei se seria bom. Não sabemos como reagiria diante da traição de Marina. No caso dele, é difícil dizer o que seria melhor. Estamos procurando fazer nossa parte, mas certas coisas não dependem de nós. O momento é de firmeza na fé e de confiança na ajuda espiritual que sempre está presente e na certeza de que a vida, com sua sabedoria, fará o melhor para todos.

— Sinto-me confortada por sua fé. Mesmo sabendo que minha mãe continua viva em outra dimensão e está nos ajudando, ainda sinto certa insegurança diante dos fatos.

Eduardo levou a mão de Ângela aos lábios e beijou-a com carinho.

— A fé é uma conquista preciosa que nos fortalece e ilumina. Não aparece de uma hora para outra; é construída laboriosamente por meio das experiências do dia a dia. A vida tem uma linguagem própria que faz despertar nossa consciência para a verdade. Quando você está atenta, percebe os sinais que ela lhe dá. Sua sabedoria emociona, a certeza de que ela nos conduz para uma vida melhor nos conforta, nos torna confiantes, traz harmonia e paz.

Ângela beijou a mão de Eduardo, que segurava a dela.

— Você tem o dom de me acalmar. Ao seu lado, não tenho medo de nada. Agora preciso ir. Você deve ter muitas coisas para fazer. Talvez à noite, possamos conversar com Marilda e Ronaldo.

— Sim, mas hoje vamos almoçar juntos. Temos muito que conversar. Tenho alguns projetos e gostaria de ouvir sua opinião.

— Nesse caso, aceito.

De mãos dadas e olhos nos olhos, os dois continuaram conversando e trocando ideias sobre o futuro.

Naquela manhã, Mercedes foi ao escritório do detetive saber as últimas novidades. Estava nervosa, irritada, no auge da raiva. Sentada diante dele, apanhou o envelope que ele lhe ofereceu.

— Vá falando tudo. Não esconda nada. O que conseguiu ver?

— Está tudo registrado no relatório. Já tenho minha conclusão deste caso.

— Diga. Quero saber toda a verdade.

— A senhora está enganada. Seu marido não está fazendo nada errado. Ele simplesmente tem acompanhado seu filho, a noiva e a mãe dela à casa onde o casal vai viver.

— O quê? Quer me convencer de que ele é inocente? De que lado você está?

— Estou do lado da verdade. A senhora está enganada.

Mercedes abriu o envelope e viu as fotos, entre elas as de Romualdo e Rosana sozinhos dentro do carro dele, lado a lado na mesa do restaurante, despedindo-se na porta da casa dela.

— Como pode dizer isso? Não está vendo os dois juntos? Ela está sentada no carro dele, sozinha com ele. Ainda acha que não estão tendo um caso?

— Eu os acompanhei por todo o trajeto, e eles mantiveram distância o tempo todo. Não houve nenhuma intimidade.

— Você está dizendo isso porque passou para o lado dele. Quanto ele lhe deu para me enganar?

O detetive levantou-se indignado.

— A senhora não pode dizer isso. Sou um profissional sério, com mais de quinze anos de atividade. Sou respeitado.

— Não estou satisfeita com seu trabalho. Paguei para você trabalhar para mim, não para defender meu marido. Não vou lhe pagar mais nada. Chega. Você já deve ter recebido dele.

— A senhora está enganada. Foram dias de trabalho ininterrupto. Preciso pagar meus auxiliares. Apesar de as informações serem confidenciais, temos um contrato de prestação de serviço. Se não me pagar, a cobrarei judicialmente.

Mercedes levantou-se nervosa, desafiando-o:

— Pois faça isso. Contarei tudo o que você fez.

— A senhora está errada e se arrependerá se não me ouvir.

Mercedes colocou as fotos no envelope, apanhou a bolsa e saiu sem dizer mais nada. O detetive ainda tentou detê-la, mas ela não o atendeu. Ele voltou à sala e deixou-se cair em uma cadeira, pensando nervoso: "Essa mulher está louca. Vai fazer besteira.

Talvez seja bom eu procurar o marido. Nunca cuidei de um caso como esse".

Mercedes saiu ruminando a raiva. Precisava reagir. Aquilo não podia ficar assim. Todos estavam contra ela. Foi para casa e, uma vez no quarto, olhou as fotos uma a uma e separou as que mostravam Rosana sozinha com Romualdo. Colocou-as no envelope, apanhou a bolsa e saiu.

Não usou o carro da família. Tomou um táxi e deu o endereço de Rosana. Quando o carro parou, ela desceu e pediu ao motorista para esperar. Não tencionava demorar.

Mercedes tocou a campainha, e Marilda foi abrir a porta.

— Dona Mercedes! Como vai?

— Quero falar com sua mãe. Ela está?

— Sim. Entre, por favor.

Mercedes entrou, e Marilda levou-a para a sala, onde Rosana acabava de entrar.

— Como vai, dona Mercedes?

— Vim aqui acabar com toda a farsa.

Rosana empalideceu e olhou na direção de Marilda, que as olhava assustada.

— Sente-se, por favor — disse Rosana tentando manter a calma.

— Estou bem de pé — respondeu Mercedes, tirando as fotos do envelope. Ela continuou colérica: — Vim lhe dizer que sei de tudo. Aqui estão as provas de seu caso com meu marido! Sua desavergonhada!

— O que é isso, dona Mercedes? — balbuciou Marilda, pálida. — Como se atreve a vir aqui dizer isso de minha mãe?

— Ela é amante de meu marido. Não vou tolerar isso. E você não serve para casar com meu filho! Vai fazer o mesmo que sua mãe! Não vou permitir que esse casamento se realize! Rosana, que havia ficado muda com o choque, reagiu:

— A senhora não sabe o que está dizendo! Quem inventou essa calúnia? Exijo que se explique.

— Eis as fotos que comprovam tudo. Desistam desse casamento, ou irei à igreja e farei um escândalo. Gritarei para todos o que vocês fizeram e impedirei o casamento. Jamais aceitarei vocês em minha família. Se insistirem com o casamento, verão o que farei. Irei aos jornais, falarei tudo. Não quero que meu filho se case com Marilda. Espero que entendam e desistam. Como sou generosa, esquecerei o que me fizeram. A decisão está em suas mãos.

Ela fez menção de juntar as fotos, que estavam espalhadas no chão, mas Rosana não lhe deu tempo e apanhou-as.

— Não vai levá-las. Quero ver como forjou isso e até onde vai sua maldade.

— Você quer destruir as provas, mas não adianta. Os negativos estão todos comigo. Mercedes atirou o envelope no chão e saiu, cabeça erguida com satisfação, batendo a porta. Rosana preocupou-se ao notar a palidez de Marilda e abraçou-a dizendo:

— Eu sabia que essa mulher iria aprontar alguma. Eu pressenti. Venha, filha, vamos tomar um pouco de água.

Com as mãos trêmulas, Marilda segurou o copo e tomou alguns goles.

— Mãe, como ela pôde fazer isso?

— É uma mulher capaz de tudo para conseguir o que deseja. Por causa dela, seu casamento com Ronaldo me preocupava.

— Que fotos são aquelas que ela trouxe?

As duas foram à sala, apanharam as fotos, e Marilda disse admirada:

— Veja, ela se aproveitou das vezes em que o doutor Romualdo veio nos ajudar.

— Ela nunca aceitou o casamento. Criou essa situação para fazer chantagem.

— É melhor mudarmos a data do casamento. Ela realmente pode fazer um escândalo.

— Precisamos pensar. Faltam só dois dias. Ela armou esta situação, e não podemos fazer o que ela quer.

— Se eu me casar com Ronaldo, essa mulher vai infelicitar minha vida.

— É o que sempre temi. Ângela nos avisou.

— É verdade.

Marilda caiu em prantos, e Rosana abraçou-a penalizada.

— Calma, filha. Somos inocentes. Deus vai nos ajudar.

— Eu amo Ronaldo. Se não me casar com ele, não me casarei com mais ninguém.

— Não chore. Temos de nos acalmar. Nervosas como estamos, não vamos encontrar a melhor solução.

— Sinto o coração apertado. Estou com medo!

— Estou indignada, mas não tenho medo dela. É uma mulher desequilibrada, maldosa, que não merece o marido que tem. Dá para entender por que Ronaldo saiu de casa.

— Eu sabia que ela era contra nosso casamento, mas, como ela não ligava muito para Ronaldo e sempre preferiu Rogério, pensei que fosse nos deixar em paz.

— Ronaldo não é muito ligado a ela, e isso me fez acreditar na mesma coisa. Mas não. Ela não nos deixará em paz.

— O que faremos?

— Vamos enfrentá-la. Não acho justo ela inventar uma história dessas. Somos pessoas honestas. Não vou admitir que ela espalhe essa calúnia.

— Como vai fazer isso? Se ela for aos jornais ou à igreja fazer escândalo, não poderemos fazer nada. É melhor adiarmos a data do casamento para decidirmos melhor o que fazer.

Rosana pensou um pouco e depois disse:

— Não. Vocês merecem ser felizes. Vamos procurar o doutor Romualdo. Ele precisa saber o que aconteceu.

— Tenho vergonha.

— Reaja. Não podemos deixar ninguém nos culpar por algo que não fizemos.

— Talvez seja melhor falarmos primeiro com Ronaldo.

— Para isso teremos de esperar até a noite.

— Ele ficou de vir às sete.

— Prefiro ir agora. Em uma situação como esta, é difícil esperar. Vamos fazer o seguinte: vá até a farmácia e telefone para o escritório dele. Peça-lhe para vir até aqui hoje mesmo, assim que puder.

— Está bem. Acho que vou ligar também para Ronaldo.

— Não precisa, ele vai vir mesmo. É melhor não preocupá-lo.

Marilda concordou e telefonou. Romualdo não estava, e ela deixou o recado com a secretária do sogro. Quando ela voltou para casa, Rosana considerou:

— Agora só nos resta esperar. Venha, Marilda, sente-se aqui a meu lado. Vamos rezar e pedir a ajuda de Deus.

Marilda obedeceu, e as duas, cada uma do seu jeito, rezaram em silêncio pedindo o auxílio de Deus.

Capítulo 16

Romualdo saiu no começo da tarde e passou em uma agência de turismo, onde obteve informações sobre os países que desejava visitar. De posse de vários folhetos, entrou em uma livraria e comprou alguns livros sobre o mesmo tema.

Estava programando com prazer sua viagem. Assim que Ronaldo regressasse da lua de mel, transferiria para ele algumas obrigações financeiras e partiria.

Estava ansioso para ler o material que adquirira, mas, antes de ir para casa, precisava passar no escritório e resolver alguns assuntos.

Assim que entrou na sala, a secretária procurou-o e entregou-lhe os recados. Um era de Marilda; o outro, de Manuel Bastos, que ele não conhecia.

Estava tentando descobrir quem ele era, quando o telefone tocou.

— É o senhor Manuel Bastos. Disse que tem um assunto urgente para falar com o senhor.

— Não o conheço. Deve ser algum vendedor.

— Foi o que pensei, mas ele disse que não. Pediu para dizer ao senhor que é sobre dona Mercedes.

— Pode deixar que eu atendo… Alô…

— Doutor Romualdo?

— Sim, sou eu.

— Preciso lhe falar com urgência. Estou aqui embaixo. Vi quando o senhor chegou, mas não quis abordá-lo na rua. O assunto é confidencial. Pode me receber agora?

— Sim. Estou esperando.

Alguns minutos depois, o detetive foi introduzido na sala de Romualdo e entregou-lhe um cartão. Ele leu: "Manuel Bastos – Detetive Particular".

— Sente-se, por favor.

— Há algumas semanas, fui contratado por dona Mercedes, sua mulher, para vigiá-lo.

— Como?

Manuel relatou todos os acontecimentos, e, à medida que falava, Romualdo ia sentindo sua indignação aumentar. Parecia-lhe impossível que Mercedes houvesse feito aquilo.

O detetive finalizou:

— Desculpe-me por vir procurá-lo, mas, como disse a ela, sou pessoa séria. Nunca me venderia por dinheiro. Em meus quinze anos de profissão, nunca tive um caso como este. Dona Mercedes está fora de si e não aceitou a verdade. Temo que cometa alguma besteira. Ela não quis me pagar e saiu muito zangada.

Romualdo a custo tentava conter a indignação.

— Fez bem em me procurar. Fique tranquilo. Pagarei por seus serviços. Onde estão as fotos?

— Ela as levou.

— Mande-me um relatório de todos os gastos e amanhã mesmo terá seu dinheiro.

— Obrigado. Eu sabia que poderia contar com o senhor.

O detetive despediu-se e saiu. Romualdo lembrou-se do recado de Marilda e resolveu ir até a casa dela imediatamente. Mercedes teria tido a coragem de ir até lá para ofendê-las?

Deixou o escritório e foi ao estacionamento apanhar o carro. Passava das seis, e o trânsito estava ruim. Romualdo, inquieto, preocupado e torcendo para que Mercedes não houvesse ido até lá, dirigia nervoso. Parecia-lhe que o trânsito não andava.

Quando finalmente chegou, tocou a campainha, e Rosana abriu a porta. Pela sua fisionomia, ele percebeu que ela sabia.

Entrou e notou que Marilda estava com os olhos vermelhos. Foi direto ao assunto:

— Mercedes esteve aqui?

— Sim — respondeu Rosana, tentando conter a emoção. — Veio nos chantagear. Ela quer impedir o casamento.

Romualdo deixou-se cair sentado em uma poltrona e disse nervoso:

— Mercedes enlouqueceu! Não posso acreditar nisso! Conte-me tudo.

Rosana apanhou as fotos, entregou-as a ele e contou-lhe o que havia ocorrido. Romualdo ouviu a tudo movimentando a cabeça negativamente. Quando ela acabou de falar, ele não se conteve:

— Nunca imaginei que Mercedes fosse capaz de uma coisa dessas! Não sei o que lhes dizer. Ela pagou um detetive para nos vigiar! Somos casados há mais de vinte e cinco anos. Como pôde me julgar capaz de uma coisa dessas?

— Não sei o que fazer... — disse Marilda. — Talvez seja melhor adiar o casamento. Romualdo levantou-se de um salto:

— Isso não! Ela não pode se intrometer na vida de vocês dessa forma. Não vamos ceder à chantagem dela. É absurdo.

— Mas ela pode ir à igreja fazer um escândalo! — tornou Marilda sem conseguir controlar as lágrimas que lhe desciam pelas faces.

Romualdo tirou o lenço do bolso e entregou-o a ela.

— Não chore, minha filha. Você vai se casar no dia marcado, sim, e ninguém vai atrapalhar. Eu lhe garanto. Não vou permitir que ninguém perturbe a felicidade de vocês.

— Ela estava fora de si. Receio que cumpra o que prometeu — disse Rosana.

— Ela não comparecerá a esse casamento nem que eu tenha de prendê-la em casa. Rosana sentou-se e não respondeu. Sentia-se abalada, nervosa, machucada. Romualdo levantou-se e disse sério:

— Por favor, perdoem-me. Nos últimos tempos, notei que Mercedes estava mais irritada, nervosa, reclamando de tudo mais do que o habitual, mas não percebi nada que pudesse levar-me a suspeitar do que ela estava fazendo — ele falava em um tom magoado, triste. Suspirou fundo e prosseguiu: — Mercedes sempre teve gênio forte. Durante esses anos em que estivemos casados, tenho procurado conviver de maneira educada. Percebo que me omiti, sempre fazendo as coisas como ela queria, sem nunca questionar suas vontades. Comecei a notar que eu estava errado quando Ronaldo me procurou com o convite de sua formatura. Em sua dignidade, ele não me pediu nada; apenas expressou o desejo de nos ter ao lado em um dia importante de sua vida. Depois... — Ele se calou pensativo por alguns instantes e, vendo que elas o ouviam com atenção, continuou: — Eu conheci vocês. A convivência com uma família de verdade me fez sentir o quanto eu havia perdido. Vocês me mostraram que eu havia deixado de lado todos os projetos de minha mocidade e construído uma vida vazia e infeliz. A felicidade de vocês me fez bem. Comecei a sentir vontade de retomar meus projetos da juventude e a me sentir revigorado, alegre. Talvez tenha sido isso.

— Ela sentiu que você estava se afastando dela — disse Rosana.

— Essa é a verdadeira razão de Mercedes ter montado essa farsa. Não se conforma em perder o controle que sempre exerceu sobre mim. Sentiu que já não faço as coisas como ela quer. Mercedes é manipuladora e autoritária. Fica muito irritada quando alguém não concorda com ela e não faz o que ela quer.

A campainha tocou, e Marilda foi atender à porta. Ronaldo perguntou admirado:

— Você chorou! O que aconteceu?

Marilda abraçou-o e rompeu em soluços. Ele apertou-a de encontro ao peito e disse assustado:

— O que foi? Por que está chorando assim?

Romualdo abriu a porta da sala.

— Entre, meu filho. Vamos conversar.

Em poucas palavras, ele contou o que estava acontecendo, e Ronaldo, conforme ouvia o relato, não continha a indignação. Quando o pai se calou, ele, ainda abraçado a Marilda, beijava-lhe as faces com carinho.

— Não chore, minha querida. Ninguém vai nos separar. Nunca. Vamos nos casar conforme programamos. Desta vez, mamãe foi além do que eu julgava que ela fosse capaz. Romualdo falou novamente sobre a descoberta de suas frustrações, de como a convivência com Ronaldo, Marilda e Rosana o fizera pensar e retomar o entusiasmo de viver, e finalizou:

— A partir de agora, será difícil continuar convivendo com Mercedes. Não tenho condições de fechar os olhos como sempre fiz e continuar com ela.

Rosana interveio:

— Talvez, se conversar com dona Mercedes e expor seus sentimentos, ela reconheça o erro e mude de atitude. Apesar de tudo, ela demonstra que não deseja perder seu afeto. Agiu de forma errada, mas dá para notar que dona Mercedes o quer bem e não deseja dividir seu carinho com ninguém.

— O que ela quer é manter o domínio — disse Romualdo convicto. — Não creio que ela goste de mim. Quem ama deseja a felicidade da pessoa amada. Mercedes nunca agiu assim. Sempre fez tudo para manter a projeção social. Orgulha-se de dizer que o marido é um escritor. Pobre de mim, que me deixei iludir por ela. Meus livros nunca venderam nada.

— Não diga isso, pai. Você escreve muito bem. Romance talvez não seja seu forte. Há muitas outras coisas interessantes que podem dar um bom livro.

— Talvez. A ideia do romance foi dela.

— Um escritor é alguém que tem algo a dizer — disse Rosana. — E o faz expressando as ideias em que de fato acredita. Essa é a força que faz o bom escritor.

— É exatamente isso que eu gostaria de fazer.

A campainha tocou. Rosana foi abrir a porta e deparou-se com Ângela e Eduardo. Depois dos cumprimentos, Rosana disse:

— O que vocês previram aconteceu hoje. Estamos arrasados.

— Não se deixe abater — respondeu Eduardo. — Em qualquer caso, é bom conservar a confiança.

— Vamos entrar, por favor.

Na sala, Ângela apresentou:

— Este é Eduardo. Ele tem sensibilidade. Consegue ver e falar com os seres que vivem em outra dimensão. O espírito de minha mãe tem me mandado recados por meio dele. Foi ela quem nos avisou que vocês precisavam de ajuda espiritual.

— Foi ela quem mandou um recado para nós — lembrou Rosana.

— Sim. Ela nos acompanhou e está aqui. Diz que o ambiente está conturbado e que precisamos renovar as energias.

Eduardo falava com calma, segurança, e tanto Ronaldo quanto Romualdo ouviam atentos a tudo. Eles já tinham ouvido muitas coisas sobre espiritismo. Certa vez, Romualdo, influenciado por amigos, levara para casa alguns livros sobre o assunto, mas desistira de lê-los porque Mercedes e Rogério caçoavam dele o tempo todo.

Vendo que o ouviam com atenção, Eduardo continuou:

— Vamos nos sentar e ficar em silêncio. A prece nesses casos atua sobre as energias do ambiente, transformando-as para melhor. Todos se sentaram, e Eduardo fez uma prece pedindo que os amigos espirituais interferissem naquele caso, orientando-os. Ficaram alguns minutos em silêncio, e depois Eduardo disse:

— Angélica aproximou-se de nós e trouxe consigo uma moça muito bonita. Ela diz que se chama Vera e é amiga de Marilda. Antes de você nascer, ela lhe prometeu que estaria sempre a seu lado, protegendo-a. Vocês residiam na mesma dimensão astral.

Marilda sentiu-se emocionada, e Eduardo continuou:

— Vera diz que você tinha muito medo de renascer, porque sabia que iria se encontrar com uma pessoa que lhe causou muito sofrimento na encarnação anterior. Vocês têm assuntos não resolvidos daqueles tempos.

— Deve ser verdade, porque estou sentindo muito medo — disse Marilda, trêmula.

— Desta vez será diferente. Você vai vencer e acabar com todos esses problemas.

— Não sei se vou conseguir. Sinto-me fraca.

— Não diga isso. A força está em você. Precisa acreditar que é capaz. Não se iluda com as aparências do mundo. As posições sociais são temporárias. Na verdade, o que realmente conta são os valores eternos da alma. Eles é que revelam o nível de cada um. Você sabe que já possui conquistas espirituais valiosas que a tornam muito mais forte do que as pessoas que você teme. Assuma sua força e perdoe. É o que lhe cabe fazer agora.

— Estou indecisa. Talvez fosse melhor adiar o casamento e dar tempo para que as coisas se resolvam.

— Não é isso o que sua alma quer. Vocês dois são espíritos ligados pelos laços do amor de outras vidas. Essa mulher não se conforma em pensar que, apesar de tudo que ela já fez em outros tempos, você e seu noivo ainda se amam e ficarão juntos.

— Estou confusa. Quem não aceita nossa união é dona Mercedes, mãe de Ronaldo, mas nos conhecemos somente agora. É verdade que ela não simpatiza comigo, mas nunca lhe fiz nada.

— Esse desentendimento entre vocês duas aconteceu em outras vidas. Nós já tivemos outras passagens por este mundo.

— Mas eu não me lembro.

— Ela também não. Cada vez que nascemos de novo, esquecemos o passado e só vamos nos lembrar de tudo quando voltarmos à vida astral e tivermos condições de rever as experiências passadas. No entanto, no arquivo do espírito de todos nós ficaram guardadas as experiências, boas ou não, que se refletem em nossas atitudes no dia a dia. Aparentemente, vocês se conheceram agora, contudo, a sensação desagradável foi imediata.

— É verdade — confirmou Marilda. — Quando estou perto dela, sinto medo, vontade de sair correndo e não a ver mais.

Rosana, até então calada, decidiu emitir seu parecer:

— Gosto muito de Ronaldo, e o doutor Romualdo tem se revelado um amigo, dando-nos apoio, mas, ainda assim, quando penso no casamento, sinto medo. Parece que Marilda vai sofrer. Tenho feito força para dominar esse sentimento e fico dizendo a mim mesma que é besteira, que nada de mau acontecerá... mas, de repente esse sentimento volta.

— Vera diz que a senhora também participou dos fatos passados, e isso explica suas impressões de agora.

— Quando ela começou a namorar Ronaldo, desejei que não desse certo. Mais tarde, conhecendo-o melhor, notando suas qualidades, seu amor por minha filha, me esforcei para vencer esse pensamento. Hoje, depois do que houve, sinto que eu estava certa. Questiono se não teria sido melhor mesmo que eles tivessem se separado.

— Não se pode ir contra a força das coisas. Se eles se separassem, a vida os reuniria novamente, assim como as outras pessoas da família. Vera diz que o irmão de Ronaldo também está ligado a vocês pelos laços do passado, por esse motivo os dois nunca se deram bem.

— Não seria mais fácil resolver os problemas de outras vidas se nos lembrássemos do que aconteceu? — perguntou Romualdo.

— Não. O esquecimento favorece. Nascendo no mesmo lar, ligados pelos laços de sangue, há uma reação natural contra a animosidade. Os pais educam os filhos desejando que convivam bem e isso faz com que, mesmo sentindo certa rejeição, se esforcem para vencer esse sentimento. Se recordassem as causas do desentendimento, seria difícil, ou até inútil, qualquer tentativa. A convivência no lar desde a mais tenra idade favorece que cada um conheça do outro aspectos diferentes de sua personalidade. Apesar das implicâncias, as qualidades poderão ser observadas, assim, muitos problemas mal resolvidos do passado serão eliminados.

— O que você diz é verdade — comentou Ronaldo. — Desde pequeno, eu sentia rejeição por mamãe e por Rogério. Era um sentimento que brotava dentro de mim e que me deixava abalado. Então, eu me criticava, dizendo que não podia querer mal à minha própria mãe e ao meu irmão. Muitas vezes, me senti culpado.

— A vida não deixa nada inacabado e trabalha sempre pelo bem de todos — esclareceu Eduardo. — Não adianta fugir, porque tudo voltará. O melhor é compreender o processo e trabalhar a favor dele.

— Como se pode fazer isso? — indagou Ronaldo. — Várias vezes, tentei melhorar nosso relacionamento, mas Rogério não aceitava.

— O importante é você fazer sua parte: mostrar boa vontade em perdoar e esquecer os problemas passados. Se o outro não fizer o mesmo, a vida o afastará de seu caminho, e ele aprenderá de outra forma, por intermédio de outras pessoas. O que vale é acabar com o mal no coração, é perdoar de verdade. Você só conseguirá isso quando reconhecer que criou expectativas ilusórias sobre eles e esperou que correspondessem a elas. Entenda que eles ainda não têm condições de ser melhores. Esta é a chave para perdoar de fato, arrancar a raiva, a animosidade do coração.

— Sua maneira de pensar é comovente — disse Romualdo, esforçando-se para conter uma lágrima que estava prestes a cair.

— Estou apenas repetindo o que os espíritos me ensinam. A espiritualidade abre nossa consciência, nos traz sabedoria e ilumina nossa alma. Todos nós desejamos ser felizes, conquistar a paz, ter prosperidade e, para obtermos tudo isso, precisamos aprender as leis cósmicas que regem o universo.

— Pelo que tenho observado, muitos têm procurado a felicidade, sem nunca conseguirem encontrá-la, contudo — disse Romualdo.

— Porque têm procurado fora de si mesmos, quando ela reside na essência espiritual que está dentro de cada um.

— Mas, para fazer isso, é preciso abandonar tudo e se tornar um monge — tornou Ronaldo.

— De forma alguma. Não estou falando de vocação religiosa, mas do dia a dia do homem comum. A felicidade é um estado interior de realização plena. Só a conseguiremos, quando conhecermos nosso temperamento e respeitarmos as particularidades de nosso espírito.

— E quando o temperamento é perverso, ruim, é preciso educá-lo — comentou Romualdo.

— O senhor se refere à personalidade, que é diferente de temperamento.

— Como assim? — indagou Ronaldo, admirado.

— Deus criou o homem à sua semelhança, o que significa que dentro de cada pessoa reside a essência divina, perfeita, que tudo sabe. Tornou-o simples e ignorante, sem consciência do próprio poder. Deu-lhe o livre-arbítrio, para que escolhesse seus caminhos, desenvolvesse a consciência e conquistasse a sabedoria.

— Sendo ignorante, isso não é nada fácil — comentou Romualdo.

— Não mesmo. Mas temos toda a eternidade pela frente. Como nos é permitido escolher, erramos muito, mas aprendemos pelos erros. A vida comanda o progresso nos respondendo de acordo com o que escolhemos e o faz por meio de suas leis perfeitas. Generosa, trabalha pelo melhor, procurando nos ensinar. Acontece que, por não valorizarmos o que sentimos, preferimos ouvir o que os outros dizem e vamos enchendo nossa cabeça de crenças erradas, de regras e valores falsos, que nos distanciam cada vez mais da essência espiritual, que é a nossa verdade.

— Interessantes esses conceitos. Gostaria de saber mais — pediu Romualdo.

— As características de nosso espírito refletem o temperamento: as vocações, as preferências, o prazer, os potenciais a serem desenvolvidos. Quando seguimos o que nossa alma quer, sentimos alegria, realização interior, bem-estar, porém, os valores falsos a que damos importância, as regras que aceitamos como certas, estão trabalhando na nossa cabeça. Com elas, criamos modelos, personagens, e queremos entrar neles ainda que sejam contrários a nossos sentimentos. Fazemos isso porque queremos ser aceitos pelos outros, mas, como estamos faltando com a verdade, obtemos exatamente o contrário.

— Às vezes, sinto que uma pessoa está fazendo tipo e que não é o que aparenta ser — disse Marilda. — Isso me incomoda, contudo, não gosto de criticar. Ainda assim, mesmo sem dizer nada, procuro evitá-la.

— Quando uma pessoa segue as regras que tem na cabeça, sem ouvir o coração, sente intimamente que está sendo falsa, e sua autoestima despenca. Ao se aproximar de alguém, mesmo aparentando estar bem, suas energias alcançam as pessoas, que automaticamente as rejeitam.

— Também tenho sentido isso algumas vezes — interveio Ronaldo. — Fico tentando reagir, pensando que estou sendo implicante, que a pessoa não me fez nada e que estou sendo injusto com ela, mas, se eu puder evitar, mesmo em meu local de trabalho, onde preciso lidar com muita gente, me afasto e, se tiver de tratar de negócios com a pessoa, desisto.

— Por outro lado, quando alguém é verdadeiro, fala o que sente, ainda que faça parte de uma minoria social, geralmente o preconceito acaba, e essa pessoa é aceita e bem-sucedida em tudo que faz. É preciso não esquecer que emitimos energias e que elas refletem o que realmente somos. E, mesmo sem conhecer como isso acontece, as pessoas sentem e reagem.

— Mas há muitos que conseguem enganar, tirar proveito da ingenuidade dos outros, e eles não percebem nada.

— Esses, ou são muito radicais em suas crenças, o que embota a sensibilidade, ou sentem as energias e querem tirar vantagem da situação.

— É verdade. Quem cai no conto do vigário é aquele que deseja tirar vantagem dos problemas dos outros — comentou Romualdo sorrindo.

— Pois eu, quando me sentei naquele ônibus ao lado de Marilda, senti uma coisa tão boa que nunca mais pude me afastar dela.

Eles riram, e Eduardo tornou:

— Isso mesmo. As energias de vocês combinam. Vocês têm uma ligação afetiva forte. Sentem prazer de estar juntos, têm afinidade espiritual. É uma ligação que vai além da vida física. A ligação de vocês é de alma, portanto, verdadeira, eterna.

Ronaldo segurou a mão de Marilda e disse emocionado:

— Isso mesmo. Nada nem ninguém impedirá nosso casamento. Nosso amor é mais forte que tudo.

— É verdade — confirmou Marilda. — Vamos nos casar no dia marcado, aconteça o que acontecer.

— Isso mesmo — concordou Ângela.

— A firmeza no bem afasta todo mal — disse Eduardo.

— Concordo — interveio Rosana. — O casamento se realizará no dia marcado. Deus nos ajudará. Agora, farei um café.

Ela foi para a cozinha com Ângela e Marilda, e Romualdo sentou-se ao lado de Eduardo, dizendo triste:

— Gostaria de não ir para casa esta noite. Ainda estou magoado com Mercedes e não gosto de brigar. Nosso encontro será muito desagradável. Receio perder o controle.

— Pense que ela fez o que achou certo. Dona Mercedes acredita que o filho não será feliz com Marilda e está tentando evitar o casamento.

— Mas ela precisa entender que está errada.

— Não conseguirá fazê-la entender isso agora. Quanto mais tentar mostrar seus erros, mais ela odiará.

— Não tolerarei viver com ela dessa forma.

— O senhor foi tolerante durante todos esses anos.

— Eu me acomodei. De certa forma, não queria quebrar minha paz, e deu no que deu. Gostaria de pedir um conselho aos seres do astral. O que devo fazer agora?

— Vera diz para o senhor tentar acalmar seu espírito antes de tomar qualquer atitude. Mercedes é como uma criança na espiritualidade: ainda não tem consciência de certas coisas. Por tudo isso, com suas atitudes, tem colhido sofrimento, e isso continuará até que ela perceba que precisa ser mais tolerante. Tente não atirar sobre ela energias de raiva, que a tornarão mais infeliz. A compaixão enobrece o espírito e alivia a consciência.

Romualdo emocionou-se. Duas lágrimas desceram por suas faces, e ele pigarreou tentando dissimular. Discretamente, Ronaldo foi à cozinha, deixando-os a sós.

— Esses anos todos de convivência me fizeram conhecê-la melhor. Reconheço que ela é muito diferente do que pensei que fosse quando nos casamos. Nos últimos meses, eu estava me sentindo infeliz, mas agora ficou pior, porque reconheço que não só meu amor por Mercedes acabou, como não consigo aceitar o que ela fez.

— Não se precipite. Procure agir com calma. Não tome nenhuma decisão antes de estar bem certo do que deseja. Lembre-se de que o senhor já possui um grau de compreensão maior, que lhe dá mais responsabilidade. Mesmo indignado, pode manter uma atitude melhor que a dela.

— Tem razão. Farei o que me pede.

Rosana voltou trazendo uma bandeja; os outros a acompanhavam carregando alguns pratinhos que colocaram na mesa de centro.

Ela serviu o café, e eles continuaram conversando animadamente. Romualdo sentiu-se mais calmo. Abraçado a Marilda, Ronaldo sentia-se feliz. Não lhe importava o que sua mãe pensava. Ela estava errada. Ele seria muito feliz com a mulher que amava, e Mercedes teria de aceitar isso.

Rosana estava tranquila. A conversa com Eduardo fizera-lhe bem. Agora sabia a causa do medo que sentia e estava disposta a enfrentar qualquer situação para defender a felicidade da filha. A presença espiritual de Vera a fizera perceber que estavam protegidas. Um sentimento de gratidão brotara em seu coração, e, intimamente, ela decidiu que rezaria todas as noites em agradecimento.

Quando Eduardo e Ângela se despediram, Romualdo desejou ficar para retardar mais o momento de ir para casa, contudo, achou que não podia abusar da hospitalidade de Rosana. No dia seguinte, elas teriam um dia cheio na preparação dos últimos detalhes do casamento. Ele, então, levantou-se também para ir embora.

— Espere mais alguns minutos, pai. Sairemos juntos.

Ângela e Eduardo despediram-se afirmando que iriam ao casamento. Rosana acompanhou-os até o portão do jardim, abraçou Ângela e beijou-a com carinho.

— Obrigada, minha filha. Nunca esquecerei o que está fazendo por nós.

Ela sorriu e não disse nada. Rosana apertou a mão de Eduardo.

— Quando vocês chegaram, eu estava desesperada, minha casa estava um caos, todos estávamos aflitos. Vocês foram conversando, e tudo foi se transformando. Encontramos várias respostas às nossas indagações e aprendemos muitas coisas. Vocês nos trouxeram luz e harmonia, e nós, minha filha e eu, lhes seremos sempre muito gratas por isso. Gostaríamos que aceitassem nossa amizade e viessem nos ver de vez em quando.

— Certamente — respondeu Eduardo. — Para mim, foi muito agradável conhecê-las. Há um homem alto, de cabelos e olhos castanho-claros, rosto redondo, queixo vigoroso, lábios finos e um sorriso amável. Diz que se chama Elói e que sempre que pode está a seu lado.

Rosana estremeceu:

— É meu marido! Meu Deus! Ele está aqui...

— Sim. Ele diz que o amor que os uniu continua vivo em seu coração.

Rosana chorava emocionada, e Ângela abraçou-a com carinho.

— Sei como se sente. Fiquei assim quando soube que minha mãe estava a meu lado. Ter a certeza de que a vida continua depois da morte e que uma pessoa que amamos está viva em outro lugar nos alegra e conforta.

— Muitas vezes, eu sentia que ele estava do meu lado, mas pensava que estava fantasiando por causa do amor que sempre tive por ele.

— Agora sabe que é ele mesmo. Vocês também estão ligados por laços de afinidade espiritual.

— Hoje recebi uma graça e nunca me esquecerei de que foi por intermédio de vocês. Deus os abençoe e os faça muito felizes.

Eles saíram, e, uma vez no carro, Ângela não se conteve:

— Foi bom termos vindo. Sinto-me feliz por ter lhe pedido que viesse.

— É assim que os espíritos trabalham. Eles sabiam o que iria acontecer e nos colocaram aqui para que pudessem ajudá-los.

— Vera falou sobre coisas do passado deles. Minha mãe poderia também falar sobre o que lhe aconteceu.

— Se ela pudesse, certamente o faria. Os espíritos que estão dentro da disciplina no astral não podem fazer o que querem, mas apenas o que devem. É preciso esperar. Quando for oportuno, saberemos de tudo.

— Estou cheia de dúvidas. Às vezes, penso que meu pai a separou de mim por maldade, mas, vendo-o na cama, prisioneiro de dois capangas perigosos, sem poder falar nada, comovo-me. Fico pensando que posso estar errada. Ele pode ter sido chantageado por eles, e eu estaria sendo injusta.

— Não se atormente com isso. Só ficará deprimida, e isso não resolverá nada. Tenha fé. Seja o que for, saberemos.

— Não me conformo em conviver com essa mulher que se aproveita da situação para acolher o amante dentro de casa.

— Não se deixe envolver pela revolta nem pela angústia, Ângela. Esforce-se para conservar a calma e a fé. Seu pai a escolheu e casou-se com ela. Não nos compete julgar. Além disso, nada fica oculto no universo. Cada um terá a resposta adequada a suas atitudes. Quem quer ajudar precisa ficar no bem. Não pode entrar nos problemas e se desequilibrar.

— Tem razão. Vou me esforçar para fazer isso.

— Vamos falar de nós, de nossos projetos.

— Desde que nos encontramos, sinto que temos afinidade. Será que ficaremos juntos e que nosso amor será eterno como o de Ronaldo e Marilda?

Eduardo parou o carro, abraçou-a e beijou-a várias vezes. Depois, murmurou emocionado:

— Você ainda duvida?

Ângela sentiu um brando calor no peito e uma alegria muito grande, quando respondeu:

— Não. Eu sei que nosso amor é para valer!

Ele deu partida no carro, e os dois seguiram abraçados até a casa dela. Na porta, beijaram-se novamente, e, depois de acenar em despedida, Ângela entrou.

Marina, que ouvira o carro chegar, observou tudo atrás da janela do quarto e revoltou-se. Enquanto ela estava presa na casa, sozinha e com medo do futuro, Ângela usufruía de liberdade, amor e dinheiro.

Não foi para isso que se casara com Raul. Sentia-se sufocada. Queria brilhar em sociedade, gastar e exibir sua riqueza, conquistar quem ela quisesse. Para ela, isso era viver!

Naquele momento, decidiu que precisava tomar uma atitude, fazer alguma coisa para reverter a situação. Se Dino não desse notícia, resolveria as coisas de outro modo.

De repente, um pensamento novo a acometeu. E se ela desse um jeito de acabar com Raul? Faria de forma que ninguém desconfiasse de nada. De posse da fortuna do marido, viajaria pelo mundo, iria para um lugar onde seus inimigos não pudessem encontrá-la.

Houve momentos em que pensou em tirar Ângela do caminho, mas para isso teria de ser conivente com Dino e ficaria nas mãos dele. Talvez fosse melhor dividir a herança oficial com Ângela, afinal, ela tinha o número da conta no exterior, que só ela e Raul sabiam. Nessa conta havia muito dinheiro. Somando tudo, ela ficaria muito rica.

Decidiu pensar em como faria isso. Sabia que poderia contar com Rogério para o que fosse preciso.

Enquanto imaginava os detalhes de seu plano, Marina não viu que várias sombras a abraçavam. Apenas sentiu aumentar seu desejo de livrar-se do marido para poder ficar livre e rica.

Capítulo 17

Romualdo chegou em casa e foi para o quarto. Não sentia vontade de falar com Mercedes e ficou aliviado quando notou que ela estava deitada. Preparou-se para dormir, deitou-se, mas sentia-se inquieto, nervoso, irritado.

As palavras do detetive, de Rosana e Marilda voltavam-lhe à mente, e ele procurava controlar a irritação. Notou que Mercedes também não estava dormindo. A esposa remexia-se de vez em quando, e ele sentia vontade de acender a luz e pedir-lhe contas do que fizera.

Lembrando-se das palavras de Eduardo, procurou controlar-se. Levantou-se, dirigiu-se ao quarto de hóspedes e fechou a porta à chave. Precisava ficar sozinho. Não aguentaria ficar ao lado de Mercedes sem brigar.

Mas estava difícil conciliar o sono. As cenas dos acontecimentos da noite reapareciam em sua mente, e ele não conseguia esquecê-las. Eduardo dissera-lhes que havia espíritos que ajudam as pessoas. Ele estava precisando disso. O espírito de Vera estava protegendo Marilda e talvez pudesse ajudá-lo pelo menos a acalmar-se.

Havia quanto tempo não rezava? Romualdo sentou-se na cama, fechou os olhos e pediu a ajuda de Vera, dizendo que não queria revidar o mal que Mercedes fizera, mas ao mesmo tempo não conseguia dominar a indignação. Permaneceu conversando com Vera em pensamento, falando de seus sentimentos durante muito tempo. Depois, vencido pelo cansaço, deitou-se e finalmente conseguiu adormecer.

Mercedes notou que Romualdo saíra do quarto e ficou esperando-o voltar, mas o tempo passou e ele não voltou. Intrigada, levantou-se e percorreu a casa, sem encontrá-lo. Quis entrar no quarto de hóspedes, mas a porta estava fechada à chave. Deduziu que era ali que Romualdo estava. No mesmo instante, teve certeza de que ele já sabia de tudo. Imediatamente, foi para o quarto, nervosa. Naturalmente, ele estivera com Rosana e Marilda e soubera de sua visita.

Sabia que isso iria acontecer e tinha se preparado para fazer suas exigências com relação ao casamento. Claro que ele não iria querer um escândalo. Sempre fora avesso a isso. O que diriam seus amigos?

Havia se preparado para enfrentá-lo, mas ele não a procurara. Certamente, estava amedrontado. Sempre fora um homem fraco, que ela manipulava como queria. Tinha certeza de que o marido trataria de pelo menos adiar o casamento do filho. E, se ainda assim Ronaldo se casasse, Romualdo não iria.

Mesmo acreditando que vencera, Mercedes só conseguiu dormir muito tarde. Passava das nove da manhã quando se levantou e desceu para a copa.

Romualdo estava sentado à mesa tomando café. Conseguira relaxar e dormir e sentia-se mais calmo. Ao acordar, tomara uma decisão.

Mercedes aproximou-se.

— Bom dia. Pode-se saber onde você passou a noite?

Romualdo olhou-a sério e respondeu:

— Você já deve saber. Por que pergunta?

— Queria saber por que foi dormir no quarto de hóspedes.

— Vamos terminar o café. Depois, quero conversar sobre isso no escritório.

Mercedes não esperava que o marido estivesse tão calmo. Romualdo não queria falar diante dos criados. Ela sentou-se e tomou seu café como sempre. Romualdo terminou e levantou-se dizendo:

— Estarei esperando no escritório.

Mercedes assentiu e, quando terminou o café, foi ter com ele. Romualdo pediu-lhe que se sentasse à sua frente. Olhou-a e disse com voz firme:

— Somos casados há muitos anos, e nunca lhe dei motivos para que desconfiasse de minha fidelidade. O que você fez não tem justificativa. Havia algum tempo eu vinha observando algumas atitudes suas, que me mostraram que você não era a mulher que eu pensava que fosse quando nos casamos.

Mercedes ia interrompê-lo, mas ele não deixou:

— Não diga nada. Você sempre fez o que quis, mas é hora de ouvir o que tenho a lhe dizer. Orgulhosa, manipuladora, vaidosa, usou a família para satisfazer seus caprichos. Não soube ser esposa nem mãe. Enquanto bajulava um, desprezava o outro, tanto que Ronaldo deixou esta casa. Embora infeliz, tentei contemporizar para manter a harmonia em casa, mas, ontem, você exagerou. Não satisfeita em contratar o detetive para me vigiar, quando ele lhe disse o que viu, você não aceitou. Como sempre, se julga dona da verdade, contudo, com esse golpe, você acabou com o sentimento de amor que eu me esforçava para manter. Por tudo isso, vou me separar de você. Por enquanto, dormirei no quarto de hóspedes.

Mercedes ia do rubor à palidez. Estava furiosa.

— Você está apaixonado por aquela mulher! Por essa razão, quer se separar de mim. Você deveria impedir esse casamento infeliz!

— Eles vão se casar no dia e na hora marcados e serão muito felizes, e você não ouse aparecer por lá. Eu a impedirei de entrar.

Mercedes caiu em prantos e gritou:

— Agora, você está do lado delas e contra mim. Eu que sou sua mulher, mãe de seus filhos e sempre lutei pelo bem-estar da família.

— Não gaste suas lágrimas, porque elas não me comovem. Embora indignado, tentei agir com respeito para preservar nossa intimidade. Se quer gritar, chamar a atenção dos criados, faça-o. Não tenho medo de escândalo. Você sempre deu importância à opinião dos outros. De hoje em diante, levarei minha vida como sempre desejei. Não conte comigo para nada.

Sem esperar que ela respondesse, Romualdo deixou o escritório, foi para o quarto, apanhou o paletó e saiu.

Mercedes sentiu-se sufocar de raiva. Não esperava que Romualdo reagisse daquele jeito. Separar-se? Ela não queria ser uma mulher separada, sem marido. Em sociedade, era o mesmo que ser perdida. Nunca aceitaria aquela posição. O marido teria de voltar atrás. Precisava fazer alguma coisa, mas o quê?

Foi ao quarto de Rogério e entrou. Ele havia se levantado e estava se vestindo. Vendo a fisionomia alterada da mãe, perguntou:

— O que foi? Aconteceu alguma coisa?

— Tudo — respondeu ela, rompendo em soluços.

Rogério nunca a vira chorar daquele jeito. Preocupado, aproximou-se e abraçou-a.

— O que foi? Por que está assim?

— Seu pai é um ingrato. Quer se separar de mim.

A notícia caiu como uma bomba sobre Rogério. Ele nunca pensou naquela possibilidade.

— Sente-se aqui, mãe — disse ele, conduzindo-a até a cama.

— Conte-me o que aconteceu.

Mercedes contou sua versão, afirmando que Romualdo estava tendo um caso com Rosana, deixando Rogério indignado.

— Tem certeza do que está afirmando?

— Claro! Que outro motivo o faria querer se separar depois de tantos anos de vida juntos? Sempre fui fiel ao seu pai. Nunca lhe dei motivo para falar em uma separação.

— Meu pai perdeu o juízo. Vou conversar com ele. Onde ele está?

— Saiu. Meu filho, você precisa fazer alguma coisa para impedir isso. Só tenho você. Ronaldo com certeza está do lado daquelas duas e talvez até aprove o que o pai está fazendo. Sempre foi contra mim e nunca ouviu meus conselhos.

— Calma, mãe. Ele ameaçou, mas não fará nada disso. Estava nervoso e quis assustá-la. Logo mais voltará arrependido e lhe pedirá perdão.

— Ele estava diferente. Nunca falou comigo naquele tom. Sinto que não voltará atrás.

— Vamos esperar. Esta noite virei mais cedo e falarei com ele. Não se impressione com a atitude dele. Papai não terá coragem de fazer o que disse.

— Você acha?

— Tenho certeza disso.

— Ele me proibiu de ir ao casamento. Disse que não me deixará entrar na igreja.

— Você não deve misturar-se com essa gente. É melhor não ir mesmo.

— Eu queria impedir esse casamento. Não dará certo.

— Para quê? Ronaldo terá a lição que merece. Nunca nos ouviu. Ignore esse casamento, corte as relações com eles e pronto. Eu não tencionava ir, mas estava indeciso pensando que vocês iriam querer que eu fosse. Agora, contudo, tenho toda a liberdade de não comparecer. O que a senhora deve fazer é tratar de ir ao cabeleireiro, arrumar-se, fazer de conta que nada aconteceu, ficar bem linda para quando papai chegar em casa e ver a mulher charmosa e de classe que tem.

— Isso mesmo, meu filho. Você me compreende e conseguiu me deixar melhor. Seguirei seu conselho. Farei algumas compras também.

Rogério desceu para o café, e Mercedes ficou do lado dele conversando. Ele tinha razão: Romualdo não teria coragem de deixá-la.

Rogério saiu, e Mercedes começou a planejar seu dia, imaginando o que diria ao marido quando ele voltasse arrependido. Ela o faria pagar bem caro pela humilhação daquela manhã.

Rogério foi ao clube na tentativa de ocupar-se com alguma coisa. Não gostava de praticar esportes, mas apreciava conversar com os conhecidos e saber das novidades.

Ficou conversando com alguns amigos, almoçou com eles, depois foi à cidade e entrou em um cinema para passar o tempo. Sentia-se entediado, inquieto. Sua vida estava vazia. Se ao menos Marina o chamasse para um encontro...

O filme era ruim, mas ele aguentou até o fim. Não tinha para onde ir. Quando saiu do cinema, foi a uma confeitaria tomar um chá e telefonou para Marina. Como sempre, depois de perguntar pela saúde de Raul, procurou por Ângela, ao que a amante respondeu:

— Ela não está, mas deixou um recado. Quer vê-lo hoje à noite no lugar de costume.

Ele exultou, pois era o que mais queria.

— Diga a ela que estarei lá.

Quando desligou o telefone, Marina tratou de executar o que planejara. Colocou o sonífero na garrafa térmica do café e foi para o quarto preparar-se.

Lurdes, que estava atenta a tudo, percebeu, mas fingiu, como sempre fazia. Servia-se de café e depois o jogava na pia. Desde aquele dia em que surpreendera Marina, nunca mais tomou café daquela garrafa. Desejava avisar Ângela, mas ela não estava. Sabia que ela saíra com Eduardo. Arranjou um pretexto para ir comprar pão e telefonou da padaria, avisando-a. Ciente, Eduardo falou com Mílton, que prometeu ficar de plantão para observar.

Marina, sem saber de nada, pensava nos detalhes de seu plano. Na véspera, como sempre fazia, havia ido ver o marido e, assim que entrou, ele fez sinal para que fechasse a porta à chave.

Depois, Raul levantou-se e começou a andar pelo quarto. Disse a ela:

— Estou preparando uma maneira de sairmos desta encrenca.

— Você está falando! Não tem medo de que nos escutem?

Ele exibiu um pequeno microfone.

— Não. Descobri isso. Quando quero conversar, eu o desligo. Depois recoloco-o no lugar, para que não desconfiem.

— Ótimo. O que pensa em fazer?

— Estou me fortalecendo, mas preciso que me ajude. Vamos preparar tudo para fugir do país. Quando estivermos prontos, daremos cabo dos dois.

— Como faremos isso? Estou proibida de sair. Você ainda está fraco e não tem forças para lutar com eles. Além do mais, teremos de fazer tudo rapidamente, antes que Martínez desconfie de algo. Se ele descobrir, estaremos liquidados.

— Não penso em enfrentá-los. Acabaremos com eles de outro jeito. Só preciso obter um produto que tirará as forças deles e os deixará fracos. O resto será fácil.

— Que produto é esse?

— Algo para misturar à comida ou à água. Não tem gosto; eles não desconfiarão, mas, aos poucos, começarão a perder as forças. Você terá de dar um jeito de sair e tomar todas as providências necessárias. — Ele abraçou-a e continuou: — Logo estaremos livres e fora daqui. Então, iremos para bem longe, e ninguém saberá de nós.

— E os bens que temos? Esta casa, outros imóveis... Perderá tudo isso?

— Ficará para Ângela. Ela tomará conta de nossos bens legalizados.

— E nós viveremos do quê?

Ele sorriu satisfeito:

— Teremos o suficiente para vivermos no luxo pelo resto da vida. Fique tranquila. Marina sorriu. Raul não sabia que ela estava a par de todas as contas que ele possuía no exterior. Sabia o número de cada uma. Era com isso que contava em seu plano, que não incluía o marido.

— Não sei como poderei sair daqui. Eles nos vigiam sem parar. Em todo caso, dê-me as instruções, e verei o que posso fazer. Tenho de encontrar um meio, e isso poderá acontecer a qualquer momento. Preciso estar preparada.

Raul deu-lhe os detalhes da fuga, o nome do produto e finalizou:

— Estou confiante. Tenho certeza de que você dará um jeito. Agora vou repor o microfone no lugar. Não quero que desconfiem.

Marina saiu do quarto do marido pensando que não poderia esperar mais para agir. Quando Rogério ligou na tarde seguinte, ela marcou o encontro.

Ele chegou na hora de costume, abriu a porta, e Marina já o esperava. Ela conduziu-o pelo corredor, onde o vigia ressonava. Entraram no quarto, e ela fechou a porta à chave.

249

Imediatamente, Rogério abraçou-a e beijou-a apaixonadamente. Ela retribuiu, depois disse:
— Vamos primeiro tratar de nossa fuga.
— Estou louco de saudade! Não faço outra coisa senão pensar em você, lembrar de nossos momentos de amor. Venha. Depois, falaremos de negócios. Marina achou melhor ceder e abraçou-o com paixão. Rogério entregou-se àqueles momentos e, por fim, ela afastou-o dizendo:
— Quando estivermos longe daqui, teremos todo o tempo do mundo para o nosso amor.
— Diga que você também me ama e que nunca me deixará.
— Eu amo você. Estaremos juntos para sempre.
Rogério quis beijá-la novamente, porém, ela afastou-o.
— Vamos programar tudo. Não temos muito tempo. O vigia pode acordar.
Ele suspirou resignado e pediu:
— Está bem. Fale.
— Resolvi não esperar por Dino. Pensando bem, trata-se de um homem perigoso e ficaríamos dependentes dele.
— Sinto-me aliviado que tenha mudado de ideia. É melhor não nos envolvermos com aquela gente.
— Mas precisaremos de recursos para sair do Brasil. É bom que saiba que temos muito dinheiro em uma conta no exterior.
— Não tem medo de que Raul, ao descobrir que fugimos juntos, tire todo o dinheiro dessa conta?
Pensativa, Marina fez uma pausa e depois disse lentamente:
— Não podemos correr nenhum risco. Raul é mais perigoso que Martínez e Dino. É muito ciumento e, se descobrir que estamos juntos, fará tudo para nos matar.
Rogério estremeceu:
— O que faremos, então?
— Teremos de nos livrar dele antes de partirmos. É a única maneira de ficarmos juntos. Rogério assustou-se.
— Livrarmo-nos como? Pensa em matá-lo?
— É o único jeito. Depois que conheci você, nunca mais suportei manter relações com ele. Raul vai nos perseguir sem piedade. É ele ou nós.

Rogério sentiu náuseas e tentou resistir.

— Vamos pensar melhor. Talvez encontremos outro caminho.

Marina beijou-o com paixão e disse:

— Se você não aceitar esse plano, esta será nossa despedida. Nunca mais nos veremos. Rogério apertou-a nos braços com desespero.

— Isso não. Qualquer coisa, menos isso!

— Então, aceite meu plano. Creia: é nosso único caminho.

Rogério sentiu a boca seca, a cabeça atordoada, e respondeu:

— Está bem. Farei o que me pede.

— Terá de arranjar o máximo de dinheiro que puder.

— Não posso pedir para meus pais. Eles desconfiariam. Contudo, posso vender meu apartamento. Vale um bom dinheiro.

— Será um investimento. Você terá muito mais.

Marina beijou-o várias vezes, e Rogério esqueceu-se de tudo o mais. Prometeu arranjar as coisas o mais depressa possível.

— Estou cansada de esperar. Além de tudo, estamos correndo muito risco. A qualquer momento, os homens de Martínez podem dar cabo de nós.

— Farei tudo o mais rápido que puder.

— Quando tiver o produto, ligue e diga que o vestido de Ângela está pronto. Marcarei um novo encontro com você.

Rogério queria ficar mais, contudo, Marina empurrou-o para fora, alegando que, se o vigia acordasse, poderiam ser descobertos.

Quando Rogério se foi, ela respirou aliviada. Não pretendia ficar com ele. Depois que o amante comprasse as passagens e estivessem fora dali, daria um jeito de desaparecer. Não pensava em dividir a fortuna com ninguém. Além disso, estava a fim de novas aventuras, viajar pelo mundo, ir para países distantes, ter novos amores, e não queria que ninguém a atrapalhasse. Rogério era bonito, apaixonado, porém, ela não gostava de ninguém controlando sua vida. Logo ele estaria lhe ditando ordens, querendo mandar nela, vigiando seus passos, e isso Marina não iria tolerar.

Mílton ficara de tocaia e viu quando Rogério entrou na casa. Seguiu-o quando saiu. No dia seguinte, ligou para Eduardo:

— Ele fez o de sempre. Acho que estamos perdendo tempo. É apenas um caso de amor.

— Não penso assim. Algo me diz que estão planejando algo mais. Quero que fique alerta e vigie os passos de Rogério nos próximos dias. Pagaremos todas as despesas.

— Está bem. Você manda.

No dia seguinte, Rogério procurou um corretor de imóveis e colocou seu apartamento à venda. Tinha urgência, venderia abaixo do preço, desde que fosse à vista. Se conseguisse isso rápido, pagaria maior comissão.

Mílton, que o estava seguindo, viu quando Rogério levou o corretor para vistoriar o apartamento. À tarde, foi à imobiliária e disse que queria comprar um apartamento. Imediatamente, o corretor ofereceu-lhe o de Rogério.

No fim da tarde, Mílton foi procurar Eduardo, que, colocado a par dos fatos, ligou para Ângela pedindo que fosse vê-lo.

Ela desligou o telefone prometendo que iria encontrá-lo naquela noite mesmo. Depois, notando que Marina estava na cozinha, foi visitar o pai. Vendo-a entrar, Raul levantou-se e fez-lhe sinal para que ficasse em silêncio. Cuidadosamente, ele desligou o microfone, puxou a filha pela mão e fê-la sentar-se ao seu lado na cama.

— Foi bom você ter vindo. Precisamos conversar.

— O senhor está melhor!

— Estou procurando ganhar forças, mas ninguém pode saber. Meus inimigos estão me vigiando.

Ângela olhou-o triste e perguntou:

— Sei que está correndo risco de morte. O que posso fazer para ajudá-lo?

— Faça apenas o que eu lhe disser. Tenho algumas pendências em andamento e, quando tudo estiver pronto, quero que faça uma viagem. Eu avisarei.

— Não quero viajar agora.

— Serão apenas alguns dias. Arrume um passeio, vá para o Rio de Janeiro, fique fora por uma semana. Quando voltar, eu terei ido embora, e você não saberá para onde fui. Não se preocupe, estarei bem. Marina irá comigo. Todos os bens de família que estão no Brasil serão seus. Terá o suficiente para viver bem pelo resto da vida.

Ângela emocionou-se. Segurou a mão do pai e perguntou:

— Não vai me dizer para onde vai?

— Não posso, filha. Vamos deixar o tempo passar. Quando não houver mais perigo, terá notícias minhas.

— Se vai embora e não sei quando nos veremos de novo, conte-me a verdade sobre a morte de minha mãe.

Ele estremeceu e tirou a mão que ela segurava entre as suas.

— O passado está morto e nunca voltará. Já lhe contei o que aconteceu. Não quero mais falar nisso. Trate de viver sua vida e se esquecer disso.

Lágrimas vieram aos olhos de Ângela, que considerou:

— Desde cedo, tive de aprender a viver sozinha, mas sempre pensei que poderia contar com o senhor.

— Estou tentando protegê-la. Quanto menos você souber, mais estará segura. Pensando em seu bem-estar é que lhe peço que concorde em fazer o que estou lhe pedindo. Não quero que sofra as consequências de meus problemas. Contente-se em ficar amparada pelo resto da vida, sem ter de se preocupar em trabalhar para sobreviver. Prometa que fará o que estou pedindo.

— Está bem, papai.

— Lembre-se de que, aconteça o que acontecer, eu lhe quero muito bem. Você é minha filha e a única coisa boa que conservo no coração. Procure uma agência de turismo e informe-se. Quando eu estiver pronto, lhe avisarei, e você marcará a data. Posso ficar tranquilo? Fará o que estou lhe pedindo?

— Sim.

Ângela deixou o quarto e encontrou Marina no corredor.

— Venha até meu quarto, Ângela. Quero falar com você.

— Não posso. Tenho um compromisso. Mal terei tempo para me preparar.

— Está bem. Fica para amanhã, então.

Ângela foi para o quarto arrumar-se. O que Marina queria? Talvez fosse falar da viagem que faria com o marido. Daria tempo para uma conversa, porém, não lhe agradava tratar daquele assunto. Não confiava na madrasta.

Passava das sete quando Ângela chegou à casa de Eduardo, que já a esperava. Uma vez no escritório, ele contou-lhe o que Mílton descobrira e finalizou:

— Senti que eles estavam preparando alguma coisa. Rogério está sendo envolvido.

— Meu pai está planejando fugir com Marina — Ângela contou-lhe sobre a conversa que tivera com Raul e concluiu: — Como eles não podem sair sem despertar suspeitas, encarregaram Rogério de tomar as providências. Acho estranho. Por que ele?

— Seu pai não sabe que ele é amante de Marina. Ele não é amigo da família?

— Segundo sei, meu pai mantinha apenas relações sociais com os pais dele. Não me consta que ele fosse tão íntimo. Como você sabe, nós saímos juntos durante algum tempo, e eu nunca soube que ele tivesse qualquer intimidade com papai.

— As coisas não estão muito claras mesmo. Ela pode estar usando Rogério sem que Raul saiba.

— Acho isso mais próprio dela. Hoje, Marina disse que precisava conversar comigo, mas não lhe dei chance. Não confio nela e não gosto quando me olha como se estivesse querendo me analisar.

— Sinto que deve ter cuidado com ela, mas escutar o que Marina tem a dizer pode ser bom para nós.

— Você acha?

— Ela pode nos dar uma pista de seus planos.

— Acho difícil. Ela quer apenas me controlar, saber o que estou fazendo.

— Claro que você não dirá nada.

— Não sei. Essa conversa com papai me deixou triste. Sinto um aperto no peito. Parece que a qualquer momento acontecerá algo ruim.

— Hoje é dia da reunião na casa de dona Glória. Vamos até lá.

— Que bom! Essas reuniões estão me fazendo muito bem. Tenho estado mais calma, dormido melhor.

— Amanhã será o dia do casamento de Marilda. Vamos colocar os nomes de toda a família no livro de orações.

Ângela ficou na ponta dos pés e beijou levemente o rosto de Eduardo.

— Você foi o anjo bom que Deus colocou em minha vida na hora em que mais precisava. Ele abraçou-a, beijou-lhe os lábios com carinho e respondeu:

— Você foi a luz que iluminou meu caminho, enchendo-o de amor e alegria.

— E vocês — disse Ramiro, que entrara sem que o notassem — são minha esperança de felicidade. Desde que vieram para meu lado, sinto que revivi. Eu estava triste, me sentia sozinho, mas agora recuperei a alegria, a vontade de fazer novos projetos e voltei a viver.

Ângela ficou encabulada, e Eduardo, ainda abraçado a ela, respondeu:

— É muito bom ouvi-lo, papai. Pode nos incluir em seus projetos futuros, porque nunca mais o deixaremos.

Comovido, Ramiro abraçou-os com alegria. A felicidade do filho era o que ele mais desejava. Tinha certeza de que Ângela seria a companheira ideal para ele.

A criada apareceu dizendo que o jantar ia ser servido, mas Eduardo tornou:

— Vamos a uma sessão na casa de dona Glória. Não vou comer nada agora. Ângela poderá jantar.

— Não, Eduardo. Estou sem fome. Depois da reunião, faremos um lanche.

— Nesse caso, também não vou comer nada. Há muito tempo não assisto a uma reunião. Posso ir com vocês?

— Claro, papai. Mas temos de ir agora mesmo. Não podemos chegar atrasados.

— Suspenderei o jantar e iremos em seguida.

Ele saiu, e Ângela comentou baixinho:

— Ainda estou sem graça. Seu pai é um homem educado, mas o que estará pensando de mim?

— Está satisfeito em nos ter por perto, tanto que desejou retomar as atividades espirituais.

— É bom saber que ele me aceita.

— Ele gosta de você.

Ramiro voltou, e eles saíram para a reunião. Eduardo notou a presença de Angélica sentada ao lado de seu pai no banco traseiro. Teve certeza de que ela iria participar da reunião naquela noite.

A casa de Glória era uma mansão antiga em uma travessa da avenida Angélica. Quando chegaram, estava toda iluminada. Entraram, e Glória apressou-se em cumprimentá-los.

— Que bom vê-lo, doutor Novais! Que alegria!

Depois de abraçá-los, encaminhou-os ao salão onde se realizaria a reunião. Algumas pessoas estavam acomodadas ao redor da mesa, sobre a qual havia um vaso com flores, uma jarra com água, copos, alguns livros, papel, lápis e algumas cadeiras dispostas em volta.

Depois que todos se sentaram, as luzes foram apagadas, ficando apenas acesa a lâmpada azul do abajur. Uma música suave encheu o ar. A sessão ia começar.

Capítulo 18

Glória abriu a reunião com uma oração pedindo assistência espiritual. Depois, as luzes foram acesas, e um dos presentes abriu um livro ao acaso e leu uma mensagem sobre confiança e fé.

Novamente, as luzes foram apagadas, e Glória pediu que os presentes continuassem orando em silêncio. Alguns espíritos pedindo auxílio se comunicaram, e Glória conversou com cada um, enquanto todos continuavam em orações.

Uma senhora apanhou papel e lápis e começou a escrever. Sua mão deslizava pelo papel com rapidez, enquanto um rapaz ao seu lado virava as folhas.

Um mentor espiritual falou com sabedoria sobre os benefícios da fé, espalhando palavras de esperança e amor. Quando ele terminou, a senhora também deixou cair o lápis. Após alguns minutos de silêncio, Glória agradeceu a ajuda recebida e encerrou a reunião. Depois, dirigindo-se à senhora que fizera a transcrição, pediu:

— Pode ler.

A mulher hesitou e respondeu:

— Trata-se de uma mensagem particular. Não fui autorizada a ler. Está assinada por Angélica.

— É para Ângela, que está sentada ali. Pode entregar a ela. Quem viu ou sentiu alguma coisa, pode falar.

As pessoas começaram a falar, enquanto Ângela, emocionada, recebia a mensagem de sua mãe. Com mãos trêmulas, abriu as folhas de papel e leu:

Minha querida filha,

Sinto que momentos decisivos se aproximam, colocando em evidência situações mal resolvidas do passado. Quero que saiba que, apesar de tudo o que nos aconteceu, não guardo nenhum rancor pelo causador de nossos sofrimentos. Reconheço que, envolvido em suas ilusões e cheio de ambição, ele ainda não tinha capacidade de ser melhor. Hoje, sei que não existem vítimas e que nós atraímos todos os fatos que ocorrem em nossa vida. Também me deixei seduzir pelas aparências, fantasiei, criei um sonho de amor e projetei-o no homem com quem me casei. Ele não tinha como ser o que eu idealizava, e eu também não era o que ele esperava.

Notei que você também lhe deseja todo bem. Sinto-me serena ao dizer-lhe isso agora, quando se aproxima o momento em que ele colherá o resultado de suas escolhas.

O cerco está se fechando, e nada poderemos fazer para impedir os acontecimentos. Peço-lhe que continue firme na fé.

Você está protegida e tem ao seu lado um homem que a fará muito feliz. Confie nele.

Um beijo de sua mãe,
Angélica.

Lágrimas desciam pelos olhos de Ângela, que, em silêncio, entregou a carta a Eduardo.

— Leia-a. Mamãe diz para ter fé, mas não conta explicitamente o que vai acontecer.

— Ela sente que o desenrolar dos acontecimentos está próximo, mas não sabe o momento exato nem como ele será.

— Pensei que ela soubesse de tudo.

— Não. Esses fatos são ocasionados pela força das coisas. Há muitos fatores que determinam como serão, e ainda há o livre-arbítrio das pessoas envolvidas, que podem mudar a forma como os acontecimentos se desenrolam.

— Quer dizer que pode não acontecer nada?

— Sinto que os elementos estão em ebulição. Não haverá tempo para isso. Eu diria que é tarde demais.

Ramiro, que ouvia calado, tornou:

— Quando fazemos algo ruim, a vida procura chamar nossa atenção por meio de pequenas coisas a fim de que notemos o erro e mudemos nossos conceitos. Se continuamos do mesmo jeito, ignorando o que precisamos aprender, ela vai apertando o cerco e colocando em nosso caminho desafios cada vez maiores. Há muito sei que, quanto maior for a resistência ao bem, mais dura será a lição que a vida nos mandará. Assim, vamos aprendendo. No fim, tudo é bom.

Glória, que se aproximava, interveio sorrindo:

— Isso mesmo, doutor Novais. É assim que funciona. Por essa razão, lhe digo sempre que é melhor prestar atenção nos eventos que a vida nos apresenta, tratar de identificar o que ela quer nos ensinar e cuidar de aprender para que não nos aconteça coisa pior.

Eles riram e, depois de conversarem um pouco mais, despediram-se.

Foram a um restaurante, e Eduardo notou que Ângela estava pensativa e mais calada que o habitual.

Fizeram o pedido, e depois ele segurou a mão dela, dizendo com carinho:

— Você ficou preocupada.

— Eu estava sentindo que algo iria acontecer. Agora tenho certeza. É triste pensar que não poderemos fazer nada.

— Você está enganada. Estamos com Deus e temos amigos espirituais que estão nos auxiliando. Com eles, estamos fazendo tudo.

— Eu queria que nada acontecesse com papai.

— Ele escolheu o próprio caminho e terá de colher de acordo com o que semeou. Por que pensa que ele vai sofrer? Alimentando esse pensamento, não estará prejulgando?

— Falou o advogado! — brincou Ramiro.

— Claro, Ângela. Se você espera que algo ruim aconteça algo é porque o julga merecedor dessa colheita. Se deseja auxiliar seja quem for, precisa aprender a abster-se de julgar.

— Minha mãe não fez isso em sua carta.

— Não. Ela entendeu que todas as coisas têm vários lados, mas um só é o verdadeiro. Ela o encontrou, por certo.

— Tem razão — e, voltando-se para Novais, ela perguntou: — Eduardo já lhe contou o que está acontecendo comigo?

— Não, mas não precisa dizer nada.

— Faço questão de lhe contar tudo. Tenho certeza de que poderá nos ajudar.

Sem omitir nenhum detalhe, Ângela contou toda a sua vida, as descobertas que fizera até então e finalizou:

— Esta situação não pode continuar por muito tempo. Não sei se podemos fazer alguma coisa mais.

— É melhor ser discreta. A mensagem de hoje foi para termos fé. Confiemos na ajuda de Deus. Uma coisa eu sei: só acontecerá o melhor para todos. Ainda que pareça ruim, o resultado final será bom. A vida trabalha sempre para o melhor. Podem contar comigo para o que precisarem.

— Obrigada, doutor. Amanhã, nós iremos ao casamento de Ronaldo e Marilda. Gostaria que o senhor fosse conosco.

— Não sei... não fui convidado.

— São pessoas simples e muito agradáveis. Tenho certeza de que gostará deles.

— Vamos, papai. Você não tem saído.

— Está bem. Irei com vocês.

Eles continuaram conversando. Ângela sentia-se mais segura e recuperou a alegria. Quando a deixaram em casa, estava muito bem.

O dia seguinte amanheceu ensolarado. Preocupada com o casamento, Marilda só conseguiu dormir de madrugada e acordou tarde.

Rosana esperava-a com um caprichado café da manhã, e Angelina, amiga de Marilda, fazia-lhe companhia. Quando Marilda surgiu na copa, elas abraçaram-na com alegria.

— Finalmente, chegou o grande dia! — disse Angelina.

— Estou nervosa, com medo de que alguma coisa saia errado.

— Não tenha medo. A malvada da sua sogra não vai aparecer — tornou Angelina.

— O doutor Romualdo garantiu que não permitirá a presença dela — esclareceu Rosana.

— É difícil a uma mãe não comparecer ao casamento do filho, ainda mais quando ele é o primeiro que se casa na família — considerou Angelina.

— Espero que ela não apareça mesmo — disse Marilda.

Angelina procurou contemporizar:

— Talvez, ela tenha se arrependido, afinal, é mãe. É possível que vá e ainda a abrace com carinho.

— Você diz isso porque não a conhece — respondeu Marilda.

— Ela é orgulhosa demais para ter uma atitude dessas.

— Vamos tomar nosso café — propôs Rosana. — E esquecer esse assunto desagradável. Você precisa alimentar-se para ficar bem bonita.

— Não vou conseguir comer. Parece que tenho um bolo no estômago.

— Nada disso. Faça um esforço. Uma boa alimentação vai fazê-la se sentir melhor.

— Sua mãe tem razão. Já levaram todos os presentes para sua casa?

— Sim. Está tudo pronto. Inclusive a mala para a viagem.

— Que maravilha! Uma viagem à Europa em lua de mel! Ainda por cima com o homem que você ama! Se fosse comigo, estaria delirando de alegria.

— Eu estava até acontecer o que você sabe...

— Qual nada! O importante, minha amiga, é que Ronaldo a ama. Além disso, ele nunca se deu bem com a mãe mesmo. Jogue fora esses pensamentos ruins. Tenho certeza de que vocês serão muito felizes!

Marilda sorriu mais animada.

— Isso mesmo. Hoje é meu grande dia. Vai dar tudo certo.

Preocupada, Rosana procurou ocultar os sentimentos e mostrar-se alegre. Temia que aquele casamento trouxesse sofrimento para Marilda.

Mercedes acordou irritada, desceu para o café e ficou esperando Romualdo. Ele apareceu, deu-lhe um bom-dia formal e sentou-se à mesa. Ela esperou que o marido tomasse o café e depois disse com voz que procurou tornar calma:

— Quero conversar com você.

Ele olhou-a sério e respondeu:

— Não temos nada a falar um com o outro.

— Você não pode permitir que essa desgraça se consuma.

— Já lhe disse que não quero falar com você sobre isso. Nosso assunto está encerrado.

— Mas eu quero falar! Não estou suportando esta situação!

— Tome um calmante e controle seus nervos.

— Nunca pensei que você fosse tomar partido daquelas duas contra mim.

Romualdo permaneceu calado, e ela continuou:

— Depois de tantos anos juntos, não esperava essa atitude.

— Não falemos mais sobre esse assunto. Não gosto de conversar sobre nossos problemas diante dos criados.

— Então, vamos ao escritório.

Romualdo olhou na direção de Mercedes e decidiu:

— Vamos.

Uma vez lá, sentados um diante do outro, ele tornou:

— Concordei em vir conversar com você só para lembrá-la de não ousar aparecer no casamento.

— E se eu quiser ir, o que você fará?

— Sofrerá um vexame, porque contratei dois homens para ficar na porta e impedi-la de entrar.

Mercedes levantou-se nervosa. Sua voz tremia de raiva:

— Como se atreveu a fazer isso? Ninguém pode impedir uma mãe de ir ao casamento do filho!

— Tudo seria diferente se você não houvesse ameaçado fazer um escândalo. Não desejo que nada perturbe esse casamento e fui forçado a tomar minhas providências. Ronaldo se casará em paz.

Mercedes não encontrou palavras para responder; a raiva a sufocava. Ela aproximou-se do marido, fixando-o nervosa, e por fim conseguiu dizer:

— Vocês vão me pagar por toda a humilhação que estão me fazendo passar.

Mercedes deu as costas e saiu. Romualdo passou a mão pelos cabelos contrariado. Não queria que as coisas fossem assim, mas estava firme na decisão de impedir que ela fizesse o que prometera.

Romualdo ficou pensando em sua vida e em seu casamento destruído. Quanto tempo perdido! Sentiu-se triste, deprimido, e não viu que um vulto de mulher se aproximou dele dizendo-lhe ao ouvido:

— Reaja! Você ainda tem muitos anos para viver na Terra. Aproveite o tempo que lhe resta. Vire essa página de sua vida e pense em sua felicidade. Mercedes ainda não está pronta para seguir com você. Ele não ouviu as palavras, mas pensou:

— Tenho de reagir. Não posso continuar vivendo ao lado de uma mulher que não me faz feliz. Vou cuidar de minha vida.

Romualdo levantou-se, foi à escrivaninha, abriu a gaveta e apanhou os roteiros de viagem que estudara. Pegou um bloco, uma caneta, e tratou de decidir para onde iria. Envolveu-se de tal forma nisso que seu rosto se distendeu. Toda a preocupação desapareceu. Ele só conseguia pensar no que faria, aonde iria primeiro e que pesquisas realizaria com o objetivo de escrever seu livro.

Mercedes deixou o escritório e foi para o quarto. Sentia vontade de destruir tudo o que havia em sua frente, mas controlou-se. Não queria que os criados soubessem como estava sendo humilhada.

Sentindo-se impotente, Mercedes sentou-se na cama e cerrou os punhos com raiva. As lágrimas desceram por suas faces, e ela deixou-as correrem livremente.

Aquilo não podia ficar assim. Precisava fazer alguma coisa. Elas haviam ganhado a primeira batalha, mas seria a única. Dali para a frente, faria tudo para provar ao marido que tinha razão, que elas não prestavam e que aquele casamento nunca daria certo.

Teria de esperar que Ronaldo voltasse da viagem. Enquanto isso, estudaria seu plano. Elas se arrependeriam amargamente de terem cruzado seu caminho.

Ronaldo chegou à igreja meia hora antes do horário marcado para a cerimônia. Sentia-se emocionado e feliz. Alguns colegas e amigos, com suas famílias, já estavam acomodados. Romualdo chegou em seguida e foi à sacristia, onde Ronaldo o esperava.

— A igreja está linda. Decoração de extremo bom gosto.

— Também gostei. Dona Rosana e Marilda escolheram tudo.

— Está nervoso?

— Um pouco, mas muito feliz. Como estão as coisas lá em casa?

— Bem... logo cedo, sua mãe quis conversar, e eu a proibi de comparecer.

— Lamento que seja assim.

— Eu também.

— Tem certeza de que ela não vai cumprir a ameaça?

— Tenho. Avisei-lhe que contratei dois homens para ficar na porta e impedi-la de entrar.

— Você fez isso mesmo?

— Fiz. Eles estão lá. Se ela aparecer, não a deixarão entrar. Fique tranquilo. Nada vai empanar o brilho de seu casamento.

— Você chegou a esse extremo... Estou admirado.

— Deixei de ser acomodado. Há momentos em que precisamos tomar atitudes mais firmes. Fiz um balanço de minha vida e percebi que tenho perdido tempo fazendo apenas o que as pessoas querem. De agora em diante, vou pensar em mim e cuidar de minha felicidade. Ronaldo ficou calado por alguns instantes e depois disse:

— É bom que pense assim. Só espero que meus problemas não tenham ocasionado seus desentendimentos com mamãe.

— De forma alguma. Foram as atitudes dela que me fizeram perceber o quanto eu estava acomodado às convenções sociais, às manipulações dela, tudo muito distante dos anseios de meu coração.

Rosana entrou na sacristia e avisou:

— Marilda chegou.

Imediatamente, o padre pediu que eles se colocassem no altar, chamou os coroinhas, e, a um gesto seu, a música começou, a porta principal foi aberta, e Marilda entrou sozinha.

Emocionada, a moça caminhava lentamente pela nave, olhos brilhantes, coração batendo forte. Ronaldo foi buscá-la no meio do caminho, beijou sua mão, colocou-a em seu braço e juntos foram até o altar.

O padre oficiou a cerimônia falando sobre a vida conjugal e depois os abençoou. Eles colocaram as alianças um no outro, e o padre os declarou marido e mulher.

Após o beijo, os dois saíram acompanhados pelos padrinhos Rosana e Romualdo. Depois, todos se dirigiram ao hotel onde Ronaldo reservara uma sala para receber os convidados e onde ele e Marilda passariam a noite.

Lá receberam os cumprimentos e os votos de felicidade. O ambiente era agradável. Eles haviam convidado apenas os amigos, pessoas com as quais se sentiam bem.

Ângela abraçou Marilda com carinho, desejando-lhe felicidades, ao que ela respondeu:

— Graças a Deus tudo correu bem. Eduardo, que estava atrás, abraçou-a.

— Vocês serão muito felizes.

Cumprimentou Ronaldo e apresentou-lhes Ramiro, que os abraçou com prazer.

Ao lado da filha, Rosana recebia os convidados com atenção. Enquanto os noivos posavam para as fotos, foi servido um coquetel e, depois que todos estavam acomodados, um jantar.

A um canto, um músico tocava tocava músicas suaves no piano. Rosana sentou-se ao lado de Ângela, tendo Ramiro ao lado.

— Felizmente, tudo saiu bem — comentou Rosana com satisfação.

— Fiquei emocionada. Foi lindo — respondeu Ângela.

Rosana suspirou e não respondeu logo. Ramiro interveio:

— É sua única filha?

— É toda a minha família.

— Logo terá netos circulando pela casa.

— O senhor já tem netos?

— Ainda não. Sou viúvo, e Eduardo é meu único filho.

— Nesse caso, terá de esperar. Talvez não demore muito.

Rosana sorriu olhando Ângela e Eduardo, que conversavam baixinho.

— Espero que não. Não gosto de ficar só. Minha mulher morreu há pouco mais de um ano, e Eduardo morava fora do Brasil. Fiquei deprimido, sem motivação para nada. Felizmente, ele voltou e decidiu ficar. Para ser sincero, há muito tempo eu não saía para me distrair. Entreguei-me ao trabalho, tentando esquecer a dor e me habituar à nova situação.

— Sei como é isso. Quando meu marido morreu, Marilda era criança. Foi difícil superar. — Fez breve pausa e tornou: — Mas não quero entristecê-lo com minhas lembranças. Felizmente, consegui educá-la. Se não pude lhe dar uma formação universitária, procurei ministrar-lhe os valores éticos que são a base da boa formação.

— A ilustração pode ser adquirida a qualquer momento, mas, quanto mais cedo os valores eternos do espírito forem aprendidos, melhor. É a tarefa primeira dos pais depois da escola. É mais importante para um jovem saber lidar com suas emoções, poder discernir, olhar a vida pelo lado mais verdadeiro, do que toda a cultura aprendida do mundo.

— É verdade. Durante anos, estudei em bons colégios, mas neles nunca ninguém me ensinou a lidar com a dor, a indecisão, a maldade alheia ou com minhas fraquezas. Seria bom que, além do conhecimento acadêmico, os professores nos ajudassem a lidar melhor com isso.

— Não sei se teriam conhecimento para tanto. O que me ajudou mesmo foi conhecer a espiritualidade. Desde muito cedo,

Eduardo via os espíritos desencarnados. A princípio, eu e Olga ficávamos assustados, mas, com o tempo, percebemos que ele possuía esse dom e fomos nos acostumando.

— Ele previu o que nos aconteceria. Tenho certeza de que foi por meio dessa ajuda que pudemos realizar o casamento em paz.

— Aprendemos muito com os amigos espirituais que circulam ao lado dele. O que para muitas pessoas pode parecer estranho se tornou algo trivial para nós.

— Agora que Marilda se casou e vai viajar, ficarei sozinha e gostaria de aprender mais sobre a vida espiritual.

— Posso lhe emprestar alguns livros.

— Lerei com prazer.

A conversa continuou animada, enquanto o jantar era servido. Ramiro sentia-se à vontade naquele ambiente alegre e descontraído. Depois da sobremesa e do bolo, os noivos subiram para o quarto, e os convidados foram se despedindo.

Romualdo combinou com Ronaldo que mandaria o carro na tarde seguinte para levá-los ao aeroporto. Depois, procurou Rosana e ofereceu-se para levá-la em casa. Ela, no entanto, preferiu aceitar o convite de voltar no carro que conduziria Ângela, Eduardo e Ramiro; não queria ir para casa sozinha com Romualdo para não alimentar os boatos de Mercedes.

No trajeto de volta, depois de comentarem sobre a cerimônia e a recepção, Rosana falou que gostaria de conhecer mais sobre espiritualidade. Eduardo prometeu que, além dos livros que Ramiro lhe emprestaria, iria falar com Glória e saber se Rosana poderia frequentar as reuniões.

Ao chegarem, todos desceram do carro para acompanhar Rosana até a porta.

— Estou muito grata por tudo o que fizeram por nós. Gostaria de estreitar nossos laços de amizade.

— Eu também — concordou Ramiro, sorrindo. — Vamos começar programando um jantar em minha casa depois de amanhã.

— Viremos buscá-la — disse Eduardo.

— Não a deixaremos sozinha por muito tempo — tornou Ramiro.

— Isso mesmo! — completou Ângela. — Não a deixaremos sentir falta de sua filha. Amanhã, poderei vir buscá-la para irmos à casa de Marilda. Sei que ainda há algumas coisas que pretende levar para lá. Iremos juntas.

— Nem sei o que dizer... Não quero dar trabalho.

— Sei que está cansada. Descanse pela manhã. Virei lá pelas duas horas, e faremos tudo que precisar.

Rosana abraçou-a agradecida. Aquele apoio a sensibilizava muito. Desde a morte do marido, dedicara-se exclusivamente à filha. Agora que ela saía de sua guarda para viver sua vida, Rosana tinha medo de não saber o que fazer sem ela.

Ângela sorriu e continuou:

Vamos combinar uma coisa. Você sentirá falta de sua filha, como eu tenho saudade de minha mãe. Fazendo companhia uma à outra, ficaremos bem. Gostaria muito de ter uma mãe como a senhora.

— Obrigada, minha filha. Sinto que não estou sozinha. Pensei que estava perdendo uma filha, mas ganhei outra. Que Deus a abençoe.

Despediram-se, e Rosana entrou em casa. Sentia-se cansada, mas feliz. Marilda casara-se com um moço bom, que a amava. Não teria mais que se preocupar com seu futuro nem em ganhar o sustento dela. Ronaldo era rapaz de classe e daria a ela uma vida confortável e feliz.

Antes de se deitar, Rosana ajoelhou-se ao lado da cama e rezou agradecendo a Deus pela felicidade da filha e por Ele ter pensado nela trazendo para seu lado novos e sinceros amigos. Depois, deitou-se e logo adormeceu.

Depois que Romualdo saiu para ir ao casamento, Mercedes ficou pensando. Seria mesmo verdade que ele contratara dois homens para impedi-la de entrar na igreja? Ele a proibira de ir, mas, à medida que o tempo foi passando e a hora da cerimônia se aproximava, ela não se conteve e decidiu ir até lá.

Aprontou-se, tomou um táxi e foi até a igreja. Talvez Romualdo estivesse blefando. Ele não teria coragem de tomar uma atitude tão drástica.

Perto da igreja, não desceu do carro. Achou prudente observar primeiro, pois de onde estava podia ver a porta de entrada. Não queria passar um vexame. Viu os convidados chegando, viu Ronaldo, Romualdo, e notou que havia dois homens parados na porta, um de cada lado. Calados, eles não falavam com ninguém.

Mercedes trincou os dentes com raiva. O marido não mentira. Aqueles homens estavam esperando para impedi-la de assistir ao casamento de seu próprio filho.

Revoltada, Mercedes sentiu vontade de ir até lá e fazer um escândalo, mas pensou melhor e desistiu. Não se prestaria a ser motivo de comentários. Notou que não havia nenhum convidado importante de suas relações.

Viu quando a noiva chegou e entrou na igreja. Dentro do carro, Mercedes continuou esperando. Depois, quando saíram e foram para o hotel, ela mandou que o táxi os seguisse. Estava arrasada. Eles tinham se casado e estavam sorrindo felizes, enquanto ela se sentia humilhada e destruída.

Mercedes deixou-se ficar dentro do carro, sem se importar com o motorista que de vez em quando a olhava pelo retrovisor.

"Certamente, agora Romualdo e a outra estão livres para ficar juntos", pensou. "Vão aproveitar a ausência de Marilda."

Mas, admirada, viu Romualdo sair sozinho e pegar o carro. Imediatamente, mandou o motorista levá-la para casa. As ruas estavam desertas, e, apressando-o, conseguiu chegar em casa antes do marido.

Mercedes pagou o táxi e entrou na casa. Correu para o quarto, tirou a roupa e deitou-se. Escutou Romualdo entrar e ir para o quarto de hóspedes.

Por que ele e Rosana não teriam ficado juntos? Talvez não quisessem dar na vista. Depois de ficarem cientes de que ela sabia da ligação deles, haviam decidido ser discretos.

Chegando à casa de Ângela, Eduardo desceu do carro e acompanhou-a até o portão.

— Que bom que correu tudo bem — disse ela sorrindo.

— Tão bem que a felicidade deles me convenceu a fazer o mesmo. Quero me casar com você. Pode marcar a data.

— Eu também quero, mas não podemos marcar nada ainda. Teremos de esperar a situação em casa ser resolvida.

Eduardo beijou-a com carinho e tornou:

— Diga que aceita se casar comigo.

— Me casar com você é o que mais quero.

— Nesse caso, amanhã mesmo apreiessar as providências para regularizar meus negócios e cuidar dos preparativos. Espero que seja logo.

— Eu também.

Os dois beijaram-se novamente, e Ângela entrou. Como sempre, Marina estava em seu quarto espiando atrás da cortina. Temendo um ataque, ela vivia atenta ao menor ruído. Ouviu quando o carro parou e foi olhar. Sentiu raiva quando os viu se despedir. Ângela sempre tivera tudo na vida, enquanto ela teve de suportar pobreza, humilhação e um casamento com um homem que não amava.

De que lhe valera todo o sacrifício se agora vivia reclusa, sem poder usufruir o que conquistara? Além de bonita e rica, Ângela conquistara um homem bonito e rico. Marina estava no auge do desespero. Não suportava mais levar aquela vida.

Já tinha elaborado seu plano para escapar. Tinha certeza de que Rogério faria tudo como ela queria. O problema era que ele não tinha como arranjar dinheiro rapidamente. Teriam de esperar pela venda do apartamento, e isso poderia demorar. Ela dera instruções para que ele vendesse o imóvel abaixo do preço. Iludira-o com a promessa de que o importante era ter o suficiente para escapar do país. Uma vez no exterior, teriam muito dinheiro.

Ouviu quando Ângela entrou em casa e subiu para o quarto. A casa estava silenciosa. Marina deitou-se novamente e tentou dormir. Como não conseguiu, tratou de rever seu plano de fuga minuciosamente. Já que teria de esperar para colocá-lo em prática, comprazia-se em imaginar os mínimos detalhes até o sucesso total. Via-se em um lugar maravilhoso, linda, requestada, rodeada de admiradores. Claro que nos primeiros tempos teria de conformar-se em viver no anonimato. Precisava ter calma para encontrar um lugar onde pudesse viver livre, sem nenhuma possibilidade de que seus inimigos a encontrassem.

Usaria várias identidades a fim de despistá-los. Pensava em viajar com Rogério e ficar com ele o tempo suficiente para localizar-se e planejar aonde iria a seguir. Depois, desapareceria, e ele nunca mais a encontraria.

Dando asas à imaginação, Marina não notou que dois vultos a abraçavam, sugerindo-lhes ideias e rindo maliciosamente quando notavam que ela as captava.

Sem conhecimento sobre espiritualidade e não acreditando na sobrevivência após a morte, Marina não imaginava que seus pensamentos estavam sendo compartilhados por seres desencarnados, que pretendiam aproveitar-se de seus pontos fracos e de suas ilusões para continuarem alimentando os vícios de quando viviam na carne.

Capítulo 19

Duas semanas depois, finalmente Rogério ligou para Marina dando a senha combinada. Ela respondeu que Ângela o esperaria naquela noite no lugar de costume. Mais uma vez, Marina valeu-se do sonífero que fora receitado para Raul e colocou a dose na garrafa de café.

Foi com impaciência que esperou por Rogério. Assim que se viu a sós com ele em seu quarto, não conteve a ansiedade:

— E então? O que conseguiu?

— Tudo. Comprei o que me pediu, e a venda do apartamento está praticamente fechada.

— Como praticamente?

— Recebi um sinal de compromisso, e o dinheiro será depositado daqui a três dias, quando for passar a escritura.

— Quanto conseguiu?

— Menos do que vale. Apenas dois milhões de cruzeiros[1].

— Dá para irmos embora e nos sustentarmos até pegarmos o dinheiro lá fora.

Rogério abraçou-a e beijou-a apaixonadamente. Ela retribuiu com satisfação. Finalmente, uma boa notícia. Tudo daria certo, e logo estaria livre para fazer o que desejava.

---

1 Cruzeiro: unidade monetária utilizada na época e que foi substituída pelo real — unidade monetária atual (Nota da Revisora).

Foi a custo que Rogério se desprendeu dos braços de Marina e deixou a casa. Haviam combinado de que ele trataria de tudo para a viagem com destino ao Líbano. De lá tomariam um trem para outro lugar.

Marina não quis ir para a Europa como Rogério desejava, porque sabia que seus inimigos mantinham contatos com países daquele continente. Ela deu-lhe instruções para que falasse com um conhecido seu e obtivesse identidades e passaportes falsos. Depois, Rogério deveria comprar as passagens, tomando cuidado para que ninguém o seguisse.

Na manhã seguinte, Marina foi ao quarto de Raul com o produto que ele lhe pedira para comprar. Para não ter de falar sobre Rogério, inventou uma história dizendo que fingira uma dor de dente e um dos vigias a levara ao dentista. Lá, conseguira ludibriar a vigilância, foi aonde Raul indicara e comprou o produto. Não disse, porém, que lhe entregara apenas a metade e guardara o restante. Raul apanhou o pacote e perguntou:

— Tem certeza de que Ari não percebeu que foi enganado?

— Tenho. Conheço bem o prédio. Fiz tudo sem que ele notasse.

Raul sorriu satisfeito.

— Eu sabia que você encontraria um jeito. Logo estaremos livres e poderemos viver nossa vida longe dos inimigos.

— Poderíamos ter continuado aqui como sempre, se você não tivesse inventado de desistir da sociedade com Martínez. Eu sabia que eles não iriam concordar. Neste negócio, é fácil entrar, mas não sair.

— O que está feito está feito. Agora não dá mais para recuar. Temos de seguir em frente. Hoje mesmo falarei com Ângela. Quero que ela viaje por uns quinze dias, pois assim estará longe quando a bomba estourar. Quero que ela fique fora disso.

— Não sei se conseguirá. Martínez é vingativo. Ele pode querer vingar-se nela.

Raul cerrou os punhos com raiva.

— Se ele tocar nela, o matarei com minhas próprias mãos.

— Seria mais seguro se você aproveitasse que vamos embora e denunciasse toda a quadrilha antes de partirmos, assim, eles ficarão ocupados e não terão condições de nos seguir.

— Você está louca? Aí, sim, eles vão querer se vingar. De forma alguma! Bom mesmo seria se Ângela voltasse para a Inglaterra, mas ela não quer de jeito nenhum.

— Não quer porque arranjou um namorado.

— Namorado? Isso não é nada bom. Pode atrapalhar nossos planos. Quem é ele?

— Não conheço. É filho do doutor Novais. Ângela diz que você sabe quem é.

— Sei. Se as coisas não estivessem como estão, poderia até ser bom, mas no momento é complicado, por isso ela não quer ir.

— Ângela nunca o convidou para entrar aqui. Aliás, ela não convida ninguém.

— Claro. É inteligente e sabe que vivemos momentos difíceis. Falarei com ela. Ficaria mais sossegado se ela fosse para a Inglaterra.

Marina deixou o quarto do marido satisfeita. Tudo estava correndo como ela queria. No corredor, encontrou Ângela.

— Foi bom encontrá-la. Como foi o casamento ontem?

— Bom.

— Casualmente, vi quando você chegou. Divertiu-se?

— Sim.

— Você não me parece muito entusiasmada, mas, pelo que vi, estava em muito boa companhia.

— Você disse ontem que queria conversar comigo. O que deseja?

— Seu pai quer falar com você. Ele lhe dirá mais ou menos a mesma coisa.

Ângela bateu levemente na porta do quarto de Raul e entrou. Ele fez sinal para que fechasse a porta à chave e desligou o microfone.

— Deseja falar comigo?

— Sim. Está na hora de você fazer aquela viagem que pedi.

— Para quando quer que eu marque?

— Para daqui a três dias. Estou preocupado com sua segurança. Como lhe disse, eu e Marina vamos embora para um lugar ignorado. Nossos inimigos são vingativos e, se você ficar, podem querer me pressionar fazendo-lhe mal.

Ângela assustou-se:

— Em que se baseia para pensar isso?

— São suposições. Conheço-os e conheço seus métodos. Pode ser que não façam nada, mas eu ficaria mais seguro se você viajasse amanhã mesmo para Londres. Eles sabem que você reside lá, e sua viagem não despertará suspeitas.

— Mas, quando souberem que você fugiu, poderão ir atrás de mim para descobrir onde vocês estão.

— É uma possibilidade remota. Não creio que se darão ao trabalho de procurá-la. Além disso, eles possuem outros meios de investigação que acionarão para nos encontrar e sabem que nunca a coloquei a par de nossos negócios. Ângela ficou calada por alguns instantes e depois disse:

— Foi por causa disso que você me internou no colégio e mamãe desapareceu. Ela não concordava com o tipo de trabalho que você fazia.

Ele olhou-a irritado.

— O que é isso? Você também está me julgando? Estou querendo salvar sua pele e ainda fica contra mim?

— Não estou contra o senhor. Ao contrário, estou querendo ajudá-lo.

— Se deseja de fato me ajudar, faça o que estou lhe pedindo e nunca mais fale na morte de sua mãe. Chega de remoer o passado. Acabou. Está encerrado.

— Você gostaria que fosse assim, mas a morte é uma ilusão. Mamãe continua viva em outro mundo e me disse que um dia ainda saberei de toda a verdade. Gostaria que me contasse tudo.

Ele olhou-a admirado.

— De onde tirou essa ideia maluca? Quem morre não volta nunca mais. Esse ardil não me pega.

— Não é ardil, papai. Mamãe continua viva em outra dimensão. A vida não se resume apenas a este mundo onde estamos. Quem morre continua vivendo em outro lugar, mas continua a mesma pessoa, com os mesmos afetos e as mesmas ideias que tinha na Terra.

Raul, que a princípio se assustara, começou a rir e respondeu:

— Eu deveria ter imaginado que, sendo educada na Inglaterra, eles colocariam essas fantasias em sua cabeça. Lá eles fazem sessões espíritas, e há até pessoas sérias que estudam o assunto, mas não têm nenhuma prova de que isso seja verdade. Você é inteligente, filha. Nunca pensei que se deixasse enganar dessa forma.

— Você tem razão em parte. Eles realmente estudam os fenômenos espíritas. Frequentei algumas sessões lá. Mas foi aqui, depois que voltei, que mamãe se comunicou e me deu provas irrecusáveis de identidade.

— Não acredito. Então, por que ela não lhe contou tudo?

— Porque não pode. Onde ela vive precisa subordinar-se à disciplina. Tem permissão para se comunicar comigo, mas não para me revelar os acontecimentos.

— Quer que eu acredite nisso? Não entrarei em sua fantasia.

— Estou lhe dizendo a verdade. Um dia, você terá provas disso.

— Vamos esquecer este assunto. Arrume suas coisas, compre a passagem e vá. Quero que esteja longe quando eu partir.

Ângela ia responder que se recusava a partir, mas, olhando o rosto conturbado de Raul, resolveu contemporizar.

— Está bem, pai. Cuidarei disso.

— Hoje mesmo. Assim que tiver as passagens, me avise.

Ângela deixou o quarto do pai e desceu as escadas. Marina esperava-a na sala.

— E então? Combinaram tudo?

— Sim.

— Fará o que ele lhe pediu?

— Sim.

Ângela ia comer alguma coisa, mas mudou de ideia. Subiu, arrumou-se, apanhou a bolsa e saiu.

Marina ficou satisfeita. Com certeza, ela iria comprar a passagem e iria embora logo. Falaria com Raul para confirmar tudo.

Seria muito bom que Ângela fosse para longe, pois, assim, Marina poderia executar seus planos sem que ninguém suspeitasse.

Ângela foi procurar Eduardo. Não sabia o que fazer. Não queria ir para longe, mas, ao mesmo tempo, tinha receio de ver-se envolvida e estar correndo riscos.

Sentada no escritório com Eduardo e Ramiro, Ângela relatou a conversa que tivera com o pai e finalizou:

— Não sei o que fazer. Sinto que, se ficar, estarei me arriscando, mas, por outro lado, ir para a Inglaterra, como papai deseja, não me garante proteção.

— A situação é delicada — concordou Ramiro. — Acho perigoso que vá para qualquer lugar, seja para onde for, e fique sozinha.

— Papai tem razão. Nós não sabemos como esses bandidos reagirão quando souberem que eles fugiram. Esses indivíduos são vaidosos demais para aceitarem que foram ludibriados e passados para trás.

— Não sabemos também que tipo de interesse há entre eles. Deve ser algo importante para se darem ao trabalho de mantê-los sob vigilância cerrada, não permitindo que Marina saia de casa nem veja ninguém. E você? Tem certeza de que não está sendo vigiada?

— Tenho. Como papai sempre fez tudo para que eu nunca soubesse que tipo de negócios ele mantém, pensam que ignoro essas coisas. Assim, não se sentem ameaçados. Desde o atentado de papai, eles temem que papai ou Marina os denuncie à polícia, por isso, a pretexto de nos proteger, vigiam tudo dentro da casa. Instalaram escuta nos telefones, no quarto de papai, tanto que, para conversar, ele, que já descobriu o microfone, o desliga.

— Então é por essa razão que seu pai pensa que em Londres você estará segura — tornou Ramiro.

— É um engano — discordou Eduardo. — Se por alguma razão eles quiserem encontrar os dois, é quase certo que irão procurá-la. Deduzirão que você sabe aonde foram, ou então que, mantendo você sob domínio deles, o obrigarão a se entregar. Não estou gostando disso. De todas as formas, você está correndo riscos.

— Temos de encontrar outra solução — concordou Ramiro.

Eduardo pensou um pouco e depois disse:

— Façamos o seguinte: diga a seu pai que fará o que ele pediu. Compre a passagem, prepare tudo e se despeça de todos. Nós a levaremos ao aeroporto, mas, no momento de embarcar, você não irá.

— Como assim?

— Nós a levaremos a um lugar seguro, onde ficará até que não corra mais nenhum perigo.

— Boa ideia, filho, mas isso terá de ser muito bem-feito para que ninguém desconfie.

— Vamos planejar tudo muito bem. Mílton nos ajudará. Creio que é hora de buscarmos auxílio policial.

— Eu sempre desejei procurar a polícia — disse Ângela.

— Mílton tem os contatos. Trabalha para o serviço de inteligência da polícia. Eles saberão como agir com esse tipo de problema — respondeu Eduardo.

— Poderão nos orientar, uma vez que detêm informações que não temos. Talvez até já estejam investigando esse caso — opinou Ramiro.

— Vou ligar para Mílton e pedir que venha aqui — decidiu Eduardo.

Mílton combinou que estaria lá dali a uma hora. Enquanto esperavam, eles foram pensando nos detalhes.

O almoço foi servido, e diante dos criados eles não tocaram no assunto. Foram tomar café no escritório, e Mílton chegou e juntou-se a eles.

Colocado a par dos acontecimentos, ele disse:

— Concordo que Ângela precisa de proteção. Há anos, a polícia investiga a quadrilha de Martínez, mas nunca conseguiu obter as provas de que precisa para prendê-los. Talvez possamos consegui-las agora. Não escondo que a vida de Raul e Marina está por um fio. Como eram sócios, Raul deve saber muitas coisas e pode nos fornecer as provas de que precisamos para prendê-los. Por tudo isso, os homens de Martínez estão dentro da casa vigiando.

— A polícia não pode ir lá prendê-los e forçar Raul a dizer a verdade? Assim, pelo menos, a vida dele estaria salva — considerou Ramiro.

— Nós podemos fazer isso: dar uma batida, dizer que encontramos drogas, mas logo os advogados infernizariam a vida da polícia e não teríamos como manter a prisão. Depois, com certeza, eles matariam Raul para evitar que ele desse com a língua nos dentes — esclareceu Mílton.

— Não é simples assim, pai. É preciso muita cautela. Esses homens têm dinheiro, poder, conseguem acionar gente importante. Depois, matam com a maior facilidade. Eles têm gente especializada só para esse tipo de serviço.

— Nesse caso, não poderemos fazer nada — tornou Ângela, desanimada.

— Eu não disse isso — retrucou Mílton. — Temos de nos juntar ao pessoal especializado e trabalhar juntos. Eles, além da experiência, têm como investigar essas pessoas. Pode crer que têm o máximo interesse de colocá-los atrás das grades.

— Temos pouco tempo. Papai me deu três dias para ir embora. Estou com medo!

— Nós a protegeremos — garantiu Mílton.

— O que vai acontecer a papai? Ele será preso, condenado e ficará com raiva de mim. Além disso, ainda me acusará de traição.

— Ele escolheu o próprio caminho ao juntar-se a esses elementos. Você não tem culpa de nada — tornou Mílton.

Ângela não conseguiu impedir que lágrimas escorressem por seu rosto.

— Estou desolada! Não quero que nada de mau lhe aconteça! Sei que ele me ama a seu modo e está querendo me proteger. Não posso denunciá-lo à polícia!

— Deixe isso com Mílton. Oficialmente, você não sabe de nada. Ele cuidará para que não precise testemunhar contra seu pai. Você só dirá à polícia como tem sido a rotina em sua casa desde que voltou — sugeriu Eduardo.

— Seria muito bom que ela testemunhasse contra ele. Precisamos de provas — disse Mílton.

— Não posso fazer isso!

— Ela nunca presenciou nada, pois foi mantida fora o tempo todo. Desconhece nomes, situações. Para ela, a empresa do pai opera legalmente. Vamos escondê-la até que tudo esteja resolvido. Depois, quando ela voltar, dirá que ignorava tudo, o que é a verdade — esclareceu Eduardo. — Esse grupo pode ter grande extensão. Para que ela não sofra nenhum risco, é necessário que eles acreditem nisso.

— Está bem — concordou Mílton. — Vamos afastá-la daqui e protegê-la. Enquanto isso, colocarei o inspetor-chefe a par do caso. O delegado que está cuidando do inquérito sobre o atentado de Raul está prestes a encerrá-lo por falta de provas. Ele sabe que esse atentado foi uma queima de arquivo, mas, como não tem como provar, nada poderá fazer. Encerrará o caso, e as investigações certamente pararão aí.

— E o que acha que acontecerá depois? — indagou Ângela.

— Eles acabarão o que começaram. Simularão outro assalto, o casal aparecerá morto, e eles continuarão agindo livremente — explicou Mílton.

— É revoltante a impunidade desses bandidos! — comentou Ramiro.

— Por essa razão, pedi a Ângela que testemunhasse. Seria a única forma de proteger o pai dela e preservar sua vida. Lamento ter de lhe dizer isso, Ângela. Esses homens não merecem nenhuma consideração. São assassinos cruéis. Só lhes interessa dinheiro e poder. Para isso, não se importam em destruir a juventude, infelicitar famílias e perturbar a sociedade. Não tenho dúvida de que a onda de violência que assola o mundo é causada pelo uso das drogas e do álcool. Ângela chorava, e Eduardo abraçou-a, alisando-lhe os cabelos com carinho.

— Não chore, querida. Temos de enfrentar esta situação com coragem. Aconteça o que acontecer, a enfrentaremos juntos.

— Sinto muito, Ângela — disse Mílton. — Gostaria de poder evitar esta situação, mas acredito que, embora doa a princípio, a verdade é melhor que a ilusão — dirigindo-se a Eduardo, perguntou: — Você pode se ausentar de São Paulo por algum tempo?

— Posso. Estou tratando da transferência de meu escritório de Nova York para cá, mas isso pode esperar.

— Muito bem. Faremos o que você sugeriu. Ângela comprará a passagem para Londres, se despedirá de todos, inclusive de você, e embarcará. Você voltará para casa e, depois de uma hora ou duas, retornará ao aeroporto e viajará para o Rio. Como o avião de Ângela fará escala no Rio, ela desembarcará. Lá, teremos um agente nosso à espera dela, com as instruções. Vocês se encontrarão e irão para um lugar seguro, onde deverão ficar até nova ordem. Entendido?

— Sim — respondeu Eduardo.

— Preciso colocar o inspetor a par de tudo e pedir autorização para cuidar do caso. Ele tem se empenhado e há muito tempo espera uma oportunidade para prender esses homens. Estou certo de que concordará. Em todo caso, ligarei para você depois de conversar com ele.

Ramiro interveio:

— O que pensa em fazer para conseguir as provas de que precisa?

— Não sei ao certo. Reuniremos a equipe, conheceremos detalhes de cada um, avaliaremos tudo e planejaremos como conseguiremos prendê-los. Tudo terá de ser muito bem planejado. Não podemos errar. Qualquer deslize poderá causar uma tragédia. Faremos tudo para evitar derramamento de sangue, mas, num caso desses, é difícil prever.

Mílton despediu-se. Depois que ele se foi, Ângela considerou:

— O doutor Adalberto disse que ele era um detetive particular, mas parece que é policial.

— Ele é detetive particular, mas trabalha com a polícia. Mílton é muito correto e respeitado no meio.

— Estou pensando em falar com o doutor Adalberto. Ele não está sabendo de nada.

— Poderíamos ir até lá no fim da tarde.

— Uma coisa está me preocupando...

— O quê, Ângela?

— Rogério está metido nisso, e o doutor Romualdo não sabe de nada. Não seria melhor preveni-lo?

— Se estivesse acontecendo algo com meu filho, eu gostaria de saber — comentou Ramiro.

— O problema é que não sabemos como ele reagirá. Pode pôr tudo a perder — disse Eduardo.

— Ele me parece um homem sensato. Você acha que ele não cooperaria com a polícia?

— Ele nem sonha que o filho está metido nessa encrenca, mas, pensando bem, não podemos ignorar o fato de que a vida de Rogério corre perigo — tornou Eduardo.

Ramiro ponderou:

— Temos de considerar que esse moço não é um criminoso. Ele pertence a uma família boa e respeitada, porém, está apaixonado pela mulher errada. É evidente que está sendo usado por ela e pode acabar mal.

— Tem razão, pai. Falaremos com Mílton, e, se ele concordar, conversaremos com o doutor Romualdo.

— Assim me sinto melhor. Convivi com Rogério, fomos amigos, e me causa uma sensação desagradável não fazer nada — disse Ângela.

Ângela queria voltar para casa, mas Eduardo convenceu-a a ficar e esperar Mílton ligar. Na verdade, ele desejava afastá-la de casa o máximo possível. Sentia que algo estava para acontecer e temia por sua segurança.

Passava das seis quando Mílton voltou à casa de Eduardo e justificou-se:

— Preferi vir pessoalmente. Não se pode tratar de certos assuntos por telefone.

Sentados no escritório, eles esperavam que Mílton continuasse:

— O delegado encerrou o inquérito ontem. Falei com o inspetor Braga. Ele está muito bem informado sobre os dois grupos suspeitos de terem cometido o atentado contra Raul.

— Dois grupos? — surpreendeu-se Ângela.

— Sim. O de Martínez, sócio de Raul na empresa, e o de Dino, rival de Martínez, um traficante de drogas que comanda grande parte desse comércio. São grupos inimigos na disputa desse mercado.

— Nesse caso, Martínez pode não ter sido autor da agressão — disse Ângela.

— Pode. Ainda não sabemos qual deles foi. Eu havia informado o inspetor sobre o envolvimento de Rogério no caso, e ele o mantém vigiado. Foi visto conversando com um dos homens de Dino. Há alguns dias, eles sequestraram Rogério e o levaram ao lugar onde Dino atua.

— A polícia não podia impedir isso? Esses bandidos poderiam ter matado o rapaz — tornou Ramiro, preocupado.

— Por enquanto a polícia só está de campana. Não vai interferir. Só o fará quando for oportuno. Algumas horas depois, Rogério foi devolvido ao local onde estava seu carro. Apesar de aparentar nervosismo, ele não foi à polícia nem deu queixa, o que faz supor que tenha sido um encontro planejado.

— Marina é mais esperta do que pensávamos. Ela o está usando para tentar um acordo no qual levará vantagem — disse Eduardo.

— É o que a polícia pensa. Essa atitude nos faz supor que Martínez seja o autor do atentado e que Marina esteja mesmo tentando negociar com Dino. Ela sabe que ele faria tudo para tirar Martínez de seu caminho. Raul está a par dos negócios de seu sócio, e sua colaboração será muito útil a Dino.

— Meu pai não pode fazer isso! Quem garante que, depois de conseguir o que quer, Dino não acabe com ele do mesmo jeito?

— Quem entra nesse negócio está sempre com a vida em risco. Confrontamos as informações, e na noite seguinte Rogério foi recebido por Marina às escondidas. A polícia sabia de tudo. Devem ter feito planos de fuga. Ele vendeu o apartamento para financiar tudo. Raul deve saber que Marina se relaciona com ele — sugeriu Mílton.

— Meu pai não sabe que ela tem um amante. Ele nunca ficaria calado se soubesse. Eduardo interveio:

— Ele não sabe de nada. Marina está envolvendo Rogério e pretende usá-lo na fuga.

— Como sabe? — perguntou Ramiro.

— Angélica está me dizendo. Ela veio com Ângela e ficou observando. Só interveio agora — tornou Eduardo.

— Quem está aqui? — indagou Mílton olhando em volta.
— O espírito da mãe de Ângela — esclareceu Ramiro.
— Vamos ouvir o que ela tem para nos dizer — sugeriu Mílton.
— Ela diz que Raul não está incluído nos planos de Marina. Rogério pensa que os dois vão fugir juntos, mas ela quer se separar dele — disse Eduardo.
— Nunca confiei nela — desabafou Ângela. — Marina pretende fugir com o amante?
— Não — disse Eduardo. — Ela quer fugir sozinha. Pretende enganar a todos.
Os três olharam-no surpreendidos. Mílton perguntou:
— O que mais ela diz? Talvez possa nos dar outras informações.
— Diz que não pode fazê-lo. São muitas pessoas envolvidas, e todas estão pensando nos próprios interesses. Ela afirma que os acontecimentos se precipitarão e nos aconselha prudência e ligação com as forças espirituais. Diz para nos abstermos de julgar ou tomar partido. O melhor agora será ficar no bem incondicional.
— Vou falar com Glória e pedir que nos ajude nas orações — lembrou Ramiro.
— A parte da prudência é a que me compete — tornou Mílton. — Temos de ficar alertas e fazer exatamente tudo que o inspetor exigir.
— O que faremos quanto a Rogério? Não haverá uma maneira de ajudá-lo? — indagou Ângela.
— O conselho de sua mãe é bom: reze. É o que pode fazer — disse Mílton.
— Mas somos amigos do doutor Romualdo, pai de Rogério. Pensamos em avisá-lo, tentar fazer alguma coisa.
— Você não vai fazer isso! Seria loucura. Um homem apaixonado não ouve ninguém e não está em condições de enxergar a realidade. O pai dele vai querer intervir, impedi-lo de fazer o que planejaram e pode precipitar os fatos de maneira desastrosa. Vocês são pessoas de fé. Confiem em Deus e deixem a parte executiva com a polícia. É o melhor que têm a fazer — aconselhou Mílton.

— Angélica concorda — disse Eduardo.

— Estamos controlando tudo — afirmou o detetive. — Quanto a vocês, apenas tratem de tomar as providências que combinamos. O inspetor achou bom nosso plano para protegê-la. Diz que Ângela é uma testemunha importante para depois que todos estiverem presos. Enquanto isso, Eduardo, você cuida dela. Aliás, acho que para você essa é a melhor parte.

— Farei tudo para cooperar. Desejamos que este assunto fique resolvido. Também temos nossos planos para o futuro.

— Quanto ao senhor, doutor Novais, deve manter sua rotina normal. Ninguém pode suspeitar que Ângela está no Brasil.

— Está certo. Só quero que me mantenham informado.

— Pode deixar. Eu mesmo farei isso.

— E quanto ao doutor Adalberto? Poderemos falar com ele? — indagou Ângela.

— Podem, mas sem contar os detalhes. Ele é discreto e de confiança, contudo, falem apenas o essencial.

— Sei como fazer isso — interveio Eduardo. — Direi que os acontecimentos estão se precipitando, que estamos trabalhando com a polícia e que viajaremos para um lugar ignorado a fim de proteger Ângela. Pedirei para que orem por nós.

— Isso mesmo — concordou Mílton. — Amanhã, cuidem da passagem de Ângela para Londres e à noite virei até aqui saber os detalhes para programar tudo minuciosamente. Vai dar tudo certo.

— Confiamos nas forças do bem — disse Eduardo. — Sei que a vida fará acontecer o melhor para todos.

Depois que Mílton saiu, Eduardo segurou a mão gelada de Ângela e disse sério:

— Acalme seu coração. Você sabe que estamos protegidos. Vamos fazer uma prece e agradecer toda a ajuda espiritual que estamos recebendo.

Ângela concordou e, enquanto ele murmurava uma prece, sentiu que uma brisa leve a envolvia. Aos poucos, percebeu que a angústia passara e que estava em paz.

Capítulo 20

Duas noites depois, Ângela olhou desolada para as duas malas que acabara de arrumar e que estavam no canto do quarto. Iria viajar na manhã seguinte e combinara todos os detalhes com Mílton.

Oficialmente, iria para Londres com uma passagem só de ida e sem data marcada para regressar.

Raul fez questão de conferir a passagem. Observando a tristeza da filha, disse:

— Nossa separação será temporária. Vamos deixar o tempo passar. Quando tudo estiver esquecido, terá notícias minhas.

— Tenho medo de que alguma coisa lhe aconteça.

— Não vai acontecer nada. Mudaremos de identidade. Tenho tudo preparado. Sabendo que você está em segurança, fico tranquilo. Você é o único bem que possuo nesta vida.

Ângela emocionou-se e não conseguiu evitar algumas lágrimas.

— Não chore antes da hora, filha — pediu ele tentando dissimular a emoção.

— Amanhã, antes de ir embora, virei me despedir.

— Está bem.

Ângela deitou-se, mas estava difícil conciliar o sono. Sentia-se angustiada, inquieta. Sentou-se na cama e rezou pedindo proteção e ajuda. Deitou-se de novo, mas o sono custou a aparecer. Depois de algum tempo, finalmente adormeceu.

A porta do quarto se abriu, e ela acordou sobressaltada. Um homem com capuz, empunhando uma arma, estava em pé ao lado da cama. Ângela olhou assustada para ele, sem ainda se dar conta do que estava acontecendo.

Ele disse:

— Se você gritar, eu atiro. Levante-se, vamos. Rápido!

Trêmula, Ângela obedeceu. Ele empurrou-a para fora, enquanto outro entrou e apanhou as malas. A casa estava às escuras, sem nenhum ruído. Mesmo assustada, ela notou que o vigia não estava no corredor.

Quase arrastada pelo homem, Ângela foi levada pela saída dos fundos e colocada dentro de um carro. Enquanto um dava a partida, o outro sentou-se ao seu lado no banco traseiro e enfiou-lhe um capuz na cabeça, dizendo em tom ameaçador:

— Fique quieta, senão acabo com você agora.

Ângela sentiu a cabeça rodar e perdeu os sentidos.

— Você bateu nela? O chefe disse para não lhe fazer nada.

— Eu não fiz nada. Ela desmaiou.

— E os outros?

— Tudo certo. Fizeram outro caminho.

— Este foi um trabalhinho bem-feito! Conseguimos enganar aqueles malditos. Devem estar correndo atrás de Betão até agora.

Depois de muitas voltas certificando-se de que não estavam sendo seguidos, chegaram a uma casa assobradada em um bairro afastado. Assim que o carro se aproximou, o portão se abriu, e dois homens armados fizeram sinal para que entrassem e depois o fecharam rapidamente.

— Marco já chegou com a carga?

— Sim. Tudo certo.

Eles riram satisfeitos. O homem que surpreendera Ângela carregou-a para dentro da casa e colocou-a em um pequeno quarto sem janelas, deitando-a na pequena cama que havia no cômodo. Saiu e fechou a porta.

— O que faremos com as malas? Deve ter joias, dinheiro — disse o que dirigira o carro.

— Você não vai mexer em nada. Sabe como André é.
— Não tenho medo dele.
O outro riu:
— Você diz isso, mas treme só em pensar. Não vamos abrir essas malas. Vamos entregar tudo em ordem.
Os dois bateram à porta de uma das salas. Depois, entraram carregando as malas. Estavam sem capuz e tinham boa aparência. Vendo-os, ninguém suspeitaria de suas atividades.
Atrás de uma escrivaninha lavrada estava um homem de meia-idade, moreno, cabelos ondulados e vasto bigode.
— Como foi? — indagou.
— De minha parte, tudo certo. Marco pegou os dois e saiu primeiro. Já chegou?
— Já.
— O que faremos com as malas dela?
— Deixem aqui, por enquanto. Depois veremos. Tem certeza de que ninguém os seguiu?
— Claro. E Betão? Ele despistou aqueles policiais direitinho.
— Ele não virá aqui. Agora saiam e troquem o carro no caminho.
Depois que eles partiram, André pegou o telefone e discou:
— Martínez? O carregamento foi entregue. Conferi a mercadoria e não faltou nada. Tudo conforme você pediu. Quer que eu cuide de tudo aqui mesmo?
— Não. Tratarei pessoalmente desse assunto. Faço questão.
— Você virá aqui?
— Irei ao depósito conferir como essa mercadoria está. Leve tudo para lá. Cuidado para não estragar nada.
— Sei como fazer. Quando você vem?
— Amanhã à noite. Não sei a hora.
— Estaremos lá.
André desligou. Levantou-se, serviu-se de uma bebida e sentou-se novamente, pensativo. Seria mais fácil se ele pudesse cuidar de tudo. Um lugar ermo no meio da noite, alguns tiros e pronto: tudo liquidado. Mas Martínez tinha outros planos. Precisava levar os três até o lugar combinado.

Achou melhor não esperar pelo dia seguinte. Chamou Ari e deu as instruções.

— Os planos mudaram. Temos de levá-los até o depósito. Será melhor usar a máscara. Dormindo não darão nenhum trabalho.

Eles foram buscar Ângela, que ainda estava desmaiada, mas mesmo assim colocaram um lenço com éter sobre suas narinas. Depois, acomodaram-na no carro de André, que os mandou colocarem as malas da moça no porta-malas. Logo depois, outros dois trouxeram Marina e Raul desacordados e os colocaram em outro carro. Com tudo pronto, partiram rumo ao depósito.

Chamavam de depósito um lugar secreto que Martínez mandara construir embaixo do galpão onde funcionava a empresa que mantinha com Raul.

Quando vinha ao Brasil, era lá que ele se reunia com seus homens para tomar decisões importantes. Além do cofre forte, havia todo um arsenal de armas e munições, um espaço onde guardava parte das drogas quando queria negociá-las por um preço melhor ou para ludibriar a fiscalização.

Estava quase amanhecendo quando eles colocaram os três em um pequeno quarto com quatro camas e um pequeno banheiro. Não havia janelas no cômodo, mas apenas uma lâmpada para iluminá-lo, uma mesa e duas cadeiras.

Deitaram cada um em uma cama e saíram, fechando a porta. Os três dormiam alheios a tudo. Angélica, porém, estava lá, sentada ao lado de Ângela, que estava adormecida. Alisava os cabelos da filha com carinho e dizia:

— Calma, filha. Estou aqui para protegê-la. Não tenha medo. Acorde.

O corpo de Ângela estremeceu, e ela projetou-se para fora dele, olhando assustada à sua volta. Angélica aproximou-se:

— Minha querida, finalmente nos encontramos frente a frente!

Ângela fixou-a com os olhos muito abertos e respondeu:

— Mãe?! É você? Eu morri?

Angélica abraçou-a e beijou-lhe a testa com amor.

— Não, filha. Seu corpo está dormindo. Não tenha medo.

— Foi horrível, mãe! Olhe! Papai e Marina... estão mortos?
— Dormem também.
— Ele não acreditou que você continua viva.
— Seu pai ainda não sabe muitas coisas, por esse motivo não podemos exigir nada dele.
— Ele desejou me salvar, mas não conseguiu. O que vai nos acontecer agora? Onde estamos?
— Calma. Confie em Deus. Só acontecerá o que ele permitir.
— Não seria bom acordá-los para ver você? Assim, ele acreditaria.
— Ele ficaria mais assustado do que está. É melhor deixá-lo dormir.
— Por que ele se assustaria?
— Lembra-se do dia em que ele pensou que você fosse eu?
— Sim. Ele ficou apavorado.
— Ele pensa que eu desejo me vingar. Não sabe que há muito eu o perdoei. O perdão, de coração, liberta do sofrimento.
— Mãe, suspeito que ele a tenha afastado de mim de propósito.
— Sim. Agora posso lhe contar como foi. Seu pai era um bom negociante e ficou com a empresa que meu pai fundou. Era rendosa, mas ele queria mais, pois era muito ambicioso. Quando se juntou a Martínez e abriu a empresa de comércio exterior, descobri que aquilo era apenas fachada. Na verdade, eles eram traficantes de drogas. Tentei fazê-lo desistir daquilo, mas ele não me ouviu. Com medo de que eu o denunciasse, me ministrava fortes calmantes, que me deixavam atordoada. Raul levou-a para longe e não permitia que eu a visse. Conduziu-me para um sítio onde me manteve prisioneira durante anos, e, sempre que eu tentava fugir, eles me dopavam.
— Quem cuidava de você nesse lugar?
— Os caseiros do sítio, um casal que me vigiava sem parar. Eles tinham dois cachorros bravos que vigiavam o lado de fora da casa. Nem me permitiam sair da casa. Quando eu me desesperava ou tentava fugir, eles me aplicavam injeções e eu perdia a noção das coisas. Até que um dia fiquei muito mal, e Raul me levou de volta para casa. Certa noite, eu mesma o vi colocando um pó

em meu remédio. Foi nesse momento que eu soube que ele estava acabando com minha vida. Foi a maneira que encontrou para se ver livre de mim e evitar que eu o delatasse.

— Ele a matou?

— Sim, e por essa razão tem medo de mim. Pensa que desejo me vingar. No entanto, estou aqui não só para protegê-la, mas também para ajudá-lo. Quando acordei depois da morte, fiquei revoltada. Embora não desejasse me vingar, carregava muita mágoa e a dor da impotência. Eu não conseguira cuidar de seu bem-estar nem fugir de Raul. Esses pensamentos me atormentavam, e me entreguei à depressão. Fui auxiliada por assistentes espirituais e conduzida a um lugar de recuperação, onde, com o carinho e a ajuda de todos, fui melhorando aos poucos. Então, comecei a indagar o porquê do que me acontecera. Descobri que em outras vidas havia me deixado levar pela ambição, que tinha me unido a pessoas por interesse, sem amor, usando-as para usufruir de bens materiais e alimentar minha vaidade. Reconheci que havia me deixado seduzir por muitas ilusões que causaram meus fracassos, porque, apesar de haver conquistado o que desejava, só encontrei a solidão, o vazio, a indiferença e a crítica. Então, aprendi que o importante é ouvir o coração e amar. Senti que estava carente e passei a desejar amar, ser amada, aprender sobre a vida e encontrar a felicidade. Com esses propósitos, voltei a reencarnar.

— E você encontrou o sofrimento novamente!

— Encontrei minha verdade. Estava disposta a ser verdadeira e a não cultivar mais ilusões. E, de fato, não cultivei nesta vida a mesma ambição de outros tempos. Consegui vencê-la, mas em minha inexperiência me deixei levar pelas regras do mundo. Hoje, sei que o que fiz foi trocar de ilusão. Deixei a ambição e me agarrei ao sonho de amor.

— Como assim?

— Imaginei um amor eterno, construí os detalhes de uma vida afetiva perfeita e esperei encontrar a pessoa que viveria comigo esse sonho. Quando conheci Raul, rapaz bonito, elegante, amável e ao mesmo tempo seguro de si, projetei nele meu sonho de amor. Apaixonei-me e exultei quando fui correspondida.

Mergulhei nesse afeto sem tentar conhecer o temperamento dele ou saber se ele era como eu desejava que fosse. Fiquei cega.

Angélica fez ligeira pausa, olhos perdidos no tempo, revivendo os acontecimentos. Notando que Ângela a ouvia atenta, continuou:

— Tarde demais descobri o quanto havia me enganado. Raul era completamente diferente do que eu imaginara: ambicioso — o que me assustou muito, porque era exatamente o que eu queria evitar —, maldoso, indiferente e duro... meu sonho ruiu! Contudo, havia você, e lutei como nunca para ter o direito de viver a seu lado. Infelizmente, não consegui.

— Você quis a verdade, e ela dói.

— Não. O que dói é a destruição das ilusões. Nós nos enganamos, e reconhecer essa fragilidade é doloroso. Mas a verdade é sempre um bem. Foi ela quem me fez perdoar Raul e desejar auxiliá-lo.

— Não entendo. Ele a agrediu, manipulou e acabou com sua vida. Essa é a verdade.

— Não. Ele também era prisioneiro das ilusões e por elas ignorou as boas coisas da vida e mergulhou no crime, pensando que seria feliz. Ele estava pior que eu. Analisando nossa vida em comum, cheguei à conclusão de que não poderia esperar de Raul senão o que ele fez. Ambos estávamos iludidos. A diferença entre nós era que, enquanto eu carregava o peso da desilusão afetiva, ele acreditava que, quando tivesse dinheiro e poder, seria feliz.

Angélica fez ligeira pausa e continuou:

— Eu não conheci Raul em outra vida. Ficamos juntos pela primeira vez. Sabendo disso, pude analisar melhor meu caso. Lá onde resido há inúmeras mulheres que, em sua inexperiência, projetaram suas ilusões sobre a pessoa errada e colheram os resultados dessa atitude. Agora estou trabalhando interiormente para desenvolver o bom senso. Ele nos ajuda a ter lucidez e a escolher melhor nossos caminhos. Olhando o passado, percebo como me iludi e tenho certeza de que estou mais forte. Hoje, me sinto mais experiente, mais segura. Acredito que posso ser feliz desde já escolhendo ficar no bem, na harmonia e na luz. Essa certeza me faz sentir tão melhor, tão livre, que desejo sinceramente a Raul que consiga descobrir o mesmo que eu.

Ângela abraçou-a comovida.

— Gostaria de ser como você!

— Você tem mais experiência que eu, tanto que encontrou Eduardo novamente e com ele será feliz.

— Eu sinto isso. Estava assustada, mas suas palavras me acalmaram.

— Vem vindo gente. Você precisa voltar. Lembre-se de que estarei aqui, a seu lado. Não tenha medo.

Ângela voltou para o corpo ouvindo as últimas palavras de Angélica e olhou em volta. O quarto estava escuro, e ela não sabia se era dia ou noite. A porta abriu-se, e um homem entrou carregando uma bandeja. Ângela fechou os olhos e fingiu que dormia. Ele pousou a bandeja sobre a mesa e saiu fechando a porta.

Ângela sentou-se na cama e aos poucos foi se habituando à escuridão. Viu que havia mais duas pessoas deitadas. Levantou-se e foi vê-las de perto. Estremeceu ao reconhecer Raul e Marina.

Ângela tateou as paredes, encontrou o interruptor e acendeu a luz. Examinou a sala e percebeu que não tinham como sair. A porta estava trancada por fora. Havia uma garrafa de água e um copo. Sentia muita sede e gosto de éter na boca. Bebeu água e notou que havia um pedaço de pão lá, mas não sentia fome. Estava enjoada.

Onde estavam? Quem eram os homens que os mantinham ali? O que eles desejavam? Pensou em Eduardo e na polícia. Eles estavam vigiando a casa. Como permitiram que eles fossem levados? Seria um plano para apanhá-los? Nesse caso, eles os teriam seguido, e era provável que logo viessem libertá-los.

A esse pensamento, Ângela sentiu-se mais calma.

Marina remexeu-se na cama e resmungou algumas palavras que Ângela não entendeu.

Aos poucos, Marina foi acordando. Raul também se mexeu, e Ângela ficou aliviada por ele estar acordando. Aos poucos, eles foram retornando à consciência. Marina sentou-se na cama e, vendo Ângela, disse aflita:

— Onde estamos?

— Não sei. Um homem encapuzado me trouxe para cá. Pelo cheiro, devem ter usado éter. — Posso sentir o gosto horrível na boca. Estou com sede.

— Há água sobre a mesa.

Marina levantou-se e tomou a água. Depois, aproximou-se de Raul e sacudiu-o.

— Acorde, Raul. Estamos fritos. Eles nos pegaram.

Raul passou a mão na testa e a custo sentou-se na cama.

— O que aconteceu?

— Você não se lembra?

— Sim, agora estou me recordando. Eu estava no quarto, quando Ari entrou e colocou um lenço com éter em meu nariz.

— Comigo e com Ângela. Foi um homem com capuz e armado.

— Ângela? Você também?

— Sim, papai. Estamos todos aqui.

— Desgraçados! Vão nos matar!

— Não, se você negociar! — disse Marina.

— Vai ver que descobriram nossos planos — tornou Raul. — Fiz mal em confiar em você. Com certeza, eles a seguiram.

— Você está enganado. Isso nunca aconteceu. Tenho certeza.

— Não sei o que pensar. Temos de conservar a calma e procurar uma saída.

— Nem sabemos onde estamos — disse Marina.

Por alguns instantes, ela chegou a pensar que houvessem sido sequestrados pelos homens de Dino, mas, nesse caso, ela estaria salva! Raul olhou em volta e exclamou:

— Conheço este quarto. Estamos no depósito!

Marina sentou-se na cama, desanimada. Estavam presos pelos homens de Martínez. Isso não era nada bom.

— O que vamos fazer? — perguntou aflita.

— Esperar que apareça alguém e pedir explicações sobre o que está acontecendo. Martínez é meu sócio. Alguém pode ter feito algum mexerico. Ele é muito desconfiado. Pode ser que, conversando, tudo se esclareça.

— Há quanto tempo estamos aqui? — indagou Marina.

— Não dá para saber — respondeu Ângela. — Alguém tem relógio?

Ninguém tinha, uma vez que foram presos enquanto dormiam. Diante disso, não havia outro remédio senão esperar.

Eduardo levantou-se cedo e, quando desceu para o café, seu pai já estava à mesa.

— Tudo pronto? — indagou ele.

— Sim, fiz a mala ontem mesmo.

— Vou trabalhar normalmente e fazer tudo como Mílton pediu.

— Isso mesmo. Não dormi bem essa noite. Receio que algo saia errado.

— Por quê? Você é sempre otimista.

— Sou e estou me esforçando para banir a preocupação. Não quero que nada aconteça a Ângela.

— Agora entendi. Você está mesmo muito apaixonado e por esse motivo está apreensivo.

— Eu a amo muito. Se puder, farei tudo para que ela seja feliz.

Depois do café, Ramiro saiu, e Eduardo foi para o quarto. Era cedo para buscar Ângela. Verificou se tudo estava em ordem. O telefone tocou, e ele atendeu. Era Mílton:

— Eduardo, temos um problema. Me encontre imediatamente na casa de Ângela.

— O que aconteceu?

— Eles foram sequestrados.

— Ângela também?

— Infelizmente, sim.

Eduardo sentiu as pernas bambearem e sentou-se na cama.

— Meu Deus! E a polícia? Não estava vigiando a casa?

— Venha e conversaremos.

Eduardo saiu imediatamente e foi até a casa de Ângela. Mílton esperava-o à porta, e a polícia já se espalhara pela casa.

— Como isso aconteceu? — perguntou Eduardo.

— Acreditamos que eles tenham descoberto que Raul ia fugir e resolveram agir.

— Talvez tenha sido pela viagem de Ângela. Todos na casa sabiam.

— Não creio. Eles querem Raul e Marina. Acredito que tenham levado Ângela para pressionar o pai.

Eduardo segurou o braço de Mílton e disse aflito:

— Precisamos fazer alguma coisa. Depois de ter estado com eles, não permitirão que ela saia viva.

Mílton cerrou os dentes com raiva e não respondeu. Pelos seus olhos passou um lampejo de emoção. Ele também pensava a mesma coisa.

— A polícia não estava vigiando a casa?

— Estava. Havia dois homens à paisana de campana no carro. De onde estavam podiam ver as duas entradas da casa. Passava das duas horas quando um carro parou no portão dos fundos, e um homem com capuz, segurando uma arma, desceu e tentou abrir o porão. Aí os policiais acenderam os faróis, aproximaram-se e mandaram-no baixar a arma. Ele se abaixou e fingiu que ia colocá-la no chão, mas conseguiu atirar várias vezes. Depois, de um salto, entrou novamente no carro, onde outro o esperava, e saíram cantando pneus. Imediatamente, os policiais iniciaram uma perseguição que durou mais de uma hora sem conseguir alcançá-los até que os fugitivos conseguiram ludibriá-los e desaparecer em uma bifurcação. Os policiais voltaram à casa de Raul e verificaram que tudo estava no mais completo silêncio. A casa estava às escuras e em paz, então, ligaram para a delegacia e relataram a ocorrência. Estava amanhecendo, e, às seis da manhã, outros policiais os substituíram. Apesar de não terem conseguido prender os dois assaltantes, estavam satisfeitos e certos de terem impedido que eles entrassem na casa e fizessem algum dano.

— Enquanto isso, outros tinham fugido levando os três.

— Isso mesmo. Mas como saber? Tudo parecia em paz. Foi lá pelas oito horas que a empregada foi levar o café para Raul e não o encontrou na cama. Assustada, foi procurar Marina, porém, encontrou a porta estava aberta. Não havia ninguém no quarto. Ângela também não estava, mas, como as malas haviam desaparecido, Lurdes pensou que ela já tivesse viajado. A mulher verificou também que os dois vigias haviam sumido. Ela tinha o telefone do delegado que fez o inquérito sobre o atentado e ligou para ele contando que Raul os outros haviam desaparecido. Então, viemos para cá, e a polícia está vasculhando a casa em busca de uma pista.

— Eles foram mais espertos que a polícia e enganaram vocês direitinho. Deviam ter notado que a casa estava sendo vigiada e trataram de distraí-los para poder levar os três.

— Foi um erro os policiais os terem perseguido. Nunca deveriam ter deixado a casa sem proteção, mas eles imaginaram que aqueles homens eram o perigo e tentaram prendê-los.

— O que faremos agora? — perguntou Eduardo nervoso.

— Vamos lá para dentro ajudar na busca. Talvez encontremos alguma pista.

Eles entraram, e Mílton apresentou Eduardo ao inspetor Braga, que estava conduzindo pessoalmente a investigação.

— Eles reviraram o escritório, o quarto de Raul, mas não há sinal de violência no resto da casa. Há um cofre atrás do quadro no quarto, mas eles não o tocaram.

— O que evidencia que não foi um assalto. Foi um sequestro.

— Eles queriam as pessoas.

A um canto da sala, Lurdes chorava e Emília tentava confortá-la.

— Eu bem que desconfiava que havia alguma coisa errada. Aqueles homens estavam nos vigiando.

Eduardo aproximou-se.

— Você deve ser Lurdes.

A mulher assoou o nariz, enxugou os olhos e respondeu:

— Sou eu mesma, sim, senhor.

— Sou Eduardo, noivo de Ângela.

— Eu sei. Vi o senhor na porta com ela algumas vezes. Pobre menina, tão boa. Não me conformo. O que será que farão com ela? Quem será que os levou?

— Vai ver que vão pedir dinheiro — disse Emília.

— Ontem, durante o dia, você não notou nada diferente?

— Eu estava triste porque Ângela ia embora. Para dizer a verdade, se não fosse por ela, eu já teria deixado o emprego. Estava com medo. Ela conversou muito comigo, pediu que eu cuidasse bem do pai dela e garantiu que um dia voltaria para me buscar. Fiquei radiante. Era o que eu mais queria. Mas, agora, não sei o que vai acontecer...

Lurdes voltou a chorar, desolada.

— Você não notou nada diferente ontem? — repetiu ele.

— Não. Tudo foi como sempre.

Mílton aproximou-se de Eduardo.

— Elas viram alguma coisa?

— Nada. E vocês? Acharam alguma pista?

— Sabemos que não foi roubo.

Eduardo sentia o peito oprimido, o estômago enjoado, e não sabia o que fazer. Perguntou para Lurdes:

— Onde fica o quarto de Ângela?

— Eu estive lá — disse Mílton. — Venha comigo.

Eduardo acompanhou-o emocionado.

— Pode olhar, mas não toque em nada.

A cama desfeita, as cobertas espalhadas pelo chão mostravam que Ângela fora arrancada dali com rapidez. No banheiro havia uma frasqueira aberta com produtos de maquiagem que ela deixara preparada para a viagem e não pudera usar.

Eduardo sentiu um nó na garganta e respirou fundo. Tudo ali lembrava Ângela. O perfume, o bom gosto na arrumação. Ele voltou ao quarto e viu a bolsa sobre a cadeira.

— A bolsa dela. Ela não levou nada.

— As malas sumiram. Não estão em parte alguma.

— Gostaria de examinar a bolsa.

— Só depois que a polícia o fizer.

Eduardo ligou para Ramiro contando o que acontecera e pediu que ele fosse procurar Adalberto.

— E você, meu filho, vai ficar aí?

— Por enquanto. Quero acompanhar a investigação.

— Estou desolado. Sua preocupação tinha razão de ser. O que pensa em fazer agora?

— Não sei. Não encontraram nenhuma pista. Estou perdido.

— Lembre-se de que não estamos sós. Os amigos espirituais estão do nosso lado. Vamos orar e confiar.

Eduardo suspirou e respondeu:

— É o que farei. Nós não podemos fazer muita coisa, mas Deus pode. Obrigado, papai, por me lembrar disso.

— Deus o abençoe, meu filho.

Eduardo desligou. Enquanto Mílton conversava com um policial, o rapaz procurou um lugar sossegado para pedir ajuda espiritual. Como a casa estava tumultuada, ele foi ao jardim, sentou-se em um banco, fechou os olhos e esforçou-se para ficar calmo. Mentalizando luz, orou pedindo orientação e viu quando o espírito de Vera se aproximou.

— Ângela está bem. Angélica está com ela. Vim para acalmá-lo.

— Obrigado. Estou angustiado. Onde eles estão?

— Presos em um quarto escuro e pequeno. Estamos intercedendo em favor de todos. Confie. Tudo o que acontece é para o melhor. Vamos aguardar. Ajude-nos mantendo a calma e a confiança. Precisamos de sua energia positiva.

— Eu sei. Estou me esforçando.

Vera colocou a mão sobre a testa de Eduardo.

— Lembre-se de que Deus pode tudo e está nos auxiliando agora.

Da mão dela saíam energias coloridas, que envolviam a cabeça de Eduardo e desciam por seu corpo. Ele sentiu que aos poucos sua angústia ia desaparecendo. O aperto no peito transformou-se em uma sensação boa, de calma e harmonia.

— Agora preciso ir. Contamos com você para nos auxiliar.

— Obrigado — murmurou ele, comovido.

Os espíritos esperavam contar com as energias dele, e Eduardo sentiu que não podia falhar. Tinha de se controlar, ficar positivo e cooperar.

Capítulo 21

Mílton informou Eduardo:

— O doutor Braga vai em diligência à casa de Rogério e me pediu que o acompanhasse.

— Também quero ir.

— Não sei se ele vai permitir.

— Diga que sou o advogado de Ângela e que, juntamente com o doutor Adalberto, contratamos você.

Mílton foi e voltou em seguida:

— Ele concordou. Vamos.

Eduardo entrou no carro em que estavam o inspetor e mais dois investigadores, e, pouco depois, tocavam a campainha da casa de Rogério. A criada abriu, e Braga apresentou os documentos.

— Sou o inspetor Braga, da Polícia Federal. Preciso falar com Rogério Mendes Caldeira. Ele está?

A criada respondeu assustada:

— Está dormindo.

— Vá chamá-lo e abra a porta, pois vamos entrar.

— Um momento. Vou avisar o doutor Romualdo.

Pouco depois, ela voltou e disse:

— Façam o favor de entrar.

Foram conduzidos à sala de estar, e Romualdo apareceu pouco depois, seguido de perto por Mercedes.

— Sou Romualdo, pai de Rogério. A criada foi chamar meu filho. Posso saber do que se trata?

— O doutor Raul Guilherme, a mulher e a filha foram sequestrados essa noite. Queremos interrogar Rogério.

— Deve haver algum engano — afirmou Mercedes, indignada.

— Meu filho é amigo de Ângela, filha do doutor Raul, mas, pelo que sei, faz tempo que não a vê.

— Por favor, doutor, o que desejam com meu filho? — perguntou Romualdo, preocupado.

— Conversar com ele. Pode me dizer a que horas ele chegou em casa ontem à noite?

— Chegou às onze e meia — respondeu Mercedes, nervosa.

— Por que está perguntando isso?

— Ele ficou em casa? Não tornou a sair?

— Não que soubéssemos — interveio Romualdo.

Rogério entrou na sala olhando-os nervoso.

— O que aconteceu?

Foi Romualdo quem respondeu:

— Estes senhores são da Polícia Federal. Raul Guilherme, a mulher e a filha foram sequestrados essa noite. O inspetor quer falar com você.

— A sós — disse Braga.

— Eu não vou sair — tornou Mercedes, irritada. — Tenho o direito de saber o que desejam com meu filho. Somos pessoas de bem e não estamos habituados a ser visitados pela polícia. Não permito que interroguem meu filho como se ele fosse um marginal. Fiquem sabendo que isso nunca aconteceu em nossa família.

— Já que a senhora não permite, ele conversará conosco na delegacia.

— Esperem. Ela está nervosa — interveio Romualdo, preocupado. E, voltando-se para Mercedes, disse irritado: — Não diga mais nada e saia daqui. Deixe-nos conversar em paz. Vendo que ela hesitava, Romualdo disse aos policiais:

— Vamos ao meu escritório. Lá os senhores poderão conversar com tranquilidade.

Romualdo indicou o caminho, e todos o acompanharam. Mercedes ficou sozinha na sala e sentou-se no sofá procurando acalmar-se. Rogério não tinha nada mais a ver com a família de Raul, e certamente a polícia descobriria isso logo e iria embora.

Romualdo acomodou-os no escritório e fechou a porta por dentro para não serem interrompidos.

— Fique à vontade, inspetor — disse, sentando-se também.

Braga aproximou-se de Rogério.

— Quero lhe dizer que sabemos de tudo. Estamos vigiando vocês há algum tempo, de maneira que pode ir falando para não perdermos tempo. O que você e Marina pretendiam fazer?

Rogério estava pálido. Naquele momento, se deu conta de que fora longe demais e ficou desesperado.

— Não sei do que o senhor está falando.

— Sabe, sim. Será melhor que coopere com a polícia. O assunto é sério, e você está correndo risco de morte. Se falar, prometo que lhe daremos proteção, e nada lhe acontecerá. Rogério mergulhou a cabeça entre as mãos em desespero:

— Vocês estão perdendo tempo aqui, enquanto deveriam estar à procura deles. Se demorarem, pode ser tarde demais. Não tenho nada a ver com esse sequestro.

— Talvez não, mas você foi visto conversando com um homem de Dino. O que queria com ele? Por que vendeu seu apartamento à vista por um preço irrisório? Era para fugir com Marina ou estava trabalhando para Raul?

— Ela estava com medo de ser morta. Havia na casa dois homens que a vigiavam e a proibiam de sair. Vivia prisioneira. Desejei ajudá-la, por isso vendi o apartamento. Íamos embora juntos.

— Não sei se acredito no que me diz. Se ela estava sendo vigiada, como você entrou várias vezes na casa durante a noite e se encontrou com ela sem que eles soubessem? Para mim, você estava trabalhando para Raul.

— Não. Ela colocava sonífero na garrafa de café da noite, e eles dormiam. Eu entrava e saía da casa sem que me vissem.

Pálido, Romualdo não queria acreditar no que estava ouvindo. Braga continuou:

— Você, um moço de família boa, respeitada... por que se meteu com esses traficantes? Estava precisando de dinheiro?

— Não. Nunca me meti com eles.

— Mas estava falando com os homens de Dino.

— Marina me pediu. Ela tinha um plano...

— Que plano?

Ele hesitou um pouco e depois decidiu. Não podia ficar de braços cruzados, enquanto Marina corria o risco de ser morta. Decidiu contar tudo: como se apaixonara por ela, o namoro que tentara engatar com Ângela para poder vê-la, os encontros furtivos, a compra do produto e os projetos que haviam feito e nos quais Raul não figurava.

Eles ouviam a tudo em silêncio, enquanto Romualdo, cabeça entre as mãos, se sentia oprimido, angustiado, arrasado, vendo ruir a imagem que tinha do filho.

Com os olhos cheios de lágrimas e descontrolado, Rogério finalizou:

— Não fiz nada de mau. Apenas desejei ajudá-la. E agora? O que será se ela morrer? O que será de minha vida sem ela? Por que vocês ficam aqui, em vez de correrem atrás deles?

— Acalme-se. Estamos fazendo tudo para encontrá-los. Estávamos vigiando a casa, mas reconheço que eles foram espertos e nos ludibriaram.

— Se vocês sabem quem eles são, se sabem que o homem com o qual conversei pertence ao bando de Dino, por que não vão lá e prendem todo mundo?

— Precisaremos de provas para isso, Rogério. Não se pode prender ninguém sem provas, e por esse motivo estou aqui. Quem você acha que os sequestrou: Martínez ou Dino?

— Martínez.

— Por quê?

— Porque conversei com o capanga de Dino e disse que queria falar com ele. Certa noite, fui apanhado e levado até onde ele estava. Pelo que conversamos, percebi que Dino não tinha muito interesse no plano de Marina e tive certeza de que quem cometeu o atentado foi Martínez.

— Mas ele se associou a Raul, e os negócios estavam indo bem. Por que iria querer se livrar dele? Era seu testa de ferro.
— Marina me disse que Raul se cansou e desejou parar, então, sofreu o atentado.
— Você estaria disposto a testemunhar na Justiça e contar o que sabe?
Rogério hesitou, e Braga continuou:
— Nós lhe daríamos toda a proteção. Nada lhe aconteceria.
— Mas eu não vi nada. Apenas sei o que Marina me disse. Quanto ao tráfico, ignoro tudo. Nunca me envolvi com ele.
— Você vai me acompanhar até a delegacia para tomarmos seu depoimento.
Romualdo interveio:
— Se ele já contou tudo o que sabe, por quê isso?
— É apenas para formalizar as declarações. Logo, logo, ele estará de volta. Só não vai poder deixar a cidade. Seria bom também que ficasse recolhido em casa por enquanto. Como lhe disse, ele pode estar correndo perigo. É bom não facilitar.
— Pode deixar, doutor. Tomarei conta dele pessoalmente.
— Agora, vamos embora — decidiu Braga.
— Vou com vocês — disse Romualdo.
Vendo-os sair do escritório, Mercedes aproximou-se:
— E então?
— Vamos até a delegacia. Rogério tem de prestar declarações. É apenas formalidade. Logo estaremos de volta.
— É preciso mesmo isso? — indagou ela, nervosa.
— É, Mercedes. E, quanto menos você falar, melhor. Agora tenho de ir. Eles estão saindo.
Antes que ela pudesse dizer mais alguma coisa, Romualdo saiu, aproximou-se de Braga, que ia entrar no carro, e disse:
— Estou sozinho no carro, e vocês estão apertados. Alguém pode vir comigo.
Um investigador e Eduardo aceitaram o convite. Eduardo sentou-se ao lado de Romualdo, enquanto o policial se sentou no banco de trás.
Durante o trajeto, Romualdo conversou com Eduardo:

— Estou desolado. Nunca imaginei que meu filho estivesse envolvido em um caso desses. Ele deve estar arrasado. Lamento que Ângela esteja passando por isso. Uma moça tão boa... Vocês ajudaram Ronaldo e Marilda. Não me esqueço do quanto contribuíram para que eles se casassem em paz.

— Vamos conservar a fé e imaginar que acontecerá o melhor e que eles serão resgatados sãos e salvos.

— Você é um homem de fé, e isso ajuda muito numa hora destas. Eu, infelizmente, há muito deixei de rezar.

— Sempre é tempo. As forças do bem nunca nos abandonam. Mesmo quando nos esquecemos delas, continuam a nos inspirar.

— Você, que fala com espíritos, não poderia perguntar onde eles estão?

— Já perguntei, mas me disseram que precisavam de nossas energias para poderem ajudar. Por essa razão, estou me esforçando para manter o pensamento positivo.

— Quisera eu ser como você! Embora envolvido no caso, meu filho está aqui e posso protegê-lo. Nem sei como eu estaria se ele também tivesse sido sequestrado, mas, apesar disso, só em saber que ele se envolveu com uma mulher perigosa e está sofrendo, correndo perigo, sinto o peito oprimido, angustiado.

— Ele está recebendo uma lição dolorosa, mas, quando pensar melhor, vai reagir e procurar se equilibrar.

— Espero que tenha razão. Além do mais, há Mercedes, que vai nos infernizar a vida por causa disso. Esse filho sempre foi sua glória, um exemplo que ela vivia exibindo a todo mundo, contrapondo-o a Ronaldo. Você viu no que deu.

— Ela estava iludida. A verdade dói, e dona Mercedes vai sofrer, mas acabará compreendendo que as pessoas têm virtudes e pontos fracos. Todos somos assim. Estamos aprendendo a viver.

Chegaram à delegacia, e Rogério contou novamente tudo para que o escrivão anotasse, assinou o depoimento e foi liberado após o delegado reiterar que ele não poderia sair da cidade e que ele deveria evitar sair de casa.

No carro, durante o trajeto de volta, Rogério estava em silêncio sentado ao lado do pai. Seu rosto pálido e contraído fez

Romualdo se sentir triste e oprimido. Pareceu-lhe que o filho envelhecera dez anos de repente. Penalizado, disse:

— Acho melhor não contar à sua mãe o que aconteceu. Vamos poupá-la.

— Sim, é melhor. Estou arrasado. Nunca pensei em passar por tanta humilhação. Sem falar que a estas horas Marina pode estar morta, e eu não pude fazer nada! Como vou poder esperar sem saber o que está acontecendo com ela?

— No momento, não podemos fazer nada. A polícia está muito empenhada em encontrá-los. Vamos torcer para que consigam. Assim que entraram em casa, Mercedes cercou-os aflita:

— E então? Por que a polícia veio atrás de você? Sabem que teve um caso com ela? Romualdo interveio:

— É. Sabem e estão investigando.

— Você não pode permitir que eles abusem da posição que têm para invadir nossa casa e interrogar Rogério como se ele fosse um marginal.

— Nesse caso, será melhor você não comentar mais nada. Deixe que eu cuidarei do assunto.

Rogério foi para o quarto. Mercedes fez menção de segui-lo, mas Romualdo a impediu:

— Ele está abalado. Quer ficar sozinho.

— Vou confortá-lo.

— Deixe-o em paz. Ele precisa pensar no que fez.

— Ele não fez nada.

— Fez, sim. Vendeu o apartamento por uma ninharia e pretendia fugir com Marina.

Mercedes arregalou os olhos e soltou um pequeno grito:

— O quê?! Não acredito. Ele não fez nada disso! É uma calúnia.

— É melhor acreditar, porque é verdade. A polícia sabe de tudo, e ele confirmou. O melhor que temos a fazer é nos acalmar e tratar de ajudá-lo a sair dessa encrenca perigosa.

— Perigosa por quê? Rogério não tem nada a ver com esse sequestro. Tenho certeza disso.

— Não tem mesmo, mas Raul Guilherme e a mulher estavam metidos com traficantes de drogas. Eles podem pensar que

Rogério estava trabalhando para Raul. Nosso filho está correndo risco de morte.

— Que horror! Não pode ser...

— Eu não ia lhe dizer nada, mas a polícia proibiu Rogério de deixar a cidade e recomendou que ele não saísse de casa. Estou lhe contando para que me ajude. Rogério está louco por causa de Marina e pode fazer uma besteira. Teremos de vigiá-lo.

Mercedes abriu a boca e fechou-a de novo, sem encontrar palavras para responder. Estava muito assustada. Aquilo não podia ser verdade. Estavam falando de outra pessoa, não de seu querido Rogério, mas a atitude séria e firme de Romualdo a fez crer que tudo aquilo era verdade.

— O que faremos agora? — perguntou ela, por fim.

— O que a polícia determinou.

— Não creio que Rogério esteja em seu juízo perfeito. Com certeza, Marina o enfeitiçou e armou uma macumba para que ele fizesse tudo o que ela queria.

Romualdo não se conteve:

— Pare, Mercedes! Está na hora de perceber que nosso filho não é o que gostaríamos que fosse e que tem seus pontos fracos. Rogério apaixonou-se perdidamente e, como todo apaixonado, fez besteira.

— Não permito que fale assim dele.

— Está na hora de você enxergar a verdade! Rogério é um moço mal-acostumado, não faz nada de útil na vida, não trabalha, não estuda, apaixonou-se por uma mulher casada, jogou fora o belo apartamento que lhe compramos e ainda se meteu com traficantes de drogas. Essa é a verdade.

Mercedes soluçava balançando a cabeça, não querendo aceitar o que estava ouvindo.

— Você precisa reconhecer que sempre o incentivamos a ser o que é, valorizando coisas fúteis, achando graça nas críticas maldosas, fazendo-o acreditar que era superior aos outros, que podia tudo desde que brilhasse socialmente. Nunca lhe ensinamos a respeitar os valores éticos que fazem um homem de bem. Nós fracassamos com ele e teríamos fracassado com Ronaldo se ele não fosse digno como é.

Sentada em uma poltrona, Mercedes soluçava sem parar. Uma criada apareceu na porta e ia afastar-se depressa, mas Romualdo chamou-a e pediu-lhe que fizesse um chá para Mercedes. Depois, ele sentou-se na poltrona ao lado dela e esperou que a esposa se acalmasse. A criada trouxe a bandeja com o chá e pousou-a na mesinha.

Romualdo levantou-se, colocou o chá na xícara, adoçou-o e aproximou-se de Mercedes.

— Vamos, beba. Vai lhe fazer bem.

Mercedes levantou os olhos cheios de lágrimas. Romualdo tirou um lenço do bolso e ficou segurando a xícara, enquanto ela enxugava o rosto. Depois, entregou-lhe o chá e repetiu:

— Beba, Mercedes.

Ela segurou a xícara com as mãos trêmulas e bebeu alguns goles. Estava arrasada. Nada poderia ser pior para Mercedes do que ver ruir a imagem que construíra e alimentara durante anos. Pela primeira vez, ela não tinha palavras para rebater o que estava ouvindo. Seu mundo ruíra, e ela perdera o rumo.

— É melhor você subir e descansar um pouco — aconselhou Romualdo. — Precisa ser forte. Não pode se deixar abater.

— Estou sem forças — lamentou-se ela.

— Reaja. Era nossa responsabilidade ensinar a nossos filhos o caminho do bem. Nós nos omitimos, mas podemos mudar nossas atitudes e ajudar Rogério a aprender a escolher melhor o próprio caminho.

— Eu sempre desejei o bem dele. Nunca me omiti.

— Você não só se omitiu de mostrar o bem como o incentivou a olhar a vida de maneira errada.

— Como pode dizer isso de mim?

— Não a estou acusando, Mercedes. Quero apenas que perceba o quanto se iludiu com posição social, dinheiro, aparência, poder e o incentivou a iludir-se também.

— Eu queria que ele fosse feliz, e isso não é crime.

— Não, mas você o fez de forma errada. Ninguém pode ser feliz iludindo-se com as aparências, não respeitando o direito dos outros, julgando-se melhor, não conhecendo limites quando quer alguma coisa. Você o incentivou, e eu me omiti, contemporizei, embora tenha percebido que ele não estava agindo corretamente.

— Eu não poderia imaginar que ele iria se apaixonar por aquela mulher. Ele dizia que não tinha mais nada com ela.

— Era mentira, e agora ele já está envolvido. Se estou apontando o quanto erramos na educação dele, é para que você perceba e não continue a alimentar as fraquezas de Rogério.

— Do jeito como fala, parece que tenho culpa por tudo.

— Eu não disse isso. Ele tem alguns pontos fracos, é vaidoso, preguiçoso, e nós não fizemos nada para que ele soubesse o quanto isso é ruim, tampouco o incentivamos a valorizar suas qualidades, já que ele sempre foi um menino inteligente, carismático, que se relaciona bem com todos.

— Só porque aconteceu isso, você o está criticando.

— Falar com você é difícil. É melhor ir descansar, pensar no que aconteceu e no que eu lhe disse. E, se sabe rezar, seria bom fazê-lo, porque ainda não sabemos aonde tudo isso poderá nos levar.

Mercedes olhou-o assustada e achou melhor ir para o quarto. Ao passar pelo dormitório de Rogério, desejou entrar, mas a porta estava fechada por dentro. Ela desistiu e foi para o quarto.

Romualdo deixou-se cair em uma poltrona, apreensivo. Alguma coisa lhe dizia que o caso não terminaria ali.

Depois que Romualdo deixou a delegacia com Rogério, Mílton e Eduardo continuaram lá aguardando notícias.

O inspetor Braga reunira alguns policiais do serviço de inteligência e estavam fechados em uma sala estudando o caso.

— O que será que estão fazendo lá? — disse Eduardo ansioso.

— Calma! Eles estão estudando o caso, e garanto que não estão perdendo tempo. Logo saberemos que providências vão tomar.

Adalberto chegou apreensivo e, depois de abraçar os dois, foi colocado a par dos detalhes do sequestro.

— Eu pressenti que algo ruim poderia acontecer — disse ele triste. — Pedi a Ângela que voltasse para Londres, mas ela insistiu em ficar.

— Agora não adianta se lembrar disso. O importante é resgatá-la bem — afirmou Mílton. — E a polícia está fazendo o que pode para que isso aconteça.

— Bem, minha presença aqui não será necessária — disse Adalberto. — Se tiverem qualquer notícia ou precisarem de alguma coisa, por favor me avisem. Vocês têm meus telefones.

— Está bem — concordou Mílton, e, voltando-se para Eduardo, disse:

— Você também pode ir para casa. Eu lhe avisarei se tiver qualquer notícia.

— Prefiro ficar. Quero ajudar nas buscas. Talvez consiga algumas orientações de meus amigos espirituais.

Adalberto se foi, e Mílton convidou:

— Então, vamos até o bar ao lado comer alguma coisa. Estou com muita fome.

— Vamos. Estou com sede.

O tempo foi passando, e não surgia nenhuma notícia. Eduardo não conseguia controlar o nervosismo. Estava difícil manter o pensamento positivo e a ligação com os espíritos amigos, mas, de tempos em tempos, Vera conseguia que ele a visse e lhe fazia sinal para que esperasse com calma.

A tarde ia morrendo, quando a porta do inspetor finalmente se abriu e os investigadores saíram. Mílton aproximou-se de Braga:

— E então? Qual é o próximo passo?

— Entre e feche a porta.

Do lado de fora, Eduardo esperou com impaciência. Pouco depois, Mílton saiu, pegou no braço do rapaz e disse:

— Vamos embora.

— Meu carro ficou na casa de Ângela.

— Vamos até lá. No caminho conversaremos.

Mílton informou-se e soube que uma viatura sairia dentro de alguns minutos levando dois policiais para a troca de guarda na casa de Raul. Conseguiu que os levassem até lá.

Quando entraram na casa, Eduardo foi ter com Lurdes, que, ansiosa, queria saber as notícias.

— Infelizmente, nada ainda, mas a polícia está agindo.

— Acendi uma vela para Nossa Senhora e estou rezando sem parar para que Ângela seja salva.

— Continue rezando.

— Hoje, fui ao porão procurar o retrato da mãe que Ângela me pediu. Eu o encontrei. É lindo! Ângela queria tanto esse quadro e, agora que eu o achei, ela não está mais aqui!

— Onde ele está? Posso vê-lo?

— Coloquei-o em meu quarto. Estava enrolado em um pano, mas todo empoeirado. Eu o limpei com cuidado. Venha.

Eduardo acompanhou Lurdes, que estava com os olhos marejados quando virou o quadro que estava no chão, encostado na parede. Eduardo não conteve a admiração. O quadro era grande, e Angélica estava linda, igualzinha como ela lhe aparecia.

— É lindo. Por essa razão, Ângela se recordava dele. Precisa tomar cuidado. É um quadro muito valioso, principalmente para Ângela.

— Tenho estado preocupada com ele. Por que não o leva e guarda em sua casa? Assim, ficarei mais sossegada.

— Vou falar com Mílton, ver se a polícia permite.

Eduardo foi à procura do detetive e encontrou-o conversando com os policiais. Eles haviam feito uma minuciosa busca na casa e no escritório e embalado todos os documentos em caixas para serem levados à delegacia e examinados. Braga dera essa ordem na esperança de encontrar neles alguma prova contra Martínez.

Mílton conseguiu permissão para Eduardo levar o quadro, desde que ele assinasse um documento responsabilizando-se pela guarda. Mílton acompanhou-o até o carro e disse baixinho:

— Vamos dar uma volta. Temos de conversar.

Entraram no carro e saíram. Assim que se distanciaram, o detetive continuou:

— Você não pode dizer a ninguém o que vou lhe contar. Confio em você. Não conte nem a seu pai. Prometa.

— Prometo.

— O doutor Braga e os companheiros decidiram dar uma batida na empresa de Raul, e, por esse motivo, o fator-surpresa é fundamental. Ninguém pode desconfiar de nada.

— Um policial me disse que haviam ido até lá e não descobriram nada.

— Eles foram à sede da empresa no centro da cidade, mas eles têm um depósito onde armazenam as mercadorias. É para lá que iremos esta madrugada.

— Eu gostaria de ir junto.

— É perigoso. Não sei se o inspetor permitirá.

— Alguma coisa me diz que estão na pista certa. Não posso ficar de fora. Se Ângela estiver escondida lá, eu saberei. Angélica me avisará. Mílton coçou a cabeça pensativo e depois disse:

— Eu acredito nos espíritos, mas terei de convencer o doutor Braga.

— Diga-lhe que tenho essa possibilidade. Você mesmo já viu que eu possuo sexto sentido.

— Eu quero que você vá. Nós precisaremos muito de proteção espiritual. Sabe de uma coisa? Vamos voltar à delegacia e falar com ele.

Eles foram, e Eduardo ficou no carro esperando enquanto Mílton foi falar com o inspetor. Ele voltou quinze minutos depois, entrou no carro e disse:

— Consegui, mas foi difícil. Tive de gastar todo o meu latim. Ele não queria de jeito nenhum. Alega que você não tem experiência e pode atrapalhar em uma batida como esta. Prometi que você obedeceria a todas as ordens e não faria nada por conta própria. Isso é fundamental. Empenhei minha palavra. Quando contei que você vê os espíritos e conversa com eles, ele se interessou. Disse que uma vez foi curado por uma médium. Você irá conosco.

— Graças a Deus.

O grupo se reunirá na delegacia às dez horas para preparação. Você precisa estar presente.

São quase oito. Vou até minha casa trocar de roupa e avisar meu pai. Estarei aqui no horário.

— Vista-se com uma roupa escura. É melhor. E não conte a seu pai o que vamos fazer.

— Pode deixar.

Eduardo foi para casa, e encontrou Ramiro esperando-o ansioso. Comoveu-se quando viu o retrato de Angélica.

— Vou guardar para Ângela — disse Eduardo.

— É uma linda mulher.

— Eu a vejo assim: jovem, bela. Tenho certeza de que ela nos ajudará. Vera me disse que ela está tomando conta da filha.

— Rezarei para que ela consiga.

— Vou tomar um banho, trocar de roupa e voltar à delegacia com Mílton. Quero acompanhar todas as providências.

Algumas horas antes, na casa dos Mendes Caldeiras, depois que Mercedes foi para o quarto, Romualdo fechou-se no escritório para pensar. Vieram-lhe à lembrança cenas da infância dos filhos, nas quais se notavam os pontos fracos de Rogério e o equilíbrio emocional de Ronaldo, que tomava conta do irmão e tentava orientá-lo.

Ficou evidente o quanto Mercedes incentivava as ilusões de Rogério, e ele, Romualdo, concordava, achando que aquilo era certo. Reconheceu que também alimentara a vaidade do filho, uma vez que se comprazia, tanto quanto Mercedes, em vê-lo brilhar.

Romualdo sentiu-se triste e desanimado e lembrou-se de Ronaldo. Graças a ele conseguira recuperar a própria dignidade. Seu exemplo fizera-o analisar melhor o que estava acontecendo com o restante da família. Ronaldo sempre foi digno, trabalhador, sincero, respeitoso, um filho bom, amoroso e interessado no bem-estar de todos.

Romualdo recordou-se com saudade dos momentos que desfrutara na companhia dele, de Rosana e Marilda. Junto a eles, recebera as mais belas lições de vida.

Romualdo levantou-se e decidiu procurar Rosana. Tinha certeza de que na casa dela encontraria um pouco de paz e talvez um conselho amigo.

Colocou o paletó, apanhou a chave do carro e saiu. Mercedes, embora deitada, ouviu o ruído do carro e espiou pela janela. Aonde Romualdo teria ido? Sua cabeça doía muito, mesmo após ter ingerido um comprimido. Deitou-se novamente e fechou os olhos, tentando, assim, aliviar a dor.

Romualdo chegou à casa de Rosana e tocou a campainha. Ela abriu a porta e, vendo-o, admirou-se:

— O senhor aqui? Alguma coisa com nossos filhos?

— Não. Ontem ainda nos falamos ao telefone e está tudo muito bem. Estão adorando a viagem. Preciso falar com a senhora.

Rosana convidou-o a entrar, e os dois acomodaram-se na sala de estar.

— Vim vê-la porque estou arrasado.

— Foi dona Mercedes? Aconteceu alguma coisa?

— Aconteceu com Rogério. Ela também está inconsolável.

— O que houve?

Romualdo contou-lhe tudo, e Rosana sensibilizou-se:

— Ângela foi sequestrada?!

— Sim, e meu filho está envolvido nisso.

Rosana respirou profundamente, esforçou-se para controlar a emoção e disse:

— Várias vezes, tivemos vontade de avisá-lo. Eduardo estava investigando a morte da mãe de Ângela e descobriu que Rogério visitou Marina algumas vezes às escondidas, no meio da noite.

— Vocês sabiam que ele mantinha relações com ela?

— Sim. Ângela desejava lhe contar, mas o detetive não deixou. Disse que Marina é perigosa e que o senhor poderia intervir e, sem querer, provocar uma tragédia, então, nos calamos.

— Se eu soubesse, teria feito tudo para que ele a deixasse.

— Não ia conseguir. Pelo que sei, ele estava muito apaixonado. A paixão o cegou; ele não o ouviria.

Romualdo baixou a cabeça, triste:

— Tem razão. Ele nunca me ouviu e agora está lá fechado no quarto, triste, angustiado, com medo de que eles a matem. Mercedes está chorando sem parar, e eu estou me fazendo de forte, mas não sei o que fazer. Vim aqui desabafar, pedir um conselho.

Os olhos de Romualdo estavam cheios de lágrimas, e Rosana, emocionada, disse apenas:

— Nesta hora, nós, os pais, só podemos rezar. Vamos! Vou rezar em voz alta e peço que o senhor me acompanhe.

Ela começou a rezar, e Romualdo começou a repetir palavra por palavra o que ela dizia.

Capítulo 22

Eduardo estava de volta à delegacia às dez em ponto. Mílton esperava-o no saguão, e juntos entraram na sala onde o grupo estava se preparando para a batida no depósito de Raul.

O inspetor Braga tinha estendido sobre a mesa um mapa do depósito e explicou detalhadamente aos companheiros a estratégia que usariam.

Atento, Eduardo não perdia nenhum detalhe. Conforme o inspetor falava, em sua mente apareciam, como em um filme, cenas do local. Ele viu o galpão, as divisórias, o mezanino, as mercadorias, os vigilantes noturnos de plantão, mas não notou nada que indicasse qualquer pista.

"Não vai adiantar", pensou. "Eles não estão lá." Mas viu Vera ao seu lado, e, fixando-a, ouviu-a dizer:

— Calma! Fique atento a tudo. Iremos com você.

Eduardo renovou a esperança. Se eles não estivessem lá, poderiam encontrar alguma pista.

Era quase uma hora da manhã, quando, com sirenes e luzes apagadas, os policiais cercaram o depósito e se posicionaram, empunhando as armas. Então, outro grupo, no qual se encontravam Mílton e Eduardo, tendo à frente o inspetor Braga, bateu no portão principal.

A luz de fora se acendeu, e o postigo se abriu.

— Abram! É a polícia! Temos um mandado para revistar a área.

Lentamente, o portão se abriu. O inspetor identificou-se rapidamente e ordenou a seus homens:

— Confisquem as armas deles.

— Esperem! Vocês não podem nos tirar as armas. Temos porte legal e estamos trabalhando dentro da lei — reclamou um dos vigias.

— Ficaremos com elas, enquanto estivermos aqui. Devolveremos todas quando sairmos.

Com a fisionomia cerrada e a contragosto, os vigias entregaram as armas e deixaram-se revistar. Enquanto isso, os investigadores entraram no local e começaram as buscas.

Não encontraram nada. Tudo estava regular. Quiseram ver as notas de compra das mercadorias, e um dos vigias objetou:

— Somos apenas vigias. Não entendemos nada de administração. Não temos ordem de mexer nos documentos da empresa.

— Nós o faremos. Vamos dar uma olhada no escritório — disse Braga.

— É no mezanino — respondeu o vigia.

Braga subiu com dois homens, enquanto os outros continuaram percorrendo o galpão. Eduardo seguiu-o e fez um sinal para que Mílton também fosse.

Enquanto eles examinavam gavetas e documentos, Eduardo aproximou-se de uma das janelas que dava para o pátio interno, e as batidas de seu coração aceleraram. Alguma coisa naquele lugar chamava sua atenção, mas o quê? Eram os fundos do terreno, um local cimentado. Havia dois caminhões em um dos cantos e nada mais.

Eduardo sentiu as mãos frias, e um sentimento de medo acometeu-o. De relance, viu Ângela pálida e assustada. Imediatamente, aproximou-se de Mílton e disse baixinho:

— Eles estão aqui perto. Sinto as emoções de Ângela.

— Não pode ser — respondeu Mílton. — Não encontramos nada.

Naquele instante, Eduardo viu Vera atravessar a parede e ir para fora. No pátio, ela apontou para um dos cantos. Eduardo aproximou-se do inspetor:

— Vamos dar uma busca naquele pátio. Eles estão presos aqui em algum lugar.

— Como sabe? Não vimos nada — tornou Braga.

Eduardo segurou o braço do inspetor:

— Por favor, vamos até lá! Vera está apontando para um lugar.

— Vamos ver — decidiu Braga, que, voltando-se para seus homens, ordenou: — Continuem procurando. Vou descer com eles. Eduardo foi na frente, e os outros o acompanharam. Saíram do galpão, e, chegando ao pátio, ele os conduziu ao local que Vera apontara. Examinaram tudo, mas não encontraram nada.

— Você se enganou — disse Braga. — Aqui não há nada. Vamos voltar para dentro.

Eduardo, contudo, viu que Vera continuava lá, apontando para baixo. Foi então que, em sua mente e por uma fração de segundo, ele viu um pequeno quarto e os três presos nele.

— Vamos procurar. Eles estão aqui em algum lugar. Estou vendo um quarto onde os três estão presos embaixo do chão.

— Um porão! — exclamou Braga. — Por que não pensei nisso antes?

Começaram a procurar uma provável entrada no local. Eduardo aproximou-se de um dos caminhões e começou a examiná-lo. Apesar de estar desligado, havia no painel uma pequena luz vermelha acesa.

Eduardo apertou o botão, e, imediatamente, ouviu-se um ruído metálico e um pedaço do chão se abriu. Dois homens que estavam na abertura começaram, então, a atirar.

Imediatamente, Mílton pulou para dentro do caminhão, enquanto o inspetor e os dois que o acompanhavam entraram no outro.

Os policiais aproximaram-se do local, e iniciou-se uma ensurdecedora troca de tiros. Mílton obrigou Eduardo a abaixar-se, enquanto também procurava proteger-se.

Braga ligou pedindo reforços, e o tiroteio continuou. Em meio ao barulho, Eduardo rezava pedindo que nada acontecesse a Ângela.

Quando o barulho diminuiu, Braga pegou o megafone e gritou:

— Saiam todos! Vocês estão cercados. Não adianta resistirem. Não poderão escapar. É melhor se renderem!

Alguns tiros responderam a essas palavras, mas o inspetor continuou insistindo que tudo estava descoberto. Melhor seria que se entregassem.

Braga estava atrás do caminhão, e Mílton foi até ele:

— Vamos invadir?

— Ainda não. Não sabemos quantos são, mas pelo visto estão bem armados. Vamos ter de esperar e vencê-los pelo cansaço.

Iniciou-se para eles a angústia da espera. Eduardo tinha certeza de que Ângela estava lá dentro e ansiava para que a libertassem, mas só podia rezar.

Pouco antes da batida, que aconteceu às onze da noite, Martínez chegou e rapidamente entrou no subterrâneo. André esperava-o satisfeito.

— E então? Como vão as coisas?

— Tudo sob controle, chefe. Tudo conforme ordenou.

— Tem certeza?

— Sim.

— Vamos tratar logo do assunto. Quero ir embora antes de clarear o dia, como sempre. Os dois dirigiram-se a uma sala, e Martínez quis saber todos os detalhes da operação. No fim, comentou:

— Esse cachorro pensava que nos daria o golpe e receberá a lição que merece.

— Eu poderia ter resolvido tudo sem que você precisasse se incomodar.

— Nada disso. Esse malandro juntou muito dinheiro fora, e eu quero tudo de volta. Ele terá de me dar o número das contas.

— E se ele não quiser?

— É para isso que trouxemos a filha. Se ele se recusar a falar, acabaremos com ela aos poucos e diante dele. Tenho certeza de que ele cantará bonito.

— Bem pensado.

— Depois, teremos de dar também um jeito em Dino, pois ele está pondo as manguinhas de fora. Estou ficando cansado dele. Andou investigando nosso pedaço, fazendo perguntas e tal. Não gosto disso. Alguma coisa ele está planejando, e boa coisa não é.

— Ouvi dizer que o amante de Marina procurou Dino para, a mando de Raul, lhe propor um negócio.

— A mando dele não; a mando dela. Raul é apaixonado e ciumento, e, se soubesse do rapaz, ele não viveria para contar nada. Marina é traiçoeira e tramou contra nós e contra o marido. Quer apostar?

— Não duvido. Você a conhece melhor que eu.

— Ela não vale nada. Agora, vamos nos divertir um pouco. Antes, quero comer alguma coisa e tomar um bom vinho.

André mandou servir, e eles comeram, beberam e ficaram conversando sobre seus negócios. Depois, Martínez tornou:

— Agora, vá buscá-los. Vamos jogar com eles; vai ser muito divertido. Traga Raul primeiro e deixe Marina na sala ao lado. Quero que ela ouça nossa conversa. Pouco depois, um dos homens trouxe Raul, que, vendo-o, exclamou:

— Finalmente, eu o encontrei. O que está acontecendo aqui? Por que nos prendeu? Somos sócios, Martínez!

— Eu o prendi para que não batesse as asas — respondeu Martínez. — Vamos conversar. Você quis me passar a perna, e isso eu não posso tolerar. Você conhece nosso código de honra: todo traidor deve morrer.

— Você não está pensando em acabar comigo, não é?! Nós ainda podemos fazer bons negócios juntos. Graças a mim, você ganhou muito dinheiro!

— É verdade, mas naquele tempo você era fiel. Agora está cheio de más ideias, e isso eu não vou suportar.

— Você está querendo acabar o que começou. Sei que foi um de seus homens que atirou em mim.

— Foi. Você quis acabar com nossa sociedade, e, como sabe, uma sociedade conosco só acaba quando um morre.

— Eu estava cansado. Achei que tinha o suficiente para viver bem o resto de meus dias e desejei parar, mas não tinha nenhuma intenção de traí-lo. Nunca contaria nada sobre nossos negócios. Se eu fizesse isso, seria preso também.

— Você sabe: não podemos correr nenhum risco.

— Se quer acabar comigo, não posso fazer nada mesmo. Você está com minha vida nas mãos, mas lhe peço que solte minha filha. Ela não sabia de nada sobre nossos negócios. Nunca lhe contei. Deixe-a ir e faça o que quiser comigo.

Martínez riu bem-humorado e respondeu:

— Mas agora ela sabe.

— Ela viveu toda a vida na Inglaterra. Ela iria embora para lá hoje e não voltaria tão cedo. Deixe-a ir. Um de seus homens pode levá-la direto ao aeroporto e cuidar para que ela embarque.

— Vamos ver. Pode ser até que eu faça isso, mas vai depender de você pagar o preço.

— Quanto você quer?

— Tudo.

— Não posso dispor dos bens da família. Ângela é herdeira, e a Justiça não permitiria.

— Esses não me interessam. Quero dinheiro vivo. Sei que há muito nas contas no exterior. Quero o número de todas elas.

— Não sei de cor. Preciso ir buscá-los em meu escritório.

— Nesse caso, nada feito. A polícia já esteve lá e levou todos os documentos.

Raul sentiu uma forte tontura e teria caído se André não o tivesse obrigado a sentar-se. Ele estava cansado de tanto sofrimento. Se fosse apenas ele, pouco se importaria em deixar que o matassem e acabassem com tudo de uma vez, mas havia Ângela e Marina. Não se conformava que elas pagassem com a vida por sua ambição.

— Podem levá-lo e trazer Marina — ordenou Martínez, piscando intencionalmente para André. Eles fizeram a troca. Colocaram Raul na sala ao lado e puseram Marina frente a frente com

Martínez. Raul sentou-se em uma cadeira, tentando descobrir o que faria para livrar a mulher e a filha de Martínez.

— Finalmente, vejo você — disse Marina tentando aparentar calma. — Cansei de mandar-lhe recados. Penso que seus homens não os transmitiram.

Na outra sala, Raul notou que havia um rádio ligado e que podia ouvir o que conversavam. Prestou atenção e ficou atento.

— Deram, sim, mas eu não estava disposto a falar com você.

— Eu queria lhe propor um bom negócio. Você ganharia muito dinheiro.

— Estou ouvindo. Que tipo de negócio?

Ela fez ligeira pausa, olhou em volta e continuou:

— Eu dividiria com você tudo o que Raul tem guardado no exterior. É muito dinheiro. Tenho certeza de que lhe interessa.

— Digamos que sim. O que você quer em troca?

— Você me tiraria do Brasil com nova identidade. No exterior, eu continuaria trabalhando para você. Raul queria deixar o negócio, mas eu sempre fui contra. Quero continuar trabalhando para você.

— E seu amante?

— Claro que ele não irá.

— Você propôs a ele que fugiriam juntos e acabariam com Raul. Ele vendeu um apartamento para conseguir o dinheiro. Como pretende se livrar dele?

— Eu não aguentava mais ficar presa em casa, sem ver ninguém, sem poder sair. Raul me disse que foi um de seus homens que tentou matá-lo. Você não respondia a meus recados... O que queria que eu fizesse? Estava com medo. Temia que a qualquer momento você mandasse nos matar. Tentei encontrar uma forma de fugir dali, mas eu pensava em procurá-lo para reatar nossos negócios. Assim que eu estivesse fora do país, pretendia deixar Rogério.

— Você está se justificando, mas penso que o plano da fuga era de Raul. Ele queria usar esse moço para vocês fugirem.

— Você o conhece: ele nunca aceitaria. Se soubesse que tenho um amante, Raul me mataria.

— A esta hora, ele já descobriu com quem se casou, pois está ouvindo nossa conversa. Marina empalideceu. Percebeu que ele estava apenas provocando Raul e que não iria ceder. Eles estavam perdidos. Desesperada, ela disse:

— Você não pode acabar comigo, Martínez! Sou jovem e farei o que quiser. Leve-me com você. Garanto que não se arrependerá.

— Você é bonita, mas não presta, Marina. Mulher para mim tem de ser fiel. Não gosto de traidoras.

Marina aproximou-se dele:

— Não deseja nem experimentar? Sou muito boa quando quero. Você iria gostar muito. Ele riu e disse a André:

— Vá ver nosso homem. Ele pode fazer uma loucura, mas é bom que escute até o fim. Leve alguém com você.

André saiu, chamou dois homens e foi ter com Raul, que andava de um lado para o outro da sala, desesperado. Vendo-os, gritou nervoso:

— É mentira! Vocês a obrigaram a dizer isso. Ela nunca teve um amante!

— Teve vários. Todos jovens e bonitos. Você pensou que ela o amasse? Que ilusão!

Raul quis avançar contra André, mas foi impedido pelos outros dois homens. Amarraram-no na cadeira, e André disse:

— É hora de saber tudo. Vamos ouvir.

Impotente para fazer alguma coisa, Rual chorava, e as lágrimas corriam por seu rosto enquanto Marina se oferecia para Martínez.

— Vamos ver se você é boa mesmo — disse Martínez. — Conforme for, posso mesmo levá-la comigo.

Ela aproximou-se dele e beijou-o nos lábios. Ele segurou-a pelos ombros:

— Você sabe que vamos acabar com Raul. Ainda assim quer ficar comigo?

— Eu me casei com ele por causa do dinheiro. Nunca o amei. Acabando com ele, me fará um favor. Se você não o fizesse, eu mesma o faria. Estou farta dele. Sou jovem, quero viver, aproveitar a vida. Você pode me oferecer tudo de que preciso.

Na outra sala, Raul, encolerizado, sentiu um calor muito forte e perdeu os sentidos.

— Acho que Martínez exagerou na dose. Ele não suportou — disse André.

— Está morto? — questionou um dos homens.

André aproximou-se, colocou os dedos no pescoço de Raul e respondeu:

— Não, só desmaiou.

Na outra sala, Marina entregava-se a Martínez, fazendo tudo que sabia para dar-lhe prazer. Sentia que essa era sua única chance de sair com vida daquele lugar.

Neste momento, ouviram tiros e um dos homens procurou André:

— A polícia deu uma batida e descobriu a entrada do porão.

— Temos de reagir.

Assustado, André respondeu:

— Estamos fritos! Vamos nos organizar. Chame José e mande pegar munição. Temos de acabar com eles! Quantos são?

— Não deu para ver, mas são muitos. Braga está na chefia e gritou que estamos cercados. É melhor nos entregarmos.

— De forma alguma. Eles não podem entrar aqui. Vá ajudar José.

Martínez apareceu na porta:

— O que ouvi foram tiros?

— Sim. Batida policial. Eles acharam a entrada e estão ameaçando invadir.

— Prenda Marina e Raul de novo. Vou tomar pulso da situação.

Os tiros haviam parado, e Braga tornou:

— É melhor você saírem. Estão cercados. Não têm nenhuma chance de escapar.

Eles dispararam uma saraivada de balas, mostrando que não pretendiam entregar-se.

A porta do cativeiro abriu-se, e Marina foi empurrada para dentro. Logo depois, Raul, ainda desacordado, foi atirado sobre uma das camas.

Ângela aproximou-se do pai desesperada.

325

— Meu Deus! O que fizeram com você?

Colocou a mão sobre a teste dele e sentiu que estava gelada. A respiração de Raul estava diferente, e Ângela disse a Marina:

— Por que ele está assim? O que aconteceu?

— Não sei. Estou tentando salvar minha pele. A polícia está lá fora.

— Finalmente! Logo seremos salvos!

— Não seja idiota! Eles nunca nos deixarão sair vivos. A qualquer hora, podem entrar aqui para nos matar.

Ângela estremeceu assustada, pensou em Angélica e pediu ajuda. Só Deus poderia salvá-los naquele momento. Colou o ouvido na porta e ouviu o barulho dos tiros, que depois cessou repentinamente.

— Será que acabou? Os tiros pararam.

— Precisamos sair daqui. Temos de abrir essa porta e aproveitar a confusão para fugir.

— Meu pai está mal. Não podemos abandoná-lo.

— Fique você, então. Vou dar o fora assim que puder. Cada um que cuide de si. Isso foi um azar. Eu estava quase conseguindo o que queria.

— Você não mencionou o que aconteceu. O que eles lhe disseram?

— Isso não importa agora. Eles querem nos matar, e isso ficou claro. Enquanto isso, do lado de fora, a polícia continuava esperando. Os reforços haviam chegado e mantinham comunicação pelo rádio.

Amanhecera, e Mílton fora buscar uma garrafa de café e alguns pães.

— Tome, Eduardo. É bom para espantar o sono.

— Quanto tempo a polícia vai esperar para invadir?

— Depende. Querem vencê-los pelo cansaço, e isso pode demorar. Não sabemos quantos são nem o que têm de munição, comida etc.

— Vou ficar. Não descansarei enquanto Ângela não for libertada.
Serviram-se de café e acomodaram-se dispostos a esperar.

Mercedes acordou indisposta. Sua cabeça doía, e ela desceu para tomar café. Não queria ingerir comprimidos com o estômago vazio. Assim que desceu, viu que as empregadas e o motorista estavam cochichando na copa e, ao vê-la, se dispersaram.
Mercedes sentou-se, serviu-se de café com leite e perguntou à criada:
— Vocês estavam cochichando e correram quando entrei. O que foi?
— É o jornal de hoje, dona Mercedes. Traz uma foto de Rogério.
— O quê? Onde está?
A criada entregou-lhe o jornal, e ela estremeceu. A manchete dizia: "Raul Guilherme Maciel foi sequestrado com a mulher Marina e a filha Ângela. O amante de Marina, Rogério Mendes Caldeira, filho de tradicional família de São Paulo, é suspeito de envolvimento no caso. A polícia está agindo, mas pede sigilo para não atrapalhar as investigações".
Mercedes empalideceu. Aquilo não podia ser verdade! Seu filho querido, orgulho da família, exposto no jornal como suspeito? Era calúnia. Precisava fazer alguma coisa.
Correu ao quarto de hóspedes e bateu na porta.
— Abra, Romualdo! Aconteceu uma desgraça!
Ele abriu assustado:
— O que foi?
— Você tem de fazer alguma coisa! Veja este jornal. Nosso filho está sendo tratado como bandido, com retrato e tudo.
Preocupado, Romualdo pegou o jornal e leu a manchete.
— Você leu o que dizem?
— Essa manchete é ofensiva. Preferi nem ler a notícia completa, mas os criados estavam comentando.
Ele não respondeu. Sentou-se na cama e disse:

327

— Vou ler tudo.

A matéria contava toda a história, desde as suspeitas sobre o enriquecimento de Raul Guilherme, seu casamento com Marina, o atentado, o sequestro, o envolvimento de Rogério como amante de Marina e a fuga que pretendiam realizar.

A polícia estava investigando o caso sob sigilo para não atrapalhar as investigações, porquanto havia traficantes perigosos envolvidos.

Estava tudo lá minuciosamente detalhado, com nome, sobrenome e idade de todos. As declarações de Rogério estavam transcritas com destaque, o que fez Romualdo dizer irritado:

— Se Rogério fosse um joão-ninguém, eles não teriam feito isso.

— Você precisa fazer alguma coisa! Vamos processar esse jornal.

— Não podemos fazer isso, Mercedes.

— Como não? Eles estão insinuando coisas terríveis. Não podemos deixar que caluniem nosso filho desse jeito.

— Eles estão dando um toque maldoso no caso, mas não podemos fazer nada, porque o fato em si é verdadeiro. Rogério declarou isso à polícia.

— Você também está contra ele?

— De forma alguma. Ele errou e temos de ajudá-lo, contudo, não podemos evitar a maledicência e divulgação dos fatos pelo lado pior.

— Não podemos deixar que Rogério veja isso. Vamos rasgar esse jornal.

— Isso não mudará nada, Mercedes. Há milhares deles circulando pela cidade.

— Mercedes deixou-se cair sentada na cama, desalentada.

Meu Deus! A esta hora todos os nossos amigos já sabem.

— Isso era de se esperar. O que me preocupa é Rogério. Ele está muito envolvido por essa mulher. Está desesperado, com medo do que possa acontecer com ela.

— Não acredito que numa hora dessas ele ainda esteja pensando nela. Deve estar muito arrependido, isso sim, procurando um jeito de sair de forma discreta dessa situação.

— Pois ele não se mostrou nem um pouco arrependido do que fez. Estava só pensando nela, no perigo que Marina está correndo.

— Em todo caso, é melhor não mostrarmos esse jornal.

— Ao contrário. Ele precisa ler e saber como estão as coisas. É hora de Rogério enfrentar o resultado de suas atitudes. Vou falar com ele.

— Não faça isso. Deixe-o descansar.

— Desta vez, não vou contemporizar, Mercedes. Ele tem de assumir o que fez.

Romualdo levantou-se e, empunhando o jornal, dirigiu-se ao quarto do filho. Mercedes foi atrás tentando segurá-lo.

— Deixe-o em paz. Não basta o que está passando?

— Largue meu braço. Vou fazer o que deveria ter feito há muito tempo.

Ele abriu a porta, e Rogério sentou-se na cama assustado:

— Que barulho é esse? Posso saber o que está acontecendo?

— Nada, meu filho. Seu pai queria entrar no quarto para acordá-lo, e eu estava tentando impedi-lo.

— Vou falar com ele a sós. Saia, por favor.

— Está me expulsando? Está vendo, meu filho, como seu pai mudou? Agora está contra nós.

Sem se alterar, Romualdo pegou Mercedes pelo braço, conduziu-a para fora e fechou a porta do quarto à chave.

— Precisava de tudo isso, pai? Mamãe está nervosa.

— Todos nós estamos. Precisamos conversar. Você se envolveu em um caso muito sério, Rogério. Precisamos enfrentar os fatos e decidir o que fazer.

— Ainda não sei. Não consigo pensar. Quase não dormi. Quero fazer alguma coisa, ajudar Marina, mas não sei o quê.

— Quanto a isso, você não pode fazer nada. É preciso esperar. Sua mãe descontrolou-se, porque os jornais de hoje publicaram o caso com uma foto sua, e, como sempre fazem, apresentaram os acontecimentos pelo lado negativo.

Rogério passou a mão pelos cabelos em um gesto desesperado.

— Imagino como mamãe tenha ficado.

Romualdo aproximou-se da cama onde Rogério estava sentado, puxou uma cadeira e sentou-se diante dele.

— Ela queria que mais uma vez eu me omitisse, que escondesse o jornal para que você não soubesse, tentando poupá-lo. Sinto que isso é errado e que, em vez de ajudá-lo, acaba o prejudicando. Seja o que for que tenha feito de errado, o melhor será enfrentar as consequências, e a primeira coisa a fazer é analisar os motivos que o levaram a agir assim.

— Eu me apaixonei por ela, pai.

— Seu erro começou muito tempo antes.

— Como assim?

— Começou quando você perdeu o respeito por si mesmo ao procurar uma aventura com uma mulher casada.

— Não entendo o que quer dizer. Em sociedade, esse comportamento é comum, pai. Conheço vários casos.

— Sei disso, mas o fato de muitos pensarem dessa forma não muda o caso em si. Trair se tornou algo tão comum em nosso meio que aquele que não trai passa por careta. No entanto, se você fosse o marido enganado e estivesse sofrendo com a dor da traição, pensaria diferente. Rogério baixou a cabeça e não respondeu. Romualdo continuou:

— Além disso, quando você desrespeita o direito dos outros, nega a própria dignidade e não se respeita mais. Para enganar a consciência, passa a cultuar valores permissivos e falsos e daí é muito fácil resvalar pela desonestidade e pelas ilusões. Foi o que aconteceu com você.

— Se eu não tivesse me apaixonado, não teria feito o que fiz.

— Quem inicia um relacionamento amoroso nunca pode prever o que vai acontecer. O que era uma atração pode se transformar em amor, ou, o pior, em uma paixão, o que sempre traz infelicidade.

— Se eu soubesse o que iria me acontecer, não teria me envolvido com ela.

— Você superestimou a própria força. Julgava-se invulnerável. Nós o criamos fazendo-o acreditar que era mais do que qualquer pessoa: o melhor, o mais bonito, o mais atraente, o mais tudo, e eu estou muito arrependido disso. Nós, como pais, nos deixamos levar pela vaidade, pelo desejo de que nossos filhos fossem pessoas maravilhosas e admiradas por todos. Nós nos esquecemos, no entanto, que somos apenas pessoas, com qualidades, mas com pontos fracos, que precisam ser melhorados a cada dia.

— Vocês não tiveram culpa de nada. Eu fiz tudo isso sozinho.

— Fez. Algumas vezes notei que seu comportamento deixava a desejar, mas não quis ver a verdade. Era cômodo acreditar que você continuava maravilhoso como sempre. Eu nunca lhe disse o quanto o trabalho é gratificante, o quanto os comentários maldosos sobre os outros são ruins, porque encobrem nossas próprias falhas e nos fazem acreditar que somos melhores do que eles. Nunca lhe disse como o estudo e o conhecimento abrem nossa mente, alargam nossos horizontes e enchem nossa vida de prazer.

Romualdo falava como que para si mesmo, com os olhos brilhantes, revelando convicção, e Rogério fixava-o admirado, como se o estivesse vendo pela primeira vez. Ele continuou:

— Hoje, creio que, se houvesse agido assim, sua vida teria sido muito diferente. Você não estaria nessa situação deplorável.

Rogério suspirou desalentado.

— Agora é tarde, pai. Estou perdido e não sei o que fazer.

— Não, meu filho. Nunca é tarde para aprender. Estou aqui ao seu lado não para alisar-lhe a cabeça e alimentar suas ilusões, mas para apoiá-lo. Juntos, procuraremos um caminho melhor, mais verdadeiro, e estou certo de que venceremos.

Rogério baixou a cabeça tentando esconder as lágrimas que teimavam em descer pelo rosto. Romualdo levantou-se, abraçou o filho com amor e não disse mais nada. Ficou ali, enquanto Rogério soluçava, extravasando a tensão dos últimos dias.

Capítulo 23

Sentada na cama onde Raul gemia de vez em quando, Ângela só fazia rezar. Há quanto tempo estavam ali? Ela não saberia dizer. De vez em quando, um dos homens de Martínez entrava, colocava água e pão com queijo na bandeja e saía.

Marina corria para a bandeja e dizia para Ângela:

— Trate de se alimentar, pois temos de ficar fortes para fugir.

Ângela, contudo, não tinha vontade de comer. Sentia o estômago enjoado, e o cheiro que vinha do vaso sanitário a deixava pior. Não havia nenhuma abertura para renovar o ar, e ela se sentia sufocar.

Ângela sentou-se ao lado do pai, e, quando Raul soltou o primeiro gemido, ela tentou conversar com ele. Apesar de gemer, Raul não estava consciente.

Ângela perguntou várias vezes a Marina o que tinha acontecido com eles, mas ela não explicou. Respondia apenas que haviam sido ameaçados.

Raul abriu os olhos assustado, e Ângela debruçou-se sobre ele:

— Pai, como se sente?

Ele não respondeu logo. Parecia alheio e tentava situar-se. De repente, viu Marina, e seu rosto congestionou-se.

— Sua víbora imunda! — gritou furioso. — Falsa, traidora! Vou acabar com sua raça! Marina encolheu-se em um canto, assustada. Raul parecia ter recuperado as forças e avançou sobre ela com os olhos arregalados, tentando agarrá-la. Marina esquivou-se e tentou explicar-se:

— Você ouviu nossa conversa, mas nada daquilo era verdade. Martínez fez isso de propósito. Ele sabia que você estava ouvindo, e eu menti para tentar nos salvar.

— Não creio nisso! Você me enganou! Recebia o amante em nossa casa. Não vou perdoá-la nunca!

Raul atirou-se sobre ela, enquanto Ângela puxava-o, tentando impedir que ele agredisse Marina.

— Não faça isso, pai. Acalme-se. Não é hora de brigar.

Ele não parecia ouvir a filha. Colocou a mão no pescoço de Marina, apertando-o, enquanto ela se debatia. Sentindo-se sufocar, Marina vibrou um soco violento na região onde ele fora ferido no atentado. Raul gritou de dor e soltou-a. Ela aproveitou o instante e esmurrou novamente o local do ferimento com tal violência que o sangue jorrou e Raul cambaleou.

— Você vai matá-lo! — gritou Ângela, tentando segurá-la, mas sem conseguir.

Raul escorregara pela parede e sentara-se no chão, enquanto Marina se atirava sobre ele, distribuindo-lhe socos e pontapés. Vendo que não conseguia contê-la, Ângela pegou a jarra de água e despejou-a sobre Marina, que, assustada, parou.

Depois, Ângela colocou-se entre os dois e disse com voz firme:

— Chega, Marina!

— Ele quis me matar! Se não tivesse reagido, estaria morta. Você viu.

— Mas agora chega! Não vê que ele está fora de si?

— Por esse motivo, tenho de me defender!

— Ele descobriu que você tem um amante e perdeu o controle.

— Por causa de Raul, estou aqui correndo risco de morte! Espero que ele não saia vivo deste lugar.

Ângela não respondeu. Abaixou-se e procurou ajudar o pai, que colocara a mão sobre o peito tentando conter o sangue e murmurava frases sem sentido.

"Meu Deus!", pensou Ângela, angustiada. "O que posso fazer para ajudá-lo?" Tentou fazê-lo levantar-se para levá-lo até a cama, mas não conseguiu. Ele não colaborava e estava muito pesado.

— Venha, Marina. Ajude-me a levá-lo até a cama.

Ela olhou-o com raiva e respondeu:

— Que morra. Não levantarei um dedo para ajudá-lo.

Ângela colocou as mãos nas axilas do pai, arrastou-o até a cama e, com muita dificuldade, conseguiu colocá-lo sobre ela. Depois, rasgou a manga do próprio pijama, umedeceu-a, abriu a blusa do pijama de Raul e limpou a cicatriz que sangrava.

Sentia-se no limite de suas forças. Sentou-se na cama, colocou a mão na testa do pai e implorou a ajuda de Deus. O espírito de Angélica, que estava ali orando com ela, viu quando uma luz muito clara as envolveu e uma voz lhe disse:

— Viemos ajudá-la.

Ângela, que estava vigilante e não queria dormir, não viu nem ouviu nada, mas recostou-se na cabeceira da cama. A tensão foi acalmando, e ela adormeceu.

Angélica ficou ali, observando o espírito de Ângela adormecido sobre o próprio corpo e enviando-lhe energias de amor e de luz.

Do lado de fora, tudo continuava na mesma. Fazia mais de vinte horas que a polícia estava tentando convencer Martínez e seus homens a se entregarem, sem obter êxito. Os policiais revezavam-se, mas Braga, Eduardo e Mílton não haviam saído de lá. De vez em quando, nos momentos de silêncio, vencidos pelo cansaço, tentavam relaxar e dormir no caminhão, mas, ao menor ruído, acordavam em sobressalto.

Nesse meio tempo, a polícia estudara o local, tentando encontrar uma forma de invadir o porão sem colocar em risco a vida dos três prisioneiros. Eduardo estava preocupado com Ângela, mas, mesmo que ela não estivesse com eles, o inspetor faria tudo para prendê-los com vida. Tinha certeza de que todas as provas de que precisavam estavam naquele subterrâneo. Não queria precipitar-se, porquanto, temia que eles as destruíssem.

Mas estava difícil, afinal, aquela abertura era a única ligação com o lado externo. Se houvesse outra saída, eles certamente já a teriam utilizado. A cada tentativa de Braga de negociar, eles respondiam com tiros, mostrando que ainda estavam lá.

Eduardo recostou-se novamente no caminhão, buscando no silêncio um contato maior com os espíritos. Com a ajuda deles, haviam localizado o subterrâneo; talvez o ajudassem a encontrar a saída.

Ele viu o espírito de Vera aproximar-se:

— Calma. Estamos cuidando. Tenha paciência. Continue firme na prece.

Foi quando ele observou um movimento desusado à sua volta. Um grupo de homens fortemente armados com capacetes e escudos aproximou-se e um deles procurou Braga. Conversaram por alguns minutos, e eles postaram-se ao lado da entrada do subterrâneo.

Os homens de Martínez fecharam a entrada, mas Braga a abria novamente para falar com eles, que, depois dos costumeiros tiros, a fechavam de novo.

Eduardo sacudiu Mílton, que cochilava ao seu lado.

— Mílton, acorde. Veja o que está acontecendo. Imediatamente, ele abriu os olhos, olhou em volta e respondeu:

— É o grupo especializado. Acho que vão tentar invadir.

Na mesma hora, Mílton desceu e foi ter com o inspetor. Eduardo acompanhou-o. Braga dizia:

— Não dá mais para esperar. Eles não vão sair. Temos de tentar.

— Podemos começar?

— Como pensam em fazer isso?

Ele explicou a estratégia e finalizou:

— O êxito dependerá da rapidez da execução. Não podemos dar-lhes tempo para pensar. Posicione seus homens atrás dos nossos e, quando eu der o sinal, abra a porta.

Enquanto alguns homens, sem fazer ruído, se posicionavam ao lado da abertura da porta, abaixados, outros se postavam em pé em linha dupla rente à abertura. Os outros estavam mais atrás e, por fim, os policiais de Braga. Todos estavam prontos para atirar.

Braga dirigiu-se ao caminhão onde se situava o botão que abria a porta e, antes de entrar, disse a Mílton e Eduardo:

— Fiquem fora disso.

— Eu quero entrar — disse Eduardo.

— De forma alguma. Pode nos atrapalhar. Não quero ter de socorrê-lo. Você nos ajudará mais indo para dentro do depósito.

— É melhor mesmo — concordou Mílton. — Vá, e eu ficarei observando do lado de fora.

— Eu quero ajudar.

— Você tem mérito com os seres lá de cima. Pode ajudar mais rezando — tornou Mílton.

— Faça isso. Vamos precisar. Agora vá. Não temos tempo para conversar — ordenou Braga.

Mílton segurou o braço de Eduardo e conduzi-o para o depósito.

— Deixe-me ficar na porta — pediu ele, ansioso. — Prometo que não vou atrapalhar.

— Ficaremos aqui. O inspetor não quer eu participe da invasão. Sabe que não sou chegado ao uso de arma.

Da porta do depósito, apesar de a noite estar escura, eles podiam ver perfeitamente os homens em posição esperando o sinal.

No subterrâneo, todos estavam inquietos, nervosos. Quando foi surpreendido com os tiros, Martínez procurou André furioso:

— Você disse que havia tomado cuidado! Seu incompetente! Os homens foram seguidos. Como não notou?

Lívido, André gaguejava sem encontrar explicação.

— Não sei como isso foi acontecer... tomamos todas as precauções.

Mandou chamar um dos homens que tomavam conta da entrada e perguntou como ocorrera a batida.

— Não sei. De repente, a porta se abriu e vimos os policiais em frente. Atiramos, e eles correram para se esconderem, então, fechamos a porta.

— De que adianta fechar, se eles podem abrir de novo? — retrucou Martínez, irritado.

— Bom... pelo menos tentamos nos proteger...

Martínez não se conteve e voltou-se para André:

— Você vai pagar caro por me envolver desta forma. Você não merecia a confiança que sempre lhe depositei. Saiba que, se algo me acontecer, se a polícia entrar, você não vai viver para ver o resto.

André estremeceu. Quem Martínez pensava que era para tratá-lo daquela forma? André sempre o servira com lealdade, e Martínez, em vez de auxiliá-lo a encontrar uma maneira de sair dali, ameaçava-o.

Em um gesto instintivo, apalpou o revólver que trazia na cintura. Tinha de ficar atento. Ao menor sinal de perigo, atiraria primeiro. Procurou controlar a raiva e tentou justificar-se:

— Bem que eu quis resolver tudo sozinho. Se você tivesse concordado, a estas horas estaríamos em casa e em paz, mas você não quis e nos colocou em perigo. Em um caso desses, por mais cuidado que se tome, sempre pode ocorrer algum imprevisto.

— Que imprevisto? Vocês não tomaram cuidado, isso sim.

— Nunca me conformei de este lugar não ter uma saída de emergência. Foi um erro, e não foi meu. Foi você quem o construiu. Nunca pensou que algum dia poderíamos precisar disso para salvar nossa pele?

Martínez segurou André pelo colarinho e gritou irritado:

— Quer salvar a pele atirando a culpa em cima de mim? Você nunca falou em construir outra saída. Em mais de vinte anos, nunca precisamos dela. Vocês erraram, não tomaram as providências que ensinei, isso sim.

Um dos homens aproximou-se com uma garrafa dizendo:

— É melhor nos acalmarmos. Brigar não vai nos ajudar a encontrar uma saída. Temos de ter um plano. Eles podem invadir, e temos de nos preparar.

Martínez praguejou novamente, mas concordou:

— Vamos fazer uma barricada em frente à porta, preparar a munição e esperar. Quem entrar vai morrer!

Tomaram alguns goles de uísque puro, e os homens foram preparando a resistência sob os olhos de Martínez, que os comandava.

De vez em quando, a porta abria-se, e o inspetor recomendava que se entregassem. Os homens, contudo, reagiam com tiros. Gastaram um bom tempo nas providências da defesa. Estavam em quinze homens, e havia muita munição, água e comida.

Depois disso, começou a espera. Inquieto, Martínez andava de um lado para o outro. A certa altura, disse a André:

— Vou descansar um pouco em meus aposentos. Se tiver qualquer novidade, me avise.

Martínez recolheu-se ao quarto com banheiro, onde dormia algumas vezes quando chegava cansado de viagem ou tinha de esperar anoitecer para deixar o subterrâneo.

Fechou a porta, sentou-se na cama e respirou fundo. Precisava escapar dali de qualquer jeito. Abriu o guarda-roupa, onde guardava alguns disfarces que usava quando precisava circular pelo depósito ou ir à cidade.

Escolheu um macacão de faxineiro, foi ao banheiro e estudou seu aspecto. Decidido, ensaboou o bigode e raspou-o. Pegou o sabonete e alisou os cabelos, repartindo-os ao meio e deixando-os fixos. Depois, abriu uma gaveta e escolheu um par de óculos de lentes grossas e colocou-o.

Olhou-se no espelho com satisfação: parecia outra pessoa. Ninguém o reconheceria. Quando a polícia invadisse o local, tentaria escapar fingindo-se de vítima.

Enquanto esperava, precisava tomar algumas providências. Abriu outra gaveta e escolheu uma nova cédula de identidade, pegou uma sacola de lona como as que os operários usam e colocou todo o seu dinheiro no fundo falso dela. Pegou os documentos de identidade, um pente usado e velho, algumas chaves, uma vasilha para lanche e algumas notas de pequeno valor, e guardou tudo na sacola. Estava preparado para a fuga. Faltava apenas verificar e destruir documentos que pudessem incriminá-lo.

Sabia que a polícia encontraria a droga armazenada e que ele seria responsabilizado. Por esse motivo, precisava desaparecer. Adotaria nova identidade, assim como fez quando foi obrigado a trocar seu nome verdadeiro pelo de Martínez.

Por tudo isso, pouco lhe importavam as provas contra Martínez. Talvez fosse bom aproveitar o momento para uma desforra pessoal. Seria um prazer acabar com Raul. Talvez fosse bom levar Marina consigo. Apesar de falsa e traidora, ela sabia o número das contas de Raul e, além do dinheiro que iriam dividir, era bonita, se insinuara e não haveria mal algum em se divertir um pouco.

Decidiu fazer uma boa refeição. Ficava mais calmo depois de comer. Chamou um dos homens, que, vendo-o, se assustou.

— Quem é você?

— Sou eu, burro. Seu chefe. Quero que me prepare uma boa refeição. O que tiver de melhor. Estou com fome.

— Sim, senhor. Desculpe, não notei que era o senhor.

— Estou me preparando. Se a polícia entrar e formos presos, eles não podem saber quem eu sou. Assim, ficarei livre e tirarei vocês todos da cadeia. Entendeu?

— Puxa! Acha que eles não vão reconhecê-lo?

— Você não reconheceu.

— É verdade. Só acreditei que era o senhor pela voz.

— Vá logo, estou com fome.

O capanga saiu, e em seguida apareceu André.

— Zeca me disse que você tem um plano. Nossa, como está diferente! Não o reconheci. Até me assustou.

— Tenho um plano, sim. Só há uma maneira de sairmos daqui com vida.

— Como?

— Deixando que a polícia invada o lugar e prenda todos.

— Acha isso bom? Não quero ser preso.

— O que prefere? Que a polícia entre atirando, mate a maioria e leve o resto preso? Pensei, pensei e não vi outra saída.

— Os homens não vão aceitar isso.

— Vão, sim. Quando a polícia invadir, reajam fracamente, mas me deem cobertura. Vou tentar fugir. É a mim que eles querem. Se eu estiver preso, nada poderei fazer. Mas, estando livre, mexerei os pauzinhos para libertá-los. Tenho amigos influentes, alguns na polícia, que me devem favores. Tenho certeza de que conseguirei. É melhor do que reagir, perder a vida e ver os que ficarem apodrecerem na cadeia.

André coçou a cabeça indeciso.

— Você tem outra solução? Temos de tentar a única chance. Você sabe que a prisão é melhor do que a morte. Temos muitas formas de conseguir nos livrar dela. Só a morte não tem remédio.

— É... de fato... não sei. E se você não conseguir fugir?

— Tenho certeza de que vou conseguir. Se a polícia me pegar, tenho tudo preparado. Vocês dirão que me prenderam porque descobri a entrada do subterrâneo, e eles me soltarão. Já estou com novos documentos. Vai dar tudo certo. Vou tirar vocês todos daqui, sem que ninguém seja morto.

André suspirou resignado.

— Nesse caso, não será melhor nos entregarmos?

— Não. Vou aproveitar a confusão para fugir. Estou preparado. Confie em mim, vai dar tudo certo. Reúna os homens e vamos combinar tudo.

Depois que André saiu, ele foi ao quarto dos prisioneiros. Ângela continuava sentada na cama de Raul, e Marina fixou-o. Vendo que ela não o reconhecera, disse satisfeito:

— Sou eu.

Ela deu um salto:

— Martínez?

Ele não respondeu e aproximou-se da cama de Raul:

— Acorde!

Ângela levantou-se assustada.

— Ele não está bem — disse nervosa. — Precisa de um médico.

Martínez riu e meneou a cabeça como se ela estivesse pedindo algo impossível. Colocou as mãos nos ombros de Raul e sacudiu-o:

— Vamos, acorde! Não adianta fingir.

— Ele não está fingindo. Está mal mesmo — esclareceu Ângela.

Martínez voltou-se para Marina e perguntou:

— É verdade?

— É. Você conseguiu o que queria. Raul ouviu nossa conversa e, quando chegou aqui, quase me enforcou. Reagi como pude e o esmurrei. Ele caiu e perdeu os sentidos. Depois, ficou assim, meio inconsciente.

— Venha comigo, então. Temos de conversar.

Martínez saiu em companhia de Marina, fechou a porta por fora e levou-a até seu quarto. Um dos homens apareceu trazendo a comida, e Martínez mandou que a colocasse sobre a mesa.

— Vamos comer. Você deve estar com fome.

— Estou, mas não foi para isso que me trouxe aqui.

— Não. Você me fez uma proposta, e estou inclinado a aceitar.

— Ótimo. Olhando seu disfarce, sei que já tem um plano de fuga.

— Tenho.

— Quero ir com você.

— Sozinho já será difícil fugir; juntos, será pior.

— Se pensa em ir e me deixar aqui, não faremos negócio.

— Você não é procurada pela polícia.

— A polícia já sabe de tudo. Tenho certeza de que vão me prender.

— Tenho um plano que é a única saída para meus homens e que também poderá ser para você, se fizermos negócio.

— Fale.

Martínez contou o mesmo que dissera a André e finalizou:

— Lá fora, sei como tirá-los da prisão. Tenho elementos para isso.

— Não quero ser presa!

— Na presente situação, é o melhor que pode acontecer. Estando fora, poderei libertá-la.

— Se você conseguir fugir.

— Estou certo de que conseguirei. Sempre tive sorte.

— Leve-me com você.

— É muito arriscado. Poderia pôr tudo a perder. Você me dará o número daquelas contas de Raul, pois, para fugir, precisarei de dinheiro vivo. Não poderei lançar mão do que tenho em meu nome fora do Brasil. A polícia vai bloquear.

— Você acha que sou doida? Se eu lhe der o que quer, nunca mais o verei.

— Para mostrar que pode confiar em mim, dê-me apenas o número de uma ou duas contas. Quando você estiver livre, buscaremos o restante.

Ela pensou um pouco, depois disse:

— Infelizmente, mesmo que quisesse, não sei de cor.

— Nesse caso, nada feito.

— Mas anotei os números e estão guardados em um lugar seguro. Quando sair, eu os terei.

Ele sentou-se e serviu-se de comida.

— Estou com fome. Vamos comer, enquanto conversamos.

Marina sentou-se e serviu-se. Martínez continuou:

— Você disse que há muito dinheiro nessas contas.

— Sim. Vários milhões de dólares. Dou-lhe trinta por cento.

Ele riu, serviu-se de vinho e considerou:

— Não vou correr o risco por menos de sessenta por cento.

Estavam no meio da discussão, quando ouviram o barulho de uma explosão, e Martínez deu um salto. Apanhou a bolsa que havia preparado e correu para a entrada para ver o que estava acontecendo.

Havia muita fumaça, e ele não conseguia enxergar nada. Sentiu um cheiro forte, que ele reconheceu logo:

— Gás lacrimogêneo!

Apanhou um lenço e tapou o nariz. Seus homens havia recuado, atirando e tossindo, e Martínez pensou que era o momento de fugir. Ele conhecia bem onde estavam e foi segurando-se na parede rumo à saída.

Os policiais entraram com máscaras e arma em punho, e alguns foram desmontando a barricada. Os homens de Martínez, encurralados, haviam recuado. O caminho ficou livre, e o segundo grupo de policiais entrou. Martínez escondeu-se atrás de um lado da barricada que ainda não havia sido desmontada.

Ele viu quando os policiais foram atrás dos homens e achou que era o momento de escapar. Não havia ninguém na porta. Correu para lá. Seus olhos lacrimejavam e ardiam, mas ele não se deteve.

Martínez saiu correndo, mas foi agarrado pelos homens que estavam do lado de fora. Vendo que não poderia escapar, disse nervoso:

— Ainda bem que chegaram! Eles iriam me matar. Graças a Deus!

Os policiais levaram-no até Braga, que indagou:

— Quem é você?

— Fui sequestrado por esses bandidos! Pensei que iria morrer! Sou um trabalhador honesto, tenho família.

— Levem-no para dentro. Não o deixem escapar.

— Eu tenho de ir. Minha família deve estar desesperada.

— Resolveremos isso na delegacia. Levem-no.

Dois homens o levaram até o carro da polícia, colocaram-no dentro, e um deles ficou tomando conta. Tudo aconteceu muito rápido, e depois de alguns minutos todos estavam presos.

Ouvindo o barulho, Ângela tentou acordar o pai, mas ele estava semiconsciente. Gemia e não entendia o que ela dizia. Ela começou a bater na porta com força.

Um policial gritou:

— Afaste-se que vamos atirar para abrir a porta.

Ângela obedeceu. Ouviu-se um estampido, e a porta abriu-se. Dois policiais entraram e um deles perguntou:

— Você está bem?

— Estou. Meu pai está muito mal. Precisa de um médico.

— A ambulância está lá fora. Vou mandar entrar para levá-los.

Um deles ficou no quarto, enquanto o outro saiu às pressas para buscar socorro.

— Estão todos presos? — indagou ela.

— Sim, todos os que estavam aqui.

Ela suspirou aliviada. Foi até a porta, olhou o corredor e viu Marina sendo levada por dois policiais. Ela chorava fazendo-se de vítima, e Ângela teve medo de que ela conseguisse ludibriar a polícia.

Os homens entraram trazendo uma maca e com eles estava Eduardo, rosto abatido, aparência cansada, lenço no nariz. Abraçou-a comovido:

— Você está bem?

— Agora estou — murmurou ela, enquanto as lágrimas lavavam seu rosto.

Eduardo ofereceu-lhe um lenço, e os dois caminharam o mais rápido que podiam para a saída. Uma vez fora, Ângela aspirou profundamente a brisa da madrugada que se aproximava. Sentia-se fraca, mas serena.

O inspetor Braga aproximou-se para informar-se do estado dela.

— Estou fraca, mas bem. Meu pai está mal. Quero ir com ele na ambulância.

— A ambulância já saiu. Você também precisa de atendimento médico. Outra ambulância vai levá-la. Eduardo vai com você.

Mílton aproximou-se e abraçou-a.

— Felizmente, tudo terminou bem. Você pode descansar.

— Ainda não. Meu pai está mal. O que vai acontecer com ele agora?

— Acalme-se. Ele está sendo medicado. Depois veremos o que se pode fazer.

Eduardo levou-a à ambulância, e Mílton aproximou-se do inspetor dizendo admirado:

— Estou preocupado. Estava certo de que Martínez estava com eles, mas não o vi entre os homens que foram presos.

— Agora não dá para saber. Vou mandar lacrar tudo aqui e deixar uma equipe tomando conta do local. Estamos todos muito cansados.

— Está certo. Estou muito satisfeito. Foi um milagre termos conseguido prendê-los sem derramamento de sangue. Acho que os amigos espirituais de Eduardo tiveram alguma coisa a ver com isso.

— Também acho. Além de os três estarem vivos, nenhum homem foi ferido. Em um caso destes, é mesmo um milagre. Se você quiser, pode ir. Ainda tenho de ir à delegacia e cuidar dos prisioneiros.

— Irei com você. Todo cuidado é pouco. Eles são muito perigosos.

Quando os dois chegaram à delegacia, os homens de Martínez já estavam encarcerados.

— Onde está o homem que disse ser prisioneiro deles?

— Eu o coloquei com outros presos. Ele protestou, mas, como o senhor ordenou que não o deixasse sair, uma cela foi o único lugar seguro.

— Verificou os documentos dele?

— Sim. Tem carteira de trabalho e de identidade regulares. Sem passagem pela polícia.

— Estou muito cansado para cuidar disso agora. Falarei com ele amanhã. Esta noite, ele ficará lá.

O médico na ambulância fez Ângela deitar-se e examinou-a cuidadosamente. Constatou apenas sinais de fraqueza e nervosismo, o que era natural. Ele iria aplicar-lhe uma injeção, mas ela pediu:

— Se for calmante, não quero tomar.

— Você precisa dormir para se recuperar. Tem de tomar.

— É bom, Ângela — reforçou Eduardo.

— Posso tomar. Mas antes quero ver meu pai e saber como ele está.

— Nesse caso, vou apenas lhe dar um relaxante muscular, e mais tarde você tomará a injeção. Está bem assim?

Ângela concordou, e assim que chegaram ao hospital, ela quis ver o pai. Ele fora levado a uma enfermaria, e Eduardo conseguiu que o transferissem para um quarto que permitisse a Ângela ficar ao lado de Raul. Para isso, o policial pediu autorização ao inspetor Braga, que a concedeu, determinando que o quarto dele fosse bem vigiado.

Raul continuava gemendo de vez em quando, e dois médicos o examinaram minuciosamente. Um deles chamou Eduardo para fora do quarto e disse:

— Ele tem de ser removido para a UTI, pois sofreu um infarto. Como não foi medicado, não sei como ainda está vivo. Além disso, suspeito de que esteja com hemorragia interna. Soube que foi agredido, e o local está muito traumatizado. Temos de agir o mais depressa possível. Esperar pode ser fatal.

— Doutor, faça tudo o que puder. Arcaremos com todas as despesas.

— Está bem. Vamos removê-lo para a UTI imediatamente.

Eduardo entrou no quarto e pediu a Ângela que se deitasse para descansar um pouco.

— O que o médico disse? Por que ele o chamou lá fora?

— Para falar do estado de seu pai. Você tinha razão. Ele sofreu um infarto. Vão removê-lo para a UTI, onde será melhor atendido.

— Eu bem sabia que ele estava mal — respondeu ela, com os olhos cheios de lágrimas.

— De fato, mas Raul aguentou sem ser socorrido, e o médico disse que isso é sinal de que ele pode se recuperar — mentiu ele para acalmá-la.

— Quero ficar com ele.

— Na UTI não é permitido ficar ninguém. Toda a atenção é para o doente. Você terá de permanecer aqui.

— Quero vê-lo.

— Poderá vê-lo mais tarde e ficar com ele alguns minutos, mas agora você precisa se cuidar. Tem de ficar bem para poder cuidar dele.

— Foi horrível o que ele passou! — disse ela, angustiada.

— Acabou, Ângela. Vamos pensar em coisas boas para que seu pai possa melhorar.

A enfermeira entrou para aplicar uma injeção, e Ângela tentou recusar, mas a moça insistiu:

— São ordens do médico. Você vai ter de tomar.

— Vamos, Ângela. Prometo que ficarei aqui, ao seu lado.

— Você vai saber de meu pai quando eu estiver dormindo?

— Farei tudo o que puder para ajudá-lo. Tenho uma boa notícia para você: Angélica estava o tempo todo com vocês três, acompanhou-nos e está ao lado dele agora, dizendo-me que vai ficar tomando conta.

Ângela sorriu e suspirou aliviada. A enfermeira aplicou-lhe a injeção, e ela, ainda sonolenta, viu quando vieram e levaram seu pai. Depois, enquanto Eduardo carinhosamente alisava sua cabeça, ela adormeceu.

Eduardo recostou-se na cama ao lado da namorada e, silenciosamente, fez uma calorosa prece agradecendo a Deus pela ajuda que receberam. Então, ele viu Vera aproximar-se e colocar a mão sobre sua testa.

— Você também precisa dormir. Relaxe. Tudo está sob controle agora. Não há mais nenhum perigo.

Ele sentiu um calor brando e agradável no peito, inclinou a cabeça ao lado da de Ângela e adormeceu. Vera sorriu e sentou-se na cadeira ao lado deles, velando o descanso dos dois.

Capítulo 24

Na manhã seguinte, passava das dez quando Mercedes desceu para o café, perguntou por Romualdo e soube que ele havia saído. Aonde teria ido àquela hora da manhã?

Sentou-se para tomar café. A criada colocou o bule na mesa e perguntou:

— A senhora viu o jornal de hoje?

— Ainda não. Por quê?

— A polícia encontrou o doutor Raul Guilherme, que foi sequestrado com a família. Na mesma hora, Mercedes pediu o jornal. A manchete estava na primeira página: "A polícia desbaratou famosa quadrilha de traficantes. Eles armazenavam drogas em um lugar secreto na empresa de Raul Guilherme Maciel, que há dois dias foi sequestrado com a mulher e a filha. Os três estavam presos no local. Há suspeita de tratar-se de uma briga pelo poder".

No fim da notícia havia uma indicação da página em que estava a matéria com todos os detalhes.

Nervosa, Mercedes procurou a página e inteirou-se das minúcias das negociações que culminaram na invasão. Informavam que Raul Guilherme sofrera um infarto e fora hospitalizado com a filha. O jornal, no entanto, não falava nada sobre Marina.

Rogério dormia, e Mercedes pensou em esconder o jornal, mas não teve tempo: ele estava agora à sua frente, perguntando nervoso:

— Alguma notícia?

— Sim. Eles foram encontrados esta madrugada.

Rogério arrancou o jornal das mãos da mãe, sentou-se em uma poltrona e leu. Apesar de aliviado, estranhou:

— Eles não falam nada sobre Marina. Teria acontecido alguma coisa com ela?

— Deve estar no hospital ao lado do marido. Por essa razão, o jornal não diz nada. Eles adoram dar as más notícias.

— É. Mas tenho de saber.

— Acho bom você não se envolver mais no caso.

— Não posso ficar aqui sem saber o que aconteceu. Preciso ir até a delegacia.

— É loucura! Já chega ter dado aquele depoimento comprometedor à polícia. Eles suspeitam de que você trabalha para aqueles bandidos.

— Isso não é verdade, mãe. A senhora sabe disso.

— Eu sei, mas eles não. Se for lá agora, vai arranjar problemas.

Rogério levantou-se, e Mercedes perguntou nervosa:

— Aonde você vai?

— Telefonar para a casa deles. Quero saber se ela está bem.

Rogério ligou, mas não obteve nenhuma informação. Lurdes havia ido ao hospital, e Emília não sabia como as coisas estavam.

— Vou sair e tentar obter notícias.

— Não vá à polícia.

— Fique tranquila. Vou tentar descobrir algo no hospital. Se ela estiver ao lado do marido, saberei.

Mercedes quis impedir Rogério, mas ele não a ouviu. Arrumou-se rapidamente e saiu. Desanimada, ela deixou-se cair em uma poltrona. Se ao menos Romualdo estivesse em casa!

Ligou para o escritório, mas ele não estava. Aonde teria ido? O relacionamento deles ia de mau a pior. Conversavam o essencial diante dos empregados. Ele saía muito e, quando estava em casa, fechava-se no escritório.

Mercedes sentia-se abandonada e traída. Evitava os amigos, envergonhada pelo que Rogério fizera e também porque não queria que ninguém soubesse que seu casamento estava prestes a acabar.

Culpara Rosana e a filha pela mudança do marido e jurava que se vingaria.

Na delegacia, Marina não escondia o nervosismo. Ao ser levada pela polícia, logo notou que não estava sendo libertada, mas detida. Colocaram-na em uma cela com cinco mulheres de aparência desagradável e deixaram-na lá.

De nada valeu dizer que queria conversar com o delegado, saber do marido, ir para casa. Por fim, sentou-se no chão e encostou-se na parede, tentando encontrar uma solução.

Martínez foi colocado com alguns de seus homens em uma cela, onde já havia outros presos. Fazendo sinal para que os seus ficassem quietos, fez cena, protestou, dizendo-se vítima, mas não foi ouvido. Teve de esperar pelo dia seguinte.

Passava das onze quando o inspetor Braga e o delegado voltaram à delegacia para as averiguações. Depois de examinar os documentos de Martínez, levaram-no a uma sala, onde Braga pediu:

— Conte-nos o que aconteceu.

— Sou um trabalhador. Atualmente, estou desempregado, mas tenho certeza de que logo encontrarei trabalho. Sou bom no que faço.

— Continue.

— Três dias atrás, saí para procurar emprego. Fui até aquele depósito ver se havia vaga. O encarregado conversou comigo e disse que no momento não estavam precisando, mas fiquei desconfiado de que alguma coisa estava errada lá.

— Por quê?

— Em todas as firmas há muito movimento durante o dia. Eu notei que lá não havia ninguém, era parado, o telefone não tocava... Confesso que fui burro, porque, em vez de ficar calado e ir embora, comentei que tinha achado estranha a falta de movimento. Perguntei se ali era uma firma de verdade ou se era apenas fachada, então, ele me respondeu dizendo que ia me dar um emprego. Chamou outro homem, conversou com ele, e depois me levaram para aquele porão, onde fiquei preso. Quase morri de medo. Disseram que eu era um investigador disfarçado. Ameaçaram me matar e só não fizeram isso, porque logo chegaram mais três, que, pela movimentação, deviam ser gente importante. Cuidaram deles e esqueceram de mim, mas tenho certeza de que, se vocês não aparecessem, eles acabariam comigo.

Braga o fez repetir a história e saiu com o delegado, deixando um investigador na sala para continuar o interrogatório.

— Há qualquer coisa mal contada nesta história — disse Braga. — É simples demais.

— Pode ser verdade, mas o que me intriga é que ele tem um sotaque diferente.

— Também notei. Em sua carteira de trabalho diz que ele é argentino; pela data, foi tirada há mais de quinze anos. Há algo nele que não me agrada.

— Vamos segurá-lo mais um pouco e averiguar melhor.

No hospital, uma enfermeira entrou no quarto, e Eduardo acordou.

— O médico quer lhe falar.

Ângela dormia, e Eduardo foi ter com o médico.

— Como está ele?

— Mal. Como eu temia, está com hemorragia interna. Veja esta radiografia. Ele foi agredido no local onde havia sido operado, e os pontos internos arrebentaram. Chamei-o porque o estado do paciente é muito grave.

— O que se pode fazer para salvá-lo?

— Podemos tentar uma cirurgia, mas, como ele está muito fraco, temo que seu coração não resista.

— Quais as probabilidades?

— Se ficar como está, o pré-coma se aprofundará e ele não resistirá. Se o operarmos, há alguma probabilidade de salvá-lo.

— Ângela está dormindo. Temos de acordá-la.

— Ela tomou um remédio forte. Não sei se está em condições de decidir. Esperar pode ser fatal.

— Irei até o quarto para tentar acordá-la. Voltarei dentro de cinco minutos.

Ele chegou ao quarto e chamou:

— Ângela, acorde. Temos de decidir o que fazer com seu pai.

A moça remexeu-se, mas não acordou. Aflito, Eduardo notou que Ângela não iria acordar, mas ele não queria tomar aquela decisão sozinho. Fechou os olhos, pediu a ajuda dos amigos espirituais e viu Angélica aproximarse:

— Uma cirurgia agora não vai salvar-lhe a vida. Deixe-o morrer em paz. É o que pode fazer.

— E o que direi a Ângela?

— A verdade. Ela entenderá. Raul já entrou em coma profundo e dentro de algumas horas estará comigo. Prometo ajudá-lo no que puder.

Eduardo agradeceu e voltou à sala do médico.

— Não consegui acordá-la, mas sinto que ele não suportará uma cirurgia agora. Já entrou em coma profundo.

— Quem lhe disse isso? Não é verdade.

Antes que Eduardo pudesse responder, uma enfermeira entrou dizendo:

— Doutor, venha! O paciente Raul Guilherme entrou em coma profundo.

O médico olhou admirado para Eduardo e saiu apressado ao lado da enfermeira. Mais calmo, Eduardo voltou para o lado de Ângela.

Haviam trazido café, e Eduardo tomou uma xícara com leite. Depois de bater levemente na porta, Mílton entrou:

— Como ela está?

— Dormindo. Tomou um calmante forte.

— Era preciso. E Raul Guilherme?

— Está em coma. Acho que não vai escapar.

— Braga não vai gostar disso. Ele esperava obter dele muitas informações sobre Martínez.

— Ele não foi preso com os outros?

— Não. Ele não estava lá.

— Tem certeza?

— Pelo menos não está entre os presos e não teria como fugir.

Eduardo ficou pensativo por alguns instantes, depois disse:

— Vera está me dizendo que ele está lá, que está preso com os outros.

Mílton coçou a cabeça pensativo. Confiava nas informações que Eduardo recebia dos espíritos, mas conhecia Martínez e não o vira entre os presos.

— Acho que desta vez ela se enganou. Eu o conheço e não o vi entre os homens que foram presos.

— Ela diz que ele está se passando por outra pessoa. Pediu para você dizer isso ao inspetor Braga, que ele saberá quem é.

— Espere! Parece que havia um homem lá que jurava ter sido sequestrado. Ele tinha os documentos em ordem e nenhuma passagem pela polícia.

— Ela insiste para você ir até lá e conversar com Braga. É bom não perder tempo, se quer impedir que o deixem escapar.

— Irei agora mesmo.

No trajeto, Mílton pensava que, se isso não fosse verdade, ele cairia no ridículo. Eduardo era sincero, provara que de fato conversava com os espíritos, mas não se podia esperar que acertasse sempre.

Por outro lado, se fosse verdade, eles seriam enganados mais uma vez. Lembrou-se de ter ouvido que Martínez, quando ameaçado de prisão, costumava desaparecer, e suspeitavam que se disfarçava para isso.

Mílton chegou à delegacia e foi ter com o inspetor, procurando um jeito de entrar no assunto. Informou-se de como iam os interrogatórios e, a certa altura, perguntou:

— Já interrogou aquele homem que afirma ter sido sequestrado?

— Já. Ele nos contou uma história simples, e seus documentos estão em ordem. Nada há contra ele.

— Ainda está aqui?

— Sim. Há alguma coisa nele que me incomoda, talvez porque seja estrangeiro. Mas não posso prendê-lo por esse motivo.

— Estrangeiro? Ele tem sotaque espanhol?

— Ele é argentino e trabalha no Brasil há mais de quinze anos.

— Agora começa a fazer sentido. Eduardo lhe enviou um recado. Aliás, quem o mandou foi o espírito de Vera, a mesma que nos mostrou a entrada do subterrâneo.

Braga segurou o braço de Mílton, sacudindo-o:

— Que recado? Diga logo.

Ele repetiu as palavras de Vera, e os olhos do inspetor brilharam alegres:

— É ele! Martínez é ele! Como não percebi antes?

Na mesma hora, chamou o delegado, pediu que levassem o homem para a sala de interrogatório, colocassem-no de costas para a porta e o deixassem sozinho.

Depois, o inspetor abriu a porta devagar e gritou:

— Martínez, você está preso!

Ele estremeceu. Voltou-se assustado, fez menção de negar, mas Mílton entrou em seguida com o delegado.

— André contou tudo, inclusive sobre seu disfarce. Você não vai mais escapar!

Martínez deu um salto e gritou nervoso:

— Maldito! Eu devia ter acabado com ele antes de sair.

Satisfeito, o delegado mandou fotografá-lo e tirar as impressões digitais. Depois, começaram um interrogatório cerrado. Com as provas encontradas, ele não tinha condições de escapar. Ficaria muitos anos na prisão.

Romualdo acordou cedo. Enquanto tomava café, a criada entregou-lhe um telegrama. Ele abriu: era de Ronaldo, avisando que ele e Marilda chegariam naquele dia, às nove da manhã.

Estavam voltando uma semana antes do combinado. O que teria acontecido? Marilda nunca se separara da mãe e talvez tivesse sentido saudade.

Olhou no relógio e percebeu que não daria tempo de avisar Rosana e ir buscá-la para irem ao aeroporto. Engoliu o café rapidamente e saiu apressado.

Quando chegou ao aeroporto, o avião já havia aterrissado, mas Romualdo teve de esperar mais de meia hora para que eles saíssem. Abraçou-os com alegria, e, depois dos cumprimentos, Ronaldo disse sério:

— Anteontem, vimos o retrato de Rogério no jornal, lemos as notícias e não pudemos continuar a viagem. Fiquei pensando no senhor e em mamãe enfrentando uma situação dessas, e decidimos voltar. É verdade o que estava no jornal?

— Infelizmente. Rogério mentiu dizendo que tinha acabado o relacionamento com Marina, mas não só continuou com ela, como estava perdidamente apaixonado pela moça.

— Marina é uma mulher perigosa. Além disso, parece que ela e o marido estão mesmo envolvidos com traficantes.

— A polícia suspeita disso. Rogério afirma que Marina está correndo perigo e que pode ser morta de uma hora para outra. Quando ela lhe pediu ajuda, Rogério fez tudo o que ela mandou e chegou a ir falar com um traficante não sei onde.

— Que perigo! Então, aquele depoimento de Rogério era verdadeiro?

— Era. Ele ficou tão desesperado com a notícia do sequestro de Marina que foi difícil evitar que fizesse uma loucura.

— E como mamãe está?

— Você pode imaginar. Não sai mais de casa com medo de encontrar algum conhecido. Mas falemos de vocês! Estão bem? Fizeram boa viagem?

— Maravilhosa — respondeu Marilda. — Mamãe está bem?

— Sim. Recebi o telegrama hoje pela manhã e precisei correr para chegar no horário. Não tive tempo de buscá-la.

— Como antecipamos o regresso, preferimos não avisá-la para não preocupá-la — disse Ronaldo.

— Meu carro está aí fora. Vou deixá-los em casa e depois vou buscar Rosana.

— Não. Vamos direto à casa dela e depois vamos juntos para nossa casa.

Quando tocaram a campainha da casa de Rosana, ela abriu a porta e deu um pequeno grito de susto.

— Meu Deus! São vocês! Que alegria!

Depois de abraços e beijos, Rosana não se cansava de olhar para Marilda. A filha estava ainda mais bonita, elegante, rosto corado de prazer, olhos brilhantes de felicidade.

Sentaram-se na sala, onde o jovem casal falou da viagem, dos lugares que haviam visitado, da felicidade que sentiam. Por fim, mencionaram o motivo de haverem antecipado o retorno.

Rosana levantou-se e disse:

— Eu estava inconformada por causa de Ângela. Felizmente, ela foi encontrada e parece que está bem. Eu estava lendo essa notícia no jornal de hoje quando vocês chegaram.

Eles deram uma rápida olhada no jornal e souberam que Raul Guilherme e Ângela haviam sido internados no hospital.

— Tenho de ir embora — disse Romualdo, preocupado. — Preciso segurar Rogério. Se ele ler a notícia, pode querer ir à delegacia. Está tão descontrolado que acabará se complicando ainda mais.

— Irei com você — disse Ronaldo.

— Você está cansado, acabou de chegar, não dormiu direito. É melhor ir para sua casa descansar. Rogério não acorda cedo e não gosta de ler jornal. É possível que não saiba de nada. Posso deixá-los lá antes de ir para casa.

Ronaldo hesitava, mas Romualdo disse com voz firme:

— Sei como lidar com ele. Posso fazer isso sozinho. Vocês precisam ir para casa para descansar. Posso levá-los. É quase caminho.

— Se é assim, é melhor irmos — concordou Ronaldo. — Mas só iremos se dona Rosana for conosco. Estamos com muita saudade dela.

Marilda sorriu feliz. Rosana concordou de boa vontade, e em poucos minutos estavam todos no carro de Romualdo. Quando chegaram, Rosana disse:

— Tínhamos combinado de encher a casa de flores, fazer um almoço gostoso para recebê-los, mas não tivemos tempo para isso. Nem compramos mantimentos, nada.

— O que importa é que estamos juntos — disse Ronaldo. — Passarei na padaria e comprarei um lanche. Não será bom como os que a senhora prepara, mas, por outro lado, teremos mais tempo para conversar.

Romualdo despediu-se.

— Quando chegar em casa, ligarei para contar como Rogério está.

— Se precisar de mim, pai, me chame a qualquer hora. Temos de ajudar Rogério a sair dessa situação.

Romualdo foi para casa e encontrou Mercedes sentada na sala, abatida, nervosa. Vendo-o, disse angustiada:

— Aonde você foi logo cedo? Eu precisava falar com você. Já leu os jornais?

— Acalme-se, Mercedes. Onde está Rogério?

— Ele acordou cedo, viu o jornal e disse que iria ao hospital tentar obter notícias de Marina.

— Qual é o nome do hospital onde estão?

— O jornal não fala nada.

— Vou ver se consigo obter alguma informação.

— Você pretende ir à delegacia saber?

— Não. Vou telefonar para o namorado de Ângela. Ele deve saber o nome do hospital. Ele ligou para a casa de Eduardo, e a criada atendeu:

— Ele não está.

— Sabe onde poderei encontrá-lo? É urgente.

— O pai dele está aqui. Quer falar com ele?

Romualdo concordou, e, quando Ramiro atendeu, ele disse:

— Sou Romualdo, pai de Ronaldo. Lembra-se de mim?

— Claro! Como vai?

— Bem. Soube que Ângela foi encontrada e está no hospital.

— Ela está bem, mas Raul está em coma. Estive lá ontem à noite e ele estava muito mal.

— Lamento. Certamente Marina, a mulher de Raul, está ao lado dele.

— Não. Ela está detida. A polícia não a liberou. Raul também está sob a guarda da polícia o tempo todo.

— Isso quer dizer que as suspeitas do envolvimento do casal com traficantes são verdadeiras.

— Lamento dizer, mas são.

Romualdo suspirou desalentado, e Ramiro continuou:

— Imagino sua preocupação. Estou a par de tudo o que aconteceu.

— Rogério está muito envolvido, apaixonado por essa mulher. Foi ao hospital em busca de notícias. Estou pensando em como vou lhe contar que ela está presa. Temo que não controle suas emoções e faça alguma besteira.

Ramiro ficou em silêncio por alguns instantes e depois disse:

— Quando não sei o que fazer, rezo e entrego tudo nas mãos de Deus. Ele sempre consegue uma solução melhor que a nossa.

— É um bom conselho. Faz tempo que não rezo. Receio que eu esteja sem nenhum prestígio lá em cima.

— O fato de você não ter se lembrado d'Ele não quer dizer que Ele não esteja olhando por você e tentando orientá-lo. Experimente. Antes de conversar com Rogério, converse com Deus, abra seu coração e Lhe peça ajuda.

Os olhos de Romualdo estavam marejados, quando respondeu:

— Farei isso. Gostaria de visitar Ângela e falar com Eduardo. Ela vai ficar no hospital até quando?

— Ela ficará enquanto Raul estiver.

— Ele agradeceu e desligou.

Mercedes ficara ao lado dele e olhava-o admirada.

— E então? — indagou.

— Raul Guilherme está no hospital sob vigilância policial, e Marina está detida na delegacia.

Mercedes deixou-se cair assustada em uma poltrona.

— Quer dizer que ela tinha mesmo ligação com esses bandidos?

— Claro que tinha.

— Rogério está enfeitiçado por essa mulher. Você tem de impedi-lo de vê-la. Seria bom que ele fosse para o exterior por uns tempos.

— O delegado o proibiu de sair da cidade.

— Mas ele não tem culpa de nada.

— Confessou que se envolveu. Agora teremos de arranjar um bom advogado e tentar livrá-lo.

— Você vai contar a ele?

— Vou procurá-lo e lhe contar tudo, mas antes seguirei o conselho do doutor Novais. Vou rezar e pedir a ajuda de Deus.

— Vai o quê?

— Rezar. Foi o que lhe disse, e seria muito bom que fizesse o mesmo. Rogério está encrencado e não sabemos o que vai acontecer.

Mercedes baixou a cabeça e não respondeu. Romualdo foi ao escritório, fechou a porta e pensou em Deus. Lembrou-se dos tempos de criança, quando sua mãe o fazia rezar todas as noites antes de dormir.

Tempo bom aquele, quando não precisava tomar decisões como agora. Ao mesmo tempo, contudo, reconhecia que era muito bom ser adulto e ter liberdade de fazer o que lhe aprouvesse.

A lembrança da mãe emocionou-o. Ela faleceu quando ele cursava a universidade, e, pouco tempo depois, seu pai casou-se novamente. Era um homem prático, mas muito materialista, enquanto a mãe era suave, doce, delicada, e ao mesmo tempo firme. Ela educara-o com muito amor.

Eduardo falava que via e conversava com os espíritos dos mortos e que muitas vezes estes ajudavam os vivos. Romualdo nunca se detivera nesse assunto, mas, apesar disso, imaginava que os que morriam poderiam estar em algum lugar.

Era uma crença indefinida. Na igreja, aprendera que havia o céu e o inferno, mas tinha suas dúvidas. Em sua roda de amigos, muitos caçoavam quando alguém mencionava os espíritos, e raros eram aqueles que se atreviam a dizer que acreditavam na vida após a morte.

Se Eduardo estivesse certo, o espírito de sua mãe deveria estar em algum lugar. Lembrou-se dela com carinho. Era-lhe mais fácil conversar com ela do que com Deus. Por essa razão, imaginou que ela estivesse à sua frente e abriu o coração: reconhecia que se omitira na educação dos filhos e queria corrigir esse erro. Pediu que ela o inspirasse naquele instante difícil.

Se Romualdo pudesse ver, saberia que Marta estava ali, acariciando-lhe a cabeça com amor. Era por isso que ele se recordava dela com tanta emoção. Quando ele se calou, deixando que as lágrimas descessem pelo rosto, ela lhe disse:

"Filho, estou aqui! Estamos ajudando dentro do possível. A lição foi dura, mas necessária."

Romualdo não ouviu o que ela lhe disse, mas pensou: "O que devo dizer a ele?".

"Seja sincero. Fale com o coração. O amor faz milagres. É hora de você se interessar pela vida espiritual. Ela lhe abrirá as portas da eternidade e lhe dará muita alegria. Você descobrirá as maravilhas do Universo e aprenderá a confiar na vida e a ouvir as mensagens que ela lhe dá. Estarei sempre ao seu lado, rezando por sua felicidade.

Romualdo sentiu-se mais calmo. Precisava sair, encontrar Rogério. Alguém bateu na porta, e ele foi abrir. Rogério estava em sua frente, nervoso:

— Precisamos fazer alguma coisa. Marina não está no hospital. Uma atendente me disse que não sabe nada dela.

— Eu sei. Ela está na delegacia. Marina e o marido estão sob vigilância policial. A polícia acredita que estejam envolvidos com os traficantes que foram detidos.

Rogério sentou-se numa poltrona.

— Preciso ir até lá para ver o que posso fazer por ela.

— Calma. Ainda não sabemos os detalhes. O importante é que ela está bem e não corre mais nenhum perigo. Todos os bandidos que os sequestraram foram presos, portanto, é preciso ter calma. Você está muito envolvido por causa daquele depoimento. Temos de procurar um bom advogado e ver o que podemos fazer.

— Marina também vai precisar de um.

— Ela tem posses e é esperta o suficiente para tomar todas as providências. Em todo caso, se for preciso, arranjaremos um para ela também.

— Quero vê-la, falar com ela.

— Agora não é aconselhável. Antes de tomarmos qualquer providência, precisamos saber toda a verdade.

— Eu sei a verdade.

— Você sabe o que ela quis que soubesse.

— Ela me ama e confia em mim. Sei que ela não mentiu.

— Se você estiver certo, logo saberemos. Enquanto esperamos a poeira assentar, trate de se recuperar. Você emagreceu, está abatido. Tem de reagir.

Rogério levantou-se e olhou-se no espelho.

— É... — concordou, passando a mão no rosto. — Parece que envelheci dez anos.

— Trate de se cuidar. Você não pode aparecer, mas eu posso.

— O que vai fazer?

— Investigar. Tenho amizade com o namorado de Ângela. Ele participou das buscas com a polícia e está com Ângela no hospital. Nem foi para casa. Deve saber de tudo.

— Você tem amizade com ele?

— Sim. Eles se tornaram muito amigos de Ronaldo e Marilda. Estiveram no casamento. Estou pensando em ir ao hospital conversar com ele.

— Nesse caso, irei com você. Também sou amigo de Ângela.

— Acho que não haverá nenhum mal nisso.

Romualdo hesitou e depois concordou:

— É. Acho que não, mesmo. Vamos, então. Mas antes você precisa se alimentar.

Rogério concordou e vestiu-se. Quando desceram, Mercedes esperava-os na sala e olhou interrogativa para ambos. Romualdo disse:

— Rogério vai comer alguma coisa e depois iremos ao hospital visitar Ângela. Mercedes não contestou e notou que Rogério estava mais calmo e o marido também. Quando Rogério foi à copa comer, ela disse a Romualdo:

— Acho que ele não deveria sair de casa ainda. Pode ouvir comentários desagradáveis.

— Ele precisa enfrentar a situação e se esconder não o ajudará. Ao contrário: se ele aparecer, os boatos vão diminuir. Você também não deveria ficar fechada em casa, Mercedes. Precisa retomar sua rotina e enfrentar as más línguas. Depois de tanto falar mal dos outros, acho que saberá fazer isso muito bem.

— Você não perde ocasião para me ofender.

— Só quero que perceba que é hora de mudar a maneira de pensar. O que estamos passando é desagradável, fere nosso orgulho, mas, por outro lado, nos mostrará quem são nossos verdadeiros amigos. Nessa hora é que os identificamos. Tenho certeza de que você se surpreenderá!

Rogério voltou, e ambos saíram. Mercedes chamou a criada, mandou tirar o carro, apanhou a bolsa e saiu. No automóvel, mandou o motorista tocar para a igreja. Talvez rezar fosse realmente bom naquela hora e lhe trouxesse um pouco de paz.

Capítulo 25

Romualdo e Rogério chegaram ao hospital no fim da tarde. Depois de se informarem sobre o número do quarto de Ângela, foram até lá. Bateram levemente na porta e entraram.

Ela estava sentada na cama, e Eduardo em uma cadeira ao lado. Vendo-os entrar, ambos se levantaram.

Depois dos cumprimentos, Romualdo disse:

— Soubemos pelos jornais o que aconteceu. Estávamos aflitos e viemos saber como estão as coisas.

— Queremos ajudar no que for possível — disse Rogério.

— Obrigada — respondeu Ângela. — Estamos muito preocupados. Meu pai está em coma. Seu estado é desesperador.

— Sentem-se, por favor — pediu Eduardo, indicando o pequeno sofá que havia no quarto.

— Vocês passaram por um momento difícil — disse Romualdo.

— Felizmente, tudo acabou bem — completou Rogério.

Ângela não respondeu. Estava constrangida com a presença de Rogério, pois a briga entre Marina e seu pai acontecera porque Raul descobrira a verdade. Estava claro para ela que Rogério não se importava nem um pouco com a saúde de seu pai e estava lá apenas para saber notícias de Marina.

Sentiu vontade de gritar sua revolta e dizer-lhe o quanto Marina era falsa, desprezível e mercenária, mas conteve-se. Ela contara tudo a Eduardo, e ele a aconselhara a perdoá-lo. Ângela relembrou com clareza o diálogo com Eduardo:

"— Não se deixe envolver pela mágoa. Ela machuca e acaba com sua paz. Esses fatos são lamentáveis, mas, quando se uniu a Marina, seu pai escolheu esse caminho. Não nos compete julgar.

"— Mas Rogério se prestou a fazer o que ela queria. Não respeitou a presença de meu pai naquela casa, planejou fugir com Marina e certamente ainda entregaria meu pai à sanha de seus inimigos para ficarem livres.

"— Tudo isso é verdade, minha querida, mas você precisa compreender que tanto Marina quanto Rogério fizeram o que pensavam ser o melhor. Estavam iludidos, e a vida vai lhes destruir as ilusões. Eles terão um longo caminho a percorrer até descobrirem o quanto estavam enganados. Você, contudo, já possui discernimento, tem mais sensibilidade e desenvolveu valores éticos que a fazem escolher melhor. Por tudo isso, peço-lhe que se abstenha de julgar.

"— Confesso que não é fácil.

"— Eu sei, mas também sei que você quer o melhor e tem um profundo senso de justiça. Pense que Marina está presa em uma cela comum, longe do conforto, tendo de dividir o espaço com pessoas desagradáveis. Ela já está começando a colher o que plantou. Acabaram-se as festas, o brilho social, as joias, tudo. Quanto a Rogério, apaixonou-se por uma mulher como ela e também colherá os resultados de sua leviandade. Portanto, ambos são dignos de compaixão."

Ela se comoveu:

"— Você é melhor que eu. Nem sequer mencionou que meu pai também está colhendo o que plantou."

Diante de Rogério sentado à sua frente, Ângela, notando o abatimento do rapaz, compreendeu que Eduardo estava certo. Rogério estava sofrendo, e ela não deveria aproveitar-se da situação para pedir-lhe contas.

Eduardo contava detalhes de como a polícia conduzira as investigações, e os dois visitantes ouviam a tudo atentos.

Uma enfermeira entrou, e todos se voltaram para ela, que disse:

— Ângela, o médico disse que você pode ver seu pai agora.
Ângela levantou-se apressada e, olhando para Eduardo, pediu:
— Reze para ele melhorar.
Depois que ela saiu, Rogério foi direto ao assunto:
— Vim aqui saber de Marina. Depois de meu envolvimento no caso, meu pai achou melhor eu não ir vê-la na delegacia. Como ela está?
— Quando a polícia os tirou de lá, estive o tempo todo com Ângela, mas o detetive Mílton me contou que Marina está presa em uma cela comum, com outras detentas.
— Do que a acusam?
— De cumplicidade com o marido e com Martínez. O depósito de Raul Guilherme era de fachada para encobrir o tráfico de drogas. Eles construíram um subterrâneo, onde guardavam a mercadoria ilegal. Havia uma entrada secreta. Lá eles colocaram os prisioneiros. As provas contra eles são muitas.
— Não há um jeito de provar que ela não sabia de nada? — insistiu Rogério.
— Acho difícil. Como você sabe, havia tempo a polícia já investigava o caso e, inclusive, vigiava a casa. Eles sabem de tudo que você fez, inclusive seu envolvimento com Dino.
— Por esse motivo fui forçado a contar.
— Quem é Marta?
Minha avó — disse Rogério, admirado.
— Ela está me dizendo que você vai descobrir a verdade e não vai gostar. Pede para você pensar no que está fazendo de sua vida. Ela está cantando uma canção que fala de flores e fadas. Disse que, quando achar que as coisas estão difíceis, é para se lembrar dessa música, pois ela vai ajudá-lo.
Romualdo não continha as lágrimas, e Rogério, chocado, não sabia o que responder. Lembrava-se perfeitamente da música que sua avó cantava sempre que ele estava contrariado, para fazê-lo sorrir.
Vendo que os dois não diziam nada, Eduardo perguntou:
— Vocês entenderam o recado?

— Como pode ser? Minha avó está morta, e os mortos não voltam.

— Sua avó está viva, mas mora em outro mundo. Ela está aqui.

— Não pode ser...

— É uma mulher muito doce, muito bonita e elegante. Estatura média, magra, cabelos curtos e muito bem penteados. Está usando um vestido verde com gola branca e está me mostrando um anel de rubi.

— É ela! — exclamou Rogério emocionado.

— É, sim, meu filho. Ainda hoje pedi a ela que nos ajudasse. Agora sei que fui atendido.

— Ela está dizendo que tem procurado ajudá-los, mas que só poderá fazê-lo se vocês fizerem a parte que lhes cabe.

— Tenho tentado, mas não consigo — reclamou Rogério.

— É hora de deixar as crenças do mundo e seguir os valores da alma.

— O que ela quer dizer com isso? — indagou Rogério.

— Ela diz que até agora você tem conduzido sua vida privilegiando as coisas do mundo e ignorando os valores espirituais. Se deseja conquistar paz e felicidade, terá de inverter essa prioridade.

— Não sei como se faz isso — respondeu Rogério.

— Terá de aprender. Devo esclarecer que, se não quiser ir pela inteligência, irá pela dor. Só há esses dois caminhos, portanto, é melhor não resistir. Estude a espiritualidade, paute sua vida pela ética e busque o equilíbrio.

— Sei o que ela quer dizer — interveio Romualdo.

— Ela diz para você meditar sobre suas palavras, e, na medida do possível, ela vai procurar esclarecê-lo, inspirando-o. Mas pede que procure se ligar com Deus por meio da prece, pois tem certeza de que, assim, você se sentirá melhor e aos poucos sairá dessa inquietação. Rogério suspirou triste pensando que não conseguiria deixar de pensar em Marina. Eduardo continuou:

— Se você fizer o que ela está falando, não será tão difícil quanto está pensando. Ela precisa ir. Está mandando um beijo para vocês e diz que estará por perto sempre que puder.

Eduardo calou-se, e Rogério passou a mão pelos cabelos, assustado. Como Eduardo sabia o que ele estava pensando? Era difícil acreditar que a alma de sua avó estivera ali, conversando com eles.

Romualdo estava muito emocionado, pois não tinha nenhuma dúvida sobre o ocorrido. Como se não bastasse o fato de ele haver rezado pedindo a ela que os auxiliasse, enquanto Eduardo falava, Romualdo sentira o perfume dela.

— Ela sempre usou esse perfume — disse ele. — Vocês sentiram?

Eduardo acenou que sim, e Rogério respondeu:

— Eu não senti.

— É uma mulher muito agradável. Faça o que ela disse e ficará melhor. Você será posto à prova nos próximos dias.

— Sinto isso e temo não resistir.

— Quando estiver inquieto, faça o que ela o aconselhou a fazer: reze, lembre-se da música que ela cantava, pense que você é dono de seu corpo e que não cederá às influências do mal.

— Você acha que Rogério está rodeado pelos espíritos do mal? — indagou Romualdo, preocupado.

— Estamos todos rodeados por espíritos desequilibrados, o que é natural neste mundo, mas convém lembrar que os bons também estão do nosso lado. Trata-se de uma questão de sintonia. Quando você alimenta pensamentos negativos, sua energia torna-se mais densa e você sintoniza com espíritos perturbados, doentes, que se aproveitam de suas fraquezas, induzindo-o a fazer o que eles querem.

— Sei como é. Tenho lido a respeito — concordou Romualdo.

— Sua defesa é preservar seu mundo mental. Sempre que tiver um pensamento desagradável, de tristeza, de raiva, de incapacidade, perceba e procure ir para o lado oposto. No início, pode ser difícil, mas com o tempo você aprenderá e por fim se sentirá muito melhor. Ângela entrou no quarto, e seu rosto mostrava vestígios de lágrimas que ela se esforçava para conter. Eduardo abraçou-a com carinho, e ela desabafou:

— Ele está pior. Seus sinais vitais estão diminuindo, o que significa que está morrendo.

— Coragem, Ângela. Talvez seja melhor para ele se libertar agora. A vida o está poupando de uma dor maior.

Ela sentou-se na cama, puxou Eduardo para que se sentasse ao seu lado e, olhando para Rogério, disse:

— Quero conversar com você. Hoje, quando chegou aqui, meu primeiro impulso foi mandá-lo embora, contudo, quando olhei e notei seu abatimento, me controlei. Lembrei que Eduardo me pedira para não julgar, e agora, naquela UTI, vendo meu pai, sempre tão forte, determinado e cheio de poder, mergulhado na inconsciência, entregue ao sofrimento e vivendo seus últimos momentos, pensei na fragilidade das coisas do mundo.

Vendo que eles a ouviam atentos, ela continuou:

— Por essa razão, cheguei à conclusão de que você precisa saber o que de fato aconteceu. A verdade às vezes dói, mas nos torna mais lúcidos. O que lhe direi é a pura verdade. Juro pelo nome de minha mãe, que está me inspirando agora.

— Fale, estou ouvindo — pediu Rogério.

Com palavras emocionadas, Ângela relatou tudo o que sabia. Falou de sua infância solitária, de como usara Rogério como pretexto para ficar mais tempo no Brasil, como conhecera Eduardo e se interessara pela espiritualidade. Falou também sobre as pesquisas para descobrir o passado, o sequestro em todos os detalhes, suas desconfianças quanto ao comportamento de Marina, sobre como Raul soubera que ela tinha um amante, a briga deles e a libertação. E finalizou:

— Marina é egoísta e má. É capaz de chegar ao crime para conseguir dinheiro e poder. Estou lhe contando tudo para que veja as coisas como são e consiga se libertar dessa paixão que só lhe trará sofrimento. Essa é a maneira que encontrei de ajudá-lo. Sei que você pode refazer sua vida e encontrar alguém que de fato mereça seu amor.

Ele suspirou fundo sem encontrar palavras para responder. Comovido, Romualdo disse:

— Obrigado por ter confiado em nós, Ângela. Eu lhe serei eternamente grato. Coloco-me à sua disposição para ajudá-la em tudo o que precisar.

— Obrigada, doutor Romualdo.

— Agora temos de ir. Se precisarem de alguma coisa, é só ligar.

Levantaram-se, e Rogério apertou a mão de Eduardo.

— Você é um homem de sorte. Desejo que sejam muito felizes.

— Você também é. Tem uma família que o ama e deseja seu bem.

Em seguida, Rogério apertou a mão de Ângela.

— Obrigado. Embora as coisas ainda estejam complicadas, sinto que você me ajudou. Estou mais calmo. Aquela inquietação horrível desapareceu. Vou me esforçar para conseguir um pouco de paz.

— Espero que consiga — respondeu ela.

— Se desejar se informar mais sobre os fenômenos da mediunidade ou conversar um pouco, aqui está meu cartão. Teremos prazer em recebê-lo. Depois que eles saíram, Eduardo beijou Ângela com carinho:

— Gostei de sua atitude. Você conseguiu enxergar as coisas como elas são e enfrentou a situação com sinceridade. Nos próximos dias, Rogério pensará muito sobre sua vida e decidirá. Faço votos de que escolha o melhor caminho.

Romualdo e Rogério deixaram o hospital em silêncio: um, comovido pela presença de sua mãe; o outro, pensando em tudo o que Ângela lhe contara. Por esse motivo, ela não gostava de falar sobre sua vida pessoal e não queria que ele entrasse em sua casa.

Embora Ângela tenha procurado contar os fatos sem paixão, não lhe passou despercebida a rejeição que sentia por Marina. De certa forma, era natural, uma vez que ficara claro que Marina não amava o marido e se casara por dinheiro.

Lembrou que Marina planejara fugir e entregar o marido para ser morto por seus inimigos, e esse pensamento o incomodou:

"Marina é egoísta e má. É capaz de chegar ao crime para conseguir dinheiro e poder."

Horrorizado, Rogério recordou-se de que concordara com aquilo, e agora Raul estava morrendo. Sentiu-se aliviado por não ser o responsável por isso.

A esse pensamento, remexeu-se no banco do carro, inquieto, e Romualdo perguntou:

— O que foi, Rogério?

— Nada. Estava pensando na vaidade. É uma ilusão idiota.

— De fato. A vaidade alimenta a pretensão e faz a pessoa se imaginar mais do que é.

— Só que um dia a fantasia desmorona.

— E a pessoa descobre que não era tão poderosa quanto pensava.

Mesmo a contragosto, Rogério notou o quanto Marina era fútil e vaidosa, mas tentava justificar as atitudes dela pensando que ele também, embora não fosse interesseiro, era muito vaidoso.

De que lhes valera toda aquela pose? Ele nos jornais como suspeito de um sequestro; ela, além do escândalo nos jornais, presa entre ladras e prostitutas.

— Você acredita mesmo que vovó apareceu a ele?

— Sim. Você nunca questionou sobre a morte?

— Eu nunca acreditei nessa história de céu e inferno.

— Essa é uma maneira de a igreja explicar a diferença entre o bem e o mal e mostrar a vantagem de sermos bons.

— Geralmente, os bons são enganados pelos maus.

— Não. Os ingênuos são enganados. A bondade não tem nada a ver com isso.

— Pode ser.

— Chegamos. Temos de conversar com sua mãe.

— Não sinto vontade de conversar com ninguém. Preciso pensar no que farei.

— Cuidar de você e meditar sobre tudo o que ouviu hoje.

— Não posso deixar Marina desamparada. Ângela não fará nada para ajudá-la.

— Ela tem suas razões, Rogério. Marina se casou com o pai dela por interesse, o traiu e ainda tentou matá-lo. Além disso, ela é traficante de drogas. A justiça não vai perdoá-la, e Marina terá de responder pelo que fez. Não acho que você tenha de fazer nada. Ela é esperta; com certeza já deve estar ligando para um bom advogado.

— Estou penalizado com a situação de Marina. Logo ela, jovem, bonita, acostumada ao luxo e a ser bajulada, tendo de ficar presa naquela cela.

— Ela escolheu o próprio caminho, e você terá de escolher o seu. Reflita sobre tudo o que ela fez, coloque-se no lugar do marido, e essa piedade irá embora. Raul deu tudo a ela: nome, posição, dinheiro, carinho. Ele era famoso pelo amor que sentia por ela e, pode ser o que for, mas, se há alguém no mundo que deve ter pelo menos respeito por ele é Marina. A meu ver, ela não merece nenhuma consideração.

— Mas ela me ama e prometeu ficar comigo para sempre.

— Você acredita nisso? Não seja ingênuo. Se ela fez o que fez com o marido, que lhe deu tudo, fará o mesmo com você. Ela não é confiável!

Rogério lembrou-se novamente das palavras de Ângela: "Marina é egoísta e má. É capaz de chegar ao crime para conseguir dinheiro e poder". Ele estremeceu ao recordar-se de que ela o induzira a concordar com um crime.

O carro entrou na garagem, e Rogério saiu do automóvel dizendo:

— Estou moído. Vou para meu quarto descansar um pouco.

— Isso, meu filho. Relaxe e tente descansar. Não precisa decidir nada agora. Deixe a poeira assentar. Mais tarde conversaremos.

Rogério foi direto para o quarto, e Romualdo para a copa. A hora do jantar passara, e ele estava com fome. A criada já se tinha recolhido. Ele abriu a geladeira, e Mercedes apareceu na porta.

— Onde está Rogério?

— Foi para o quarto. Estava cansado. Vim comer alguma coisa; estou com fome.

— Como sempre, o jantar ficou todo. Ninguém comeu. Vou esquentar para você.

— Me diga onde está que eu mesmo esquento.

— De forma alguma. É minha obrigação.

Romualdo saiu para lavar as mãos, e ela arrumou tudo. Ele sentou-se para comer, e Mercedes sentou-se do lado.

— Bati na porta do quarto de Rogério, mas ele não quer descer para comer. Se continuar assim, ele acabará doente. Não tem comido nada.

— Teve um dia difícil. Melhor deixá-lo sozinho. Quando sentir fome, descerá.

— O que está acontecendo? Vocês não me contam nada. Eu sou a mãe dele; tenho o direito de saber.

— Você já sabe de tudo. Marina está presa. Raul está em coma, e acho que não resistirá. Viemos do hospital agora. Estivemos conversando com Ângela, que nos contou todos os detalhes.

— Como foi?

— Como estava nos jornais.

— Temo que Rogério vá atrás daquela mulher.

— Estou tentando evitar que isso aconteça.

— Ele não pode fazer isso. Será sua ruína. A polícia pensará que ele é cúmplice deles.

— Ele sabe de tudo isso.

— Aonde você foi hoje cedo?

— Esperar Ronaldo e Marilda no aeroporto. Ele viu o jornal com o retrato de Rogério e decidiu voltar antes.

— Vieram bisbilhotar o caso.

— Não seja maldosa. Voltaram para tentar ajudar.

Mercedes mordeu os lábios nervosa.

— Mas ele nem apareceu aqui.

— Acabaram de chegar. Eu havia combinado de voltar lá esta noite para colocá-los a par de tudo, mas estou cansado. Vou telefonar. Amanhã conversaremos. Temos de arranjar um bom advogado para Rogério. Mercedes baixou a cabeça, pensativa.

— Várias pessoas ligaram tentando falar comigo. Como não atendi, fizeram perguntas aos criados. Dei ordem para dizerem que não sabem de nada.

— Eles anotaram os nomes? Talvez alguns amigos queiram nos dar apoio.

— Atendi o primeiro, e alguém me disse coisas desagradáveis. Desliguei e não quis mais atender. O telefone quase não parou, e eram trotes. Fiquei com vontade de mandar desligar de vez.

— Era de se esperar. Há sempre alguém maldoso querendo divertir-se com a desgraça alheia. Não desligarei nosso telefone. Enfrentaremos isso com coragem. Vou atender a todos e responder à altura. Quero saber quem tem coragem para se identificar.

— Isso é loucura. Sinto vontade de desaparecer.

— Faça o que eu disse: procure uma agência de turismo, escolha uma excursão e vá viajar. É o melhor que tem a fazer por enquanto.

— Você irá comigo?

— Não. Tenho de ficar com Rogério. Mas você deve ir, pois lhe fará bem. Não adianta ficar aqui sofrendo, sem sair de casa, tendo de aturar a maldade das pessoas. Quando voltar, tudo terá passado.

— Você voltará a ser como antes?

— Não sei, Mercedes. As pessoas mudam. É bom que você aprenda a viver sem se pendurar em ninguém.

— Você está pensando em me abandonar?

— Não foi isso que eu quis dizer. Você tem vivido para a família, mas seus filhos estão criados. Ronaldo está casado, independente, e Rogério também seguirá o próprio caminho. É da vida. Está na hora de você procurar novos interesses, ocupar seu tempo com alguma coisa que lhe dê prazer e tornar sua vida mais agradável.

— Não sei como pode dizer isso com tudo o que está acontecendo. Ronaldo nos abandonou e preferiu a companhia daquelas duas, e Rogério está com o nome sujo na polícia. Acha que posso pensar em mim? Sou uma mãe extremosa, disposta a me sacrificar pelos filhos e pela família, e você está querendo que eu me torne indiferente e egoísta.

Romualdo suspirou desanimado. Mercedes nunca iria entender.

— Tentei ajudá-la, mas você não quer enxergar. É pena. Cuidarei de minha vida e, quando o caso de Rogério acabar, farei o que sempre quis.

— E o que você sempre quis?

375

— Não vamos falar sobre isso agora. Estou muito cansado. Vou dormir. Trate de fazer o mesmo. Está com olheiras, e isso a faz parecer mais velha.

Mercedes correu ao espelho, e, de fato, as olheiras estavam mais fundas. Precisava se cuidar. Foi para o quarto procurar seus cremes e olhou-se atentamente pelo espelho de aumento para ver se descobria alguma ruga a mais.

Romualdo foi para o quarto de hóspedes e preparou-se para dormir. Lembrou-se da mãe e rezou agradecendo-lhe a ajuda e pedindo-lhe que inspirasse Rogério para que ele conseguisse resolver bem seus problemas.

Estendido na cama, Rogério não conseguia esquecer a conversa com Ângela. Lembrava-se de cada palavra que ela lhe dissera. Quanto mais pensava nela, mais a considerava digna. Seu tom sincero o convenceu de que a moça estava convicta do que afirmava.

O rosto de Marina aparecia em sua lembrança, e as dúvidas o assaltavam. Marina seria mesmo tão má quanto Ângela dissera?

Mas Marina o amava e prometera viver com ele para sempre. Estaria mentindo? As palavras do pai voltaram-lhe à lembrança: "Se ela fez o que fez com o marido, que lhe deu tudo, fará o mesmo com você. Ela não é confiável!".

Rogério esforçava-se para encontrar respostas, entretanto, as dúvidas continuavam atormentando-o. Se conseguisse dormir, descansar, talvez ficasse mais calmo no dia seguinte e pudesse raciocinar melhor.

Afinal, teria mesmo de esperar Marina ser libertada. Quanto a isso não tinha dúvida: um bom advogado, dinheiro para amolecer resistências, e ela estaria fora. O problema seria depois.

Raul logo estaria fora do caminho. O problema era saber quais os planos dela para o futuro. Estaria livre para decidir ficar ou não com ele.

A esse pensamento, sentiu certo alívio. Ela amava-o, e, guardadas as aparências, talvez se casassem. Eles viajariam, receberiam o dinheiro guardado no exterior e percorreriam vários países para dar tempo às pessoas se esquecerem de tudo no Brasil.

Ele precisava acalmar-se e dormir. Levantou-se, tomou uma dose dupla de calmante, acomodou-se e, recordando-se dos momentos de paixão que vivera com Marina, finalmente adormeceu.

Na manhã seguinte, passava das dez quando Romualdo desceu para o café. Encontrou Ronaldo e Marilda conversando com Mercedes na sala. Abraçou-os com carinho, e Ronaldo explicou:

— Decidimos vir vê-los e saber como estão as coisas. Ontem à noite, quando você me ligou, pareceu-me cansado e triste.

— Estou bem. É preciso enfrentar os problemas com serenidade e coragem.

— Assim é que se fala. E Rogério? Como está?

— Reagindo.

Eduardo e Ângela conversaram muito com ele, contando-lhe como as coisas aconteceram.

— Ele precisa esquecer aquela mulher — desabafou Mercedes.

— Ele está tentando, mãe. Temos de ajudá-lo a reagir. A paixão torna a pessoa cega e não a deixa raciocinar com clareza.

— Não acredito que ele esteja envolvido a esse ponto. Não pode ser! Logo ele, tão cobiçado pelas mulheres.

— Vamos deixar que Rogério reflita e encontre o melhor caminho — disse Romualdo. — Mas vocês ainda não falaram nada sobre a viagem.

— Foi maravilhosa, pai. Vivemos momentos inesquecíveis, não foi, Marilda?

— Sim. Tiramos muitas fotos. Quando estiverem prontas, traremos para vocês.

Mercedes não tirava os olhos de Marilda, examinando-a atentamente. Quando eles chegaram, ela sentiu-se constrangida ao lembrar-se da cena que fizera com ela e a mãe antes do casamento, contudo, os dois a abraçaram com naturalidade. Ronaldo perguntou se ela estava bem, e Mercedes respondeu:

— Como posso estar bem com tantos problemas acontecendo? Estou arrasada. Não tenho nem coragem de sair de casa. Sei que há pessoas que estão contentes com nossa desgraça, mas quem ri por último ri melhor. Nós vamos dar a volta por cima. Rogério vai provar que é inocente.

Marilda entendeu a indireta e ia responder, mas Ronaldo falou primeiro:

— Não devemos nos incomodar com a maldade dos outros. Os verdadeiros amigos certamente estão torcendo por nós.

— Desde que o retrato de Rogério saiu naquele jornal, eles sumiram. Recebemos só trotes no telefone.

Com voz firme e olhando-a nos olhos, Marilda disse:

— Estamos aqui com vocês para enfrentar a situação e fazer o que for possível para ajudá-los.

Quando Ronaldo pediu a Marilda que o acompanhasse à casa da mãe, ela pensou em recusar.

— Ela não vai gostar de me ver — explicou. — Vai ser muito desagradável depois do que houve entre nós.

— Peço-lhe que esqueça o passado. Você agora faz parte de nossa família. Mamãe foi atingida no que ela tinha de mais forte: a vaidade e a preferência por Rogério. Deve estar sofrendo. Eu agradeceria muito se você fosse comigo e mostrasse que, apesar do que houve, não guarda nenhum ressentimento dela. Não pretendo estreitar relações com mamãe ou com Rogério, mas por papai gostaria de manter com eles um relacionamento pelo menos cordial.

Marilda concordou e, ao chegar à casa, logo notou o quanto Mercedes estava abatida, emagrecera e perdera aquela postura ereta. Foi com sinceridade que ela disse aquelas palavras.

Mercedes olhou-a admirada, sem saber o que dizer, mas Romualdo chegou, e ela ficou aliviada. Era-lhe difícil acreditar que Marilda não estivesse ressentida com ela.

Romualdo convidou-os para tomar café na copa, e eles foram. Mercedes acompanhou-os. Não queria perder nada daquela conversa. Romualdo fora muito comedido e por certo não lhe contara tudo.

Meia hora depois, quando Rogério desceu para o café, surpreendeu-se ao encontrá-los sentados à mesa, tomando café e conversando animadamente.

Meio sem jeito, parou à porta. Ronaldo levantou-se imediatamente e foi abraçá-lo:

— Estou contente em vê-lo bem — disse sorrindo.

— Estou reagindo...

Marilda também se levantou e abraçou-o.

— Que bom vê-lo. Ficamos preocupados com você.

Ele abraçou-a admirado e respondeu:

— Os jornais exageram. Lamento que tenham interrompido a lua de mel por minha causa.

— Estávamos com saudade. Foi bom voltar — disse ela sorrindo.

Marilda estava linda, exuberante, cheia de vida, e sua alegria fez Rogério esquecer-se momentaneamente de seus problemas.

— Mas sentem-se, por favor. Continuem seu café.

Mercedes olhava-os pensativa. Habituada a emitir a última palavra, não encontrava nada para dizer naquele momento. Emocionado, Romualdo lembrou-se de que, na véspera, pedira ao espírito de sua mãe que o auxiliasse a harmonizar a família. Observando aquela cena, teve certeza de que mais uma vez seu pedido fora atendido.

Capítulo 26

Encolhida em um canto da cela, Marina olhava com raiva as mulheres à sua volta. Fizera de tudo: gritara, implorara, ameaçara, exigira falar com um advogado, mas em vão. A resposta era sempre a mesma: ela estava incomunicável por ordem superior. No dia seguinte à sua prisão, fora interrogada e negou que tivesse conhecimento das atividades do marido.

Disseram-lhe que Martínez estava preso e que havia provas de que ela não só sabia como participava ativamente do tráfico de drogas.

Apesar disso, Marina negava-se a confessar. Achava que eles estavam blefando e que, se continuasse firme, teriam de libertá-la por falta de provas.

Aqueles quatro dias em que esteve presa na cela pareceram-lhe uma eternidade. Como ela fora presa em trajes de dormir, o inspetor mandou alguém apanhar algumas roupas em sua casa. Lurdes atendeu à porta e, além das roupas, mandou-lhe alguns produtos de higiene e maquiagem.

Na cela havia uma pequena pia onde ela lavava o rosto e penteava os cabelos, mas não conseguira um lugar para tomar um banho. Sentia-se suja e desconfortável.

O carcereiro aproximou-se dizendo:

— Você! Venha! Me acompanhe.

Marina levantou-se e seguiu-se. Ela foi levada a uma sala, onde o inspetor Braga a esperava.

— Um advogado veio vê-la. Vou mandá-lo entrar.

— Finalmente! — respondeu ela.

Um homem elegante de meia-idade entrou, e o inspetor disse:

— Vocês têm cinco minutos.

Depois que ele se foi, Marina perguntou:

— De onde o conheço? Quem o mandou?

— Um amigo que se interessa em ajudá-la.

— Como ele se chama?

— Ele prefere ficar no anonimato.

Marina pensou em Rogério, mas não insistiu. Só ele poderia ter feito aquilo.

— Você precisa me tirar daqui. Não aguento mais ficar neste lugar.

— Sente-se. Vamos conversar. Não é tão fácil assim. A polícia encontrou muitas provas contra você. Sua situação é complicada.

— Que provas podem ter? Meu marido é quem era sócio de Martínez.

— Mas você participava das reuniões no depósito. Analisaram o material que encontraram no subterrâneo, e está tudo lá, inclusive o fato de você comandar alguns negócios de que seu marido nem sabia.

— Eu tinha o direito de pensar em meu futuro.

— Eu sei, mas as provas estão nas mãos da polícia agora.

— Meu marido está com raiva de mim e tentará me culpar. Até tentou me matar naquele subterrâneo por ciúme.

— Seu marido morreu há dois dias. Não lhe disseram?

— Não... ainda bem... Estou livre dele. O que me interessa agora é que você me tire daqui. Farei qualquer coisa para conseguir minha liberdade.

— O delegado ainda não formalizou o inquérito, mas verei o que posso fazer. Como você é primária, vou ver se consigo que aguarde o julgamento em liberdade.

— Faça isso! Olhe, enquanto eu estiver aqui, gostaria de ficar em um lugar melhor, sem aquelas mulheres me olhando e ameaçando.

— Isso não é possível. Não há lugar, e, pelo que sei, você não tem curso superior.

— Mas tenho dinheiro. Posso pagar o que eles quiserem.

— Cuidado com o que fala. Não posso oferecer dinheiro ao delegado. Agora tenho de ir. Nosso tempo acabou. Voltarei assim que estiver mais informado para planejarmos sua defesa.

— Não me deixe sem notícias. Quero saber como vão as coisas.

— Tente se acalmar e procure não criar problemas com ninguém.

O inspetor entrou avisando que era hora de sair. Ele se foi, e Marina, ao passar no corredor para ser levada novamente à cela, encontrou-se com Ângela, acompanhada por Eduardo e o inspetor Braga.

Apesar de abatida e mais magra, Ângela estava muito elegante em seu costume azul. Marina gritou irritada:

— Você se faz de santa, mas está dentro de tudo isso como eu. Se estou presa, você também deveria estar. É uma injustiça!

O policial empurrou-a para a cela, enquanto o inspetor fazia Eduardo e Ângela entrarem na sala onde iam prestar depoimento. Ângela sentou-se no lugar que lhe foi indicado, e o inspetor tornou:

— Lamento tê-la chamado no dia seguinte ao enterro de seu pai, mas seu depoimento será fundamental para esclarecer os fatos.

— Também estou ansiosa para acabar logo com tudo isso.

O inspetor começou a interrogá-la:

— Sei que você foi criada longe de seu pai. Alguma vez desconfiou da ligação dele com traficantes?

— Não. Como o senhor sabe, aos cinco anos fui internada em um colégio, primeiro no Brasil, depois em Londres, e só retornei quando meu pai sofreu um atentado. Não voltava para casa nem nas férias.

— É estranho que ele houvesse se separado de sua única filha. Está claro que ele desejava protegê-la. Nunca desconfiou que ele mantivesse negócios perigosos?

— Nunca.

— Então, como explica que, com seus amigos, tenha contratado um detetive para vigiá-lo?

— Nós contratamos o detetive Mílton para descobrir o que havia acontecido com minha mãe. Vou lhe contar tudo.

Com palavras simples, Ângela relatou os acontecimentos, sem mencionar que Raul havia assassinado Angélica, e finalizou:

— O doutor Adalberto e sua mulher, dona Aurora, amigos íntimos de minha mãe, que, assim como eu, desejavam esclarecer tudo, me sugeriram contratar o detetive.

O inspetor olhou-a pensativo. Se a primeira esposa de Raul não concordava com o tipo de negócios com que ele se envolvera, era muito provável que ele a tivesse assassinado.

— Gostaria que nos detalhasse tudo que aconteceu em sua casa depois que voltou. Viu alguma coisa estranha? Os dois vigias que estavam na casa a ameaçaram de alguma forma?

— Eles nunca se envolviam comigo. Diziam que estavam lá para nos proteger, mas o tempo todo eu tinha a sensação de que isso não era verdade. Eles estavam lá para nos vigiar. Apesar disso, eu tinha toda a liberdade de sair, o que não acontecia com Marina. A esse tempo, eu já desconfiava de que havia alguma coisa errada lá dentro.

— Continue. Como foi seu relacionamento com seu pai durante esse tempo?

Ângela contou tudo: como ele recuperara a lucidez, como se comunicavam por escrito, a descoberta do microfone, as conversas que mantivera com Raul até a véspera do sequestro e tudo o que ocorrera no subterrâneo.

Apesar do sofrimento causado pelas recordações daqueles momentos, ela falava sem omitir nenhum detalhe.

— Em dado momento, eles levaram os dois e fiquei sozinha. Horas depois, trouxeram meu pai de volta. Ele estava inconsciente, delirava e dizia coisas sem sentido. Percebi que estava mal e não pude fazer nada para socorrê-lo. No hospital, fiquei sabendo que ele sofrera um infarto. Ângela fez uma pausa, tomou alguns goles de água que haviam colocado em sua frente, respirou fundo e continuou:

— Quando Marina voltou, fiquei sabendo que Martínez tinha conversado com ela em uma sala, mas na outra, onde meu pai estava, havia uma escuta. Papai ficou sabendo que ela o traía dentro da própria casa e, por essa razão, quando recuperou a lucidez, atirou-se sobre ela, apertando seu pescoço. Tentei separá-los, mas, como estava muito fraca, não consegui. Então, Marina, desesperada e sem ar, deu socos violentos na cicatriz do ferimento, que começou a sangrar. Foi horrível.

— Estou sabendo disso. No material que recolhemos no subterrâneo encontramos a gravação da conversa de Martínez e Marina. Qualquer um ficaria furioso.

— O que aconteceu depois o senhor já sabe.

— Sei. Você deixou tudo muito claro.

— O que vai acontecer com Marina agora?

— Será julgada com a quadrilha de Martínez. Felizmente, prendemos todos os que trabalhavam no Brasil. Com os documentos apreendidos, esperamos prender outros elementos no exterior.

Voltando-se para Eduardo, que ouvia em silêncio, ele continuou:

— Você não tem ideia do quanto nos ajudou. Sem suas informações, não teríamos encontrado o esconderijo e Martínez teria conseguido nos enganar. Quando aparecer outro caso misterioso, irei procurá-lo.

— Seria mais fácil se você mesmo pedisse ajuda a eles.

— Não obteria o mesmo resultado.

— Se, diante de um caso difícil, você se lembrar de fazer uma prece, se surpreenderá com o resultado.

— Talvez tenha razão. Vou tentar.

Eles foram liberados, e já no carro Ângela comentou:

— Ainda bem que acabou.

— Receio que não. Você ainda terá de depor algumas vezes.

— Para quê? Já fiz o reconhecimento dos dois vigias e dos homens que consegui ver no subterrâneo.

— Precisa ser paciente. A polícia pode querer interrogá-la novamente até terminar o inquérito, e você ainda terá de depor no julgamento dos culpados.

Ela suspirou triste:

— É doloroso contar o que aconteceu; pois me faz recordar das coisas, sofrer. Fico muito triste quando me lembro de meu pai naquela UTI e do nosso nome enxovalhado. Não sei o que seria de mim sem você.

— O pior já passou. As pessoas esquecem. Logo, logo estaremos casados e farei tudo para vê-la sorrir novamente.

— Foi difícil voltar à nossa casa. Lurdes tem cuidado de mim com carinho. Ontem, vendo meu abatimento, foi dormir no sofá de meu quarto para não me deixar sozinha.

— Por que não se muda para minha casa? Ficaríamos muito felizes em recebê-la.

— Obrigada, mas não posso. Há muitas coisas que preciso resolver. O doutor Adalberto e dona Aurora prontificaram-se a me ajudar com os documentos para o inventário e as providências que terei de tomar.

— Se você quiser, posso cuidar da parte legal.

— Será um grande favor.

— Também preciso de sua ajuda.

— Você?

— Sim. Quero que vá comigo ver as salas que aluguei para meu escritório. Estou indeciso quanto à decoração. Pode me fazer esse favor?

O que ele queria mesmo era que Ângela esquecesse um pouco a tristeza dos últimos dias. Ela acompanhou-o com boa vontade.

No escritório de Romualdo, ele e Rogério conversavam com o advogado que contrataram para defender Marina. O doutor Bernardes, que fazia parte da equipe de advogados de seu escritório, era um bom criminalista.

Romualdo colocara-o no caso para que o filho desistisse de ir visitá-la na cadeia. Preocupado com Marina, Rogério só aceitou que Bernardes a defendesse depois de conhecê-lo e ver seu currículo.

— Ele é um dos melhores do país. Ela estará em boas mãos e você não será envolvido.

— Não posso abandoná-la agora.

— Você não a está abandonando. Ele cuidará de libertá-la e depois, quando ela estiver livre, você poderá vê-la.

Rogério aceitou. Um dia antes, Romualdo conversou com Bernardes, colocou-o a par dos fatos e pediu:

— Faça o que puder por ela, mas o que quero mesmo é que Rogério perceba que essa mulher é perigosa e não a procure mais.

Enquanto Bernardes conversava com Marina na delegacia, Rogério ficou com o pai no escritório aguardando sua volta para saber as notícias. Quando o advogado retornou, ele perguntou ansioso:

— Como ela está?

— Nervosa, o que é natural.

— Quero saber tudo.

— Bem... o caso está complicado, inclusive você é suspeito de cumplicidade. Foi muito bom não aparecer lá para vê-la, pois a polícia dispõe de muitas provas contra ela. O marido está morto e, portanto, livre, mas ela e os homens de Martínez estão mal e podem pegar muitos anos de prisão.

— Não é possível! Você tem de fazer alguma coisa para libertá-la.

— Farei o que puder, mas receio que ela não corresponda. É voluntariosa, tem temperamento difícil, e isso também depõe contra ela. Notei que os policiais a tratavam com impaciência. Temo que Marina arranje encrenca. Ela está encarcerada com outras mulheres. Queria que lhe arranjassem uma cela especial, mas, como ela não tem curso superior, não posso fazer nada. Aconselhei-a a ser paciente e a não se envolver com ninguém. Faço votos de que me atenda.

— Quero que providencie para que nada lhe falte: roupas, comida, remédio, seja o que for. Soube que ela foi presa em traje de dormir.

— Ela estava vestida decentemente, pois foram buscar roupas na casa dela. Mas fique tranquilo. Mandarei uma assistente cuidar disso. Temos também de pensar em sua defesa. Para isso, preciso colher informações e saber como vão as investigações. Depois falaremos. A você também peço paciência. Não faça nenhuma loucura. Cuidarei dela e farei o que você quiser.

— Enquanto isso, meu filho, cuide de você, de sua saúde, pois precisa ficar bem. Vamos vencer essa parada.

— Isso mesmo, Romualdo. Vamos vencer.

Apesar de ter feito o que podia para ajudar Marina, Rogério sentia-se angustiado, nervoso e agitado. À noite, não dormia e, quando pegava no sono vencido pelo cansaço, acordava sobressaltado, coração batendo descompassado, sentindo-se sufocar.

Levantava-se assustado, tomava água, deitava-se novamente, mas não queria dormir com receio de acontecer a mesma coisa novamente. No dia seguinte, ficava andando o tempo todo pela casa, não queria comer nem falar com ninguém.

Assustada, Mercedes foi falar com o marido:

— Você precisa chamar o médico. Rogério está cada dia pior. Se continuar assim, vai acabar mal.

— Tenho conversado com ele, mas sem resultado. O médico aumentará a dose de calmante, e não sei se isso é bom.

— Você precisa fazer algo. Há três dias, ele não faz outra coisa. Não aguento mais ver meu filho andando de um lado para o outro, nervoso, abatido, sem querer comer. Ele perdeu a vontade de viver!

— Vou conversar com ele novamente.

Romualdo chamou-o, tentou conversar, mas Rogério só se interessava quando o pai falava de Marina. Desanimado, Romualdo não sabia mais o que fazer. Por tudo isso, rezou muito naquela noite pedindo inspiração para encontrar uma saída.

Esperou um pouco, mas ela não veio. Apesar disso, sentiu-se mais calmo, deitou-se e logo adormeceu. De madrugada, contudo, acordou ouvindo um grito terrível.

Assustado, Romualdo saltou da cama e prestou atenção: era Rogério, que continuou gritando. Correu para o quarto dele e esbarrou no corredor com Mercedes, que também ouvira o barulho. Ambos entraram no quarto.

Rogério estava sentado na cama, pálido, tremendo muito, com os olhos esbugalhados, gritando:

— Socorro! Me acudam! Ele quer me matar! Levem-no daqui!

Romualdo correu até ele:

— Calma, filho. Sou eu. Você teve um pesadelo.

— Não! Eu vi! Era Raul! Ele quer se vingar de mim. Apertou meu pescoço e quase me matou. Chamem a polícia! Ele não está morto!

— Será? — perguntou Mercedes, assustada.

— Ele está vivo, mãe! Quer me matar! Chamem a polícia!

— Isso não é verdade. Raul está morto e enterrado. Você teve um pesadelo.

Rogério tremia e sacudia a cabeça, dizendo apavorado:

— Não foi pesadelo, não. Olhem: ele está aqui me ameaçando. Diz que vou pagar. Chamem a polícia.

— Ele está delirando — disse Mercedes, colocando a mão na testa de Rogério para verificar a temperatura.

Rogério levantou-se de um salto e foi para um canto do quarto gritando nervoso:

— Fora daqui! A polícia vai chegar, e você será preso!

Romualdo aproximou-se dele tentando acalmá-lo, jurando que Raul morrera mesmo, mas nada conseguiu. Fora de si, Rogério gritava, apontando ora para um lado ora para outro, conversando com Raul.

Romualdo começou a pensar que aquilo podia ser verdade, que o espírito de Raul Guilherme estava mesmo lá. Fechou os olhos e tentou fazer uma prece mental, mas Rogério gritou:

— Ele está rindo. Diz que não adianta rezar, que ele se vingará de qualquer jeito! Romualdo teve certeza de que o espírito de Raul estava realmente lá, cheio de rancor, prometendo vingar-se. Precisava agir depressa. Disse a Mercedes:

— O espírito de Raul está aqui. Vou chamar uma pessoa que sabe lidar com isso. Enquanto telefono, reze.

— Espírito?! Que horror! Não é possível! Não acredito nisso!

— Não é hora de dar sua opinião. Estou dizendo para rezar. Pense em Deus, peça ajuda. Ela tremia assustada.

— Cuide de Rogério para que não saia deste quarto.

Romualdo procurou o telefone de Eduardo e ligou. Assim que ele atendeu, contou o que estava acontecendo, e Eduardo prontificou-se a ir até lá.

Romualdo voltou ao quarto do filho e encontrou-o caído no chão.

— Ele desmaiou. O que vamos fazer? Chame o médico! — disse Mercedes.

— Acalme-se. Ajude-me a colocá-lo na cama.

Colocaram-no no leito, e Mercedes, inconformada e aos prantos, sacudia-o chamando:

— Filho, acorde! Volte a si. Estamos aqui.

Romualdo apanhou um copo com água e entregou-o a ela.

— Acalme-se. Ele logo estará bem. Beba esta água.

— Como pode ser tão indiferente? Nosso filho está mal. Temos de chamar uma ambulância, levá-lo a um hospital.

— Desse jeito você não está ajudando. Sei que é difícil, mas o melhor é se acalmar. Embora não acredite nessas coisas, tenho certeza de que a vida continua depois da morte. E, se Rogério disse que Raul estava aqui, eu acredito.

Mercedes soluçava nervosa:

— Não é possível que você, um homem culto, acredite em uma coisa dessas! Está negando socorro a seu próprio filho! Se algo acontecer a ele, você será o responsável. Vou chamar uma ambulância. Não posso compactuar com essa omissão. Vou socorrer meu filho!

— Eu a proíbo de tomar qualquer providência. Já chamei a pessoa que poderá ajudá-lo. Se não quiser rezar, saia do quarto. Deixe-me só com ele.

— Isso não! Vou ficar.

— Então, faça alguma coisa útil. Reze por ele.

A campainha tocou, e Romualdo foi abri-la imediatamente. Eduardo entrou acompanhado pelo pai.

— Desculpe incomodá-los a esta hora.

— Não se preocupe com isso. Como está ele?

— Depois que lhe telefonei, ele perdeu os sentidos.

— Vamos vê-lo.

Os três subiram, e, enquanto Mercedes os olhava surpreendida, Eduardo aproximou-se de Rogério e colocou a mão sobre a testa dele.

— Calma, Rogério. Vamos ajudá-lo.

Rogério estremeceu, mas não respondeu. Eduardo pediu:

— Ajudem-me fazendo uma prece para Raul Guilherme.

Mercedes ia dizer alguma coisa, mas Romualdo fez-lhe um sinal enérgico para que ficasse calada. Eduardo fechou os olhos por alguns instantes e depois, olhando os pés da cama de Rogério, disse com voz firme:

— Deixe-o em paz. Você está mal, precisa de ajuda. A vingança só vai agravar seu estado... Quem é você para julgar? Largue-o. Deixe-o voltar para o corpo.

Na cama, o corpo de Rogério estremecia de vez em quando. Depois de ligeira pausa, Eduardo continuou:

— É hora de você pensar no que fez de sua vida, nos sofrimentos que causou para Angélica e Ângela. Elas merecem encontrar a paz.

Eduardo conversava com Raul ouvindo suas respostas, sem que os demais ouvissem. Raul tentava justificar-se acusando Rogério pela traição.

Eduardo argumentava tentando convencê-lo a seguir seu caminho, mas ele não atendia. Foi então que Angélica apareceu diante de ambos, cheia de luz. Na mesma hora, Raul calou-se assustado.

— Você veio me pedir contas do passado?

— Não — respondeu ela. — Sei que você estava iludido. Vim para mostrar-lhe o caminho do perdão. Assim como o perdoei há muito e encontrei minha paz, quero que você também perdoe a quem o feriu. Esse será o preço de sua libertação. Perdoe agora, e poderemos aliviar seu sofrimento e ajudá-lo a encontrar a felicidade.

— Não, não posso. Não quero esquecer. Eles vão pagar.

Dizendo isso, Raul desapareceu, e Angélica voltou-se para Eduardo:

— Precisamos ser pacientes. Um dia, ele vai entender. Agradeço o que estão fazendo por nós. Que Deus os abençoe.

Angélica desapareceu, e Eduardo colocou a mão na testa de Rogério chamando:

— Acorde, Rogério. Volte. Ele não está mais aqui.

No mesmo instante, Rogério abriu os olhos examinando em volta e tentando se situar.

— Está tudo bem, Rogério. Ele se foi. Vamos agradecer a Deus a ajuda que recebemos. Eduardo fez uma prece comovida, e, quando acabou, Rogério havia recuperado os sentidos. Admirada, Mercedes observava a tudo calada.

— E, então, sente-se melhor? — indagou Eduardo.

— Sim, estou aliviado, mas com muito medo. Tem certeza de que ele se foi mesmo?

— Tenho.

— Foi horrível. Eu estava sonhando, e Raul estava correndo atrás de mim. Acordei e vi que não era sonho. Ele estava mesmo aqui. Pálido, magro, olhos cheios de ódio...

— Vi que ele tinha duas feridas no peito que sangravam.

— Isso mesmo. Como pode ser? Ele não morreu. Temos de chamar a polícia.

— O corpo dele morreu, mas seu espírito continua vivo. A morte é apenas uma mudança de estado e de lugar.

— Ele sabe de tudo e quer vingar-se. Estou apavorado. Ele pode voltar. O que devo fazer para evitar isso?

— Pedir ajuda espiritual e aprender a lidar com as energias que estão à sua volta.

— Como fazer isso?

— Posso emprestar-lhe alguns livros e trocar ideias com você sobre as leis de influências.

Enquanto conversavam, Mercedes observava admirada que as cores haviam voltado ao rosto de Rogério, que se mostrava muito interessado em continuar a conversa.

Amanhecia, e Romualdo convidou Ramiro para descer e tomar um café na copa. Mercedes foi com eles para chamar a criada e preparar um bom lanche. Ela, sempre tão falante, estava muda. Não se atrevia a dizer nada. Quando a mesa foi posta e o café foi servido, ela perguntou ao marido:

— Vamos mandar servir os dois lá em cima?

— É melhor esperar que eles venham. Sinto que essa conversa que estão tendo é muito importante.

Mercedes olhou para o marido e não disse nada. Ele estava mudado: mais seguro, havia em seus olhos um brilho novo, e ela foi forçada a reconhecer que, em meio àquela confusão, ele sabia o que estava fazendo.

No quarto, Rogério sentia-se bem. Suas preocupações eram evitar que Raul não lhe aparecesse de novo e saber quando Marina estaria livre. Dizia admirado:

— Nunca vi ninguém como você. Sempre pensei que essa história de espíritos fosse ilusão de pessoas ignorantes. Ainda bem que meu pai sabia desse seu dom e o chamou.

— Há muitas pessoas como eu. Estamos rodeados de espíritos iluminados, que se esforçam para nos inspirar bons pensamentos.

— Estou preocupado com Marina. Gostaria que perguntasse a seus amigos espirituais o que fazer para libertá-la.

Eduardo sorriu e respondeu:

— Os espíritos são muito disciplinados. Só falam ou fazem o que têm permissão de seus superiores. Devo esclarecer que a óptica deles é diferente da nossa.

— Mas, se eles estão do nosso lado para auxiliar, certamente vão querer libertar Marina.

— Eles veem além de nossos sentidos e sabem o que será melhor. Possuem uma visão ampla, que engloba o passado e o futuro. Enquanto nosso objetivo é conseguir alguma coisa no presente, o deles é o progresso, o amadurecimento do espírito.

— Eles vão querer libertar Marina. Na situação em que se encontra, ela nunca vai progredir.

— Depende. Se a vida a colocou lá é porque é hora de Marina arcar com as consequências de suas atitudes. E, se for assim, ninguém conseguirá libertá-la.

— Isso seria um castigo! Ela não merece. É jovem, se deixou seduzir pela vontade de ser rica e casou com Raul. Esse foi seu crime.

— Não vamos entrar no julgamento. Não sabemos como as coisas aconteceram. O que posso dizer é que, quando a pessoa entra no erro, a vida procura chamar a atenção para que ela se corrija, mas, se ela não atende, a vida vai apertando o cerco, colocando em seu caminho situações mais duras, até sensibilizá-la para uma atitude melhor.

— Nenhum espírito lhe disse o que vai acontecer com ela?

— Não. Estou apenas dizendo como as coisas são. No momento, o melhor que tem a fazer é rezar por Marina.

— Isso me parece ingênuo. Será que funciona?

— Experimente. A prece nos liga aos espíritos do bem, e a ajuda é imediata. Nem sempre acontece da forma que desejamos, mas do jeito que é melhor na visão deles. Tenha calma. Espere as coisas se acalmarem. Seja otimista. Agora preciso ir.

Rogério desceu com ele, e Romualdo chamou-os para um café. Rogério sentiu fome e sentou-se para comer. Mercedes observava-o atenta. De fato, ele estava melhor. Rosto distendido como havia tempos ela não via, amável com Eduardo e muito interessado em falar sobre espiritualidade.

O espírito de Marta, que os observava, sorriu contente. Rogério estava se recuperando. Havia em seus olhos um brilho de interesse ao fazer perguntas sobre vários assuntos da vida espiritual, às quais Eduardo respondia com boa vontade.

Capítulo 27

Nos dias que se seguiram, Rogério achegou-se mais ao pai. Acordava cedo, tomava café com ele, depois o acompanhava ao escritório, onde esperava obter notícias de Marina por intermédio de Bernardes.

O inquérito estava em andamento, e os interrogatórios continuavam na delegacia. Pai e filho almoçavam juntos e voltavam ao escritório, onde Romualdo conversava com os outros advogados, informando-se sobre os processos em andamento. Embora não advogasse, interessava-se em ouvir os casos e dar opiniões. Rogério ouvia a tudo com interesse, fazendo perguntas.

No fim da tarde, voltavam juntos para casa. Depois que o escândalo saiu nos jornais, Romualdo deixou de ir ao clube fazer hora para o jantar.

Rogério comentou:

— Você gostava de ver os amigos no clube e deixou de ir. Sei que sente vergonha, mas a culpa é minha.

— Não, meu filho. Não é culpa de ninguém. Errar é humano e acontece em todas as famílias. Não tenho ido ao clube porque mudei. Cansei daquelas conversas. Lá, nós só ficávamos comentando a vida alheia, falando banalidades. Eu saía entediado. Prefiro ir para casa estudar meus novos projetos.

Rogério interessou-se, e Romualdo falou com entusiasmo sobre esses planos.

— Quando você fala nisso, parece que rejuvenesce. Gostaria de sentir esse entusiasmo.

— Decidi que não vou levar sua mãe em minhas viagens. Quero ficar livre para me dedicar o tempo todo ao meu projeto. Talvez você queira ir comigo.

— Não posso. Quando Marina sair, a estarei esperando.

Romualdo olhou-o triste, mas não disse nada. Esperava que, com o correr do tempo, Rogério mudasse de opinião.

Uma manhã, alguns dias depois, ao descer para o café, Rogério encontrou um oficial de Justiça à sua espera. A polícia estava intimando-o a comparecer à delegacia no dia seguinte. Rogério ligou imediatamente para o advogado, que se prontificou a acompanhá-lo.

Mercedes, que presenciara a visita do oficial, comentou temerosa:

— O que será que a polícia ainda quer de você? Já falou tudo que sabia.

— É assim mesmo — tornou Romualdo. — Rogério terá de comparecer à delegacia quantas vezes o chamarem e também comparecerá ao julgamento até o encerramento do caso.

Pouco depois, eles chegaram à delegacia e foram conduzidos a uma sala onde o inspetor Braga os esperava. Mílton estava com eles. Depois dos cumprimentos, Braga disse:

— Chamei-o aqui para que esclareça alguns detalhes.

— Eu já disse tudo o que sabia.

— Há um ponto que preciso esclarecer. Você vendeu seu apartamento para financiar a fuga e recebeu uma boa importância que daria para os primeiros tempos. Sei que Marina é ambiciosa e nunca se conformaria em viver modestamente. Que planos ela tinha para o futuro?

— Bom, ela garantiu que o dinheiro do apartamento serviria para nos tirar do país. Quando acabasse, não sei... teríamos de trabalhar.

— Você não está dizendo a verdade. Parece que não se deu conta de que está muito encrencado. Você poderá ser considerado cúmplice de Raul e pegar de dez a quinze anos de prisão.

— Não tenho nada a ver com aqueles traficantes.

— Até acredito nisso, mas você terá de provar isso na Justiça. Se cooperar conosco, posso dar um jeito.

— Não quero prejudicar Marina. Ela é inocente; Raul é quem tinha negócios com Martínez.

— Você está equivocado em relação a Marina. Afirmo que ela também é culpada. Temos provas de que Marina mantinha negócios com Martínez escondido do marido. Ela não merece que você se prejudique para ajudá-la. Essa mulher usou-o para fugir e pretendia abandoná-lo assim que estivessem fora do país.

— Não acredito nisso. Ela me ama! O senhor está dizendo isso para me convencer.

— Posso lhe provar o que estou dizendo. Mílton, traga a fita.

Mílton saiu e voltou em seguida. Colocou o gravador sobre a mesa e apertou um botão. Primeiro, ouviram a conversa de Raul com Martínez, depois a de Martínez com Marina.

À medida que ouvia, Rogério foi modificando a expressão do rosto. Suas pernas bambearam e suas mãos tremeram. Teria caído se não estivesse sentado. Quando a fita acabou, Braga indagou:

— E então?

Com voz trêmula, Rogério revelou tudo o que sabia. Falou sobre as contas no exterior, garantiu que Marina sabia os números e que era muito dinheiro. O inspetor prometeu que ele não figuraria como suspeito no inquérito, mas como um inocente útil.

Rogério saiu da sala de cabeça baixa, envergonhado. Como pudera ser tão ingênuo? As palavras de Ângela voltaram à sua mente: "Marina é egoísta e má. É capaz de chegar ao crime para conseguir dinheiro e poder". Na porta da delegacia, o advogado comentou satisfeito:

— Foi bom você ter cooperado. Tenho certeza de que sairá livre de qualquer culpa. Ficou claro que você foi enganado, iludido. O que faremos quanto a ela?

— Depois de hoje, não quero mais ouvir falar dessa mulher. Você tinha razão, pai: ela é esperta o bastante para arranjar um advogado e se defender. Não precisa de nós.

— Concordo. Vamos nos retirar do caso.

No carro, ao lado do pai, Rogério estava calado e triste. Sentia-se arrasado. Chegou em casa e foi para o quarto. Romualdo, preocupado, foi atrás. Vendo-o entrar, Rogério disse:

— Não se preocupe, pai. Estou bem. Só quero pensar no que aconteceu, tentar entender como me tornei uma presa fácil para essa mulher. Eu, que sempre me gabei de ser inteligente, esperto, disputado pelas mulheres, caí no conto dessa vigarista.

— Como lhe disse, meu filho, errar é humano, e você é apenas um homem com pontos fortes e fracos, como todo mundo.

Romualdo desceu, e Mercedes esperava-o na sala, ansiosa.

— Rogério voltou abatido, triste. O que fizeram com ele na delegacia?

— Mostraram-lhe a verdade, e foi o melhor que poderia acontecer.

— Mas ele não me parecia bem.

— A verdade dói, mas coloca as coisas na dimensão certa. Ele está sofrendo porque descobriu que foi enganado, contudo, tenho certeza de que, depois de hoje, ele nunca mais vai querer falar dessa mulher.

Mercedes sorriu aliviada.

— Conte-me: o que foi que ela fez?

— A polícia possui uma fita com a gravação de uma conversa entre Marina e o chefe dos traficantes. Ficou claro que ela não amava Rogério. Ela o estava usando para fugir e pretendia deixá-lo assim que estivessem fora do país.

— Que horror!

— Não ficou nenhuma dúvida quanto a seu caráter. É falsa, interesseira e perversa.

— Meu Deus! Rogério deve estar arrasado. É melhor eu falar com ele. Receio que faça alguma besteira.

— Ele não vai fazer nada. Está envergonhado por ter sido enganado. Nós nos retiramos do caso a pedido dele.

— Mas... e ele?

— Está tudo bem. O delegado sabe que ele não é cúmplice de Raul. Será chamado apenas para contar o que sabe. Bernardes acha que tudo vai acabar bem. Agora só nos resta esperar que ele reaja e trate de recuperar o tempo perdido.

— Recuperar como?

— Rogério precisa dar um rumo à sua vida. Não vou permitir que continue sem fazer nada. Já conversamos, e ele decidiu deixar a faculdade.

— Naturalmente, você tentou convencê-lo a não fazer isso.

— De forma alguma. Ele não gosta de estudar. Não se sente motivado a continuar fazendo aquele curso. Resolveu dar um tempo, e eu achei bom.

— Ninguém gosta de estudar, mas é preciso. Vocês estão errados.

— Não, Mercedes. Ele estava errado, e você ainda está. Não se pode forçar a vocação. Estudar por obrigação é terrível, mas estudar assuntos de que você gosta, pelos quais sente motivação, é muito prazeroso. Espero que um dia Rogério descubra isso. Além disso, ele foi educado valorizando regras sociais de aparências e agora percebeu como elas enganam. Os valores nos quais ele acreditava eram falsos. Terá de rever suas crenças, suas prioridades, procurar novos caminhos, e isso requer tempo. Espero, contudo, que ele consiga dar um rumo melhor à sua vida.

Mercedes baixou a cabeça, pensativa. Fora ela quem as ensinara as crenças de Rogério. Fora educada dessa forma e nunca as questionara. Pensara estar certa, mas agora reconhecia que aquelas crenças não foram suficientes para torná-la feliz. Estava enganada. As pessoas que considerava importantes foram as primeiras a tripudiar de sua desgraça. Em meio ao tumulto dos acontecimentos, ninguém aparecera para confortá-la. Sentia-se amargurada, triste.

— Sabe, Mercedes, eu também me senti assim como ele e acredito que você esteja sentindo o mesmo, mas foi bom Rogério ter percebido como as coisas são e como me tornei um homem entediado, iludido, obrigando-me a fazer tudo que não gosto. Foi por isso que tomei a decisão de cuidar da minha vida do meu jeito. Daqui para a frente, farei apenas o que gosto. Não vou escrever mais romances. Não tenho prazer nem capacidade para fazer isso.

— O que vai fazer, então?

— Procurar minha verdadeira vocação. Quando tiver certeza, farei o que for preciso. Também não vou mais frequentar a sociedade. Não como antes.

— Ficará isolado, como eu fiquei por causa do escândalo.

— A opinião dos outros não me interessa. Nunca prejudiquei ninguém e me sinto bem assim. Sou um homem digno. Pretendo conhecer pessoas boas e tenho certeza de que as encontrarei. Sabe, Mercedes, quando somos sinceros e apreciamos as pessoas pelas qualidades que possuem, independentemente da situação financeira, da posição social e do nome que ostentam, encontramos verdadeiros amigos.

— Eu nunca mais confiarei em ninguém.

— Não adianta se isolar a pretexto de evitar a maldade alheia. Há muitas pessoas sinceras, cuja amizade pode nos trazer alegria e conforto. Conheço algumas assim...

— Quem, por exemplo?

— Eduardo e o pai. Ângela, Rosana, Marilda, Ronaldo...

Mercedes estremeceu:

— Aquelas duas, não! Você está enganado!

— Você é quem está perdendo por não conviver com elas. Naquela casa simples, aprendi grandes lições de dignidade e respeito. Se você não fosse tão implicante, poderia usufruir da amizade de todos eles. Tenho certeza de que encontraria conforto e carinho. Mas, para isso, teria de se despir do preconceito.

— Não sou preconceituosa.

— É, sim. Desde o primeiro dia implicou com elas, sem conhecê-las. O que é isso, senão preconceito? Elas sempre a trataram com respeito e nunca lhe fizeram mal.

— Ela estava dando em cima de você!

— É mentira. Se a conhecesse, não diria isso. Aquele detetive lhe disse que nunca houve nada entre nós. Apenas estávamos ajudando nossos filhos nos preparativos do casamento. Nós quatro passamos momentos muito agradáveis juntos, e você, se não estivesse tão maldosa, poderia ter desfrutado conosco daquelas alegrias. Muitas vezes, falamos sobre isso, lamentando por você não estar participando das coisas.

— Você diz isso agora, mas nunca me convidou para ir junto.

— Do jeito que você estava, não podia.

— O que sei é que você mudou depois que começou a ir àquela casa.

— Mudei mesmo. Encontrei lá um ambiente de família tão bom que me fez recordar a infância. Estou lhe falando isso, porque as pessoas que mencionei foram as únicas que nos apoiaram em nossos momentos de dificuldade. Ronaldo e Marilda voltaram antes da viagem de núpcias para nos confortar. Eduardo, seu pai e Ângela, que tinham tudo para sentir raiva de Rogério, uma vez que ele estava de conluio com Marina, fizeram tudo para nos auxiliar. Todos, inclusive Rosana, rezaram, conversaram com Rogério, tentaram ajudá-lo.

— Do jeito que você fala, a ruim sou eu...

— Não, Mercedes. Você não é ruim, mas ainda está iludida. Continua acreditando que nosso filho não tem pontos fracos, que as pessoas que nos reverenciavam em sociedade eram sinceras. Abra os olhos antes que seja tarde demais. Ainda é tempo de revermos os velhos conceitos e buscarmos um relacionamento mais verdadeiro.

— Você se separou de mim, está dormindo no quarto de hóspedes, não me ouve mais... Está fazendo planos, e sinto que não me incluiu neles.

— Casei-me com você por amor, gosto muito de você, mas mudei. Não pretendo continuar levando a vida que tivemos até agora. Quero ser feliz, viver melhor. Me incomoda olhar as pessoas pelo lado ruim. Quero aprender a ser generoso, alegre. Contudo não tenho o direito de obrigá-la a viver ao meu lado fazendo coisas que não a agradam.

— Você quer a separação.

— Não foi isso que eu disse. Mudei o rumo de minha vida e não quero obrigá-la a me seguir. Deixo-a livre para escolher seu caminho. Pode continuar a ser como sempre foi, mas, se compreender tudo o que lhe disse e desejar mudar, poderemos fazer uma tentativa. Estou disposto a ajudá-la a descobrir qual caminho a fará feliz.

Os olhos de Mercedes encheram-se de lágrimas, e Romualdo continuou sério:

— Pense, Mercedes. Pense, analise sua vida, suas crenças, procure distinguir as falsas e as verdadeiras. Temos tempo. Enquanto Rogério não estiver liberado pela Justiça, não tomarei nenhuma decisão.

Mercedes foi para o quarto. As palavras do marido mexeram com seu emocional. Naqueles dias de solidão e apreensão, muitas vezes se perguntara por que estavam envolvidos naquela situação.

O que levara seu filho querido a proceder de forma tão leviana, a mentir, a descer tão baixo por causa de uma mulher? Não encontrara respostas.

Era-lhe difícil admitir que se equivocarado com Rogério, que ele não era como ela imaginara. Esperava que alguma coisa acontecesse e provasse que todos estavam enganados e ele era inocente, mas os fatos provavam o contrário. A vergonha, o descrédito, a crítica, a mudança do marido machucaram sua vaidade. Mercedes mergulhou na depressão e chegou à conclusão de que não havia mais saída para ela.

Nunca mais seria feliz. Seu marido iria embora, seu filho poderia ser preso, e ela acabaria sozinha e triste, trancada em casa, sem ninguém para confortá-la.

Enganara-se com relação ao filho, mas, depois do que Romualdo lhe dissera, começou a pensar que poderia estar enganada também com relação a Rosana e Marilda.

Romualdo mencionara o assunto com naturalidade, afirmara que nunca acontecera nada entre ele e Rosana, e o detetive dissera o mesmo. Estaria enganada? Romualdo não a traíra?

Precisava pensar melhor e encontrar a verdade. Romualdo deixara claro que respeitaria sua decisão, mas que, para viver ao lado dele, ela precisaria mudar.

Enquanto Mercedes pensava e Rogério fazia o mesmo, Romualdo foi para o escritório, apanhou suas pesquisas de viagem e sentou-se para estudá-las. Sentia-se aliviado. Conseguira se colocar com sinceridade e notou que Mercedes o ouvira.

Estava seguindo o rumo que lhe pareceu mais adequado. Rogério achegara-se mais, e ele tinha oportunidade de ajudá-lo a encontrar o próprio caminho.

Pensou em sua mãe e fez uma prece de agradecimento. Tinha certeza de que ela os estava auxiliando.

Na manhã seguinte, passava das nove quando Rogério desceu para o café e encontrou os pais à mesa. Cumprimentou-os, sentou-se e serviu-se. Ninguém tocou nos assuntos da véspera. Quando terminaram de comer, Rogério perguntou:

— Pai, poderia me emprestar aquele livro?

— Sim. Vamos subir.

No escritório, Romualdo entregou a ele *O Livro dos Espíritos*.

— É um livro fascinante. Você vai gostar.

— Não conheço o autor.

— Foi um professor francês que escreveu livros didáticos e, quando pesquisou os fenômenos espíritas, usou o pseudônimo de Allan Kardec para separar uma coisa da outra. Já o escritor Arthur Conan Doyle, criador do detetive Sherlock Holmes, escreveu o livro *História do Espiritismo* após pesquisar os mesmos fenômenos, mas não usou pseudônimo.

— Conan Doyle acreditava em espíritos?

— Claro, senão não teria escrito essa obra.

Romualdo foi à estante e pegou o livro.

— É este.

— Acho que o lerei primeiro. Pensei que houvesse lido tudo de Conan Doyle.

— É um livro muito bom, mas não deixe de ler o outro.

— Lerei os dois.

Rogério sentou-se em uma poltrona e começou a ler. Satisfeito, Romualdo apanhou seus roteiros, sentou-se e começou a estudá-los. À medida que lia, Rogério crivava o pai de perguntas. A certa altura, Romualdo disse:

— Vou ligar para Eduardo e convidá-lo para jantar aqui em casa, assim, você poderá fazer todas as perguntas que quiser. Eu li, gostei, mas não sei responder tudo o que quer saber.

— Faça isso. Vou anotar as dúvidas.

Romualdo foi ao telefone e fez o convite. Eduardo estava com Ângela arrumando o novo escritório para onde transferira sua empresa de consultoria.

Eles aceitaram, e Romualdo, satisfeito, ligou para Ronaldo, convidando-o também. Ele prometeu ir junto com Marilda.

— Gostaria que trouxessem Rosana.

— Ela não vai aceitar, pai. Mamãe pode ficar zangada.

— Estive conversando com sua mãe. Não creio que será indelicada. Insista com Rosana para que venha. Diga-lhe que lhe peço este favor. Espero que possamos acabar com esta situação desagradável. Afinal, somos uma família.

— Vou tentar.

Romualdo desligou e procurou Mercedes. Bateu na porta do quarto, e, quando ela abriu, ele tornou:

— Esta noite teremos convidados para o jantar: Ângela, Eduardo e o pai, Ronaldo, Marilda e Rosana.

Mercedes estremeceu, mas perguntou apenas:

— A que horas?

— Às oito.

— Deseja algum prato especial?

— Deixo a seu critério.

Satisfeito, Romualdo retornou ao escritório e recomeçou os estudos.

Rosana chegou à casa de Marilda levando alguns biscoitos que fizera e logo notou que ela estava pensativa, mais calada que o habitual. Quando se sentaram na sala para conversar, Rosana perguntou:

— Aconteceu alguma coisa? Você me parece preocupada.

— Bem, esta noite tive um sonho que me deixou pensando...

— O que foi?

— Sonhei que uma moça muito bonita entrava em meu quarto e me dizia: "Sou Vera. Lembra?". Ela me parecia muito familiar, e eu me lembrei que Eduardo me falou dela várias vezes. E respondi: "Lembro-me do que Eduardo disse sobre você". Então, mãe, ela me contou uma história muito triste. Disse que, em minha última encarnação, eu e Ronaldo nos apaixonamos. A mãe dele não queria nossa união, então, fugimos para nos casar. Os familiares dele eram nobres e muito ricos; e eu era filha de uma artista famosa. Naquele tempo, uma artista era vista como uma mulher leviana, e por essa razão a mãe dele não queria o casamento.

— Acho que sei quem é essa mulher — comentou Rosana.

— É dona Mercedes. Vera me disse. Ela fingiu que nos perdoava e aceitava nosso casamento, mas era mentira. Depois de certo tempo, armou uma cilada para mim. Uma noite, me serviu um chá no qual havia colocado um sonífero, e eu adormeci. Ela pagou um rapaz para ir se deitar comigo. Ronaldo havia viajado e, ao chegar naquela noite, nos encontrou desnudos, dormindo juntos em nossa cama. Ele ficou louco, quis nos matar, mas a mãe dele estava preparada e o impediu. Fui expulsa daquela casa, e Ronaldo nunca me perdoou. Só descobriu a verdade quando morreu e voltou ao astral. Ela disse que a senhora foi minha mãe naquele tempo.

— Por esse motivo, sentia tanto medo desse casamento. Precisamos estar alertas para que ela não faça o mesmo. Pelo que já tentou fazer, dá para notar que não mudou nada.

— Não é o que Vera diz. Ela garantiu que Mercedes está amadurecendo. Disse que ela preferia Rogério, porque Ronaldo nunca fez o que ela queria. Naquele tempo, depois que se separou de mim, ele nunca mais foi feliz. Viveu amargurado e triste. No astral, quando descobriu a verdade, ficou revoltado com ela. Levou muito tempo para perdoá-la e foi a custo que concordou renascer tendo Mercedes como mãe. Ela jurou estar arrependida, mas, quando chegou aqui, retomou os antigos hábitos. Quando nos conheceu, mesmo sem se lembrar de nós, sentiu raiva e fez o que pôde para impedir o casamento.

— Mas desta vez ela não conseguiu.

— Vera garantiu que Mercedes está sofrendo muito com o caso de Rogério, pois tudo em que acreditava ruiu e ela sabe que precisa mudar. E agora vem a parte mais difícil.

— Qual é?

— Vera nos pediu para cooperarmos com a recuperação dela. Rosana meneou a cabeça negativamente.

— Não sei. Nós nunca lhe desejamos mal. Foi ela quem fez tudo.

— Foi isso que eu disse, mas Vera alega que Mercedes amadureceu e nos pede para ajudá-la.

— Ela disse o que temos de fazer?

— Não. Disse apenas: "A oportunidade vai surgir; espero que não a recusem". Ela repetiu essas palavras várias vezes. Acordei ouvindo-a dizer isso. Foi tão forte! Tenho certeza de que não foi um sonho comum. Eu estive com ela.

— Eu acredito. Bem, vamos esperar e ver o que acontece.

Ronaldo chegou para o almoço, abraçou-as com carinho e depois disse:

— Meu pai nos convidou para jantar na casa dele esta noite. Eduardo e Ângela também estarão lá, por esse motivo eu aceitei. Sei que você gosta deles.

— Gosto muito.

— Papai está tentando ajudar Rogério. Quer aproximá-lo de nós, principalmente de Eduardo.

— É bom.

Ronaldo hesitou um pouco, depois, dirigindo-se a Rosana, disse:

— Meu pai pediu que a senhora também fosse, como um favor especial a ele.

Rosana trocou olhares com Marilda e perguntou:

— O que mais ele disse?

— Que conversou com mamãe e gostaria de acabar com o desentendimento entre ela e nós. Respondi que ia tentar, mas sei que a senhora não vai querer ir depois do que ela lhe fez. Rosana ficou calada por alguns instantes e respondeu:

— Pois eu vou. É preciso dar a ela uma oportunidade de nos conhecer melhor e saber que somos pessoas de bem.

Ronaldo abraçou-a emocionado:

— Puxa, dona Rosana, a senhora sempre me surpreende.

Epílogo

Mercedes passou a tarde cuidando dos preparativos, afinal, fazia tempo que não recebia ninguém. Perguntava-se se Rosana iria, mas tinha quase certeza de que não. Se estivesse no lugar dela, certamente recusaria o convite.

Fez questão de cuidar de sua aparência, pois queria mostrar a Romualdo o quanto era capaz. Seus convidados seriam tratados regiamente.

Faltavam dois minutos para as oito, quando Ronaldo chegou com Marilda e Rosana. Romualdo e Rogério receberam-nos afetuosamente, e Mercedes, embora sentindo o coração bater descompassado, beijou a nora, abraçou o filho e estendeu a mão a Rosana.

— Como vai, Rosana?

— Bem. Obrigada pelo convite.

Romualdo e Ronaldo respiraram aliviados, afinal, o gelo fora quebrado. Pouco depois, Ramiro, Eduardo e Ângela chegaram.

Acomodados na sala, a conversa fluiu com naturalidade. Rogério crivava Eduardo de perguntas sobre a comunicação dos espíritos, e Romualdo e Ramiro tomaram parte na conversa. Marilda sentou-se ao lado de Ângela e perguntou:

— Como vão as coisas?

— Ainda estou me recuperando. Não vejo a hora de tudo acabar para que eu possa esquecer.

Mercedes, que se sentara ao lado delas, disse:

— Eu também. Nunca pensei que passaria pelo que estamos passando.

Rosana acomodara-se ao lado de Marilda e disse pensativa:

— Felizmente, o tempo suaviza a ferida. Nós também não esperávamos passar pelo que passamos, mas tivemos de enfrentar.

— O que me ajudou muito foi ter conhecido a espiritualidade — comentou Ângela. — Eduardo me deu provas de que a vida continua depois da morte, e isso me confortou. Ele me fez olhar a vida de maneira diferente. Apesar disso, sei que o espírito de meu pai ainda não encontrou paz.

— Como sabe? — indagou Mercedes, curiosa.

— Ele está muito revoltado e pensa em vingança. Veio atormentar Rogério e depois foi atrás de Marina na prisão.

— Foi? — indagou Marilda, admirada.

— Sim. O detetive Mílton nos contou que, anteontem de madrugada, Marina teve uma crise gritando e se debatendo, pedindo que tirassem Raul da cela. Como ela não parava, foi preciso dopá-la. Disseram que ela teve um ataque de loucura, mas Eduardo disse que era o espírito de Raul quem a estava atacando.

— Que horror! — disse Mercedes. — Então, ele pode voltar a atacar Rogério?!

— Eduardo disse que Rogério está protegido. Ele foi envolvido. O caso de Marina é diferente. A maldade dela a torna vulnerável. Eduardo me disse que, mesmo que meu pai desista dessa vingança e a deixe em paz, ela atrairá outros espíritos perturbadores.

— Para mim, ainda é difícil acreditar que tudo isso seja verdade! — tornou Mercedes.

— Pois eu acredito — disse Rosana, contando em seguida que Eduardo não só falara o nome, como descrevera o espírito de seu marido.

A criada anunciou que o jantar estava sendo servido, e todos se dirigiram para a sala. Mercedes sentiu-se feliz em ver que tudo estava na mais perfeita ordem.

Durante o jantar, Marilda elogiou a comida, e Romualdo tornou:

— Mercedes cuidou de tudo com muito carinho. Estamos felizes por ver nossa família reunida. — Ergueu a taça de vinho e continuou: — Quero brindar pela união de nossa família. Que momentos tão bons quanto este se repitam muitas vezes.

Mercedes ergueu a taça tentando conter as lágrimas. Depois do que tinham passado, era bom mesmo ter a família reunida. Naquele momento, as palavras do marido tinham para ela um significado especial.

Ela amava-o, amava os filhos e não desejava perdê-los. Queria que eles a admirassem, amassem, e faria tudo para conseguir. Por esse motivo, sorriu, foi amável com todos, delicada.

Depois do jantar, foram para a sala conversar. Rogério estava muito interessado em continuar a conversa com Eduardo, e Romualdo via com satisfação que o filho recuperara o bom humor, fazia perguntas inteligentes, às quais Eduardo respondia com prazer.

Enquanto os homens se entretinham na sala, Mercedes convidou Ângela, Rosana e Marilda para conhecerem a casa. Ela colecionava objetos de arte e ficou encantada com o conhecimento que Rosana demonstrou sobre o assunto.

Ela não esperava aquilo. Notou que Rosana falava com simplicidade, mas sabia o que estava dizendo.

O casamento de Ângela e Eduardo estava marcado para dali a dois meses, e Ângela e Marilda interessaram-se em conversar sobre os preparativos.

Ângela não queria morar na casa que fora de seu pai depois do casamento. Pensava em vendê-la, pois ela lhe trazia recordações tristes. Ramiro gostaria que fossem morar com ele, mas o jovem casal não desejava tirar sua privacidade. Ramiro era um homem ainda jovem e poderia acontecer de querer casar-se novamente.

Eduardo vendera uma propriedade que possuía nos Estados Unidos e estava procurando uma casa para comprar.

Mercedes mostrava a Rosana sua coleção de porcelanas, e ela estava maravilhada.

— Fazia muito tempo que eu não via coisas tão lindas! Sua coleção é belíssima!

— Este prato da Boêmia trincou. É raro, pertenceu à minha bisavó, e eu o adoro. Preciso encontrar um lugar para restaurá-lo.

— Conheço um restaurador ótimo; vou lhe mandar o telefone. Tenho certeza de que ele vai resolver esse caso.

— Obrigada!

Quando voltaram à sala, Rosana vinha na frente conversando animadamente com Mercedes, e Ângela e Marilda vinham mais atrás. Romualdo dissimulou a admiração. Não queria que Mercedes notasse.

Quando Ângela mostrou intenção de ir embora, Rogério protestou:

— É cedo. Logo agora que Eduardo está me falando sobre materialização!

Eduardo levantou-se:

— É tarde. Continuaremos outro dia.

— Podemos continuar o assunto — disse Ronaldo. — Estão todos convidados para jantar em minha casa amanhã. Romualdo olhou para Mercedes, que respondeu:

— Iremos com prazer.

Despediram-se cordialmente. Depois que todos se foram, Rogério comentou:

— Que gente encantadora. Havia muito tempo não passava momentos tão interessantes.

— De fato — concordou Mercedes. — Foi uma noite muito agradável.

Romualdo aproximou-se dela e disse:

— Você foi encantadora.

Mercedes corou de prazer. Naquela noite, tinha certeza de que Romualdo não iria dormir no quarto de hóspedes.

Ronaldo prontificou-se a levar Rosana para casa, mas Ramiro não permitiu:

— Eu quero ter esse prazer.

Marilda olhou para Ronaldo e sorriu. Havia um certo tempo vinham desconfiando que Ramiro estivesse muito interessado em Rosana. Cercava-a de amabilidades, e seus olhos brilhavam quando a via. Quando Marilda sugeria que ele a admirava, Rosana sorria e respondia:

— Você está enganada. Ramiro é um homem muito educado.

Durante o trajeto de volta, Ângela estava pensativa.

— O que foi, Ângela? Está triste? — perguntou Eduardo.

— Passamos uma noite muito agradável, mas agora pensei em papai sofrendo. Se ao menos ele entendesse...

Angélica e Vera estão prontas para ajudá-lo, mas precisam esperar o momento certo para isso. Um dia, ele entenderá. Enquanto isso, ele terá de rever valores e descobrir a causa de todo o seu sofrimento. Quando ele perceber que foi o único responsável pelos fatos que atraiu em sua vida, procurará novos caminhos. Angélica vai ajudá-lo a recomeçar e mostrará a ele como conquistar a felicidade, e então, quando ele finalmente a encontrar, reconhecerá que tudo o que sofreu valeu a pena! Agora é tempo de pensarmos em nós, Ângela.

Eduardo parou o carro em frente à sua casa. Ângela sorriu. Ele estava certo. Dali em diante, não iria mais chorar por causa do pai. O tempo colocaria tudo nos devidos lugares.

— Eu o amo! — disse ela, abraçando-o e beijando-o longamente.

Angélica, que observava a cena ao lado de Vera, sorriu contente. Entrelaçou o braço no da amiga e disse:

— Desta vez conseguimos! Graças a Deus, daqui para a frente eles reencontrarão a alegria de viver!

— Vamos embora — respondeu Vera.

Abraçadas, as duas elevaram-se, volitando com alegria, admirando as estrelas que luziam no firmamento e sentindo ao mesmo tempo gratidão e amor pelo Criador.

Fim

GRANDES SUCESSOS DE
ZIBIA GASPARETTO

Com 21 milhões de títulos vendidos, a autora tem contribuído para o fortalecimento da literatura espiritualista no mercado editorial e para a popularização da espiritualidade. Conheça os sucessos da escritora.

Romances
pelo espírito Lucius

A força da vida
A verdade de cada um
A vida sabe o que faz
Ela confiou na vida
Entre o amor e a guerra
Esmeralda
Espinhos do tempo
Laços eternos
Nada é por acaso
Ninguém é de ninguém
O advogado de Deus
O amanhã a Deus pertence
O amor venceu
O encontro inesperado
O fio do destino
O poder da escolha

O matuto
O morro das ilusões
Onde está Teresa?
Pelas portas do coração
Quando a vida escolhe
Quando chega a hora
Quando é preciso voltar
Se abrindo pra vida
Sem medo de viver
Só o amor consegue
Somos todos inocentes
Tudo tem seu preço
Tudo valeu a pena
Um amor de verdade
Vencendo o passado

Crônicas

A hora é agora!
Bate-papo com o Além
Contos do dia a dia
Conversando Contigo!
Pare de sofrer
Pedaços do cotidiano
O mundo em que eu vivo
Voltas que a vida dá
Você sempre ganha!

Coletânea

Eu comigo!
Recados de Zibia Gasparetto
Reflexões diárias

Desenvolvimento pessoal

Em busca de respostas
Grandes frases
O poder da vida
Vá em frente!

Fatos e estudos

Eles continuam entre nós vol. 1
Eles continuam entre nós vol. 2

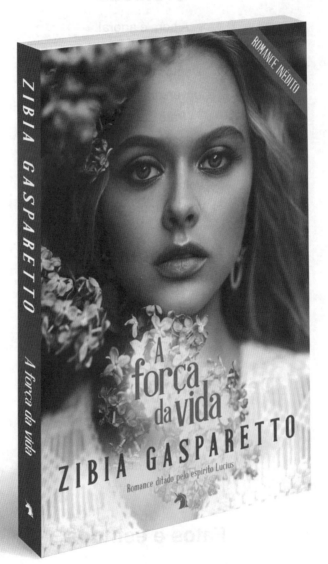

A força da vida

As sábias leis da vida sempre nos colocam diante da verdade, forçando-nos a enxergar nossas fraquezas para que, assim, aprendamos a trabalhar em favor do nosso progresso.

Assim aconteceu com Marlene, uma linda jovem da alta sociedade carioca, que, acostumada a ter todos os seus caprichos atendidos, se deixou levar pela vaidade, atraindo para si situações mal resolvidas do passado e causando dor e arrependimento em todos que a cercavam.

Sempre utilizando o livre-arbítrio, a moça enfrentou os desafios que se interpuseram em seu caminho e aprendeu que cada escolha envolve uma consequência.

Auxiliada pela espiritualidade, Marlene terá de buscar as verdadeiras aspirações do seu espírito para encontrar em si a força da vida.

Este e outros sucessos, você encontra nas livrarias e em nossa loja:

www.vidaeconsciencia.com.br/lojavirtual

Rua das Oiticicas, 75 — SP
55 11 2613-4777

contato@vidaeconsciencia.com.br
www.vidaeconsciencia.com.br

APONTE A CÂMERA DO
SEU CELULAR PARA LER
O QR CODE E **VISITE
NOSSA LOJA VIRTUAL.**